U0882858

普通高等学校土木工程专业精编系列规划教材

建设工程监理

主　编　关　群　马海彬　何夕平
副主编　王　超　彭兴强　李庆文　高秀丽
主　审　詹炳根　陈绍周

WUHAN UNIVERSITY PRESS
武汉大学出版社

图书在版编目(CIP)数据

建设工程监理/关群，马海彬，何夕平主编.—武汉：武汉大学出版社，2013.7(2018.8 重印)
普通高等学校土木工程专业精编系列规划教材
ISBN 978-7-307-10866-0

Ⅰ.建… Ⅱ.①关… ②马… ③何… Ⅲ.建筑工程—监理工作—高等学校—教材 Ⅳ.TU712

中国版本图书馆 CIP 数据核字(2013)第 105364 号

责任编辑:余 梦 责任校对:希 文 装帧设计:吴 极

出版发行：**武汉大学出版社** (430072 武昌 珞珈山)
(电子邮件：whu_publish@163.com 网址：www.stmpress.cn)
印刷:北京虎彩文化传播有限公司
开本:850×1168 1/16 印张:20 字数:551 千字
版次：2013 年 7 月第 1 版 2018 年 8 月第 3 次印刷
ISBN 978-7-307-10866-0 定价:47.00 元

普通高等学校土木工程专业精编系列规划教材
编审委员会

特别提示

教学实践表明，有效地利用数字化教学资源，对于学生学习能力以及问题意识的培养乃至怀疑精神的塑造具有重要意义。

通过对数字化教学资源的选取与利用，学生的学习从以教师主讲的单向指导模式转变为建设性、发现性的学习，从被动学习转变为主动学习，由教师传播知识到学生自己重新创造知识。这无疑是锻炼和提高学生的信息素养的大好机会，也是检验其学习能力、学习收获的最佳方式和途径之一。

本系列教材在相关编写人员的配合下，逐步配备基本数字教学资源，主要内容包括：

文本：课程重难点、思考题与习题参考答案、知识拓展等。

图片：课程教学外观图、原理图、设计图等。

视频：课程讲述对象展示视频、模拟动画，课程实验视频，工程实例视频等。

音频：课程讲述对象解说音频、录音材料等。

数字资源获取方法：

① 打开微信，点击“扫一扫”。

② 将扫描框对准书中所附的二维码。

③ 扫描完毕，即可查看文件。

更多数字教学资源共享、图书购买及读者互动敬请关注“开动传媒”微信公众号！

前言

随着我国经济体制改革的深化，建设工程监理事业在我国正蓬勃发展，并有了长足的进步，它不仅在提高工程建设质量、加快工程建设进度、控制工程建设投资等方面发挥着重要作用，同时也壮大了监理队伍，扩大了监理覆盖面。通过二十多年的监理经验积累，监理理论也在不断充实，有关法律、法规也在不断完善。建设工程的新形势，对监理教材也提出了更高的要求。为此我们编写了这本《建设工程监理》教材。在内容编排上，紧密结合建设工程监理的业务特点，系统地阐述了建设工程监理的理论、内容和方法，注重理论联系实际，利用案例对实际问题进行分析，通过对案例的解析，强调对监理技能的培养，力求实用和通俗易懂，同时又便于理论学习和实际操作。

本书依据我国现行建设工程监理的相关法律、法规、规范、标准，以及高等院校土木工程专业、工程管理专业的“建设工程监理”教学大纲要求编写而成，力求反映我国建设工程监理行业的最新成果和监理行业发展的最新动态，特别是与传统的监理教材相比，增加了建设工程安全监理及节能监理，这也是本书的特色所在。全书共分八章，主要内容包括建设监理基础知识、建设工程质量控制、建设工程进度控制、建设工程投资控制、建设工程合同管理、建设工程信息管理、建设工程安全监理及建设工程节能监理，为了便于读者理解和掌握，在每章后附有“知识归纳”和“独立思考”。

本书内容新颖、实用，可操作性强，可作为高等院校土木工程专业、工程管理专业及相关专业的教材，也可作为从事建设工程监理工作的工程技术人员和管理人员的学习参考书。

本书由合肥工业大学关群、安徽理工大学马海彬、安徽建筑大学何夕平担任主编；安徽理工大学王超、彭兴强、李庆文以及铜陵学院高秀丽担任副主编。

具体编写分工为：

合肥工业大学，关群（前言、第 7 章、第 8 章）；

安徽理工大学，马海彬（第 1 章）；

安徽建筑大学，何夕平（第 2 章）；

铜陵学院，高秀丽（第 3 章）；

安徽理工大学，彭兴强（第 4 章）；

安徽理工大学，王超（第 5 章）；

安徽理工大学，李庆文（第 6 章）。

合肥工业大学詹炳根教授和原安徽省建设监理有限公司陈绍周总工担任本书主审，并对本书提出了许多宝贵的意见，特致谢意。

在本书的编写过程中参考了有关书籍，并从中引用了部分例题和习题，在此表示感谢。

本书如有不妥之处，敬请读者提出指正。

编　者

2013 年 2 月

目录

课程思维导图

数字资源目录

1 建设工程监理基础知识

课前导读

内容提要

本章主要内容包括建设工程监理的基本概念、建设工程监理相关法律法规、建设程序和工程管理制度、建设工程项目管理原理、监理工程师和工程监理企业、建设工程目标控制、建设工程监理组织及建设工程监理规划性文件的编制等内容。本章的教学重点为监理工程师的概念、监理人员的职责及监理企业资质管理。教学难点为建设工程目标控制及建设工程监理规划性文件的编制等。

能力要求

通过本章的学习，要求学生能够对建设工程监理的基本概念及其任务与工作内容等基础知识有系统的了解，掌握监理人员的职责及监理企业的经营活动基本准则，了解建设工程目标控制、建设工程监理组织形式，熟悉监理实施细则的概念及编制，掌握监理规划的编制内容。

1.1　建设工程监理概述

1.1.1　建设工程监理的产生与发展

1.1.1.1　我国建设工程监理制度的产生

我国工程建设已有几千年的历史，但现代意义上的建设工程监理制度的建立则是从1988年开始的。

在改革开放以前，我国工程建设项目的投资由国家拨付，施工任务由行政部门向施工企业直接下达。当时的建设单位、设计单位和施工单位都是完成国家建设任务的执行者，都对上级行政主管部门负责，相互之间缺少互相监督的职责。政府对工程建设活动采取单向的行政监督管理，在工程建设的实施过程中，对工程质量的保证主要依靠施工单位的自我管理。

20世纪70年代末，我国进入了改革开放时期，工程建设活动也逐步市场化。为适应这一形势的需要，从1983年开始，我国开始实行政府对工程质量的监督制度，全国各地及国务院各部门都成立了专业质量监督部门和各级质量检测机构，代表政府对工程建设质量进行监督和检测。各级质量监督部门在不断进行自身建设的基础上，认真履行职责、积极开展工作，在促进企业质量保证体系的建立、预防工程质量事故、保证工程质量上发挥了重大作用。从此，我国的建设工程监督由原来的单向监督向政府专业质量监督转变，由仅靠企业自检自评向第三方认证和企业内部保证相结合转变。这种转变使我国建设工程监督向前迈进了一大步。

20世纪80年代中期，随着我国改革开放的逐步深入和不断扩大，"三资"工程建设项目在我国逐步增多，加之国际金融机构向我国贷款的工程建设项目都要求实行招标投标制、承包发包合同制和建设工程监理制，使得国外专业化、社会化的监理公司、咨询公司、管理公司的专家们开始出现在我国"三资"工程和国际贷款工程项目建设的管理队伍中。他们按照国际惯例，以接受建设单位委托与授权的方式，对工程建设进行管理，显示出高速度、高效率、高质量的管理优势，对我国传统的政府专业监督体制造成了冲击，引发了我国工程建设管理者的深入思考。

1985年12月，我国召开了基本建设管理体制改革会议，这次会议对我国传统的工程建设管理体制作了深刻的分析与总结，指出了我国传统的工程建设管理体制的弊端，肯定了必须对其进行改革的思路，并指明了改革的方向与目标，为实行建设工程监理制奠定了思想基础。1988年7月，原建设部(现更名为住房和城乡建设部，简称住建部)在征求了有关部门和专家意见的基础上，发布了《关于开展建设监理工作的通知》，接着又在一些行业部门和城市开展了建设工程监理试点工作，并颁发了一系列有关建设工程监理的法规，使建设工程监理制度在我国建设领域得到了迅速发展。

我国的建设工程监理制自1988年推行以来，大致经过了三个阶段：工程监理试点阶段(1988—1993年)、工程监理稳步推行阶段(1993—1995年)和工程监理全面推行阶段(1996年至今)。1995年12月，建设部在北京召开了第六次全国建设监理工作会议。会上原建设部和原国家计委(现更名为国家发展和改革委员会，简称国家发改委)联合颁布了107号文件，即《建设工程监理规定》。这次会议总结了我国建设工程监理工作的成绩和经验，对今后的监理工作进行了全面的部署。这次会议的召开标志着我国建设工程监理工作已进入全面推行的新阶段。但是，由于建设工程监理制度在我国起步晚、基础差，有的单位对实行建设工程监理制度的必要性还缺乏足够的认识，一些应当实行工程监理的项目没有实行工程监理，并且有些监理单位的行为不规范，没有起到建设工程监理应当起到的公正监督作用。针对这些情况，为使我国已经起步的建设工程监理制度得以完善和规范，适应建筑业改革和发展的需要，并将其纳入法制化的轨道，1997 年 12 月全国人民代表大会通过了《中华人民共和国建筑法》(简称《建筑法》)，将建设工程监理相关内容列入其中，这是《建筑法》以法律的形式在我国推行建设工程监理制度的重大举措。

《中华人民共和国建筑法》

1.1.1.2　国外建设工程监理概况

建设工程监理制度在国际上已有较长的发展历史，在西方发达国家已经形成了一套较为完善的工程监理体系和运行机制，可以说，建设工程监理已经成为建设领域中的一项国际惯例。世界银行、亚洲开发银行等国际金融机构和发达国家政府贷款的工程建设项目，都把建设工程监理作为贷款条件之一。

建设工程监理制度的起源可以追溯到工业革命发生以前的 16 世纪。那时，随着社会对房屋建造技术要求的不断提高，建筑师队伍出现了专业分工。其中有一部分建筑师专门向社会传授技艺，为工程建设单位提供技术咨询，解答疑难问题，或受聘监督管理施工等，建设工程监理制度出现了萌芽。18 世纪 60 年代的英国工业革命，大大促进了整个欧洲大陆城市化和工业化的发展进程，国家大兴土木，建筑业空前繁荣，然而工程建设项目的建设单位却越来越感到单靠自己的监督管理来实现建设工程高质量的要求是很困难的，建设工程监理的必要性开始为人们所认识。19 世纪初，随着建设领域商品经济关系的日趋复杂，为了明确工程建设项目的建设单位、设计者、施工者之间的责任界限，维护各方的经济利益并加快工程进度，英国政府于 1830 年以法律手段推出了总合同制度。这项制度要求每个建设项目要由一个施工单位进行总包，这样就引发了招标、投标方式的出现，同时也促进了建设工程监理制度的发展。

自 20 世纪 50 年代末起，随着科学技术的飞速发展，工业和国防建设以及人民生活水平不断提高，需要建设大量的大型、巨型工程，如航天工程、大型水利工程、核电站、大型钢铁公司、石油化工企业和新城市开发等。对于这些投资巨大、技术复杂的工程建设项目，无论是投资者还是建设者，都不能承担由于投资不当或项目组织管理失误而带来的巨大损失。因此，项目建设单位在投资前要聘请有经验的咨询人员进行投资机会论证和项目可行性研究，在此基础上再进行决策。并且在工程建设项目的设计、实施等阶段，还要进行全面的工程监理，以保证实现其投资目的。

近年来，西方发达国家的建设工程监理制正逐步向法律化、程序化发展，在西方国家的工程建设领域中已形成工程建设项目的建设单位、施工单位和监理单位三足鼎立的基本格局。进入 20 世纪 80 年代以后，建设工程监理制在国际上得到了较大的发展，一些发展中国家也开始效仿发达国家的做法，结合本国实际，设立或引进工程监理机构，对工程建设项目实行监理。目前，在国际上建设工程监理制度已成为工程建设必须遵循的制度。

1.1.2　建设工程监理的概念

监理的内涵十分丰富，但最基本的意思是指执行者为了使某项活动达到一定要求，依据这项活动应遵守的准则，对从事这项活动的人或组织的行为进行监督管理。监理包括监督、控制、咨询、指导、服务等功能。

建设工程监理是一种特定的监理活动，概括地说，就是对建设工程活动实施的监理。作为一种特定的监理活动，建设工程监理可以完整地表述为：为了保证工程建设活动符合国家规范和业主的要求，社会化、专业化的建设工程监理单位接受业主的委托和授权，依据工程建设的有关批准文件、法律和法规、技术标准、经济和政策、合同文件等，对工程建设活动进行的监督管理。

我国《建筑法》对当前建筑工程监理的定位是："建筑工程监理应当依照法律、行政法规及有关的技术标准、设计文件和建筑工程承包合同，对承包单位在施工质量、建设工期和建设资金使用等方面，代表建设单位实施监督。"

1.1.3 建设工程监理的性质、作用和特点

1.1.3.1 建设工程监理的性质

在工程建设中，建设工程监理既不同于承建单位的承建活动，也不同于政府的监督管理活动，它具有一系列独特的性质。

(1) 服务性

监理单位是在接受业主委托的基础上，对工程建设活动实施监理。其工作的实质是为业主提供技术、经济、法律等方面的服务。监理单位在工作中既不直接参加工程的承建活动，也不对工程进行投资，而是接受业主的委托，对工程建设活动进行监督管理，所收取的监理费是提供服务的报酬。业主是监理的委托方，也是监理单位的客户和服务对象；监理单位是监理的受托方，负责处理业主委托的事务。业主和监理单位之间要订立监理委托合同(即建设工程监理合同)，以明确双方的权利和义务关系。

需要指明的是，监理单位和承建单位是监理和被监理的关系，它们之间不存在合同关系；监理单位受业主的委托对承建单位进行监督管理，不存在监理单位为承建单位服务的问题；在工程建设中，监理单位为承建单位提供的技术支持是指导、控制和纠正的性质，不是服务性质。

(2) 独立性

建设监理的独立性主要体现在以下两个方面：

一方面，监理单位虽然接受业主的委托，为业主提供服务，但它并不是业主的附属物，而是一个独立的法人单位，要在建设工程监理合同规定的范围内依法独立地行使职权和开展工作。监理单位和业主在合同中的地位是平等的，监理合同一经订立，在授权范围内，业主不得随意干预监理单位的正常工作。

另一方面，建设工程监理必须独立于承建活动，监理人员不得与承建单位发生经营性的隶属关系。监理单位及其人员不得在经济利益上和承建单位及其人员有关系。

所以，监理单位是建设活动中独立于业主和承建单位即甲、乙双方以外的第三方中介组织。

(3) 公正性

保持建设工程监理独立性的主要目的，是为了保证建设工程监理的公正性。工程建设的监理依据，不仅是业主的意图，还有法律、法规和技术标准等。监理单位不仅要对业主负责，还要对法律、法规和技术标准负责。当业主和承建单位发生矛盾时，监理单位要站在公正的立场上，以法律、法规、技术标准、建设合同为依据，公平地维护业主和承建单位的合法权益。建设工程监理的公正性，并不排斥其服务性，监理单位必须在法律、规范、合同允许的范围内努力实现业主的意愿。

(4) 科学性

在工程建设管理的发展过程中,建设工程监理能逐步成为一项专门业务,是因为它具有高技术、高智能的性质,有严密的科学性和相对的独立性,是其他工作所不能替代的。从技术角度上讲,建设工程监理涉及设计、施工、材料、设备等多方面技术,必须按照相应的科学规律办事,才能实现监理的目的;从业务范围上讲,建设工程监理不仅涉及技术,还涉及经济、法律等多方面的问题,要求监理人员具备相应的知识和能力;从服务性质方面讲,监理单位只有提供高技术、高智能的服务,才能吸引业主委托授权,成为一类独立的中介组织;从社会效益方面讲,工程建设是关系国计民生的大事,维系着人民的生命财产安全,牵涉到公众的利益,监理人员必须以科学的态度和方法,以及高度的责任感来完成这项任务。

综上所述,建设工程监理必须严格遵循工程建设的科学规律,坚持科学性的原则,提供高技术、高智能的服务,才能被社会所接受。所以,监理单位应该是知识密集型、技术密集型的组织;监理人员要具备相当的学历,丰富的工程建设实践经验,综合的技术、经济、法律方面的知识和能力,并经权威机构考核认证,注册登记。

1.1.3.2 建设工程监理的任务

工程建设各个阶段的监理,都是围绕质量、工期、投资和合同管理展开的。所以,建设工程监理的任务可以概括为:通过建设工程合同的管理和现场各方面的协调工作,实现质量、工期和投资的有效控制,达到建设工程顺利而高效进行的目的。从建设工程监理的具体业务上看,还可以把建设工程监理的任务总结为:“三控制”、“两管理”和“一协调”。所谓“三控制”,即质量、投资和工期控制;所谓“两管理”,即合同管理与信息管理;所谓“一协调”,即工程建设过程中各种矛盾和问题的协调。

(1) 建设工程质量控制

建设工程的质量是业主最关心的问题之一,也是建设工程监理的主要任务之一。建设工程质量包括工程本身的质量和建设过程中各项活动的质量。建设工程监理的任务,就是要通过各种手段控制建设中与质量有关的各种活动和工程质量形成的过程,使其达到标准、规范和业主的要求,实现建设工程的预期功能。工程的质量取决于建设活动的质量,作为建设活动的主要承担者——承建单位,首先应该对质量进行严格自控,监理单位作为监督管理方,从另一个角度对工程质量实施控制。

工程质量控制的主要内容有:按照ISO 9000的要求和全面质量管理的原理建立质量保证体系;对建设工程质量的各类因素进行控制;按照国家技术标准、规范对工程质量进行检查和评定;运用数理统计方法对工程质量的形成过程进行统计分析和质量成本分析等。

(2) 建设工程工期控制

建设工程工期控制也称为建设工程进度控制。控制的主要目的是要保证建设工程在合理的工期内完成。建设工程是一项复杂的系统工程,受到多种因素的影响,工期往往难以控制。如果建设工程的工期无法有效控制,导致工期延误,不仅会影响投资效益的正常发挥,还会引起投资失控,这是一个令投资者十分伤脑筋的问题。建设工程监理就是要通过科学的方法,协调建设中各方面的关系,解决影响工期的各种矛盾,有效地控制工期。

建设工程工期控制的主要内容有:运用网络计划技术等科学的计划方法编排工程进度,合理安排建设中的各类资源;对工程进度计划的实施过程进行检查、监督、调整,及时纠正偏差,保证工程按计划进行;正确处理不可避免的工程延期中的各种问题,尽量降低工程延期带来的损失。

(3) 建设工程投资控制

建设工程投资的多少,始终是每一位业主最关心的问题,对建设工程投资的控制也是建设工程监理的主要任务之一。由于建设工程的可变因素较多，在建设过程中投资数额完全不变化是不可能的，关键是如何控制。建设工程监理要对工程造价形成差异的各个环节进行严密监控，及时处理影响工程造价的各种问题，把投资控制在合理的范围内。

建设工程投资控制的主要内容有：正确进行投资决策，正确估算投资数额；控制设计标准，做好设计概算；认真组织施工招标、投标，准确编制施工图预算；严格控制施工过程中的工程变更，及时办理有关手续；正确处理工程索赔事件，避免不必要的损失；认真审核工程量，按进度拨付工程款；搜集、整理施工的各种变更资料，正确办理工程结算。

(4) 建设工程合同管理

质量、工期、投资三方面的控制是建设工程监理的最终目的，而建设工程合同管理是实现这些目的的重要手段。建设工程是一个由多方行为主体共同参与的系统，这些行为主体通过合同联系在一起。合同是工程建设得以顺利实施的纽带和基础，也是建设工程监理的主要依据。监理单位在实施监理时必须以相应阶段的建设工程合同为依据，监督管理工程建设中的各项活动，促使承建单位和业主全面履行合同，通过合同的履行实现建设工程监理的目的。

建设工程合同管理的主要内容有：选择适当的标准合同条件，协助业主和承建方协商合同的具体条款；为合同履行创造条件，促使双方正确、全面地履行合同；对双方履行合同提供咨询，协调合同履行中的矛盾和问题；正确处理合同变更，协助办理有关手续。

1.1.3.3 建设工程监理的意义

实施建设工程监理制，是工程建设管理方式的重大改革，是工程建设管理和国际惯例接轨、步入现代化的标志，对于提高工程质量、加快工程进度、降低工程造价、维护市场秩序、提高工程建设管理水平，都具有重要意义。

(1) 有利于提高工程质量

工程质量取决于工程建设过程中各个环节的工作质量，包括工程建设准备、工程勘察设计、工程施工、后期服务等。在传统的工程建设管理模式中，由于没有实行建设工程监理，建设工程的监督和管理只能由政府或业主来实施；没有专门的监督管理机构和人员，无法实现专业化，使建设工程的监督管理工作停留在低水平的层次上，缺乏科学性。在传统的建设工程管理模式下，工程质量主要依靠建设工程各环节实施者的工作来实现，一旦实施者的工作出现失误，又没有专业人员监督把关，工程质量事故就难以避免。实施建设工程监理后，由监理工程师对建设过程进行监督管理，使工程质量多了一道保险。由于监理工程师都是各方面的专业人员，他们在技术上对建设过程进行把关，对提高工程质量无疑是具有重要意义的。

(2) 有利于加快工程进度

工程项目建设的进度受到各方面因素的影响。有甲方的原因，也有乙方的原因；有自然因素的影响，也有社会因素的影响。必须对参与工程建设的各方进行有效地协调，才能保证工程进度按计划进行。没有实行建设工程监理以前，工程建设中的协调工作通常由业主自行解决，甲、乙双方经常因为工程进度问题发生矛盾，互相推诿，无法分清责任，难以保证合同工期。实行建设工程监理后，监理工程师以第三方的身份出现，站在公正的立场上，以工程合同为依据处理建设中的各种问题，协调各方关系，确保合同工期的实现，从而推动了工期进度的加快。

(3) 有利于降低工程造价

工程项目在建设过程中，经常因为各种原因导致造价提高，甚至失控。究其原因，主要是工程变更引起的。工程变更在工程建设中一般难以避免，这种变更往往会引起造价的波动。在没有实行建设工程监理的情况下，业主由于专业知识和能力上的限制，很难正确地估计工程变更带来的价格变化，从而导致造价失控。实行建设工程监理后，监理工程师有责任对每一次工程变更进行论证，测算对工程造价的影响并通知业主。对于不合理的变更或业主无法接受的价格变动，要阻止或提出修改意见，使工程造价始终处在控制之中。另外，监理工程师在保证工程质量的前提下，还可以对设计和施工方案提出有利于降低工程成本的修改意见，从而降低工程造价。

(4) 有利于维护市场秩序，提高工程建设管理水平

从市场经济角度上讲，建设工程监理是一种中介行为。中介机构参与市场活动，有利于维护市场秩序和商品交易的正常进行。对于一般的简单商品而言，中介机构的意义并不大，买卖双方可以顺利完成交易。但对于建设工程这样一种复杂的商品交易活动，离开了中介机构的参与，则难以维持正常的市场秩序。因为对于业主来说，不可能都是建设工程方面的专家，在没有中介机构参与的情况下，只能凭经验和感觉进行工程建设管理；对于承建单位来说，由于没有专业的监督管理，也很难规范自己的行为。在这样一种状况下，建筑市场的秩序是很难维持的。业主和承建单位都可能因为担心利益受损，向对方提出不合理的要求，以保护自己的利益，也容易出现欺诈行为。建设工程监理的出现，相当于在业主和承建单位之间搭起一座桥梁，协助双方规范地完成工程建设这一复杂的商品交易活动，实现各自的目的。毫无疑问，实施建设工程监理，对于建立正常的市场秩序，维护业主和承建单位双方的利益，都是大有益处的。

从建设工程管理角度上讲，建设工程监理实现了建设工程监督管理工作的专门化。这既是工程建设管理现代化的标志，也是国际惯例的要求。实施建设工程监理，意味着建设工程监督管理成为一种专门职业，这对于提高工程建设的管理水平有重要意义。一方面，业主再没有必要组建强大的建设管理队伍，只要把监督管理业务委托给监理单位即可，此时业主的注意力集中在投资决策上，这样既可以减少资源浪费，又可以提高管理水平和投资效益；另一方面，承建方是和专家们打交道，这样既可以提高自身的水平，又可以维护自身的利益，规范自己的行为。建设工程监理成为一种市场行为，监理单位为了取得业主的信任，占领市场，也必须努力提高自身的素质，加强管理，从而使工程建设管理的整体水平得到提高。

1.1.3.4 建设工程监理的特点

建设工程监理具有以下特点：

(1) 建设工程的监理者是监理单位

按照国家有关法规，建设工程监理必须由监理单位实施，即只有监理单位才能作为建设工程监理的执行者。除了监理单位外，政府建设行政主管部门和业主也要对建设工程进行监督管理，但不属于监理性质，因此不能作为监理者。监理单位是独立于业主的建设管理行为和承建单位的建设承建行为之外的第三方中介服务组织，它接受业主的委托，对工程建设活动实施监理。

(2) 建设工程的监理对象是承建单位和承建单位的行为

实行建设工程监理的项目建设中，承建单位一旦承包了工程建设业务，就成为被监理者，其建设行为则构成被监理行为。承建单位在工程项目建设的实施过程中，不仅要接受政府建设行政主管部门和业主的监督管理，更重要的是要接受监理单位的监督管理。工程建设的承建单位包括勘察单位、设计单位、施工单位、材料供应单位、设备供应单位等。

(3) 建设工程有明确的监理依据

建设工程监理的依据主要有：工程建设法规、工程建设文件、工程技术标准、工程价格标准、建设工程委托监理合同和有关的建设工程合同等。监理单位必须依据上述文件进行监理，参加工程

建设的各承建方都要遵守这些法律和法规、标准和规范、合同文件的有关规定，在这些规定的基础上建立合作关系。

1.2 建设工程监理相关法律、法规和政策规定

1.2.1 我国的建设工程监理法律体系概述

建设工程监理是一项法律活动，与之相关的法律、法规的内容十分丰富，同时它还与相关的行政法规、行政规章、地方性法规等联系密切。从内容上看，它不仅对监理单位和监理工程师资质管理有全面的规定，而且对监理活动、委托监理合同、政府对建设工程监理的行政管理等都作了明确规定。

《建筑法》是我国建设工程监理活动的基本法律，它对建设工程监理的性质、目的、适用范围等都作了明确的原则性规定。与此相应的还有国务院批准颁发的《建设工程质量管理条例》、国务院办公厅颁发的《关于加强基础设施施工质量管理的通知》、原国家技术监督局(现更名为国家技术质量监督检验检疫总局)和原建设部联合发布的《建设工程监理规范》等。

关于建设工程监理单位及监理工程师的规定，有《注册监理工程师管理规定》(建设部 147 号令)、《建设工程监理单位资质管理试行办法》(建设部 16 号令)、《监理工程师资格考试和注册试行办法》(建设部 18 号令)、《关于发布建设工程监理费有关规定的通知》(价费字【1992】479 号)等。关于建设工程施工合同及委托监理合同的规定，有《建设工程施工合同(示范文本)》，其主要内容有协议书、通用条款和专用条款等；《建设工程委托监理合同(示范文本)》，其主要内容有建设工程委托监理合同、标准条件以及专用条件等。

1.2.2 其他与工程监理相关的法律、法规

与工程监理相关的其他方面的法律、法规有《中华人民共和国合同法》、《中华人民共和国招标投标法》、《建筑工程技术标准》、《建设工程施工安全技术操作规程》以及《中华人民共和国民法通则》中的相关法律规范和内容，这些都是建设工程监理法律制度的重要组成部分。

目前，我国颁布的法律、法规中有关建设工程监理的条款不少，部门规章和地方性法规的数量更多，这充分反映了建设工程监理的法律地位。但从加入 WTO 的角度看，这方面的法制建设还比较薄弱，突出表现在市场规则和市场机制两方面：市场规则特别是市场竞争规则和市场交易规则还不健全；市场机制包括信用机制、价格形成机制、风险防范机制、仲裁机制等均尚未形成。应在总结经验的基础上，借鉴国际上通行的做法，将这些市场规则和市场机制逐步建立和健全；只有这样，才能使我国的建设工程监理走上有法可依、有法必依的轨道，才能适应加入 WTO 后的新形势。

1.3 建设程序和建设工程管理制度

1.3.1 建设程序

基本建设程序是指基本建设全过程中各项工作必须遵循的先后顺序。这个顺序不是任意安排的，而是由基本建设进程，即固定资产和生产能力的建造及形成过程的规律所决定的。从基本建设

的客观规律、工程特点、协作关系、工作内容来看，在多层次、多交叉、多关系、多要求的时间和空间里组织好建设，必须使项目建设中各阶段和各环节的工作相互衔接。

概括地讲，我国基本建设程序的主要阶段是：项目建议书阶段、可行性研究报告阶段、设计工作阶段、建设准备阶段、建设实施阶段、竣工验收阶段和项目后评价阶段。

(1) 项目建议书阶段(包括立项评估)

项目建议书是由投资者对准备建设的项目提出的大体轮廓性设想和建议，主要是为确定拟建项目是否有必要建设，是否具备建设的条件，是否需再作进一步的研究论证工作提供依据。国家规定，项目建议书经批准后，可以进行详细的可行性研究工作，但不表明项目非上不可，项目建议书还不是项目的最终决策。项目建议书的内容，视项目的情况不同而有繁有简，一般应包括以下几个方面：

① 建设项目提出的必要性和依据；

② 产品方案、拟建规模和建设地点的初步设想；

③ 资源情况、建设条件、协作关系等的初步分析；

④ 投资估算和资金筹措设想；

⑤ 经济效益和社会效益的估计。

项目建议书按要求编制完成后，按照建设总规模和限额的划分审批权限报批项目建议书。现行规定，凡属大中型或限额以上项目的项目建议书，首先要报送归口主管部门，同时抄送国家发展和改革委员会。归口主管部门先进行初审，初审通过后报国家发展和改革委员会，由国家发展和改革委员会从建设总规模、生产力总布局、资源优化配置及资金供应可能、外部协作条件等方面进行综合平衡，并委托有资格的工程咨询单位评估后审批。其中，总投资超过 2 亿元的项目经国家发展和改革委员会审查后报国务院审批，凡归口主管部门初审未通过的项目，国家发展和改革委员会不予审批。凡属小型和限额以下项目(3000 万元以下)的项目建议书，按项目隶属关系报部门或地方发展和改革委员会审批。

(2) 可行性研究报告阶段

项目建议书经批准后即可着手进行可行性研究，即对项目在技术上是否可行和经济上是否合理进行科学的分析和论证。国家规定，凡是经可行性研究后未通过的项目，不得进行下一步工作。可行性研究报告的基本内容如下：

① 项目提出的背景和依据；

② 建设规模、建设方案、市场预测和确定的依据；

③ 技术工艺、主要设备、建设标准；

④ 资源、原材料和燃料供应、动力、运输、供水等协作条件；

⑤ 建设地点、平面布置方案、占地面积；

⑥ 项目设计方案，协作配套工程；

⑦ 环保、防震等要求；

⑧ 劳动定员和人员培训；

⑨ 建设工期和实施进度；

⑩ 投资估算和资金筹措方式；

⑪ 经济效益和社会效益。

(3) 设计工作阶段

设计是对拟建工程的实施在技术上和经济上进行全面而详尽的安排，是基本建设计划的具体化，是整个工程的决定性环节，是组织施工的依据。它直接关系着工程质量和将来的使用效果。可行性研究报告经批准的建设项目应通过招标、投标择优选择设计单位，按照批准的可行性研究报告内容和要求进行设计、编制文件。根据建设项目的不同情况，设计过程一般划分为初步设计和施工图设计两个阶段。初步设计是设计的第一阶段，它根据批准的可行性研究报告和必须准备的设计基础资料，对设计对象进行通盘研究，阐明在指定的地点、时间和投资控制数额内，拟建工程在技术上的可行性和经济上的合理性；通过对设计对象作出的基本技术规定，编制项目总概算。根据国家规定，如果初步设计提出的总概算超过可行性研究报告确定的总投资估算的10%以上或其他主要指标需要变更时，要重新报批可行性研究报告。

承担项目设计的单位的设计水平必须与项目大小和复杂程度相一致。按现行规定，工程设计单位分为甲、乙、丙、丁四级，各行业对本行业设计单位的分级标准和允许承担的设计任务范围有明确的规定，低等级的设计单位不得越级承担工程项目的设计任务。初步设计由投资计划的管理方组织审批，其中大中型和限额以上项目要报国家发展和改革委员会备案。初步设计文件经批准后，总平面布置、主要工艺过程、主要设备、建筑面积、建筑结构、总概算等不得随意修改、变更。

(4) 建设准备阶段

① 预备项目。初步设计已经批准或正在组织审批的项目，可列为预备项目。预备项目在进行建设准备过程中的投资活动，不计算建设工期。

② 建设准备的内容。项目在开工建设之前要切实做好各项准备工作，建设准备的主要工作内容包括以下几个方面：

a. 征地、拆迁和场地平整；

b. 完成施工用水、电、路等工程；

c. 组织设备、材料订货；

d. 准备必要的施工图纸；

e. 组织施工招标、投标，择优选定施工单位。

③ 报批开工报告。按规定进行建设准备并在具备了各项开工条件以后，建设单位要求批准新项目开工建设时，需向主管部门提出申请。项目在报批新开工前，必须由审计机关对项目的有关内容进行审计证明。审计机关主要是对项目的资金来源是否正当，项目开工前的各项支出是否符合国家的有关规定，资金是否存入规定的专业银行进行审计。建设单位在向审计机关申请审计时，应提供资金的来源及其存入专业银行的凭证、财务计划等有关资料。国家规定，新开工的项目还必须具备按施工顺序，至少三个月以上的工程施工图纸，否则不能开工建设。

(5) 建设实施阶段

建设实施阶段是基本建设程序中的关键阶段，是对酝酿筹备已久的项目具体付诸实施，使之尽快建成让投资发挥效益的关键环节。在这个阶段中建设单位起着至关重要的作用，对工程进度、质量、费用的管理和控制责任重大。

(6) 竣工验收阶段

竣工验收是工程建设过程的最后一环，是全面考核基本建设成果、检验设计和工程质量的重要步骤。

① 申报竣工验收的准备工作。建设单位应认真做好竣工验收的准备工作，主要有以下几个方面：

a. 整理技术资料。各有关单位(包括设计、施工单位)应将技术资料进行系统整理，由建设单位分类立卷后，交使用单位统一保管。技术资料主要包括土建方面、安装方面及其他各种有关的文件、合同等。

b. 绘制竣工图纸。竣工图纸与其他技术资料一样，是建设单位移交使用单位的重要资料。竣工图必须准确、完整,符合归档要求,方能交工验收。

c. 编制竣工决算。建设单位必须及时认真清理所有财产、物资和未用完或应收回的资金,编制工程竣工决算,报主管部门审查。竣工决算是反映建设项目实际造价和投资效益的文件,是办理交付、使用新增固定资产的依据。

② 竣工验收的程序和组织。按国家现行规定,建设项目的验收阶段根据项目规模的大小和复杂程度可分为初步验收和竣工验收两个阶段进行。规模较大、较复杂的建设项目(工程)应先进行初验,然后进行全部建设项目(工程)的竣工验收。规模较小、较简单的项目(工程),可以一次性进行全部项目(工程)的竣工验收。建设项目(工程)全部完成,经过各单项工程的验收,符合设计要求并具备竣工图表、竣工决算、工程总结等必要文件资料,由项目主管部门或建设单位向负责验收的单位提出竣工验收申请报告。

(7) 项目后评价阶段

这一阶段主要是总结项目建设成功或失误的经验教训,供以后的项目决策借鉴;同时,也可为决策和建设中的各种失误找出原因,明确责任;还可对项目投入生产或使用后存在的问题提出解决办法,弥补项目决策和建设中的缺陷。

1.3.2 建设工程管理制度

根据法律、法规的规定,我国已形成了相互关联、相互支持的建设工程管理制度体系。

1.3.2.1 项目法人责任制

为了建立投资约束机制,规范建设单位的行为,建设工程应当按照政企分开的原则组建项目法人,实行项目法人责任制,即由项目法人对项目的策划、资金筹措、建设实施、生产经营、债务偿还和资产的保值、增值,实行全过程负责的制度。

(1) 项目法人责任制是实行建设工程监理制的必要条件

项目法人责任制,执行"谁投资,谁决策,谁承担风险"的市场经济基本原则,项目法人为了做好决策,尽量避免承担风险,也就为建设工程监理提供了社会需求和发展空间。

(2) 建设工程监理制是实行项目法人责任制的基本保障

建设单位在工程监理企业的协助下,做好投资控制、进度控制、质量控制、合同管理、组织协调等工作,就为在计划目标内实现建设项目提供了基本保证。

1.3.2.2 建设工程施工许可制

建设工程开工前,建设单位应当按照国家有关规定向工程所在地的县级以上人民政府建设行政主管部门申请领取施工许可证,其条件之一是有保证工程质量和安全的具体措施。《建设工程质量管理条例》进一步明确了应按照国家有关规定办理工程质量监督手续。

1.3.2.3 从业资格与资质制度

从事建设活动的建筑施工企业、勘察单位、设计单位和工程监理单位,应当具备下列条件:

① 有符合国家规定的注册资本;

② 有与其从事的建设活动相适应的具有法定执业资格的专业技术人员;

③ 有从事相关建设活动所应有的技术装备;

④ 法律、行政法规规定的其他条件。

1.3.2.4 建设工程招标投标制

《中华人民共和国招标投标法》规定，下列工程建设项目包括项目的勘察、监理及与工程建设有关的重要设备、材料等的采购必须进行招标：

① 大型基础设施、公用事业等关系社会公共利益、公众安全的项目；

② 全部或部分使用国有资金投资或国家融资的项目；

③ 使用国际组织或外国政府贷款、援助资金的项目。

1.3.2.5 建设工程监理制

国家推行建设工程监理制度，国务院对实行强制监理的建设工程的范围作了如下规定：建设工程监理应当依照法律、行政法规及有关的技术标准、设计文件和工程承包合同，对承包单位在施工质量、建设工期和建设资金使用等方面，代表建设单位实施监督。工程监理人员认为工程施工不符合工程设计要求、施工技术标准和合同约定的，有权要求建筑施工企业改正；工程监理人员认为工程设计不符合建筑工程质量标准或合同约定的质量要求的，应当报告建设单位，要求设计单位改正。

1.3.2.6 合同管理制

建设工程的勘察设计、施工、设备材料采购和工程监理都要依法签订合同，明确质量要求、履约担保和违约处罚条款。违约方要承担相应的法律责任。

1.3.2.7 安全生产责任制

所有的工程建设单位都必须遵守《中华人民共和国安全生产法》、《建设工程安全生产管理条例》等有关安全生产的法律、法规和规章，加强安全生产管理，坚持“安全第一、预防为主、综合治理”的安全生产基本方针，建立健全安全生产责任制度，完善安全生产条件，确保安全生产。

1.3.2.8 工程质量责任制

从事工程建设活动的所有单位都要为自己的建筑行为，以及该行为的结果负责，并接受相应的监督。

(1) 工程质量保修制

建设工程承包单位在向建设单位提交工程竣工验收报告时，应当向建设单位出具质量保修书。质量保修书中应当明确建设工程的保修范围、保修期限和保修责任。

(2) 工程竣工验收制

建设工程项目建成后，必须按国家有关规定进行严格的竣工验收，竣工验收合格后，方可交付使用。对未经验收或验收不合格就交付使用的，要追究项目法定代表人的责任；造成重大损失的，要追究其法律责任。

(3) 建设工程质量备案制

工程竣工验收合格后，建设单位应当向工程所在地的县级以上地方人民政府建设行政主管部门备案。提交工程竣工验收报告，勘察、设计、施工、工程监理等单位分别签署的质量合格文件，法律、行政法规规定的应当由规划、公安消防、环保等部门出具的认可文件或准许使用文件，工程质量保修书及备案机关认为需要提供的有关资料。

(4) 建设工程质量终身责任制

建设、勘察、设计、施工、工程监理单位的工作人员因调动工作、退休等原因离开该单位后，被发现在该单位工作期间违反国家有关建设工程质量管理规定的，仍应当依法追究法律责任。

项目法定代表人以及勘察、设计、施工、监理等单位的法定代表人，要按各自的职责对其经手的工程质量负终身责任。如发生重大工程质量事故，不管到哪里工作、担任什么职务，都要追究其相应的行政和法律责任。

1.3.2.9 项目决策咨询评估制

国家大中型项目和基础设施项目，必须严格实行项目决策咨询评估制度。若研究报告未经有资质的咨询机构和专家的评估论证，有关审批部门不予审批；建议书也要经过评估论证，咨询机构要对其出具的评估论证意见承担责任。

1.3.2.10 工程设计审查制

工程项目设计在完成初步设计文件后，须经政府建设主管部门组织，对工程项目内容所涉及的行业及主管部门依据有关法律、法规进行初步设计的会审，会审后由建设主管部门下达设计批准文件，之后方可进行施工图设计。施工图设计文件完成后报送具备资质的施工图设计审查机构，依据国家设计标准、规范的强制性条款进行审查签证后才能用于工程上。

1.4 监理工程师和工程监理企业

1.4.1 监理工程师概述

注册监理工程师是指经考试取得中华人民共和国监理工程师资格证书(以下简称资格证书)，并按照规定注册，取得中华人民共和国注册监理工程师注册执业证书(以下简称注册证书)和执业印章，从事工程监理及相关业务活动的专业技术人员。未取得注册证书和执业印章的人员，不得以注册监理工程师的名义从事工程监理及相关业务活动。

监理工程师

(1) 注册监理工程师享有的权利

① 使用“注册监理工程师”称谓；

② 在规定范围内从事执业活动；

③ 依据本人能力从事相应的执业活动；

④ 保管和使用本人的注册证书和执业印章；

⑤ 对本人执业活动进行解释和辩护；

⑥ 接受继续教育；

⑦ 获得相应的劳动报酬；

⑧ 对侵犯本人权利的行为进行申诉。

(2) 注册监理工程师应当履行的义务

① 遵守法律、法规和有关管理规定；

② 履行管理职责，执行技术标准、规范和规程；
③ 保证执业活动成果的质量，并承担相应责任；
④ 接受继续教育，努力提高执业水准；
⑤ 在本人执业活动所形成的工程监理文件上签字、加盖执业印章；
⑥ 保守在执业中知悉的国家秘密和他人的商业、技术秘密；
⑦ 不得涂改、倒卖、出租、出借或者以其他形式非法转让注册证书或者执业印章；
⑧ 不得同时在两个或者两个以上单位受聘或者执业；
⑨ 在规定的执业范围和聘用单位业务范围内从事执业活动；
⑩ 协助注册管理机构完成相关工作。

1.4.2 监理工程师执业资格考试、注册和继续教育

1.4.2.1 监理工程师执业资格考试

监理工程师执业资格考试由住建部和人社部共同负责组织协调和监督管理。其中，住建部负责组织拟定考试科目，编写考试大纲、培训教材和命题工作，对考试统一规划和组织考前培训。人社部负责审定考试科目、考试大纲和试题，组织实施各项考务工作，会同住建部对考试进行检查、监督、指导和确定考试合格标准。

(1) 执业资格考试报名条件

凡中华人民共和国公民，遵纪守法并具备以下条件之一者，均可申请参加全国监理工程师执业资格考试：

① 工程技术或工程经济专业大专(含大专)以上学历，按照国家有关规定，取得工程技术或工程经济专业中级职务，并任职满 3 年；

② 按照国家有关规定，取得工程技术或工程经济专业高级职务；

③ 1970 年(含 1970 年)以前工程技术或工程经济专业中专毕业，按照国家有关规定，取得工程技术或工程经济专业中级职务，并任职满 3 年。

(2) 考试科目

考试设《建设工程监理基本理论与相关法规》、《建设工程合同管理》、《建设工程质量、投资、进度控制》、《建设工程监理案例分析》共四个科目。

(3) 免试部分科目报名条件

对于从事建设工程监理工作且同时具备下列四项条件的报考人员，可免试《建设工程合同管理》和《建设工程质量、投资、进度控制》两个科目，只参加《建设工程监理基本理论与相关法规》和《建设工程监理案例分析》两个科目的考试：

① 1970 年(含 1970 年)以前工程技术或工程经济专业中专(含中专)以上毕业；
② 按照国家有关规定，取得工程技术或工程经济专业高级职务；
③ 从事工程设计或工程施工管理工作满 15 年；
④ 从事监理工作满 1 年。

1.4.2.2 监理工程师注册

根据《注册监理工程师管理规定》(建设部 147 号令)，注册监理工程师实行注册执业管理制度。取得资格证书的人员，经过注册方能以注册监理工程师的名义执业。

注册监理工程师依据其所学专业、工作经历、工程业绩，按照《工程监理企业资质管理规定》划分的工程类别，按专业申请注册，由省、自治区、直辖市人民政府建设主管部门初审，国务院建设主管部门审批。每人最多可以申请两个专业注册，注册证书和执业印章的有效期为3年。

申请初始注册，应当具备以下条件：

① 全国注册监理工程师执业资格统一考试合格，并取得资格证书；

② 受聘于一个相关单位；

③ 达到继续教育要求。

对申请变更注册、延续注册的，省、自治区、直辖市人民政府建设主管部门应当自受理申请之日起5日内审查完毕，并将申请材料和初审意见报国务院建设主管部门。国务院建设主管部门自收到省、自治区、直辖市人民政府建设主管部门上报材料之日起，应当在10日内审批完毕并作出书面决定。

根据《注册监理工程师管理规定》(建设部147号令)第十三条规定，申请人有下列情形之一的，不予初始注册、延续注册或者变更注册：

① 不具有完全民事行为能力的；

② 刑事处罚尚未执行完毕或者因从事工程监理或者相关业务受到刑事处罚，自刑事处罚执行完毕之日起至申请注册之日止不满2年的；

③ 未达到监理工程师继续教育要求的；

④ 在两个或者两个以上单位申请注册的；

⑤ 以虚假的职称证书参加考试并取得资格证书的；

⑥ 年龄超过65周岁的；

⑦ 法律、法规规定不予注册的其他情形。

1.4.2.3 监理工程师继续教育

注册监理工程师在每一注册有效期内应当达到国务院建设主管部门规定的继续教育要求。继续教育作为注册监理工程师逾期初始注册、延续注册和重新申请注册的条件之一。继续教育分为必修课和选修课，两门课在每一注册有效期内各为48学时。

1.4.3 工程监理企业的资质管理、经营管理和企业管理

1.4.3.1 工程监理企业的资质管理

建设工程监理企业资质是指工程监理企业的综合实力，包括企业技术能力、业务及管理水平、经营规模、社会信誉等，它主要体现在监理能力和监理效果上。建设工程监理企业应当按照所拥有的注册资本、专业技术人员数量和监理业绩等资质条件申请资质。经审查合格，取得相应等级的资质证书后，才能在其资质等级许可的范围内从事工程监理活动。

建设工程监理企业的资质包括主项资质和增项资质。建设工程监理企业如果申请多项专业工程资质，则其主要选择的一项为主项资质，其余的为增项资质。增项资质级别不得高于主项资质级别。

为了加强对建设工程监理企业的资质管理，保障其依法经营业务，促进建设工程监理事业的健康发展，国家建设行政主管部门对建设工程监理企业资质管理工作制定了相应的管理规定。根据我国现阶段管理体制，我国建设工程监理企业的资质管理确定的原则是“统分结合”，按中央和地方两个层次进行管理。

国务院建设行政主管部门负责全国建设工程监理企业资质的归口管理工作。涉及铁道、交通、

水利、信息产业、民航等专业工程监理资质的，由国务院铁道、交通、水利、信息产业、民航等有关部门配合国务院建设行政主管部门实施资质管理工作。省、自治区、直辖市人民政府建设行政主管部门负责本行政区域内建设工程监理企业资质的归口管理工作，省、自治区、直辖市人民政府交通、水利、通信等有关部门配合同级建设行政主管部门实施相关资质类别的建设工程监理企业资质的管理工作。

建设工程监理企业资质管理，主要是指对建设工程监理企业的设立、变更、终止等的资质审查或批准及资质年检工作等。

1.4.3.2 工程监理企业的经营活动基本准则

建设工程监理企业从事建设工程监理活动，应当遵循“守法、诚信、公正、科学”的准则。

（1）守法

守法即遵守国家的法律法规。对于建设工程监理企业来说，守法也就是要依法经营，主要体现在以下几个方面：建设工程监理企业只能在核定的业务范围内开展经营活动；认真履行监理委托合同；建设工程监理企业若离开原住所地承接监理业务，要自觉遵守当地人民政府颁发的监理法规和有关规定，主动向监理工程所在地的省、自治区、直辖市建设行政主管部门备案登记，接受其指导和监督管理。

（2）诚信

诚信即诚实守信用。信用是企业的一种无形资产，加强企业信用管理，提高企业信用水平，是完善我国工程监理制度的重要保证。建设工程监理企业应当建立健全企业的信用管理制度，及时主动与业主进行信息沟通，增强相互间的信任，定期检查和评估企业诚信度。

（3）公正

公正是指建设工程监理企业在监理活动中既要维护业主的利益，又不能损害承建单位的合法权益，并依据合同公平合理地处理业主与承建单位之间的争议。建设工程监理企业要做到公正，应该具有良好的职业道德，坚持实事求是，熟悉有关建设工程合同条款，提高专业技术能力，提高综合分析判断问题的能力。

（4）科学

科学是指建设工程监理企业要依据科学的方法，运用科学的手段做好监理工作。工程监理工作结束后，还要进行科学的总结。

1.4.3.3 工程监理企业的企业管理

强化企业管理，提高科学管理水平，是建立现代企业制度的要求，也是监理企业提高市场竞争能力的重要途径。监理企业管理应抓好成本管理、资金管理、质量管理，增强法治意识，依法经营管理。

（1）基本管理措施

① 市场定位。

要加强自身发展战略研究，制定和实施适应市场的明确的发展战略、技术创新战略，并根据市场变化适时调整。

② 管理方法现代化。

要广泛采用现代管理技术、方法和手段，推广先进企业的管理经验，借鉴国外企业现代管理方法。应当积极推行 ISO 9000 质量管理体系贯标认证工作，严格按照质量手册和程序文件的要求规范企业的各项工作。

③ 建立市场信息系统。

要加强现代信息技术的运用，建立敏捷、准确的市场信息系统，掌握市场动态。

④ 严格贯彻实施《建设工程监理规范》(GB 50319—2000)。

企业应结合实际情况，制定相应的《建设工程监理规范》(GB 50319—2000)实施细则，组织全员学习，在签订监理委托合同、实施监理工作、检查考核监理业绩、制订企业规章制度等各个环节中，都应当以该规范为主要依据。

(2) 建立健全各项内部管理规章制度

签订委托监理合同应当以《建设工程监理规范》(GB 50319—2000)为监理企业的规章制度，一般包括：组织管理、人事管理、劳动合同管理、财务管理、经营管理、设备管理、科技管理、档案文书管理及项目监理机构管理等。有条件的监理企业，还要注重风险管理，实行监理责任保险制度，适当转移责任风险。

(3) 进行市场开发

建设工程监理企业承揽监理业务的方式有两种：一是通过投标竞争取得监理业务；二是由业主直接委托取得监理业务。通过投标取得监理业务，是市场经济体制下比较普遍的形式。《中华人民共和国招标投标法》明确规定，关系公共利益安全、政府投资、外资工程等实行监理必须招标。在不宜公开招标的机密工程或没有投标竞争对手的情况下，或是工程规模比较小、比较单一的监理业务，或是对原建设工程监理企业的续用等情况下，业主也可以直接委托建设工程监理企业。

1.4.4　建设工程监理企业及项目监理的组织机构

建设工程监理企业是指取得工程监理企业资质证书，具有法人资格的监理公司、监理事务所和兼承监理业务的工程设计、科学研究及工程建设咨询的单位，它是监理工程师的执业机构。

1.4.4.1　建设工程监理企业的分类

建设工程监理企业的类别有多种，一般可以分为以下几类：

(1) 按企业组织形式分类

① 公司制监理企业。

公司制监理企业可分为有限责任公司和股份有限公司两类。

② 合资工程监理企业。

合资工程监理企业既包括国内企业合资组建的工程监理企业，又包括中外企业合资组建的工程监理企业。

③ 合作工程监理企业。

对于工程规模大、技术复杂的建设工程项目，当一家工程监理企业难以胜任时，往往由两家，甚至多家工程监理企业共同合作监理，并组成合作工程监理企业，经工商局注册后以独立法人的资格享有民事权利，承担民事责任。仅合作监理而不注册的，不构成合作工程监理企业。

(2) 按隶属关系分类

① 独立法人工程监理企业。

② 附属机构工程监理企业。这是指企业法人中专门从事建设工程监理工作的内设机构。如一些科研单位、设计单位内设的“监理部”。

(3) 按工程类别分类

目前，我国把土木工程按照工程性质和技术特点分为 14 个专业工程类别，它们分别是：房屋建筑工程、公路工程、铁路工程、民航机场工程、港口及航道工程、水利水电工程、电力工程、矿山工程、冶炼工程、石油化工工程、市政公用工程、通信广电工程、机电安装工程和装饰装修工程。每个专业工程类别按照工程规模或技术复杂程度又分为三个等级。

上述工程类别的划分对建设工程监理企业只是体现在业务范围上，并没有完全用来界定建设工程监理企业的专业性质。

(4) 按资质等级分类

按资质等级，监理企业分为甲级、乙级和丙级。甲级资质表明建设工程监理企业无论从资金、人员、技术装备，还是监理业绩在全国监理行业都是一流的。甲级资质由国务院建设行政主管部门负责审批。乙级和丙级资质由省、自治区、直辖市人民政府建设行政主管部门负责定级审批，国务院所属铁道、交通、水利等部门负责本部门直属的乙级和丙级工程监理企业的定级审批。

1.4.4.2　项目监理的组织机构

监理单位与业主签订委托监理合同后，在实施建设工程监理之前，应建立项目监理机构。项目监理机构的组织形式和规模，应根据委托监理合同规定的服务内容、服务期限、工程类别、规模、技术复杂程度、工程环境等因素确定。

(1) 确定项目监理机构目标

建设工程监理目标是项目监理机构建立的前提，项目监理机构的建立应根据委托监理合同中确定的监理目标制订总目标，并明确划分监理机构的分解目标。

(2) 确定监理工作内容

根据监理目标和委托监理合同中规定的监理任务，明确列出监理工作内容，并进行分类归并及组合。监理工作的归并及组合应便于监理目标控制，并综合考虑监理工程的组织管理模式、工程结构特点、合同工期要求、工程复杂程度、工程管理及技术特点，还应考虑监理单位自身的组织管理水平、监理人员数量、技术业务特点等。如果建设工程进行实施阶段全过程监理，监理工作的划分可按设计阶段和施工阶段分别归并和组合。

(3) 项目监理机构的组织结构设计

项目监理机构的组织结构设计一般可按以下步骤进行：

① 选择组织结构形式。

由于建设工程规模、性质、建设阶段等的不同，设计项目监理机构设计时应选择适宜的组织结构形式以适应监理工作的需要。组织结构形式选择的基本原则是有利于工程合同管理、决策指挥和信息沟通。

② 合理确定管理层次与管理跨度。

项目监理机构中一般应有以下三个层次：

a. 决策层。决策层由总监理工程师和其他助手组成，主要根据建设工程委托监理合同的要求和监理活动内容进行科学化、程序化决策与管理。

b. 中间控制层(协调层和执行层)。中间控制层由各专业监理工程师组成，具体负责监理规划的落实、监理目标的控制及合同实施的管理。

c. 作业层(操作层)。作业层主要由监理员、检查员等组成，具体负责监理活动的操作实施。

项目监理机构中管理跨度的确定应考虑监理人员的素质、管理活动的复杂性和相似性、监理业务的标准化程度、各项规章制度的建立和健全情况、建设工程的集中或分散情况等，按监理工作实际需要确定。

③ 项目监理机构部门划分。

项目监理机构要合理划分各职能部门，应依据监理机构目标、监理机构可利用的人力和物力资源以及合同结构情况，将投资控制、进度控制、质量控制、合同管理、组织协调等监理工作内容按不同的职能活动形成相应的管理部门。

④ 制订岗位职责及考核标准。

岗位职务及职责的确定，要有明确的目的性。应根据责权一致的原则，对监理人员进行适当的授权，以承担相应的职责，并应确定考核标准，对监理人员的工作进行定期考核，包括内容考核、标准考核及时间考核。

⑤ 选派监理人员。

根据监理工作的任务，选择适当的监理人员，包括总监理工程师、专业监理工程师和监理员，必要时可配备总监理工程师代表。监理人员的选择除应考虑个人素质外，还应考虑人员总体构成的合理性与协调性。

我国《建设工程监理规范》(GB 50319—2000)规定，项目总监理工程师应由具有3年以上同类工程监理工作经验的人员担任；总监理工程师代表应由具有2年以上同类工程监理工作经验的人员担任；专业监理工程师应由具有1年以上同类工程监理工作经验的人员担任。并且项目监理机构的监理人员应专业配套，数量满足建设工程监理工作的需要。

(4) 制定工作流程和信息流程

为使监理工作科学、有序地进行，应按监理工作的客观规律制定工作流程和信息流程，规范化地开展监理工作。关于监理工作的流程及项目监理的组织机构形式将在下面章节中详述。

1.5 建设工程目标控制

1.5.1 目标控制基本环节

建设工程监理是一种以严密制度为特征的综合管理行为，强调对工程建设项目实施全方位、全过程的监督与管理，以达到工程建设的目标。因此，建设工程监理活动属于法律、法规及技术性强的综合行为，要求建设工程监理人员在工程建设项目建设的全过程或某一阶段，按照一定的标准、规范和规程进行调整控制，以保证工程建设项目按合同约定的顺利进行。

建设工程监理的目标是控制投资、进度和质量。合同管理、信息管理和全面的组织协调是实现投资、进度和质量目标所必须运用的控制手段和措施。只有确定了投资和质量的目标，监理单位才能对工程建设项目进行有效的监督控制。同一项目的三大目标之间的关系是辩证统一的。

对于某一个工程建设项目，其三大目标之间不能说哪个最重要。不同的工程建设项目，在不同的时期，目标的重要程度是不同的。对于监理工程师而言，要能处理好在特定条件下工程建设项目三大目标之间的关系及其重要顺序。在确定目标和对各目标实施控制时，都要考虑对其他目标的影响，进行多方面、多方案的分析和对比，既要做到节省投资，又要做到进度快、质量好，力争在矛盾中求得投资、质量、进度三大目标的统一，确保整个目标系统可行，进而达到目标系统的最优化。

工程建设项目控制是控制论与工程建设项目管理实践相结合的产物，具有很强的适用性。由于工程建设项目的一次性特点，将前馈控制、反馈控制、主动控制、被动控制等基本方法应用到建设监理中，有助于提高监理人员的主动监理意识和监理水平。

1.5.2　目标控制类型及流程

工程建设项目目标控制是一项系统工程。所谓控制就是按照计划目标和组织系统，对系统各个部分进行跟踪检查，以保证协调地实现总体目标。控制的主要任务是把计划执行情况与计划目标进行比较，找出差异，并对结果进行分析，排除差异并预防差异产生，使总体目标得以实现。

(1) 前馈控制与反馈控制

工程建设项目中控制形式分为两种：一种是前馈控制，又称开环控制；另一种是反馈控制，又称闭环控制。如图 1-1 所示。

图 1-1　工程项目控制示意图

(a) 前馈控制；(b) 反馈控制

反馈就是把被控制对象的输出信息经过加工整理后回送到控制器输入并产生新的输出信息，再将其输入被控制对象，找出影响其行为和结果的过程。只有依赖反馈信息，才能对比情况、找出偏差、分析原因、采取措施，进行调节和控制。简单的反馈控制，实际上常常成为事后控制，起不到"防患于未然"的作用。为了避免被动和造成损失，前馈控制即面对未来的控制是十分重要的。前馈控制在进入运行过程输入前，就已掌握或预测到控制对象是否符合计划的要求，如果不符合，就要改变输入或运行过程。因此，前馈控制在科学预测今后可能发生偏差的基础上，在偏差发生之前，就要采取措施加以控制，防止偏差的发生。当然，在管理过程中各方面的情况是极为复杂多变的，由于项目本身的复杂性和人预测能力的局限性，前馈控制也可能发生偏差。因此，需要把前馈控制和反馈控制结合起来，形成工程建设项目在实施中的事前、事中、事后的全过程控制。

(2) 主动控制与被动控制

工程建设项目在实施过程中，控制是动态的，分为两种情况：一种是预先分析目标产生的偏差的可能性、估计工程建设项目可能产生的偏差、采取预防措施进行控制，称为主动控制；另一种是发现目标产生的偏差、分析原因、采取纠偏措施，称为被动控制。如图 1-2 所示。

图 1-2　主动、被动示意图

(a) 主动控制；(b) 被动控制

工程建设项目的一次性特点，要求监理人员具有较强的主动控制能力，工程合同和施工规范为监理人员实施主动控制提供了条件。但影响工程建设项目目标实现的因素是复杂多变的，作为监理人员应当认真分析、研究和决策，除采取主动控制方法以外，也应辅之以被动控制方法。主动控制和被动控制相结合，是监理工程师做好监理工作的保证。

(3) 工程建设项目监理目标动态控制

动态控制是一个有限循环的过程，贯穿于工程建设项目实施阶段的始终。动态控制的过程分为确定目标、检查成效、纠正偏差三个步骤。动态控制是在监理规划的指引下进行的。动态控制的要点如下。

① 控制是一定的主体为实现一定的目标而采取的一种行为，要实现现代化的控制，必须首先满足两个条件：一是要有一个合格的主体；二是要有明确而系统的目标。

② 控制是按实现预先拟订的计划目标进行的，控制活动就是检查实际发生的情况与计划目标

是否存在偏差,偏差是否在允许的范围内,是否采取措施及采取何种措施以纠正偏差。

③ 控制的方法是检查、分析、监督、引导和纠正。

④ 既要对工程建设项目实施的全过程进行控制,又要对其所有因素,如人为因素,资金因素,材料机具设备因素、环境因素、地基因素等所有因素进行全面控制。

⑤ 控制是系统的、全面的、动态的主动控制。

1.6 建设工程监理组织

1.6.1 建设工程监理实施程序及实施原则

1.6.1.1 建设工程监理实施程序

(1) 确定项目总监理工程师,成立项目监理机构

监理单位应根据建设工程的规模、性质及业主对监理工作的要求,委派称职的人员担任项目总监理工程师,代表监理单位全面负责该工程的监理工作。一般情况下,监理单位在承接工程监理任务时,在参与工程监理的投标、拟订监理大纲(方案)以及与业主商谈和签订委托监理合同时,即应选派称职的人员主持该项工作,在监理任务确定并签订委托监理合同后,该主持人即可作为项目总监理工程师。这样,项目的总监理工程师在承接任务阶段就已介入,从而更能了解业主的建设意图和对监理工作的要求,并与后续工作能更好地衔接。总监理工程师是建设工程监理工作的总负责人,他对内向监理单位负责,对外向业主负责。

(2) 编制建设工程监理规划

建设工程监理规划是开展工程监理活动的纲领性文件,有关内容将在后续章节介绍。

(3) 制定各专业监理实施细则

在监理规划的指导下,为具体指导投资控制、质量控制、进度控制的进行,还需结合建设工程实际情况,制定相应的实施细则。

(4) 规范化地开展监理工作

(5) 参与验收,签署建设工程监理意见

建设工程施工完成以后,监理单位应在正式验收前组织竣工预验收,在预验收中发现的问题,应及时与施工单位沟通,提出整改要求。监理单位应参加业主组织的工程竣工验收,签署监理单位意见。

(6) 向业主提交建设工程监理档案资料

建设工程监理工作完成后,监理单位向业主提交的监理档案资料应在委托监理合同文件中约定。如合同中没有作出明确规定,监理单位一般应提交设计变更资料、工程变更资料、监理指令性文件,以及各种签证资料等档案资料。

(7) 监理工作总结

监理工作完成后,项目监理机构应及时从两方面进行监理工作总结:其一,向业主提交监理工作总结,其主要内容包括委托监理合同履行情况概述,监理任务或监理目标完成情况的评价,由业主提供的供监理活动使用的办公用房、车辆、试验设施等的清单,表明监理工作终结的说明等;其二,向监理单位提交监理工作总结,其主要内容包括监理工作的经验,可以是采用某种监理技术、方法的经验,也可以是采用某种经济措施、组织措施的经验,委托监理合同执行方面的经验或如何处理好与业主、承包单位关系的经验等,以及监理工作中存在的问题及改进的建议。

1.6.1.2 实施原则

监理单位受业主委托对建设工程实施监理时，应遵循以下基本原则：

(1) 公正、独立、自主的原则

监理工程师在建设工程监理工作中必须坚持公正、独立、自主的原则。业主与承建单位虽然都是独立运行的经济主体，但他们追求的经济目标有差异，监理工程师应在按合同约定的权、责、利关系的基础上，协调双方的一致性。只有按合同的约定建成工程，业主才能实现投资的目的，承建单位也才能实现自己生产的产品的价值，取得工程款和实现赢利。

(2) 权责一致的原则

监理工程师承担的职责应与业主授予的权限相一致。监理工程师的监理职权，依赖于业主的授权，这种权限的授予，除体现在业主与监理单位之间签订的委托监理合同之中外，还应作为业主与承建单位之间建设工程合同中的合同条款。因此，监理工程师在明确业主提出的监理目标和监理工作内容要求后，应与业主协商，明确相应的授权，达成共识后明确反映在委托监理合同中及建设工程合同中。据此，监理工程师才能开展监理活动。

总监理工程师代表监理单位全面履行建设工程委托监理合同，承担合同中确定的监理方向业主方所承担的义务和责任。因此，在委托监理合同实施中，监理单位应给总监理工程师充分授权，体现权责一致的原则。

(3) 总监理工程师负责制的原则

总监理工程师是工程监理全部工作的负责人。要建立和健全总监理工程师负责制，就要明确权、责、利关系，健全项目监理机构，运用科学的运行制度、现代化的管理手段，形成以总监理工程师为首的高效能的决策指挥体系。

(4) 严格监理、热情服务的原则

严格监理是指各级监理人员严格按照国家政策、法规、规范、标准和合同控制建设工程的目标，依照既定的程序和制度，认真履行职责，对承建单位进行严格监理。

监理工程师还应为业主提供热情的服务。由于业主一般不熟悉建设工程管理与技术业务，监理工程师应按照委托监理合同的要求多方位、多层次地为业主提供良好的服务，维护业主的正当权益。但是，不能因此而一味向各承建单位转嫁风险，从而损害承建单位的正当经济利益。

(5) 综合效益的原则

建设工程监理活动既要考虑业主的经济效益，也必须考虑其与社会效益和环境效益的有机统一。建设工程监理活动虽需经业主的委托和授权才得以进行，但监理工程师应首先严格遵守国家建设管理的法律、法规、标准等，以高度的责任感，既对业主负责，谋求最大的经济效益，又要对国家和社会负责，取得最佳的综合效益。只有在符合宏观经济效益、社会效益和环境效益的条件下，业主投资项目的微观经济效益才能得以实现。

1.6.2 项目监理机构

项目监理机构的组建步骤已在前面的章节介绍，在此不做赘述。下面介绍项目监理机构的组织形式及各种组织形式的特点。

项目监理机构的组织形式是指项目监理机构具体采用的管理组织结构，应根据建设工程的特点、建设工程组织管理模式、业主委托的监理任务以及监理单位自身情况而确定。常用的项目监理机构组织形式有以下几种：

(1) 直线制监理组织形式

这种组织形式的特点是项目监理机构中任何一个下级只接受唯一上级的命令。各级部门主管人员对所属部门的问题负责,项目监理机构中不再另设职能部门。这种组织形式适用于能划分为若干相对独立的子项目的大、小型建设工程。其组织形式如图 1-3 所示。

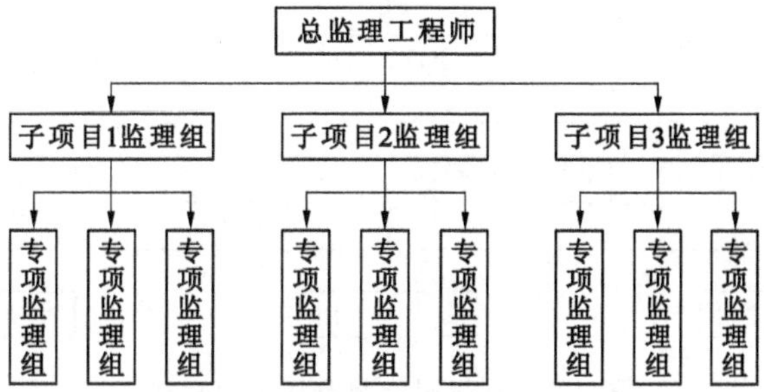

图 1-3 直线制监理组织形式

这种组织形式的主要优点是:组织机构简单,权力集中,命令统一,职责分明,决策迅速,隶属关系明确。其缺点是:实行没有职能部门的"个人管理",这就要求总监理工程师熟悉各种业务,通晓多种知识技能,成为"全能"式的人物。

(2) 职能制监理组织形式

职能制监理组织形式有两类:一类是直线指挥部门和人员,另一类是职能部门和人员。其组织形式如图 1-4 所示。

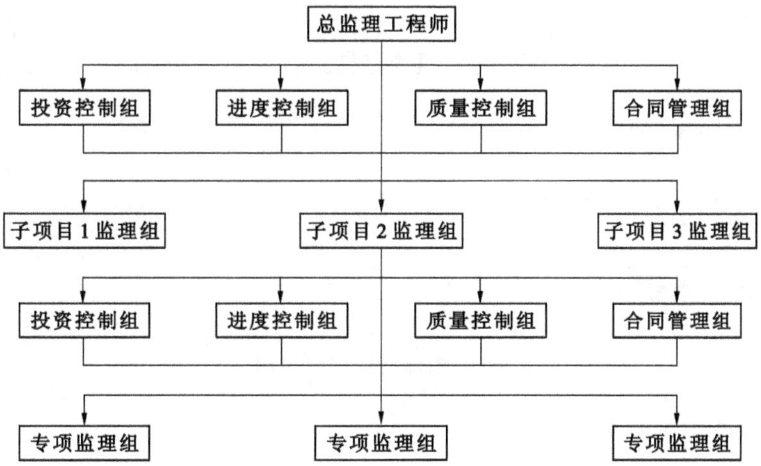

图 1-4 职能制监理组织形式

这种组织形式的主要优点是:加强了项目监理目标控制的职能化分工,能够发挥职能机构的专业管理作用,提高管理效率,减轻总监理工程师的负担。其缺点是:下级人员受多头领导,如果上级指令矛盾,将使下级在工作中无所适从。

(3) 直线职能制监理组织形式

这种组织形式的特点是:指挥部门拥有对下级进行指挥和发布命令的权力,并对该部门全面负责;职能部门是直线指挥人员的参谋,他们只能对指挥部门进行业务指导,而不能对指挥部门直接进行指挥和发布命令。其保有直线领导、统一指挥、职责清楚的优点和职能制组织目标管理专业化的优点。缺点是:职能部门与指挥部门易产生矛盾,信息传递路线长,不利于互通情报。其组织形式如图 1-5 所示。

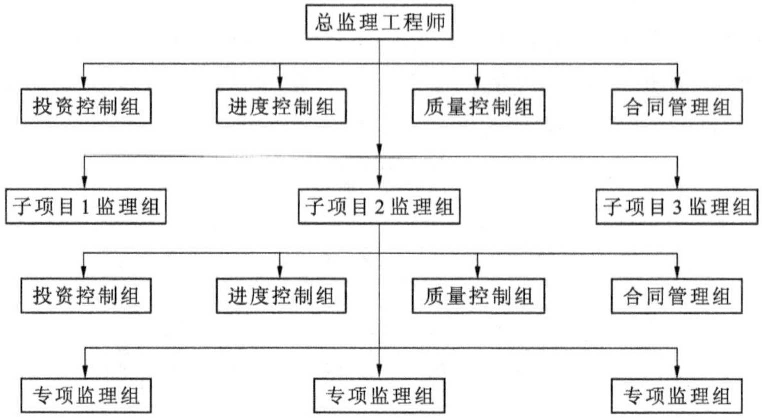

图 1-5 直线职能制监理组织形式

(4) 矩阵制监理组织形式

这种组织形式的特点是:加强了各职能部门的横向联系,具有较大的机动性和适应性,把上下左右集权与分权实行最优的结合,有利于解决复杂问题,有利于监理人员业务能力的培养。其组织形式如图 1-6 所示。

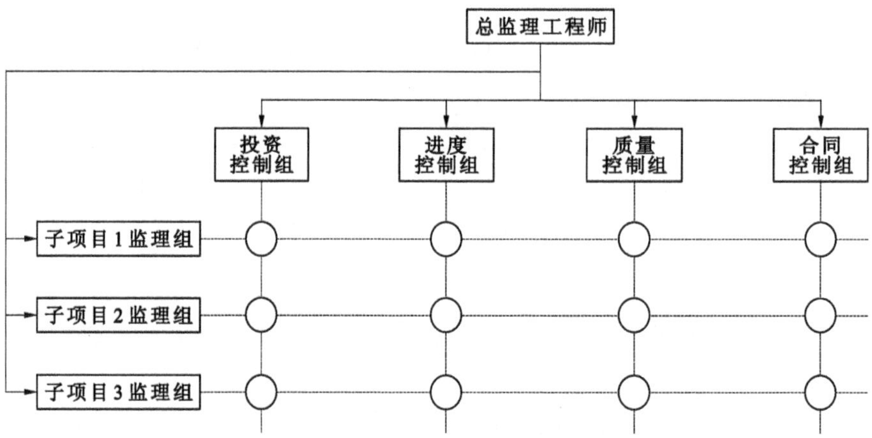

图 1-6 矩阵制监理组织形式

1.6.3 建设工程监理组织协调

建设工程监理过程中对各有关方面的工作协调是一项极其重要的工作。

1.6.3.1 监理协调工作的特点与原则

(1) 监理协调工作的特点

① 监理协调工作涉及的部门与单位多。

建设工程监理除了要与委托人和被监理单位发生工作的协调关系外,还会和勘察设计单位(施工阶段监理)、政府建设主管部门、工程建设质量安全监督站、建设方委托的工程检测单位、造价咨询单位或投资主体委托的审计部门、被监理单位的分包合同中所确定的分包单位等部门和单位发生工作上的协调关系。监理单位在与上述单位的工作协调中,由于相互间的工作性质与工作关系不同,因而要求监理的协调方式和方法有所不同。

② 监理项目具有工作协调的“磨合期”。

监理单位在接受委托、签订委托监理合同后，即进入监理工作的服务期。在此期间，监理人员既要熟悉合同内工程对象的内外部环境和条件，又要与各方人员发生工作上的接触与交流。由于各方人员的工作经历、人生阅历、处事方法与方式、工作地位与工作作风等不尽相同，就形成了各自的办事作风、态度与风格，因此监理工作要形成有效的协调机制，必然要经历一个相互了解、相互适应的“磨合期”。

③ 监理协调的对象以人为主体。

④ 监理协调重在沟通联络。

⑤ 监理工作协调的方式是多样的。

监理工作协调的方式必须采用多种形式，从而达到协调的效果。协调能够以多种方式进行，可以是“口头语言”的协调，也可以是“书面函件”的协调；可以是正式的会议协调，也可以是非正式的“碰头”协调。但无论采用何种方式，都以达到协调的目的为目标。一般正式的会议和书面形式更能引起被协调的有关方的重视，但监理工作中经常性的正式会议和书面形式的协调，可能会因时间紧张而不允许，同时也可能会导致被协调方的误解。因此，要善于运用不同的协调方式。

(2) 监理协调的原则

① 以监理委托合同为工作依据。

② 规范化、标准化工作。

③ 正确把握监理权力。

④ 不应替代原则。

监理人对其他设计、咨询人员的工作做出的任何判断或意见，均应以专业建议的方式提出，不应对设计、咨询人员应承担的义务实施任何程度的替代。监理人在对承建人的工作进行正常的检查、监督、确认或评审时，不应对承建人应承担的义务实施任何程度的替代，但亦不应妨碍监理人对承建人的工作目标做出指令。

⑤ 制度化、程序化监理。

1.6.3.2 监理协调的工作内容

(1) 项目监理机构内部的协调

① 项目监理机构内部人际关系的协调；

② 项目监理机构内部组织关系的协调。

(2) 与业主的协调

监理工程师应从以下几方面加强与业主的协调：

① 监理工程师首先要理解建设工程总目标、理解业主的意图。

② 利用工作之便做好监理宣传工作，增进业主对监理工作的理解，特别是对建设工程管理各方职责及监理程序的理解；主动帮助业主处理建设工程中的事务性工作，以自己规范化、标准化、制度化的工作去影响和促进双方工作的协调一致。

③ 尊重业主，让业主参与建设工程全过程。

(3) 与承建单位的协调

监理工程师对质量、进度和投资的控制都是通过承建单位的工作来实现的，所以做好与承建单位的协调工作是监理工程师组织协调工作的重要内容。

① 与承建单位项目经理关系的协调。从承建单位项目经理及其工地工程师的角度来说，他们

最希望监理工程师是公正、通情达理并容易理解别人的人;希望从监理工程师处得到明确而不是含糊的指示,并且能够对他们所询问的问题给予及时的答复;希望监理工程师的指示能够在他们工作之前发出。他们可能对“本本主义者”以及工作方法僵硬的监理工程师最为反感。这些心理现象,作为监理工程师来说,应该非常清楚。一个既懂得坚持原则,又能理解承建单位项目经理的意见,工作方法灵活,随时可以提出或愿意接受变通办法的监理工程师肯定是受欢迎的。

② 进度问题的协调。由于影响进度的因素错综复杂,进度问题的协调工作也十分复杂。实践证明,有两项协调工作很有效:一是业主和承建单位双方共同商定一级网络计划,并由双方主要负责人签字,作为工程施工合同的附件;二是设立提前竣工奖,由监理工程师按一级网络计划节点考核,分期支付阶段工期奖,如果整个工程最终不能保证工期,由业主从工程款中将已付的阶段工期奖扣回并按合同规定予以罚款。

③ 质量问题的协调。在质量控制方面应实行监理工程师质量签字认可制度。在建设工程实施过程中,设计变更或工程内容的增减是经常出现的,有些是合同签订时无法预料和明确规定的。对于这种变更,监理工程师要认真研究,合理计算价格,与有关方面充分协商,达成一致意见,并实行监理工程师签字认可制度。

④ 对承建单位违约行为的处理。在施工过程中,监理工程师对承建单位的某些违约行为除了立即制止外,可能还要采取相应的处理措施。在发现质量缺陷并需要采取措施时,监理工程师必须立即通知承建单位。监理工程师要有时间期限的概念,否则承建单位有权认为监理工程师对已完成的工程内容是满意或认可的。

1.6.3.3 监理协调的方法

监理工程师可采用如下方法组织协调:

(1) 会议协调法

会议协调法是建设工程监理中最常用的方法,有第一次工地会议、监理例会、专业性监理会议等。

(2) 交谈协调法

交谈协调法包括面对面的交谈和电话交谈两种形式。无论是内部协调还是外部协调,这种方法的使用频率都是相当高的。

(3) 书面协调法

当会议或者交谈不方便或者需要精确地表达自己的意见时,就会用到书面协调的方法。书面协调法的特点是具有合同效力,一般常用于以下几种情况:

① 不需双方直接交流的书面报告、报表、指令和通知等;

② 需要以书面形式向各方提供详细信息和情况通报的报告、信函和备忘录等;

③ 事后对会议记录、交谈内容或口头指令的书面确认。

(4) 访问协调法

访问协调法主要有走访和邀访两种形式。走访是指监理工程师在建设工程施工前或施工过程中,对与工程施工有关的各政府部门、公共事业机构、新闻媒介或工程毗邻单位等进行访问,向他们解释工程的情况,了解他们的意见。邀访是指监理工程师邀请上述各单位(包括业主)代表到施工现场对工程进行指导性巡视,了解现场工作情况。

(5) 情况介绍法

情况介绍法通常是与其他协调方法紧密结合在一起的,它可能是在一次会议前,或是一次交谈前，或者是一次走访或邀访前向对方进行的情况介绍。形式上主要是口头的，有时也伴有书面的。

总之，组织协调是一种管理艺术和技巧，监理工程师尤其是总监理工程师需要掌握领导科学、心理学、行为科学方面的知识和技能，如激励、交际、表扬和批评的艺术、开会的艺术、谈话的艺术、谈判的技巧等。只有这样，监理工程师才能进行有效的协调。

1.7 建设工程监理规划和监理实施细则

1.7.1 建设工程监理工作文件的构成及作用

1.7.1.1 建设工程监理工作文件的构成

建设工程监理是一种特殊的工程建设活动，具有“服务性、科学性、公正性、独立性”的性质。其工作的基本方法主要包括目标规划、动态控制、组织协调、信息管理、合同管理五大手段。其中目标规划是监理工作的基础。取得监理业务与指导监理工作的主要文件有监理大纲、监理规划及监理实施细则。

1.7.1.2 建设工程监理工作文件的作用

(1) 监理大纲的作用

监理大纲

监理大纲是监理工作大纲的简称，也称监理方案，是监理投标文件的重要组成部分，是监理企业为承揽监理业务而编写的方案性文件。如果业主采用招标方式选择监理企业，监理大纲就可以作为投标书或投标书的主要组成部分。监理大纲的作用主要有：

① 监理大纲是为了使业主认可监理企业所提供的监理服务，从而承揽到监理业务。

② 监理大纲是为中标后监理单位开展监理工作制订的工作方案，是中标监理项目委托监理合同的重要组成部分，是监理工作总的要求。

(2) 监理规划的作用

建设工程监理规划是监理单位接受业主委托并签订建设工程监理委托合同之后，在监理工作开始之前编制的，是指导工程项目监理组织全面开展监理工作的纲领性文件。其作用主要有：

① 指导工程项目监理全面开展监理工作。

监理规划需要对项目监理机构开展的各项监理工作做出全面、系统的组织和安排。它包括确定监理工作目标，制定监理工作程序，确定动态控制、合同管理、信息管理、组织协调等各项工作措施和确定各项工作的方法和手段，其基本作用就是指导项目监理机构全面开展监理工作。

② 监理规划是业主确认监理企业能否全面、认真履行合同的主要依据。

监理企业如何履行监理合同，如何落实业主委托监理企业所承担的各项监理服务工作，作为监理的委托方，业主不但需要而且应当了解和确认。同时，业主有权监督监理企业全面、认真地执行监理合同。而监理规划正是业主了解和确认这些情况的重要资料，是业主确认监理企业是否能够履行监理合同的依据性文件。

③ 监理规划是工程监理主管机构对监理企业监督管理的依据。

政府建设监理主管机构对建设工程监理企业要实施监督、管理和指导职能，对其人员素质、专业配套和建设工程监理业绩要进行核查和考评以确认其资质。要做到这一点，除了进行一般性的资质管理工作之外，更为重要的是通过对监理企业的实际监理工作的考核来认定其水平，这可以从监理规划和实施过程中充分地表现出来。因此，政府建设监理主管机构对监理企业进行考核时，十分重视对监理规划的检查。也就是说，监理规划是政府建设监理主管机构监督、管理和指导监理企业开展监理活动的重要依据。

④ 监理规划能够促进工程项目管理过程中承包商与监理方之间的协调工作。

工程项目实施过程中，施工承包方将严格按照承包合同开展工作，而监理规划的编制依据就包括施工承包合同，施工承包合同和监理方的监理规划有着实现工程项目管理目标的一致性和统一性的作用。监理规划确定监理目标、程序、方法、措施等不仅是监理人员开展监理工作的依据，也应该让施工承包方管理人员了解并与之协调配合。

⑤ 监理规划是监理企业内部考核的依据和重要的存档资料。

从监理企业内部管理制度化、规范化、科学化的要求出发，需要对各项目监理机构(包括总监理工程师和专业监理工程师)的工作进行考核，其主要依据就是经过企业内部主管负责人审批的监理企业监理规划。通过考核，可以对有关监理人员的监理工作水平和能力作出客观、正确的评价，从而有利于今后在其他工程上更加合理地安排监理人员，提高监理工作效率。从建设工程监理控制的过程可知，监理规划的内容必然随着工程的进展而逐步调整、补充和完善。它在一定程度上真实地反映了建设工程监理工作的全貌，是最好的监理工作过程记录。因此，它也是每一家工程监理企业的重要存档资料。

(3) 监理实施细则的作用

监理实施细则是监理工作实施细则的简称，是在监理规划的基础上，由专业监理工程师编制，并经总监理工程师批准，针对工程项目中的某一专业或某一方面，指导监理工作的操作性文件。

① 对业主的作用。

业主与监理是委托与被委托的关系，监理通过监理委托合同确定，监理代表业主的利益而工作。监理实施细则是监理工作的指导性资料，它反映了监理单位对项目控制的理解能力、程序控制技术水平。一份翔实且针对性较强的监理实施细则可以消除业主对监理工作能力的疑虑，增强信任感，有利于业主对监理工作的支持。

② 对承建人的作用。

a. 承建人在收到监理实施细则后，会十分清楚各分项工程的监理控制程序与监理方法。在以后的工作中能加强与监理的沟通、联系，明确各质量控制点的检验程序与检查方法，在做好自检的基础上，为监理的抽查做好各项准备工作。

b. 实施细则中对工程质量的通病、工程施工的重点和难点都有预防与应急处理措施。这对承建人起着良好的警示作用，它能时刻提醒承建人在施工中应该注意哪些问题，如何预防质量通病的产生，以避免工程质量留下隐患或延误工期。

c. 承建人加强自检工作，完善质量保证体系，进行全面的质量管理，提高整体管理水平。

③ 对监理人员的作用。

a. 使监理人员通过各种控制方法能更好地进行质量控制。

b. 使监理人员对本工程的认识和熟悉程度提高，更有针对性地开展监理工作。

c. 实施细则中质量通病、重点、难点的分析及预控措施能使现场监理人员在施工中迅速采取补救措施，有利于保证工程的质量。

d. 有利于提高监理人员的专业技术水平与监理素质。

1.7.2　建设工程监理规划的编写

1.7.2.1　监理规划的编制要求

① 监理规划应在签订委托监理合同及收到设计文件后开始编制，完成后必须经监理单位技术负责人审核批准，并应在召开第一次工地会议前报送建设单位。

② 监理规划应由总监理工程师主持、专业监理工程师参加编制。

1.7.2.2　监理规划的编制依据

① 建设工程的相关法律、法规及项目审批文件；

② 与建设工程项目有关的标准、设计文件、技术资料；

③ 监理大纲、委托监理合同文件以及与建设工程项目相关的合同文件。

1.7.2.3　监理规划的主要内容

① 工程项目概况；

② 监理工作范围；

③ 监理工作内容；

④ 监理工作目标；

⑤ 监理工作依据；

⑥ 项目监理机构的组织形式；

⑦ 项目监理机构的人员配备计划；

⑧ 项目监理机构的人员岗位职责；

⑨ 监理工作程序；

⑩ 监理工作方法及措施；

⑪ 监理工作制度；

⑫ 监理设施。

1.7.3　建设工程监理实施细则的编写

1.7.3.1　监理实施细则的编制要求

① 监理实施细则应在相应工程施工开始前编制完成，并必须经总监理工程师批准；

② 监理实施细则应由专业监理工程师编制。

1.7.3.2　监理实施细则的编制依据

① 已批准的监理规划；

② 与专业工程相关的标准、设计文件和技术资料；

③ 施工组织设计。

1.7.3.3 监理实施细则的主要内容

① 专业工程的特点；
② 监理工作的流程；
③ 监理工作的控制要点及目标值；
④ 监理工作的方法及措施。

在监理工作实施过程中，监理实施细则应根据实际情况进行补充、修改和完善。监理实施细则是开展监理工作的重要依据之一，最能体现监理工作服务的具体内容、具体做法，是体现全面、认真开展监理工作的重要依据。

【知识归纳】

(1) 建设工程监理的概念：建设工程监理是一种特定的监理活动，概括地说，也就是对工程建设活动实施的监理。作为一种特定的监理活动，建设工程监理可以完整地表述为：为了保证工程建设活动符合国家规范和业主的要求，社会化、专业化的建设工程监理单位接受业主的委托和授权，依据工程建设的有关批准文件、法律法规、技术标准、经济政策、合同文件等，对工程建设活动进行的监督管理。

(2) 基本建设程序是指基本建设全过程中各项工作必须遵循的先后顺序。概括地讲，我国的基本建设程序主要的阶段是：项目建议书阶段、可行性研究报告阶段、设计工作阶段、建设准备阶段、建设实施阶段、竣工验收阶段和项目后评价阶段。

(3) 注册监理工程师是指经考试取得中华人民共和国监理工程师资格证书，并按照规定注册，取得中华人民共和国注册监理工程师执业证书和执业印章，从事工程监理及相关业务活动的专业技术人员。

(4) 建设工程监理企业经营活动基本准则：建设工程监理企业从事建设工程监理活动，应当遵循“守法、诚信、公正、科学”的准则。

(5) 建设工程监理的目标是控制投资、进度和质量。合同管理、信息管理和全面的组织协调是实现投资、进度和质量目标所必须运用的控制手段和措施。

(6) 项目监理机构的组织形式主要有以下几种形式：直线制监理组织形式、职能制监理组织形式、直线职能制监理组织形式及矩阵制监理组织形式。

(7) 建设工程监理是一种特殊的工程建设活动，具有“服务性、科学性、公正性、独立性”的性质。其工作的基本方法主要包括目标规划、动态控制、组织协调、信息管理、合同管理五大手段。其中目标规划是监理工作的基础。

(8) 监理业务与指导监理工作的主要文件有监理大纲、监理规划及监理实施细则。

【独立思考】

1-1 什么是建设工程监理？它的内涵是什么？
1-2 建设工程监理的基本任务是什么？
1-3 现阶段我国建设工程监理有哪些特点？
1-4 工程目标控制的任务是什么？
1-5 我国的基本建设程序主要有哪些阶段？
1-6 简述监理工程师的概念及职责。

1-7 如何理解工程监理企业经营活动的基本准则?

1-8 项目监理机构的组织形式有哪些?各自有何优缺点?

1-9 简述监理规划与监理大纲、监理实施细则的区别。

【参考文献】

[1] 国家质量技术监督局,中华人民共和国建设部.建设工程监理规范(GB 50319—2000).北京:中国建筑工业出版社,2001.

[2] 中华人民共和国建设部令(第 147 号).注册监理工程师管理规定.

[3] 巩天真,张泽平.建设工程监理概论.2 版.北京:北京大学出版社,2009.

[4] 周和荣.建设工程监理概论.北京:高等教育出版社,2007.

[5] 朱历欣,等.建设工程监理概论.北京:人民交通出版社,2007.

[6] 黄林青.建设工程监理概论.重庆:重庆大学出版社,2009.

2

建设工程质量控制

课前导读

内容提要

本章主要内容包括建设工程质量与建设工程质量控制的概念，工程施工质量控制的依据、程序、方法与手段；施工质量验收的划分、内容、程序、组织与方法；工程质量缺陷与质量事故的成因、处理程序、处理原则和基本要求等。

能力要求

通过本章的学习，要求学生理解建设工程质量控制的概念，熟悉建设工程质量验收的程序和要求，理解和掌握工程质量缺陷与质量事故的产生原因与处理程序。

2.1 工程质量控制相关基本知识

2.1.1 建设工程质量控制

建设工程质量简称工程质量，是指工程满足业主需要，并符合国家法律、法规、技术规范标准、设计文件及合同规定的特性综合。

建设工程质量控制就是为了保证达到工程合同、设计文件、技术规范标准等规定的质量标准而采取的一系列措施和方法。

建设工程质量控制按照建设工程质量形成过程分，主要包括决策阶段的质量控制、设计阶段的质量控制和施工阶段的质量控制三个方面；按照实施工程质量全员控制分，主要包括政府的质量控制、设计单位的质量控制、施工单位的质量控制和监理单位的质量控制四个方面。

政府对建设工程的质量控制贯穿于建设的全过程，主要侧重于宏观的社会效益，其作用是强制性的，目的是保证工程项目的建设符合社会公共利益，保证国家的有关法规、标准及规范的执行。

设计单位对建设工程的质量控制主要是以法律、法规和设计合同为依据，对勘察设计全过程进行控制，以满足建设单位对勘察设计质量的要求。

施工单位对建设工程的质量控制主要是在施工过程中，按照工程建设承包合同对工程质量要求的约定，依据相关标准和规定完成建设工程项目，提交建设单位所需要的工程产品。

监理单位对建设工程的质量控制主要是受建设单位的委托，按照委托监理合同和工程建设承包合同对工程质量要求的约定，对施工单位的工程质量进行全面的监督和认证，以满足建设单位所提出的质量要求。

2.1.2 检验

检验就是对被检验项目中的性能进行量测、检查、试验等，并将结果与标准规定进行比较，以确定每项性能是否合格所进行的活动。

2.1.3 检验批、分项工程、分部工程、单位工程

(1) 检验批

检验批是指按同一生产条件或按规定的方式汇总起来供检验用的，由一定数量样本组成的检验体。检验批是施工质量验收的最小单位，是分项工程乃至整个建筑工程质量验收的基础。

(2) 分项工程

分项工程是由检验批聚集构成的。在构成分项工程的所有检验批质量都合格而且通过检查验收的条件下，分项工程自然是合格的。它主要是通过检查各检验批的验收记录将其汇总而进行验收的，带有间接推定的含义。

(3) 分部工程

分部工程是由分项工程构成的。分部工程的验收主要依靠相应分项工程验收资料的汇总检查，由于覆盖面更大、范围更广，还须补充一些其他检查手段。

(4) 单位工程

单位工程(又称子单位工程)是由分部工程构成的。同样，构成单位工程的各分部工程都已经检查验收且合格了，则该单位(子单位)工程自然是合格的。当然，验收主要依靠对相关分部工程验

收资料的汇总检查，但由于这是最终质量的验收，还应对其使用功能的重要项目补充一些检查，才能最后加以验收。

2.1.4 主控项目和一般项目

(1) 主控项目

主控项目是指建设工程中对安全、卫生、环境保护和公众利益起决定性作用的检验项目。如混凝土结构工程中“受力钢筋的品种、级别、规格、数量和连接方式必须符合设计要求”等都是主控项目。

(2) 一般项目

一般项目是指除主控项目以外的检验项目。如“钢筋的接头宜设置在受力较小处，同一纵向受力钢筋不宜设置两个或两个以上接头，接头末端至钢筋弯起点的距离不应小于钢筋直径的10倍”；“钢筋应平直、无损伤，表面不得有裂纹、油污、颗粒状或片状老锈”等都是一般项目。

2.1.5 旁站、巡视和平行检验

(1) 旁站

旁站是指在关键部位或关键工序施工过程中由监理人员在现场进行的监督活动。旁站的部位或工序要根据工程特点与承包单位内部质量管理水平及技术操作水平决定。一般而言，混凝土浇筑、预应力张拉过程及压浆基础工程中的软基处理、复合地基施工（如搅拌桩、悬喷桩、粉喷桩）、路面工程的沥青拌和料摊铺、沉井过程、桩基的打桩过程、防水施工、隧道衬砌施工中超挖部分的回填、边坡喷锚打锚杆等要实施旁站。

(2) 巡视

巡视是指监理人员对正在施工的部位或工序现场进行的定期或不定期的监督活动，它不限于某一部位或过程。

(3) 平行检验

平行检验是项目监理机构利用一定的检查或检测手段，在承包单位自检的基础上，按照一定的比例独立进行检查或检测的活动。平行检验是监理工程师质量控制的一种重要手段，是监理工程师对施工质量验收做出自己独立判断的重要依据。

2.1.6 验收

验收是指建设工程在施工单位自行质量检查评定的基础上，参与建设活动的有关单位对检验批、分项工程、分部工程、单位工程的质量进行抽样复验，根据相关标准和设计文件以书面形式对工程质量合格与否做出的确认。

2.1.7 缺陷、一般缺陷、严重缺陷

(1) 缺陷

缺陷是指欠缺或不够完备的地方。

(2) 一般缺陷

一般缺陷是指不影响产品的运转和运行、不会成为故障起因，但对产品外观或下道工序影响较大的缺陷。

(3) 严重缺陷

严重缺陷是指可能引起易于纠正的异常情况、可能引起易于修复的故障或对产品外观造成难以令人接受的缺陷。

如建设工程中现浇结构外观质量，混凝土表面缺少水泥砂浆而形成的石子外露称为蜂窝，当构件主要受力部位有蜂窝即为严重缺陷，其他部位有少量蜂窝即为一般缺陷。

2.1.8 返修和返工

(1) 返修

返修是指对工程中不符合标准规定的部位采取修整等措施。

(2) 返工

返工是指对不合格的工程部位采取重新制作、重新施工等措施。

2.1.9 质量证明文件

质量证明文件指的是随同进场材料、设备等一同提供的能够证明其质量状况的文件。通常包括出厂合格证、说明书、型号检验报告、进场验收、进场复验、见证取样检验和现场实体检验等相关性能检测报告。进口产品还应包括出入境商品检验合格证明等。

2.1.10 核查

核查是指对一项工作的完成现状与预期或计划进行比较和确认。

2.2 工程项目质量控制的基本原理

2.2.1 PDCA 循环原理

PDCA 循环视频

工程项目的质量控制是一个持续的过程，首先在提出项目质量目标的基础上，制订质量控制计划以及实现该计划需采取的措施。然后将计划加以实施，特别要在组织上加以落实，真正将工程项目质量控制的计划措施落到实处。在实施过程中，还要经常检查、监测，以评价检查结果与计划是否一致。最后对出现的工程质量问题进行处理，对暂时无法处理的质量问题重新进行分析，进一步采取措施加以解决。这一过程的原理就是 PDCA 循环。

PDCA 循环又称为戴明环，是美国质量管理专家戴明博士首先提出的。PDCA 循环是工程项目质量管理应遵循的科学程序。其质量管理活动的全部过程，就是质量计划的制订和组织实现的过程，这个过程按照 PDCA 循环，周而复始地不停运转。

PDCA 由英语单词 Plan(计划)、Do(执行)、Check(检查)和 Action(处理)的首字母组成，PDCA循环就是按照这样的顺序进行质量管理，并且不断循环进行的科学程序。

工程项目质量管理活动的运转，离不开管理循环的转动，这就是说，改进与解决质量问题，赶超先进水平的各项工作，都要运用 PDCA 循环的科学程序。不论是提高工程施工质量，还是降低不合格率，都要先提出目标，即质量提高到什么程度，不合格率降低多少。这就要有个计划，这个计划不仅包括目标，而且包括实现这个目标需要采取的措施。计划制订之后，就要按照计划进行检查，看是否达到了预期效果，能否实现预期的目标。通过检查找出问题和原因，最后就要进行处理，将经验和教训制定成标准，形成制度。

PDCA 循环作为工程项目质量管理体系运转的基本方法，其实施需要监测、记录大量工程施工数据资料，并综合运用各种管理技术和方法。一个 PDCA 循环一般都要经历以下四个阶段（如图 2-1所示），共八个步骤（如图 2-2 所示）。

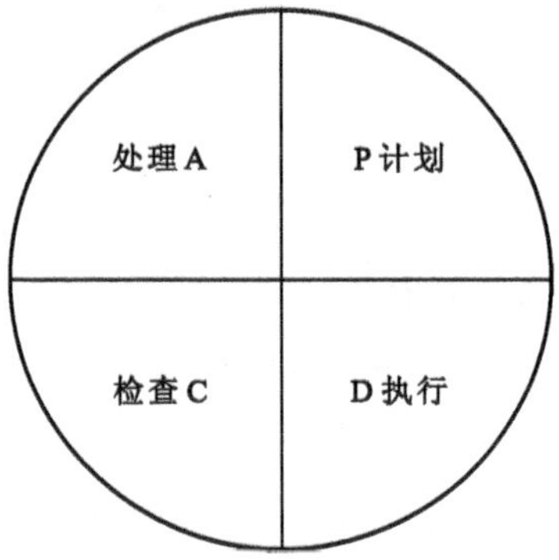

图 2-1　PDCA 循环的四个阶段

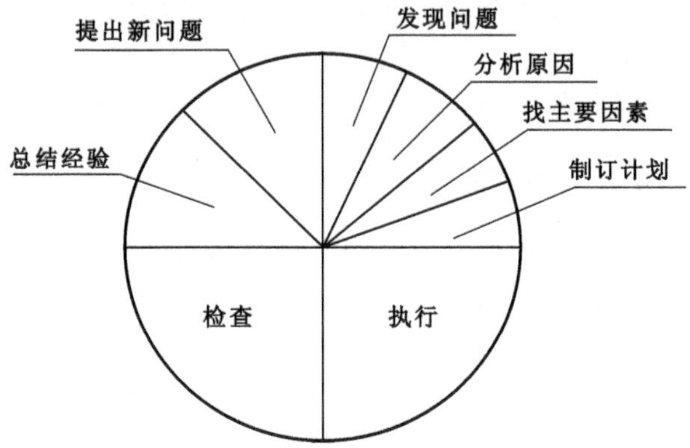

图 2-2　PDCA 循环的八个步骤

在实施以上所述的 PDCA 循环时，工程项目的质量控制要重点做好施工准备、施工、验收、服务全过程的质量监督，抓好全过程的质量控制，确保工程质量目标达到预期的要求，具体措施如下：

① 将质量目标逐层分解到分部工程、分项工程，并落实到部门、班组和个人。以指标控制为目的，以要素控制为手段，以体系活动为基础，保证在组织上加以全面落实。

② 实行质量责任制。项目经理是工程施工质量的第一责任人，各工程队长是本队施工质量的第一责任人，质量保证工程师和责任工程师是各专业质量责任人，各部门负责人要认真履行相关质量职责。

③ 每周组织一次质量大检查，一切用数据说话，实施质量奖惩措施，激励施工人员，保证施工人员的自觉性和责任心。

④ 每周召开一次质量分析会，通过各部门、单位反馈的各种信息，采取纠正和预防措施，排除质量隐患。

⑤ 加大质量权威，质检部门及质检人员根据公司质量管理制度可以行使质量否决权。

⑥ 施工过程中要严格执行业主和有关工程质量管理及质量监督的各种制度和规定，对各部门检查发现的任何质量问题应及时制定整改措施并整改，达到合格为止。

2.2.2　工程项目质量控制三阶段原理

工程项目的质量控制，是一个持续需要管理的过程。从工程项目的立项到竣工验收属于工程项目建设阶段的质量控制，项目投产后到项目生命期结束属于项目生产（或经营）阶段的质量控制。两者在质量控制内容上有较大的不同，但不管是建设阶段的质量控制，还是经营阶段的质量控制，从控制工作的开展与控制对象实施的时间关系来看，都可分为事前控制、事中控制和事后控制三种。

（1）事前控制

事前控制强调质量目标的计划预控，并按质量计划进行质量活动前的准备工作状态的控制。如在施工过程中，事前控制重点在于施工准备工作，且贯穿于施工全过程。首先，要熟悉和审查工程项目的施工图纸，做好项目建设地点的自然条件、技术经济条件的调查分析，完成项目施工图预算、施工预算和项目的组织设计等技术准备工作；其次，做好器材、施工机具、生产设备的物资准备工作；再次，要组成项目组织机构，对进场人员技术资质、施工单位质量管理体系进行核查；最后，要编制好季节性施工措施，制定施工现场管理制度，组织施工现场准备方案等。

可以看出，事前控制的内涵包括两个方面：一是注重质量目标的计划预控；二是按质量计划进行质量活动前的准备工作状态的控制。

(2) 事中控制

事中控制是指对质量活动的行为进行约束，对质量进行监控，实际上属于一种实时控制。如项目生产阶段，对产品生产线进行的在线监测控制，就是对产品质量的一种实时控制。又如在项目建设的施工过程中，事中控制的重点在工序质量监控上。其他如施工作业的质量监督、设计变更、隐蔽工程的验收和材料检验等都属于事中控制。

概括地说，事中控制是对质量活动主体、质量活动过程和结果所进行的自我约束和监督检查两方面的控制。其关键是增强质量意识，发挥行为主体的自我约束控制作用。

(3) 事后控制

事后控制一般是指在产品输出阶段的质量控制。事后控制也称为合格控制，包括对质量活动结果的评价认定和对质量偏差的纠正。如工程项目竣工验收进行的质量控制，即属于工程项目质量的事后控制。项目生产阶段的产品质量检验也属于产品质量的事后控制。

2.2.3　工程项目质量的"三全"控制原理

"三全"控制原理来自于全面质量管理的思想，是指企业组织的质量管理应该做到全面、全过程和全员参与三个方面。在工程项目质量管理中应用这一原理，对工程项目的质量控制同样具有重要的理论和实践指导意义。

(1) 全面质量控制

工程项目质量的全面控制可以从纵、横两个方面来理解。从纵向的组织管理角度来看，质量总目标的实现有赖于项目组织的上层、中层、基层乃至一线员工的通力协作，其中高层管理能否全力支持与参与，起着决定性的作用。从项目各部门职能间的横向配合来看，要保证和提高工程项目质量必须使项目组织的所有质量控制活动构成一个有效的整体。广义地说，横向的协调配合包括业主、勘察设计、施工及分包、材料设备供应、监理等相关方，"全面质量控制"就是要求项目各相关方都有明确的质量控制活动内容。当然，从纵向看，各层次活动的侧重点不同。上层管理侧重于质量决策，制定出项目整体的质量方针、质量目标、质量政策和质量计划，并统一组织、协调各部门、各环节、各类人员的质量控制活动；中层管理则要贯彻落实领导层的质量决策，运用一定的方法找到各部门的关键、薄弱环节或必须解决的重要事项，确定出本部门的目标和对策，更好地执行各自的质量控制职能；基层管理则要求每个员工都要严格地按标准、规范进行施工和生产，相互间进行分工合作，互相协助，开展群众合理化建议和质量管理小组活动，建立和健全项目的全面质量控制体系。

(2) 全过程质量控制

任何产品或服务的质量，都有一个产生、形成和实现的过程。从全过程的角度来看，质量产生、形成和实现的整个过程是由多个相互联系、相互影响的环节组成的，每个环节都或轻或重地影响着最终的质量状况。为了保证和提高质量，就必须把影响质量的所有环节和因素都控制起来。工程项目的全过程质量控制主要有项目策划与决策过程、勘察设计过程、施工采购过程、施工组织与准备过程、检测设备控制与计量过程、施工生产的检验试验过程、工程质量的评定过程、工程竣工验收与交付过程以及工程回访维修过程等。全过程质量控制强调必须体现如下两个思想：

① 预防为主，不断改进的思想。根据这一基本原理，全面质量控制要求把管理工作的重点，从“事后把关”转移到“事前预防”上来，强调预防为主、不断改进的思想。

② 为顾客服务的思想。顾客有内部和外部之分：外部的顾客可以是项目的使用者，也可以是项目的开发商；内部的顾客是项目组织的部门和人员。实行全过程的质量控制要求项目所有相关利益者都必须树立为顾客服务的思想。内部顾客满意是外部顾客满意的基础。因此，在项目组织内部要树立“下道工序是顾客”、“努力为下道工序服务”的思想。使全过程的质量控制环环相扣，贯穿整个项目过程。

(3) 全员参与控制

全员参与工程项目的质量控制是工程项目各方面、各部门、各环节工作质量的综合反映。其中任何一个环节，任何一个人的工作质量都会不同程度地、直接或间接地影响工程项目的形成质量或服务质量。因此，全员参与质量控制，才能实现工程项目的质量控制目标，形成顾客满意的产品。其主要工作包括以下几个方面：

① 必须抓好全员的质量教育和培训。

② 要制定各部门、各级、各类人员的质量责任制，明确任务和职权，各司其职，密切配合，以形成高效、协调、严密的质量管理工作系统。

③ 要开展多种形式的群众性质量管理活动，充分发挥广大职工的聪明才智和当家做主的进取精神，采取多种形式激发全员参与的积极性。

2.3 工程施工质量控制

工程施工是使业主意图及工程设计最终实现并形成工程实体的阶段，也是最终形成工程产品质量和工程项目使用价值的重要阶段。因此，施工阶段的质量控制不但是工程监理的核心内容，也是工程项目质量控制的重点。

监理工程师对工程施工的质量控制，就是按照委托监理合同赋予的权利，针对影响工程质量的各种因素，对建设工程项目的施工进行有效的监督和管理。

2.3.1 工程施工质量控制的依据

施工阶段监理工程师进行质量控制的依据，大体上可分为以下四类：

(1) 工程合同文件

工程合同文件和委托监理合同中分别规定了工程项目参建各方在质量控制方面的权利和义务的条款，有关各方必须履行在合同中的承诺。工程合同文件明确了业主对工程质量的确切要求，业主对工程质量的要求是最终决定是否验收的标准，这个标准必须高于国家规定的建筑工程验收标准。也是监理工程师的质量控制目标和决定是否能交付验收的法定标准。因此，监理工程师要熟悉这些条款，据以进行质量监督和控制。当发生质量纠纷时，应及时采取措施予以解决。

(2) 设计文件

“按图施工”是施工阶段质量控制的一项重要原则。因此，经过批准的设计图纸和技术说明书等设计文件是质量控制的重要依据。监理单位应组织设计单位及施工单位进行设计交底及图纸会审工作，以便各相关方了解设计意图和质量要求。

(3) 国家及政府有关部门颁布的有关质量管理方面的法律、法规性文件

国家及政府有关部门颁布的有关质量管理方面的法律、法规性文件包括三个层次:第一个层次是国家的法律,第二个层次是部门的规章,第三个层次是地方的法规与规定。这些法律、法规性文件涉及质量管理机构与职责;质量监督工作的要求、程序与内容;工程建设参与各方的质量责任与义务;质量问题的处理;设计、施工、供应单位建立质量体系的要求、标准及其资质等级的标准和认证;质量检测机构的性质、权限及其管理等。它们均是工程质量管理方面应当遵守的基本法规文件。

(4) 有关质量检验与控制的专门技术标准

这类文件的依据一般是针对不同行业、不同的质量控制对象而制定的技术法规性的文件,包括各种有关的技术标准、技术规范、规程或质量方面的规定、施工工艺标准等。

2.3.2 施工质量控制的工作程序

工程项目施工阶段是工程项目实体形成的过程,也是工程项目质量目标具体实现的过程。监理工程师应对施工的全过程进行监控,对每道工序、分项工程、分部工程和单位工程进行监督、检查和验收,使工程质量的形成处于受控状态。质量控制的程序如图 2-3 所示。

① 项目开工前,施工单位提出项目的开工申请,并提交施工准备的有关资料,包括人员、材料、机械进场情况等。监理工程师对其开工申请及有关资料进行审查,审查通过后项目总监理工程师签发开工令,同意开工。

② 项目开工后,监理机构的监理人员应对每道工序的施工采取巡视、平行检验、检查、验收和旁站监督等措施,必要时对工序的施工质量进行抽样检验。工序完工后,施工单位在自检合格的基础上填报验收通知单,交监理人员检查验收,如果检查结果质量不合格,监理工程师应指令其整改或返工,必要时可下达停工令。经监理工程师确认验收合格后,施工单位方可进行下一道工序的施工。

③ 分项工程完工后,施工单位在质量自检合格的基础上,填写分项工程验收单,通知监理单位验收。监理单位在接到施工单位的验收通知单后,派出监理人员进行现场质量检查,并对施工单位提交的该分项工程的有关资料(包括质量控制资料)进行审查,检查合格后,签认该分项工程验收单,同意进行下道工序。

④ 分部工程完工后,施工单位在质量自检合格的基础上,填写分部工程验收单。监理单位在接到施工单位的验收通知单后,对施工单位提交的该分部工程的有关资料进行审查,并组织相关人员进行现场检查验收。检查验收合格后予以确认,并签发验收签证。

⑤ 单位工程(子单位工程)完工后,施工单位应组织内部预验。在预验合格的基础上,向监理单位提出验收申请,并提交该单位工程(子单位工程)的有关资料。监理工程师在接到提交的验收申请后,组织监理人员进行现场检查,并审查该单位工程(子单位工程)的质量资料与文件是否齐全和真实,如检查通过,则应在施工单位验收申请(竣工验收报告)上签署同意交业主组织验收,并编写质量评估报告,表明监理对工程质量合同的符合性意见,然后提交建设单位。在建设单位同意后,由建设单位按建设区域建筑主管部门的要求组织竣工验收。在验收过程中,项目监理应参加竣工验收工作,并提供相关监理资料。对验收中提出的整改问题,项目监理机构应要求承包单位进行整改。若工程质量符合要求,建设单位签署验收意见,总监理工程师会同参加验收的各方签署竣工验收报告。

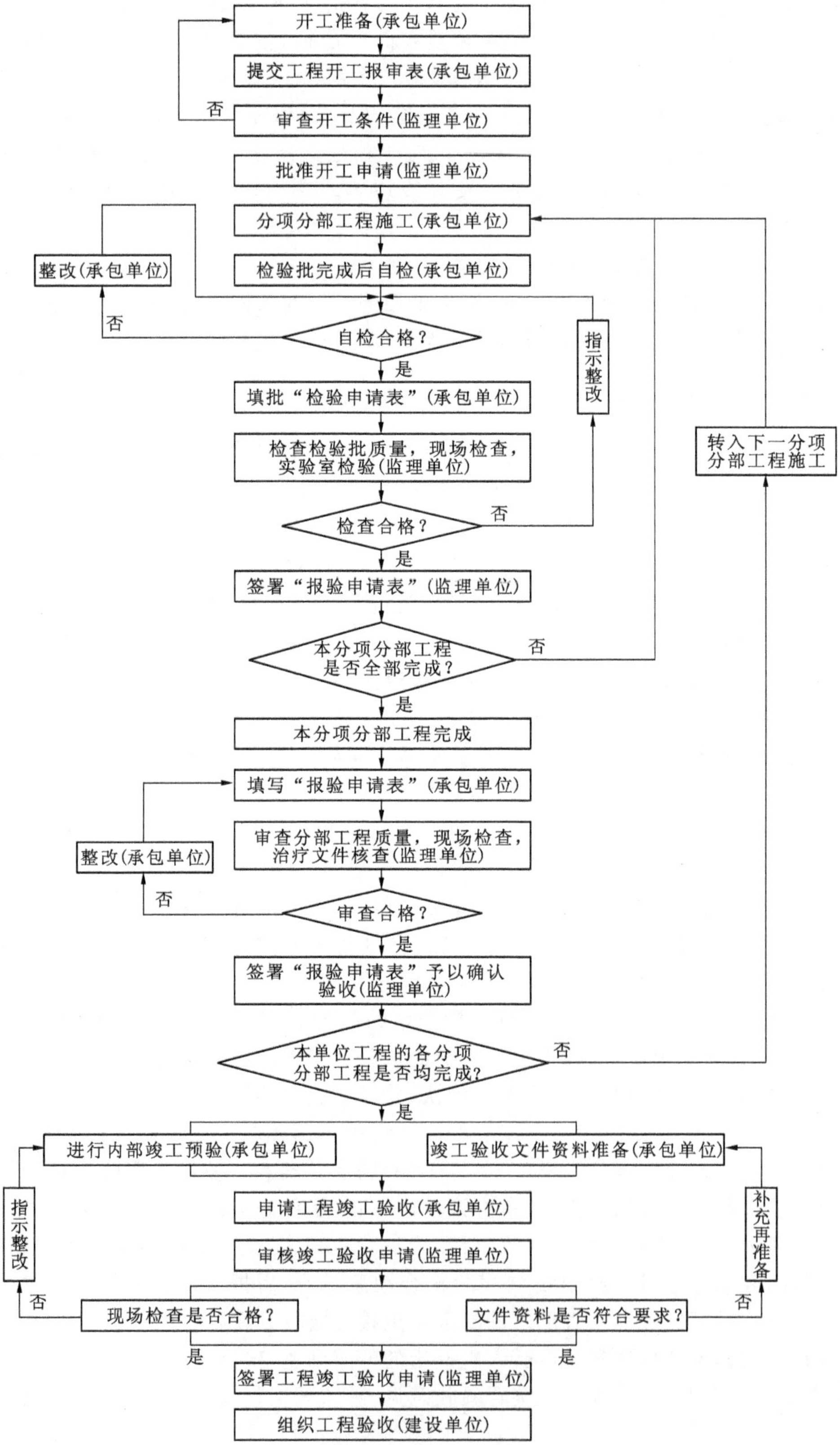

开工准备(承包单位)
提交工程开工报审表(承包单位)
否
审查开工条件(监理单位)
批准开工申请(监理单位)
分项分部工程施工(承包单位)
整改(承包单位)
检验批完成后自检(承包单位)
否
自检合格?
是
指示整改
填批“检验申请表”(承包单位)
检查检验批质量,现场检查,实验室检验(监理单位)
转入下一分项分部工程施工
检查合格?
否
是
签署“报验申请表”(监理单位)
本分项分部工程是否全部完成?
否
是
本分项分部工程完成
填写“报验申请表”(承包单位)
审查分部工程质量,现场检查,治疗文件核查(监理单位)
整改(承包单位)
否
审查合格?
是
签署“报验申请表”予以确认验收(监理单位)
本单位工程的各分项分部工程是否均完成?
否
是
进行内部竣工预验(承包单位)
竣工验收文件资料准备(承包单位)
申请工程竣工验收(承包单位)
指示整改
补充再准备
审核竣工验收申请(监理单位)
否
现场检查是否合格?
文件资料是否符合要求?
否
是
是
签署工程竣工验收申请(监理单位)
组织工程验收(建设单位)

图 2-3 质量控制程序

2.3.3 施工质量控制内容

2.3.3.1 施工准备阶段的质量控制

施工准备阶段的质量控制属事前控制，事前的质量控制工作做得充分，不仅是工程项目施工的良好开端，而且会为整个工程项目质量的形成创造极为有利的条件。

(1) 审查承包单位的现场项目质量管理体系、技术管理体系和质量管理体系

由总监理工程师组织项目监理机构的相关监理人员，进行以下内容的审核：

① 质量管理、技术管理和质量保证的组织机构；

② 质量管理、技术管理制度；

③ 施工企业的资质证书、营业执照和安全生产许可证等；

④ 项目经理、技术员、安全员、质量员等人员的岗位证书；

⑤ 主要专业工种操作人员的上岗证书。

(2) 参与或组织设计技术交底

设计交底一般由建设单位通知设计单位，交底会委托监理单位主持。参加单位有建设单位、设计单位、施工承包单位和监理单位的主要项目负责人及有关人员。

通过设计交底，监理工程师可以了解以下基本内容：

① 建设单位对本工程的要求，施工现场的自然条件、工程地质与水文地质条件等；

② 设计主导思想、建筑主要特色、建筑施工的难点和设备主要选型等；

③ 对使用新技术、新工艺、新材料的要求，以及施工中的注意事项等；

④ 设计单位对监理单位和施工承包单位提出的施工图纸中问题的答复。

设计交底应形成书面的图纸会审记录，由参会各方主要人员签字盖章后生效，是后续工程施工和工程结算的依据之一。

(3) 审查分包单位的资质

分包工程开工前，专业监理工程师应审查承包单位以下内容：

① 审查分包单位的营业执照、企业资质等级证书、特殊行业施工许可证、国外(境外)企业在国内承包工程许可证等；

② 审查分包单位的业绩；

③ 审查拟分包工程的内容与范围；

④ 专职人员和特种作业人员的资格证、上岗证等。

如桩基分包单位、支护分包单位、降水分包单位、外墙保温施工单位、幕墙施工单位等。若资质审查合格，则将有关资料上交总承包方，由总承包方汇集整理完善后向监理方提交，并在分包单位资格报审表上签字。“分包单位资格报审表”见表 2-1。

表 2-1

分包单位资格报审表

工程名称：　　　　　　　　　　　　　　　　　　　　　　　　　　编号：

致：　　　　　　　　　　　　　　　　　　　　　　（监理单位）

经考察，我方认为拟选择的____________（分包单位），具有承担下列工程的施工资质和施工能力，可以保证本工程项目按合同的规定进行施工。分包后，我方仍承担总包单位的全部责任。请予以审查和批准。

附：1. 分包单位资质材料；

2. 分包单位业绩材料。

分包工程名称（部位）	工程数量	拟分包工程合同额	分包工程占全部工程
合　计			

承包单位（章）__________

项 目 经 理__________

日　　　期__________

专业监理工程师审查意见：

专业监理工程师__________

日　　　期__________

总监理工程师审核意见：

项目监理机构__________

总监理工程师__________

日　　　期__________

(4) 审核施工组织设计

工程项目开工前,总监理工程师应组织专业监理工程师审查承包单位编制的“施工组织设计”,并提出审查意见,经补充、修改、完善后由总监理工程师签认后实施。

① 施工组织设计的审查程序如下:

a. 工程项目开工前,承包单位应完成施工组织设计的编制及内部自审批准工作,填写“施工组织设计(方案)报审表”报送项目监理机构审定。

b. 总监理工程师组织专业监理工程师审查,提出意见后,由总监理工程师签认同意,批准实施。需要承包单位修改时,由总监理工程师、监理工程师签发书面意见,退回承包单位修改后再报审,重新审查。

c. 已审定的施工组织设计由项目监理机构报送建设单位;

d. 承包单位应按审定的施工组织设计文件组织施工。如需对其内容作较大的变更,应在实施前将变更内容以书面形式报送项目监理机构审核。

② 审核施工组织设计的主要内容如下:

a. 承包单位的审批手续是否齐全;

b. 施工总平面布置图是否合理;

c. 施工布置是否合理,施工方法是否可行,质量保证措施是否可靠并具有针对性;

d. 工期安排是否满足建设工程施工合同要求;

e. 进度计划是否能保证施工的连续性和均衡性,所需的人力、材料、设备的配置与进度计划是否协调;

f. 质量管理和技术管理体系、质量保证措施是否健全且切实可行;承包单位是否了解并掌握了本工程的特点及难点,对施工条件是否分析充分;

g. 安全、环保、消防和文明施工措施是否符合有关规定;

h. 季节性施工方案和专项施工方案的可行性、合理性和先进性;

i. 监理工程师认为应审核的其他内容。

(5) 审核危险性较大工程的专项施工方案

(6) 检查进场的主要施工设备

施工机械设备是影响施工质量的重要因素。除了应检测其技术性能、工作效率、工作质量、安全性能外,还应考虑其数量配置对施工质量的影响与保证条件。

① 监理工程师应审查施工现场主要设备的规格、型号是否符合施工组织设计的要求。例如选择起重机械进行吊装施工时,其起重量、起重高度及起重半径均应满足吊装要求。

② 监理工程师应审查施工机械设备的数量是否足够。如在大规模的混凝土灌注时,是否有备用的混凝土搅拌机和振捣设备,以防止机械发生故障,使混凝土浇筑工作中断等。

③ 对需要定期检定的设备应检查承包单位提供的检定证明。如检测仪器、磅秤等应按规定进行检定。

(7) 审查现场开工条件,签发开工报告

监理工程师应审查承包单位报送的工程开工报审表及相关资料,具备开工条件时,由总监理工程师签发,并报建设单位。

开工应具备以下条件:

① 施工许可证已获政府主管部门批准;

② 征地拆迁工作能满足工程进度的需要;

③ 施工组织设计已获总监理工程师批准；

④ 承包单位现场管理人员已到位，机具、施工人员已进场，主要工程材料已落实；

⑤ 进场道路及水、电、通信已满足开工条件。

(8) 参加第一次工地会议

工程项目开工前，监理人员应参加由建设单位主持的第一次工地会议。

第一次工地会议的参加人员有：建设单位授权的驻现场代表及有关职能人员、总承包单位项目经理及有关职能人员、分包单位主要负责人、监理单位项目总监理工程师及全体监理人员。

会议主要内容为：建设单位负责人根据委托监理合同宣布项目总监理工程师并向其授权；建设单位负责人宣布总承包单位及其驻现场代表(项目经理部经理)；总监理工程师与项目经理相互介绍各方组织机构、人员及其专业、职务分工；项目经理汇报施工现场施工准备的情况；会议各方协商确定协调的方式，确定后续由监理单位组织的监理例会参加人员、监理例会时间和地点；监理对施工准备工作的评价和意见等。

第一次工地会议纪要由项目监理部负责起草、整理编印，并经与会各方代表会签。

2.3.3.2 施工过程的质量控制

(1) 强化对工序质量的检查验收

工序质量的控制就是对工序活动条件的质量控制和对工序活动效果的质量控制。监理单位应根据监理工作程序进行。在每道工序完成后，督促和监督施工单位进行自检，自检合格后，施工单位填报“________报验申请表”交监理工程师检验。监理工程师收到检查申请后应在合同规定的时间内到现场检验，检验合格后予以确认。

只有上一道工序被确认质量合格后，方能准许下道工序施工，按上述程序完成逐道工序。当一个检验批、分项、分部工程完成后，承包单位首先对检验批、分项、分部工程进行自检，填写相应质量验收记录表，确认工程质量符合要求，然后向监理工程师提交“________报验申请表”并附上自检的相关资料。经监理工程师现场检查及对相关资料审核后，符合要求的予以签认验收；反之，则责令承包单位进行整改或返工处理。通过返修或加固处理仍不能满足安全使用要求的工序严禁验收。

(2) 有针对性地设置质量控制点

工程施工中监理工程师对影响工程质量的关键工序、关键部位或薄弱环节必须设置质量控制点，针对可能造成质量隐患的原因，要求施工单位重点控制，采取措施加以预控。同时要求承包单位报送关键工序的施工工艺和确保工程质量的措施，并经监理审核同意及签认。某建筑工程地基基础分部的质量控制点见表 2-2。

表 2-2　**某建筑工程地基基础分部的质量控制点**

分部工程	分项工程	质量控制点
地基基础分部	土方工程	定位轴线、标高、边坡坡度、基坑尺寸、土质等
	土钉墙支护	土钉成孔间距、深度、角度；喷射混凝土面层厚度、强度；土钉墙原材料出厂报告、复试报告；变形观测、拉拔试验检测等
	人工挖孔混凝土灌注桩	桩基轴线、成孔直径、桩底扩大头尺寸与标高、护壁厚度与原材料、桩芯钢筋与混凝土、桩顶截桩等
	大体积混凝土基础	混凝土原材料与配合比、混凝土浇筑工艺顺序、混凝土水化热的监测、控制温度应力措施等
	地下室防水	防水材料出厂报告与复试报告、防水材料与基层粘贴、防水材料的连接等

续表

分部工程	分项工程	质量控制点
地基基础分部	模板	位置、尺寸、标高、预留孔、模板强度、支护、内部清理、润湿等
	钢筋	品种、规格、尺寸、搭接长度、焊接、预埋件、绑扎、材料出厂报告、复试报告等
	混凝土	原材料材质、配合比、外加剂、振捣、计量、养护、脱模等
	基础砌体	砌体轴线、砂浆配合比、砂浆饱满度、平整度、平直度；预留洞、埋件位置、数量等

(3) 督促、检查和参与隐蔽工程的质量检查与验收

需其他工序施工所隐蔽的检验批、分项、分部(子分部)工程，在施工完成后监理人员将对其质量进行隐蔽验收与检查。如基础施工前对地基质量的检查和验收；混凝土浇筑前对钢筋的检查和验收等。在施工单位进行自检合格后，填报"________报验申请表"，并随同"隐蔽工程检查记录"报送监理单位，监理工程师对质保资料和现场施工质量进行核查和检验，合格后签署认可同意隐蔽。反之，责令施工单位整改或返工处理。隐蔽工程验收程序如图 2-4 所示。

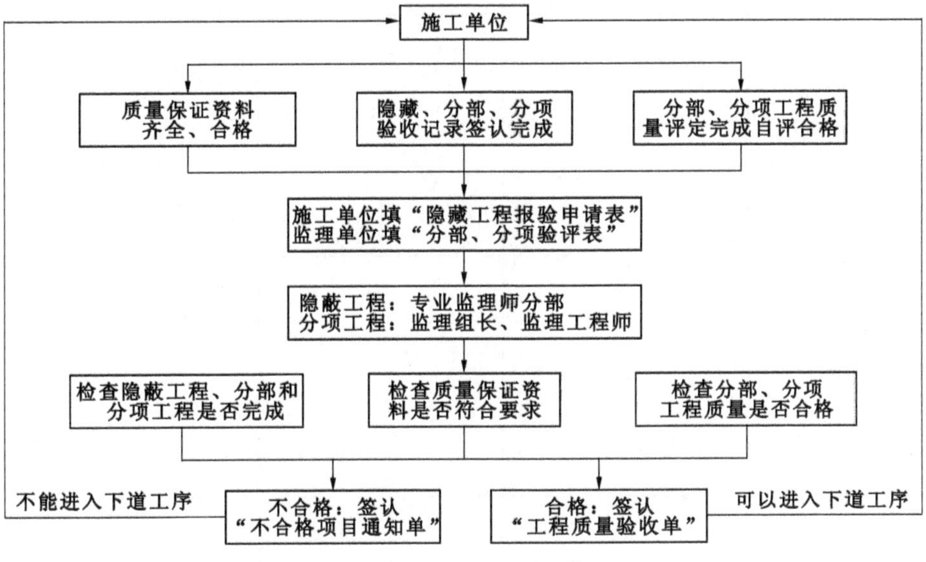

图 2-4 隐蔽工程验收程序

(4) 加强施工过程质量预控

工程质量预控，就是针对所设置的质量控制点，事先估测施工中可能出现的质量问题和隐患，分析其产生的原因，并提出相应的对策，采取有效的措施进行预先控制，以防在施工中发生质量问题。质量预控的主要方式有：

① 资质审查预控；

② 方案审查预控；

③ 图纸会审及设计交底预控；

④ 原材料预控；

⑤ 坚持样板引路，按系列样板施工，如样板材料、样板墙、样板间、样板单元、样板层、样板幢号、样板管理等，经总包单位、监理单位、建设单位检查确认后，方可推广施工。

2.3.4 施工质量控制方式和手段

在工程项目施工阶段，监理工程师进行质量控制时一般可采用下列几种方式和手段。

2.3.4.1 施工阶段质量控制的方式

(1) 施工现场进行巡视、平行检查

在施工过程中，专业监理工程师和监理员将随时、有目的地进行巡视和平行检查，以便及时发现、解决和纠正施工中出现的质量问题。对所发现的问题应先口头通知施工单位改正，然后由专业监理工程师签发“监理工程师通知单”，责令施工单位整改。施工单位将整改结果书面回复监理工程师，经监理再次复查合格后才可继续施工。“巡视、平行检查记录表”见表 2-3。

表 2-3 **巡视、平行检查记录表**

监理部名称： 编号：

日期及气候		工程名称及地点	
施工单位		项目经理	
监理单位		巡检人员	
巡视 / 平行检验部位及内容			
巡视 / 平行检验情况			
处理意见			
专业监理工程师： 年 月 日		总监理工程师： 年 月 日	
备 注			

(2) 旁站跟踪监督检查

在工程项目施工过程中，应派出专业监理人员到施工现场，对施工过程进行现场定点旁站观察、监督和检查，发现问题及时向施工单位提出和纠正，以使施工过程始终处于受控状态。旁站监理应对监理内容及过程进行记录，并填写“旁站记录表”，见表 2-4。

表 2-4 **旁站记录表**

工程名称： 编号：

<table>
<tr><td>日期及气候：</td><td>工程地点：</td></tr>
<tr><td colspan="2">旁站监理的部位或工序：</td></tr>
<tr><td>旁站监理开始时间：</td><td>旁站监理结束时间：</td></tr>
<tr><td colspan="2">施工情况：</td></tr>
<tr><td colspan="2">监理情况：</td></tr>
<tr><td colspan="2">发现问题：</td></tr>
<tr><td colspan="2">处理意见：</td></tr>
<tr><td colspan="2">备注：</td></tr>
<tr><td>施工企业：
项目经理部：
质检员(签字)：
年 月 日</td><td>监理企业：
项目监理机构：
旁站监理人员(签字)：
年 月 日</td></tr>
</table>

旁站监理范围，因工程特点不同而有所差异，通常包括以下几个方面：

① 基础工程包括土方回填、基础施工；

② 主体结构工程方面包括梁柱节点钢筋隐蔽过程、混凝土浇筑；

③ 屋面工程包括天沟、檐沟、檐口、水落口、泛水变形缝和伸出屋面管道等部位的防水细部构造处理；

④ 建筑安装工程包括隐蔽工程的隐蔽过程，各专业系统的各类现场试验和调试，下道工序施工完成后难以检查的重点部位等。

(3) 目测法检查

根据质量要求，采用眼看、手摸、锤敲、光照的方法，对质量进行把关。“看”就是根据质量标准对其质量进行外观观测检查，如进场原材料中，钢筋有无锈蚀；批号是否正确；型号规格、厂址等有无出入；水泥的出厂日期、批号、品种等是否符合要求；构配件有无裂缝，有无伤残等；墙面是否洁净，有无裂纹，颜色是否均匀等；施工过程中操作是否规范，钢筋绑扎是否达到标准，焊接质量是否有缺陷，混凝土振捣是否符合要求，砌墙灰缝是否饱满等。“摸”就是通过手感进行质量检查，如模板支护是否牢固；钢筋绑扎是否牢固；刷浆、油漆表面是否光滑、平整；构件安装是否符合要求等。“敲”就是用敲击的方法进行音感检查，如对地面、墙面进行敲击，听听是否有空鼓现象；对一些构件、管件进行敲击，听听有无裂缝、破损现象等。“照”就是用光照的方法对光线不足导致看不清的位置进行检查或者通过光线检查裂缝、孔隙的情况。

(4) 量测法检查

利用量测工具,进行靠、插、吊、量、套、弹等检查,通过实际量测结果与规定的质量标准或规范的要求相对照,从而判断质量是否符合要求。常用的量测工具有 2 m 靠尺、塞尺、直尺、角尺、线锤、百格网、10 m 小白线、经纬仪、水准仪、温度计、湿度表、回弹仪、坍落度筒等,它们可量测结构和构件的平整度、垂直度、轴线尺寸、钢筋间距、模板尺寸、标高、强度等。

(5) 抽样检验

通过现场取样送试验室进行试验,取得有关数据,以确定其质量是否符合要求。

① 力学性能试验,如测定抗拉强度、抗压强度、抗弯强度、抗折强度、冲击韧性、硬度、承载力等。

② 物理性能试验,如测定相对密度、密度、含水量、凝结时间、安定性、抗渗性、耐磨性、耐热性、隔音性等。

③ 化学性能试验,如测定材料的化学成分(钢筋的磷、硫含量等)、耐酸性、耐碱性、抗腐蚀性等。

④ 无损测试,如超声波探伤检测、磁粉探伤检测、X 射线探伤检测、γ 射线探伤检测、渗透液探伤检测等。

(6) 监督验收

通过政府质量监督机构对工程质量的监督检查验收,促使施工单位、监理单位、建设单位、设计单位规范操作,确保质量。如建筑工程质量验收规定,对地基、基础、主体必须要进行监督验收,达到一定规模的工程项目必须实行监督等。

2.3.4.2 施工阶段质量控制的手段

(1) 下达指令文件

指令文件是监理工程师对施工承包单位提出指示或命令的书面文件,属于要求强制性执行的文件。一般情况下,监理工程师应从全局利益和目标出发,在对某项施工作业或管理问题经过充分调研、沟通和决策之后,要求承包单位必须严格按监理工程师的意图和主张实施的工作。对此承包单位负有全面正确执行指令的责任,监理工程师负有监督指令实施效果的责任,因此,它是一种非常慎用而严肃的管理手段。例如施工准备完成后,经监理工程师确认并下达开工指令,施工单位才能施工;施工中出现重大安全、质量隐患情况时,经监理人员指出后,施工单位仍未采取措施加以改正或采取的措施不力时,监理工程师为了保证施工质量和安全,下达停工指令,要求施工单位停止施工,直到问题得到解决为止等。监理工程师的各项指令都应是书面的或有文件记载的方为有效,并作为技术文件资料存档。如因时间紧迫,来不及做出正式的书面指令,也可以用口头指令的方式下达给承包单位,但随即应按合同规定,及时补充书面文件对口头指令予以确认。

(2) 下发一般管理文书

一般管理文书是施工过程中各方经协商形成的纪要,以及监理工程师在巡视过程中发现的问题,要求施工单位在一定的时间内整改的通知等。如工程联系单、会议纪要、备忘录、发布有关信息、通报等,主要是对施工单位的工作状态和行为提出建议和要求等。

(3) 利用支付手段

支付手段是监理合同赋予监理工程师的一种支付控制权,也是国际上通用的一种控制权。所谓支付控制权,是指施工单位支付各项工程款时,必须有监理工程师签署的支付证明书,建设单位才向施工单位支付工程款,否则建设单位不得支付。监理工程师可以利用他的这一控制权进行施工质量的控制，即只有施工质量达到规定的标准和要求时，监理工程师才签发支付证明书，否则可拒绝签发支付证明书。如某分项工程经检查质量未达合格标准，在整改未达到合格标准之前，监理工程师可暂不签发支付证明书。

(4) 依据合同行使质量监督权

当工程施工质量未达到规定的标准和要求时，监理工程师可以拒绝签认，并要求施工单位返工处理。只有当施工质量符合规定的标准和要求时，才可予以签字确认。

(5) 建议建设单位撤换施工单位

当施工承包单位违反合同、技术规范和监理程序规定，造成严重后果，而且拒绝按监理工程师的意见进行整改，监理方多次提出均无效时，可以建议建设单位撤换承包单位。

2.3.5 施工质量控制监理案例

某施工单位承建了一高层建筑，该高层建筑地下室为3层，基坑开挖深度为11 m，采用劲性桩加预应力锚杆支护，外墙采用爬升式脚手架，支护与爬升式脚手架委托专业施工单位施工。主体结构是框架剪力墙结构，混凝土强度等级设计为框架柱C80、剪力墙C60、梁板C30。C80高强混凝土在本地区是第一次使用，没有可参考的工程实例，建设单位、施工单位、监理单位也是第一次接触。施工中又发生以下一些事件：

事件1. 由于工期紧，承包单位在完成2层钢筋工程后马上派质检员找专业监理工程师进行钢筋隐蔽工程验收。该监理工程师立即到现场进行检查，发现部分钢筋型号、钢筋间距和直径等方面不符合设计图纸和规范要求，当即口头指示承包单位整改。

事件2. 施工至5层，施工单位购买不到直径12的二级钢，自行用直径14的二级钢进行了代换，同时柱竖向钢筋设计采用套筒连接，由于价格较贵，施工单位擅自将此层改为价格较低的电渣压力焊连接。

事件3. 施工至10层时，由于模板破损严重，监理人员要求施工单位及时更换，施工单位在没有拆模试块的情况下将8层模板拆除用于10层，并且把后浇带处两边的模板和支撑也进行了部分拆除。

事件4. 施工至12层时，楼面钢筋经监理工程师验收后，发现存在部分质量问题要求整改，施工单位在没有通知项目监理部对整改情况进行检查，混凝土浇筑申请也没有批复的情况下，对此楼面钢筋进行了隐蔽。

事件5. 施工至15层时，施工单位未按已批准的模板支撑方案施工，而采用了一项新型模板技术，项目监理机构认为该项新技术存在安全隐患，于是总监理工程师下达了“工程暂停令”，同时报告了建设单位。施工单位认为该项新技术已通过有关部门的鉴定，不会发生质量与安全问题，仍继续施工。于是项目监理机构报告了建设行政主管部门。在建设行政主管部门的干预下，施工单位才暂停施工。施工单位复工后，就此事引起的损失向项目监理机构提出索赔。建设单位也认为项目监理机构“小题大做”，致使工程延期，要求监理单位对此事承担相应责任。

问题：

① 深基坑支护和爬升式脚手架施工前监理部应主要做哪些工作？

② 对此高强混凝土施工，进行质量预控，监理部应主要做哪些工作？

③ 事件1中专业监理工程师如此进行隐蔽工程验收，在程序上有何不妥？正确的程序是怎样的？

④ 针对事件2、3、4，监理部应如何进行质量控制？

⑤ 事件5中施工单位和建设单位有哪些做法不妥？项目监理机构应主要做哪些工作？

【参考答案】

① 施工前监理部主要应做下列工作：

a. 要求总包单位报审深基坑支护和爬升式脚手架分包单位的相关资料。

b. 要求总包单位组织分包单位编制专项施工方案，并经总包单位的技术负责人审批。

c. 要求总包单位组织专家论证。

d. 审定后的专项施工方案还应督促施工单位报送至质量安全监督部门备案。

e. 总监理工程师组织监理部专业监理工程师编制深基坑支护监理细则和爬升式脚手架监理细则。

② 对此高强混凝土施工，监理部进行质量预控主要要做到以下几点：

a. 要求建设单位、施工单位、监理单位广泛调研如何避免高强混凝土施工中产生的质量问题。

b. 建议施工单位邀请高强混凝土提供厂家进行技术交底。

c. 要求施工单位编制高强混凝土专项施工方案，并经公司技术负责人审批。

d. 要求施工单位对专项施工方案组织专家论证。

e. 总监理工程师组织监理部专业监理工程师编制高强混凝土质量控制监理细则。

③ 专业监理工程师如此进行隐蔽工程验收不妥，正确的验收程序为：隐蔽工程结束后，承包单位先自检，自检合格后，填写“报验申请表”并附证明材料，报送监理机构；监理工程师收到报验申请表后先审查质量证明资料，组织相关人员进行检查；检查合格后，在报验申请表上签字确认，同意进行下道工序。否则，不签发“报验申请表”，并要求施工单位整改。

④ 事件2：专业监理工程师立即下发监理通知，并报送建设单位，要求施工单位立即报审钢筋代换与钢筋连接方式改变的工作联系单，在得到监理、设计单位同意后，方可进行隐蔽验收；若不同意，则应拆除并按图施工，产生的损失由施工单位承担。

事件3：总监理工程师立即下发“工程暂停令”，并报送建设单位，同时下发监理通知，要求立即对后浇带处两边部分已拆除的模板和支撑的部分进行加固，要求施工单位立即提供同条件养护试块报告，分析对工程质量产生的影响，必要时进行检测。达到拆模时间后，确保对质量没有影响时才可在施工单位复工申请上签字同意复工。同时根据施工现场建设单位、施工单位、监理单位三方共同达成的管理制度进行相应的惩罚。

事件4：总监理工程师立即下发“工程暂停令”，并报送建设单位，同时下发监理通知，要求对发现存在质量问题的部位剥离检验。若检验不合格，按质量问题处理程序处理。要求施工单位按照公司质量管理程序和相关制度进行处罚，必要时要求更换相关人员和班组，同时根据施工现场建设单位、施工单位、监理单位三方共同达成的管理制度进行相应的惩罚。

⑤ 施工阶段施工单位的不妥之处为：

a. 未按已批准的施工技术方案施工；

b. 总监理工程师下达“工程暂停令”后施工单位仍继续施工。

建设单位做法的不妥之处为：

a. 没有督促施工单位严格执行“工程暂停令”；

b. 要求监理单位对工程延期承担相应的责任。

对施工单位采用新的新型模板技术方案，项目监理机构应做的主要工作如下：

a. 要求施工单位报审新技术的相关资料；

b. 要求施工单位报审采用新技术的施工方案；

c. 若施工方案可行，总监理工程师签认；否则，要求施工单位仍按原批准的施工方案执行。

2.4 工程施工质量验收

工程施工质量验收是工程建设质量控制的一个重要环节，包括工程施工质量的中间验收和工程的竣工验收两个方面。通过对工程建设中间产品和最终产品的质量把关验收，确保达到业主所要求的功能和使用价值，实现建设投资的经济效益和社会效益。建筑工程施工质量的验收一般可分为检验批的验收、分项工程验收、分部工程验收、单位工程验收等。

2.4.1 建筑工程施工质量验收的基本条件

① 施工质量应符合建筑工程施工质量验收统一标准和相关专业验收规范的规定，应符合工程勘察、设计文件的要求；

② 参加工程施工质量验收的各方人员应具备规定的资格；

③ 工程质量的验收均应在施工单位自行检查评定的基础上进行；

④ 隐蔽工程在隐蔽前应由施工单位通知有关单位进行验收，并应形成验收文件；

⑤ 涉及结构安全的试块、试件以及有关材料，应按规定进行见证取样检测，承担见证取样检测及有关结构安全检测的单位应具有相应资质；

⑥ 检验批的质量应按主控项目和一般项目验收；

⑦ 对涉及结构安全和使用功能的重要分部工程应进行抽样检测；

⑧ 工程的观感质量应由验收人员进行现场检查，并应共同确认。

2.4.2 建筑工程施工质量验收的划分

建筑工程施工质量验收涉及建筑工程施工过程控制和竣工验收控制，是工程施工质量控制的重要环节。建筑工程施工质量验收应划分为单位（子单位）工程、分部（子分部）工程、分项工程和检验批。每个分项工程中包含若干个检验批，检验批是工程施工质量验收的最小单位。

2.4.2.1 单位工程的划分

单位工程的划分应按下列原则确定：

① 具备独立施工条件并能形成独立使用功能的建筑物及构筑物为一个单位工程，如一栋住宅楼、一个商店、一个锅炉房、一座变电站、一栋教学楼、一栋办公楼、一间传达室等。

② 规模较大的单位工程，可将其能形成独立使用功能的部分划分为一个子单位工程。一些具有独立施工条件和能形成独立使用功能的子单位工程划分，在施工前由建设、监理、施工单位自行商议确定，并据此搜集整理施工技术资料和验收。

2.4.2.2 分部工程的划分

分部工程的划分应按下列原则确定：

① 分部工程的划分应按专业性质、建筑部位确定。如建筑工程划分为地基与基础、主体结构、建筑装饰装修、建筑屋面、建筑给排水及采暖、建筑电气、智能建筑、通风与空调、电梯和建筑节能10个分部工程。对于大型工业建筑，应根据行业特点来划分。

② 当分部工程较大或较复杂时，可按施工程序、专业系统及类别等划分为若干个子分部工程。如主体结构分部工程中包含混凝土结构、劲钢（管）混凝土结构、砌体结构、钢结构、木结构、网架和索膜结构等子分部工程。

2.4.2.3 分项工程的划分

建筑与结构工程分项工程应按主要工种工程划分，也可按施工顺序的先后和使用材料的不同划分。如瓦工的砌砖工程、钢筋工的钢筋绑扎工程、木工的木门窗工程、油漆工的混色油漆工程等。

2.4.2.4 检验批的划分

分项工程可由一个或若干个检验批组成，检验批可根据施工及质量控制和专业验收需要按楼层、施工段、变形缝等进行划分。如模板有模板安装检验批和模板拆除检验批，钢筋有钢筋加工检验批和钢筋安装检验批等。

2.4.2.5 室外工程的划分

室外工程可根据专业类别和工程规模划分单位（子单位）工程和分部（子分部）工程，见表 2-5。

表 2-5 **室外工程划分表**

单位工程	单位（子单位）工程	分部（子分部）工程
室外建筑环境	附属建筑	车棚、围墙、大门、挡土墙、垃圾回收站
	室外环境	建筑小品、道路、亭台、连廊、花坛、场平绿化
室外安装	给排水与采暖	室外给水系统、室外排水系统、室外供热系统
	电气	室外供电系统、室外照明系统

2.4.3 建设工程施工质量验收

2.4.3.1 检验批的质量验收

（1）检验批的合格规定

① 主控项目和一般项目的质量经抽样检验合格；

② 具有完整的施工操作依据、质量检查记录。

（2）检验批的验收

检验批的验收是建筑工程验收中最基本的验收单元。质量验收包括质量资料的检查和主控项目与一般项目的检验两个方面的内容。

① 质量控制资料反映了检验批从原材料到验收的各项施工工序的施工操作依据，其完整性是检验批合格的前提。

② 主控项目是对检验批的质量起决定性作用的检验项目，因此必须全部符合有关专业工程验收规范的规定。主控项目的检查具有否决权，不允许有不符合要求的检验结果。

一般项目则应满足各相关规范的要求。

“现浇结构外观及尺寸偏差检验批质量验收记录表”见表 2-6。

表 2-6　　**现浇结构外观及尺寸偏差检验批质量验收记录表**

单位(子单位)工程名称							
分包(子分部)工程名称						验收单位	
施工单位						项目经理	
施工执行标准名称及编号							
施工质量验收规范的规定						施工单位检查评定记录	监理(建设)单位评定记录
主控项目	1	外观质量			第 8.2.1 条		
	2	过大尺寸偏差处理及验收			第 8.3.1 条		
一般项目	1	外观质量一般缺陷			第 8.2.2 条		
	2	轴线位置/mm	基础		15		
			独立基础		10		
			墙、梁、柱		8		
			剪力墙		5		
	3	垂直度/mm	层高	≤5 m	8		
				>5 m	10		
			全高(H)		H/1000 且≤30		
	4	标高/mm	层高		±10		
			全高		±30		
	5	截面尺寸/mm			+8,−5		
	6	电梯井	进筒长、宽对定位中心线/mm		+25,0		
			井筒全高(H)垂直度/mm		H/1000 且≤30		
	7	表面平整度/mm			8		
	8	预埋设施中心线位置/mm	预埋件		10		
			预埋螺栓		5		
			预埋管		5		
	9	预留洞中心线位置/mm			15		
施工单位检查评定结果			专业工长(施工员)			施工班组长	
			项目专业质量检查员： 年　月　日				
监理(建设)单位验收结论			专业监理工程师： (建设单位项目专业技术负责人) 年　月　日				

2.4.3.2 分项工程质量验收

分项工程的验收是在其所含的检验批验收的基础上进行的。

(1) 分项工程质量合格标准

① 分项工程所含的检验批均应符合质量合格规定；

② 分项工程所含的检验批的质量验收记录应完整。

(2) 分项工程质量验收记录

分项工程质量应由监理工程师(建设单位项目专业技术负责人)组织项目施工单位专业技术负责人等进行验收。“分项工程质量验收记录表”见表 2-7。

表 2-7　　分项工程质量验收记录表

<table>
<tr><td colspan="3">单位(子单位)工程名称</td><td colspan="3"></td><td>结构类型</td><td></td></tr>
<tr><td colspan="3">分部(子分部)工程名称</td><td colspan="3"></td><td>检验批数</td><td></td></tr>
<tr><td colspan="2">施工单位</td><td colspan="4"></td><td>项目经理</td><td></td></tr>
<tr><td>序号</td><td colspan="2">检验批部位、区段</td><td colspan="3">施工单位检查评定结果</td><td colspan="2">监理(建设)单位验收结论</td></tr>
<tr><td></td><td colspan="2"></td><td colspan="3"></td><td colspan="2"></td></tr>
<tr><td></td><td colspan="2"></td><td colspan="3"></td><td colspan="2"></td></tr>
<tr><td></td><td colspan="2"></td><td colspan="3"></td><td colspan="2"></td></tr>
<tr><td></td><td colspan="2"></td><td colspan="3"></td><td colspan="2"></td></tr>
<tr><td>检查
结论</td><td colspan="3">项目专业技术负责人：

年　月　日</td><td>验收
结论</td><td colspan="3">监理工程师：
(建设单位项目专业技术负责人)

年　月　日</td></tr>
</table>

2.4.3.3 分部(子分部)工程质量验收

分部工程的验收在其所含各分项工程验收的基础上进行。分部工程的各分项工程必须已验收合格，且相应的质量控制资料文件必须完整。

(1) 分部(子分部)工程质量合格标准

① 分部(子分部)工程所含分项工程的质量均应验收合格；

② 质量控制资料应完整；

③ 地基与基础、主体结构和设备安装等分部工程有关安全及功能的检验和抽样检测结果应符合有关规定；

④ 观感质量验收应符合要求。

对于分部工程观感质量验收，只能以观察、触摸或简单量测的方式进行，并由个人的主观印象判断，检查结果并不给出“合格”或“不合格”的结论，而是综合给出质量评价，如“好”、“一般”和“差”。对于“差”的检查点应通过返修处理等补救。

(2) 分部(子分部)工程验收记录

分部(子分部)工程质量应由总监理工程师(建设单位项目专业负责人)组织施工项目经理和有关勘察、设计单位项目负责人进行验收。“分部(子分部)工程质量验收记录表”见表 2-8。

表 2-8　**分部(子分部)工程质量验收记录表**

<table>
<tr><td colspan="2">单位(子单位)工程名称</td><td></td><td>结构类型及层数</td><td colspan="2"></td></tr>
<tr><td colspan="2">施工单位</td><td>技术部门负责人</td><td></td><td>质量部门负责人</td><td></td></tr>
<tr><td colspan="2">分包单位</td><td>分包单位负责人</td><td></td><td>分包技术负责人</td><td></td></tr>
<tr><td>序号</td><td>子分部工程名称</td><td>分项工程数</td><td>施工单位检查评定</td><td colspan="2">验收意见</td></tr>
<tr><td>1</td><td></td><td></td><td></td><td colspan="2" rowspan="4"></td></tr>
<tr><td>2</td><td></td><td></td><td></td></tr>
<tr><td>3</td><td></td><td></td><td></td></tr>
<tr><td>4</td><td></td><td></td><td></td></tr>
<tr><td colspan="2">质量控制资料</td><td></td><td></td><td colspan="2"></td></tr>
<tr><td colspan="2">安全和功能检验
(检测)报告</td><td></td><td></td><td colspan="2"></td></tr>
<tr><td colspan="2">观感质量验收</td><td colspan="4"></td></tr>
<tr><td rowspan="3">验收
单位</td><td>分包单位</td><td>施工单位</td><td>勘察单位</td><td>设计单位</td><td>监理(建设)单位</td></tr>
<tr><td>项目经理:</td><td>项目经理:</td><td>项目负责人:</td><td>项目负责人:</td><td>总监理工程师
(项目负责人):</td></tr>
<tr><td>年　月　日</td><td>年　月　日</td><td>年　月　日</td><td>年　月　日</td><td>年　月　日</td></tr>
</table>

2.4.3.4 单位(子单位)工程质量验收

单位(子单位)工程验收时,对涉及安全和使用功能的分部工程应进行资料的复查,不仅要检查其完整性(无漏检缺项),而且对分部工程验收时补充进行的见证抽样检验报告也要复核。此外,对主要使用功能必须进行抽查,抽查项目是在检查资料文件的基础上由参加验收的各方人员商定,并用计量、计数的抽样方法确定检查部分。最后,还应由参加验收的各方人员共同进行观感质量检查。

(1) 单位(子单位)工程质量合格标准

① 单位(子单位)工程所含分部(子分部)工程的质量应验收合格;

② 质量控制资料应完整;

③ 单位(子单位)工程所含分部工程有关安全和功能的检验资料应完整;

④ 主要功能项目的抽查结果应符合相关专业质量验收规范的规定;

⑤ 观感质量验收应符合要求。

(2) 单位(子单位)工程验收记录

单位工程验收记录表由施工单位填写,验收结论由监理(建设)单位填写。综合验收结论由参加验收各方共同商定,并由建设单位填写,该表应对工程质量是否符合设计和规范要求及总体质量水平作出评价。“单位(子单位)工程质量验收记录”见表 2-9。

表 2-9　　**单位(子单位)工程质量验收记录表**

<table>
<tr><td>工程名称</td><td></td><td>结构类型</td><td></td><td>层数／建筑面积</td><td></td></tr>
<tr><td>施工单位</td><td></td><td>技术负责人</td><td></td><td>开工日期</td><td></td></tr>
<tr><td>项目经理</td><td></td><td>项目技术负责人</td><td></td><td>竣工日期</td><td></td></tr>
<tr><td>序号</td><td>项目</td><td colspan="2">验收记录</td><td colspan="2">验收结论</td></tr>
<tr><td>1</td><td>分部工程</td><td colspan="2">共　分部，经查符合标准及设计要求　分部</td><td colspan="2"></td></tr>
<tr><td>2</td><td>质量控制资料核查</td><td colspan="2">共　项，经审查符合要求　项，经核定符合规定要求　项</td><td colspan="2"></td></tr>
<tr><td>3</td><td>安全和主要使用功能核查及抽查结果</td><td colspan="2">共核查　项，符合要求　项，共抽查　项，符合要求　项，经返工处理符合要求　项</td><td colspan="2"></td></tr>
<tr><td>4</td><td>观感质量验收</td><td colspan="2">共抽查　项，符合要求　项，不符合要求　项</td><td colspan="2"></td></tr>
<tr><td>5</td><td>综合验收结论</td><td colspan="4"></td></tr>
<tr><td rowspan="2">参加验收单位</td><td>建设单位</td><td>监理单位</td><td>施工单位</td><td colspan="2">设计单位</td></tr>
<tr><td>（公章）
单位(项目)负责人

年　月　日</td><td>（公章）
单位(项目)负责人

年　月　日</td><td>（公章）
总监理工程师

年　月　日</td><td colspan="2">（公章）
单位负责人

年　月　日</td></tr>
</table>

2.4.4 建筑工程质量验收的程序和组织

2.4.4.1 检验批及分项工程的验收程序与组织

检验批由专业监理工程师组织项目专业质量检验员等进行验收；分项工程由专业监理工程师组织项目专业技术负责人等进行验收。检验批和分项工程质量是建筑工程施工质量的基础，因此，所有检验批和分项工程均应由监理工程师或建设单位项目技术负责人组织验收。验收前，施工单位先填好“检验批和分项工程的验收记录”（有关监理记录和结论不填），并由项目专业质量检验员和项目专业技术负责人分别在“检验批和分项工程质量检验记录表”相关栏目中签字，然后由监理工程师组织，严格按规定程序进行验收。

2.4.4.2 分部工程的验收程序与组织

分部工程应由总监理工程师（建设单位项目专业负责人）组织施工单位项目负责人和项目技术、质量负责人等进行验收；由于地基基础、主体结构技术性强且要求严格，关系到整个工程的安全，因此规定与地基基础、主体结构分部工程相关的勘察、设计单位工程项目负责人和施工单位技术、质量部门负责人也应参加相关分部工程的验收。

2.4.4.3　单位工程竣工验收的验收程序与组织

单位工程完成后，施工承包单位首先应依据质量标准、设计图纸等自行组织有关人员进行检查和评定（自检），在自检符合要求的基础上，填写工程竣工验收申请和单位（子单位）工程质量竣工验收记录，并向建设单位提交工程验收报告和完整的质量资料，请建设单位组织验收。

建设单位在收到施工承包单位提交的工程验收报告后，由建设单位负责人组织设计、施工（包括分包单位）、监理单位（项目）负责人进行现场检查和质量控制资料的核查，并将检查结果与合同、规范、标准相对照，根据单位工程中分项、分部工程质量检查评定的统计资料，结合单位工程观感质量评议的结果，对单位工程的外观及使用功能等方面作出全面、综合的评定，最后判断该单位工程的质量是否达到规定要求，决定是否同意验收。

单位（子单位）工程质量控制资料、工程安全和功能检查资料的核查结果应分别填写在表2-10和表2-11上。在单位工程验收时，施工承包单位负责人，技术、质量负责人和监理单位总监理工程师均应参加。

表2-10　**单位（子单位）工程质量控制资料核查记录表**

序号	项目	资料名称	份数	核查意见	核查人
1	建筑与结构	图纸会审、设计变更、洽商记录			
2		工程定位测量、放线记录			
3		原材料出厂合格证及进场检(试)验报告			
4		施工试验报告及见证检验报告			
5		隐蔽工程验收记录			
6		施工记录			
7		预制构件、预拌混凝土合格证			
8		地基与基础、主体结构检验及抽样检测资料			
9		分项、分部工程质量验收记录			
10		工程质量事故及事故调查处理资料			
11		新材料、新工艺施工记录			
1	给排水与采暖	图纸会审、设计变更、洽商记录			
2		材料、配件出厂合格证书及进场检(试)验报告			
3		管道、设备强度试验、严密性试验记录			
4		隐蔽工程验收记录			
5		系统清洗、灌水、通水、通球试验记录			
6		施工记录			
7		分项、分部工程质量验收记录			

续表

序号	项目	资料名称	份数	核查意见	核查人
1	建筑电气	图纸会审、设计变更、洽商记录			
2		材料、设备出厂合格证书及进场检(试)验报告			
3		设备调试记录			
4		接地、绝缘电阻测试记录			
5		隐蔽工程验收记录			
6		施工记录			
7		分项、分部工程质量验收记录			
1	通风与空调	图纸会审、设计变更、洽商记录			
2		材料、配件出厂合格证书及进场检(试)验报告			
3		制冷、空调、水管道强度试验、严密性试验记录			
4		隐蔽工程验收记录			
5		制冷设备运行调试记录			
6		通风、空调系统调试记录			
7		施工记录			
8		分项、分部工程质量验收记录			
1	电梯	土建布置图纸会审、设计变更、洽商记录			
2		设备出厂合格证书及开箱检验记录			
3		隐蔽工程验收记录			
4		施工记录			
5		接地、绝缘电阻测试记录			
6		负荷试验、安全装置检查记录			
7		分项、分部工程质量验收记录			
1	建筑智能化	图纸会审、设计变更、洽商记录、竣工图及设计说明			
2		材料、设备出厂合格证书、技术文件及进场检(试)验报告			
3		隐蔽工程验收记录			
4		系统功能测定及设备调试记录			
5		系统技术、操作和维护手册			
6		系统管理、操作人员培训记录			
7		系统检测报告			
8		分项、分部工程质量验收记录			

续表

序号	项目	资料名称	份数	核查意见	核查人
1	建筑节能	图纸会审、设计变更、洽商记录			
2		原材料出厂合格证及进场检(试)验报告			
3		施工试验报告及见证检验报告			
4		隐蔽工程验收记录			
5		施工记录			
6		外墙节能构造现场实体检验记录			
7		外窗气密性现场实体检验报告			
8		风管及系统严密性检验记录			
9		现场组装的组合式空调机组的漏风量测试记录			
10		设备单机试运转及调试记录			
11		系统联合试运转及调试记录			
12		系统节能检验报告			
13		分项、分部工程质量验收记录			
14		工程质量事故及事故调查处理资料			
15		新材料、新工艺施工记录			

结论：

施工单位建造师：　　　　　　　　　　　　总监理工程师：
　　　　　　　　　　　　　　　　　　　　(建设单位项目负责人)

　　　　　　年　月　日　　　　　　　　　　　　　　年　月　日

表 2-11　　**单位(子单位)工程安全和功能检验资料核查及主要功能抽查记录表**

序号	项目	安全和功能检查项目	份数	检查意见	抽查结果	核查(抽查)人
1	建筑和结构	屋面淋水试验记录				
2		地下室防水效果检查记录				
3		有防水要求的地面蓄水试验记录				
4		建筑物垂直度、标高、全高测量记录				
5		抽气(风)道检查记录				
6		幕墙及外窗性能检测报告				
7		建筑物沉降观测测量记录				
8		室内环境监测报告				

续表

序号	项目	安全和功能检查项目	份数	检查意见	抽查结果	核查（抽查）人
1	给排水与采暖	给水管道通水试验记录				
2		暖气管道、散热器压力试验记录				
3		卫生器具满水试验记录				
4		消防管道、燃气管道压力试验记录				
5		排水干管通球试验记录				
1	建筑电气	照明全负荷试验记录				
2		大型灯具牢固性试验记录				
3		避雷接地电阻测试记录				
4		线路、插座、开关接地检验记录				
1	通风与空调	通风、空调系统运行记录				
2		风量、温度测试记录				
3		洁净室洁净度测试记录				
4		制冷机组试运行调试记录				
1	电梯	电梯运行记录				
2		电梯安全装置检测记录				
1	智能建筑	系统试运行记录				
2		系统电源及接地检测报告				
1	建筑节能	外墙节能构造现场实体检验记录				
2		外窗气密性现场实体检验报告				
3		风管及系统严密性检验记录				
4		现场组装的组合式空调机组的漏风量测试记录				
5		设备单机试运行及调试记录				
6		系统联合运转及调试记录				
7		系统节能检验报告				
结论： 施工单位建造师： 年 月 日			总监理工程师： （建设单位项目负责人） 年 月 日			

注：抽查项目由验收组协商确定。

单位工程质量验收记录表由施工单位填写，验收结论由监理（建设）单位填写。单位工程的综合验收结论由参加验收的各方共同商定后由建设单位填写，见表 2-9。综合验收结论中应包括对工程质量是否符合设计和规范要求及工程总体质量水平作出评价。单位（子单位）工程观感质量检查的情况应填写在表 2-12 上，并应对检查的质量状况作出评价。

表 2-12　**单位(子单位)工程观感质量检查记录表**

序号	项目		抽查质量状况	质量评价		
				好	一般	差
1	建筑与结构	室外墙面				
2		变形缝				
3		水落管、屋面				
4		室内墙面				
5		室内顶棚				
6		室内地面				
7		楼梯、踏步、护栏				
8		门窗				
1	给排水与采暖	管道接口、坡度、支架				
2		卫生器具、支架、阀门				
3		检查口、扫除口、地漏				
4		散热器、支架				
1	建筑电气	配电箱、盘、板、接线盒				
2		设备器具、开关、插座				
3		防雷、接地				
1	通风与空调	风管、支架				
2		风口、风阀				
3		风机、空调设备				
4		阀门、支架				
5		水泵、冷却塔				
6		绝热				
1	电梯	运行、平层、开关门				
2		层门、信号系统				
3		机房				
1	智能建筑	机房设备安装及布局				
2		现场设备安装				

结论：

施工单位建造师：　　　　　　　　　　总监理工程师：

（建设单位项目负责人）

年　月　日　　　　　　　　　　年　月　日

注：1. 质量评价为差的项目，应进行返修。

2. “抽查质量状况”栏中，“√”代表“好”，“○”代表“一般”，“×”代表“差”。

建设工程竣工验收应当具备下列条件：

① 完成建设工程设计和合同约定的各项内容；

② 有完整的技术档案和施工管理资料；

③ 有工程使用的主要建筑材料、建筑构配件和设备的进场试验报告；

④ 有勘察、设计、施工、监理等单位分别签署的质量合格文件；

⑤ 有施工单位签署的工程保修书。

2.4.5 工程质量验收案例

某建筑公司与某集团公司签订一建设工程施工承包合同，明确承包方（建筑公司）保质、保量、保工期完成发包方（集团公司）的生产厂房施工任务。工程按期结束后，承包方向监理公司提交了竣工验收申请，监理公司未组织工程预验收，即批复同意，并向发包方提交了竣工报告。发包方认为工程质量好，双方合作愉快，为不影响正常生产，没有组织验收便直接使用了。使用中发现厂房地坪开裂，屋面局部渗水等质量问题，不能满足使用要求，遂要求承包方修理。承包方则认为工程未经验收，提前使用，出现质量问题，承包商不再承担责任。

问题：

① 工程未经验收，发包方提前使用，可否视为工程已交付，承包方不再承担责任？

② 监理工程师对出现的上述问题应如何处理，是否需要承担一定责任？

③ 工程竣工验收的程序如何？

④ 发生上述问题，承包方的保修责任应如何履行？

⑤ 上述纠纷，发包方和承包方可以通过何种方式解决？

【参考答案】

① 可视为发包方已接受该工程，但不能免除承包方负责包修的责任。

② 监理工程师应及时向发包方送达“监理工作联系单”，并要求发包方停止生产，找出发生质量问题的原因，经处理合格并经竣工验收后方可使用。同时，监理单位应为发包方和承包方协调解决纠纷。监理在收到承包方竣工验收申请后未组织进行预验收，未能通过自己的工作使业主履行验收程序，出现质量问题属于监理工程师失职，应依据监理合同承担相应责任。

③ 工程竣工验收的程序如下：

a. 工程完工后，施工单位应自行组织有关人员进行检查评定，并向建设单位提交工程验收报告。

b. 建设单位收到工程验收报告后，应由建设单位（项目）负责人组织施工（含分包单位）、设计、监理等单位（项目）负责人进行工程验收。

c. 当参加验收各方对工程质量验收意见不一致时，可请当地建设行政主管部门或工程质量监督机构协调处理。

d. 单位工程质量验收合格后，建设单位应在规定时间内将工程竣工验收报告和有关文件报建设行政管理部门备案。

④ 承包方保修责任，应依据建设工程保修规定履行。

⑤ 发包方和承包方可通过协商、调解及合同条款规定进行仲裁或诉讼。

2.5 统计分析法在工程质量控制中的应用

2.5.1 统计调查表法

统计调查表法又称统计调查分析法，是利用专门设计的统计表对质量数据进行搜集、整理和粗略分析质量状态的一种方法。

在质量控制活动中，利用统计调查表搜集数据，简便灵活，便于整理，实用有效。它没有固定格式，可根据需要和具体情况设计出不同的统计调查表，常用的有“分项工程作业质量分布调查表”、“不合格项目调查表”、“不合格原因调查表”、“施工质量检查评定用调查表”等。

某工程混凝土空心板外观质量问题调查表见表2-13。

表2-13 **混凝土空心板外观质量问题调查表**

产品名称	混凝土空心板		生产班组		
日生产总数	200块	生产日期	年 月 日	检查日期	年 月 日
检查方式	全数检查		检查员		
项目名称		检查记录		合计	
露筋		9		9	
蜂窝		11		11	
孔洞		2		2	
裂缝		1		1	
其他		3		3	
总计				26	

应当指出，统计调查表法往往同分层法结合起来应用，这样可以更好、更快地找出问题的原因，以便采取改进的措施。

2.5.2 分层法

分层法又称分类法，是指分门别类地对工程质量状况进行调查和对质量问题进行分析，以便准确有效地找出问题及其原因的一种方法。

【例2-1】 某工程主体结构竖向钢筋采用电渣压力焊，焊接由A、B、C三位操作者进行，他们焊接的工艺不同，焊剂从甲、乙两个厂家购买，现通过试焊，请分析采用哪位操作者的焊接工艺，购买哪家焊剂，工程合格率最高。

按操作者与焊剂供应厂家的综合分层见表2-14。

表2-14 **操作者焊接质量**

操作者	焊接质量	甲厂		乙厂		合计	
		焊接点	不合格率/%	焊接点	不合格率/%	焊接点	不合格率/%
A	不合格	6	75	0	0	6	32
	合格	2		11		13	

续表

操作者	焊接质量	甲厂		乙厂		合计	
		焊接点	不合格率/%	焊接点	不合格率/%	焊接点	不合格率/%
B	不合格	0	0	3	43	3	25
	合格	5		4		9	
C	不合格	3	30	7	78	10	53
	合格	7		2		9	
合计	不合格	9	39	10	37	19	38
	合格	14		17		31	

【解】 由表 2-14 可知操作者 B 的质量较好，操作者 C 的质量较差。在使用甲厂的焊剂时，应采用操作者 B 的操作方法，在使用乙厂的焊剂时，应采用操作者 A 的操作方法，从而会使合格率大大提高。

根据管理需要和统计目的，通常可以按照以下分层方法取得原始数据：

① 时间：月、日、上午、下午、白天、晚间、季节。

② 地点：地域、城市、乡村、楼层、外墙、内墙。

③ 材料：产地、厂商、规格、品种。

④ 测定：方法、仪器、测定人、取样方式。

⑤ 作业：工法、班组、工长、工人、分包商。

⑥ 工程：住宅、办公楼、道路、桥梁、隧道。

⑦ 合同：总承包、专业分包、劳务分包。

2.5.3 直方图法

直方图又称为质量分布图，是一种几何形图表，是一目了然地把质量分布状态图表化处理的工具。它通过对从生产过程中搜集来的看似无序的数据进行处理，根据质量数据分布情况，画成以组距为底边、以频数为高度的一系列连接起来的直方形矩形图（如图 2-5 所示）来反映产品质量的分布情况，以判断和预测产品质量及不合格率。

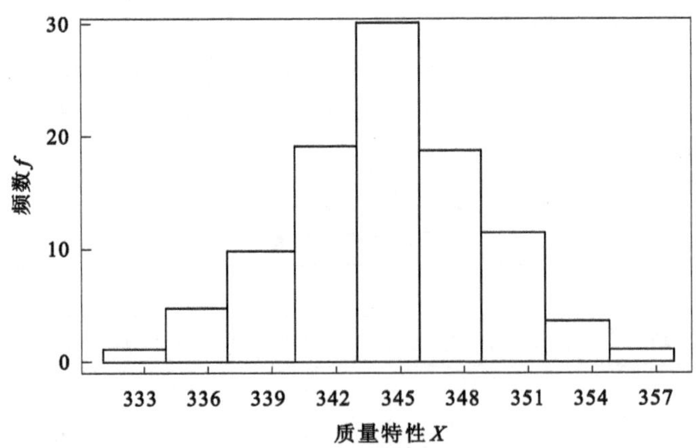

图 2-5 直方图

(1) 直方图的作用

直方图法是从总体中随机抽取样本,对样本中获得的数据进行整理,根据这些数据找出其变化的规律,从而判断生产过程质量的一种常用方法。作直方图的目的就是通过观察图的形状,判断生产过程是否稳定,预测生产过程的质量。具体来说,直方图的作用有以下几点:

① 比较直观地反映出质量特性分布状态,便于及时掌握质量分布状况和判断一批已加工完成的产品质量。

② 考察过程能力,估计生产过程的不合格率,了解过程能力对产品质量的保证情况。

③ 可以用来提高人们的质量意识。在生产现场挂出直方图,可以给全体人员树立“产品质量第一”的观念,有助于提高全体人员的管理意识和质量意识。

(2) 直方图的作图步骤

① 集中和记录数据,求出其最大值和最小值。数据的数量应在 100 个以上,在数量不多的情况下,至少也应在 50 个以上。

② 将数据分成若干组,并做好记号。分组的数量在 6～20 较为适宜。

③ 计算组距的宽度。用组数除以最大值和最小值之差,求出组距的宽度。

④ 计算各组的界限位。各组的界限位可以从第一组开始依次计算,第一组的下界值为最小值减去组距的一半,第一组的上界值为其下界值加上组距。第二组的下界位为第一组的上界值,第二组的下界值加上组距,就是第二组的上界位,依此类推。

⑤ 统计各组数据出现的频数,作频数分布表。

⑥ 作直方图。以组距为底长,以频数为高,作各组的矩形图。

【例 2-2】 某工地在一个时期内生产的 C30 混凝土,共做试块 100 块,抗压强度见表 2-15。

表 2-15　**混凝土试块强度统计数据表**　(单位:MPa)

组号	各组中的数据序号										组中最大	组中最小
	1	2	3	4	5	6	7	8	9	10		
1	32.3	31.0	32.6	30.1	32.0	31.1	32.7	31.6	29.4	31.9	32.7	29.4
2	32.2	32.0	28.7	31.0	29.5	31.4	31.7	30.9	31.8	31.6	32.2	28.7
3	31.4	34.1	31.4	34.0	33.5	32.6	30.9	30.8	31.6	30.4	34.1	30.4
4	31.5	32.7	32.6	32.0	32.4	31.7	32.7	29.4	31.7	31.6	32.7	29.4
5	30.9	32.9	31.4	30.8	33.1	33.0	31.3	32.9	31.7	31.6	32.7	29.4
6	30.3	30.4	30.6	30.9	31.0	31.4	33.0	31.3	31.9	31.8	33.0	30.4
7	31.9	30.9	31.1	31.3	31.9	31.3	30.8	30.5	31.4	31.3	31.9	30.5
8	31.7	31.6	32.2	31.6	32.7	32.6	27.4	31.6	31.9	32.0	32.7	27.4
9	34.7	30.3	31.2	32.0	34.3	33.5	31.6	31.3	31.6	31.0	34.7	30.3
10	30.8	32.0	31.3	29.7	30.5	31.6	31.7	30.4	31.1	32.7	32.7	29.7

由表 2-15 找出全体数据中最大值为 34.7 MPa,最小值为 27.4 MPa,两者之差即称为极差,用符号 R 表示,则 $R=34.7-27.4=7.3$(MPa)。

(3) 确定直方图的组数和组距

组数多少要按搜集数据的多少来确定。当数据总数为 50～100 时,可分为 8～12 组,组数用字

母 K 表示。为了方便，通常可选定组数，然后算出组距，组距用字母 h 表示。

组数与组距的关系式是：

$$组数=\frac{极差}{组距}$$

即

$$K=\frac{R}{h}$$

例如，组数选定 $K=10$，则组距

$$h=\frac{R}{K}=\frac{7.3}{10}=0.73\approx 0.8$$

(4) 确定数据分组区间

数据分组区间应遵循如下规则来确定：相邻区间在数值上应当是连续的，即前一区间的上界值应等于后一区间的下界值；要避免数据落在区间的分界上。为此，一般区间分界值精度比数据值精度高半级，即第一区间的下界值，可取最小值减 0.05；上界值采用最小值减 0.05 再加组距。

例 2-2 中：

第一区间下界值＝最小值－0.05＝27.4－0.05＝27.35(MPa)

第一区间上界值＝第一区间下界值＋h＝27.35＋0.8＝28.15(MPa)

第二区间下界值＝第一区间上界值＝28.15(MPa)

第二区间上界值＝其下界值＋h＝28.15＋0.8＝28.95(MPa)

……

以此类推。

(5) 编制频数分布统计表

根据确定的各个区间值，就可以进行频数统计，编制出频数分布统计表，见表 2-16。

表 2-16 **频数分布统计表**

序号	分组区间/MPa	频数	序号	分组区间/MPa	频数
1	27.35～28.15	1	6	31.35～32.15	37
2	28.15～28.95	1	7	32.15～32.95	15
3	28.95～29.75	4	8	32.95～33.75	5
4	29.75～30.55	8	9	33.75～34.55	3
5	30.55～31.35	25	10	34.55～35.35	1
合计					100

(6) 绘制频数直方图

用横坐标表示数据分组区间，纵坐标表示各数据分组区间出现的频数。例 2-2 中混凝土强度频数直方图如图 2-6 所示。

(7) 直方图的观察和分析

① 分布状态的分析。

对直方图分布状态进行分析，可判断生产过程是否正常，常见的直方图分析如下：

a. 正态分布，如图 2-7(a)所示。它说明生产过程正常、质量稳定。

b. 偏态分布，如图 2-7(b)、图 2-7(c)所示。它是由于技术或习惯上的原因，或由于上(下)限控制过严造成的。

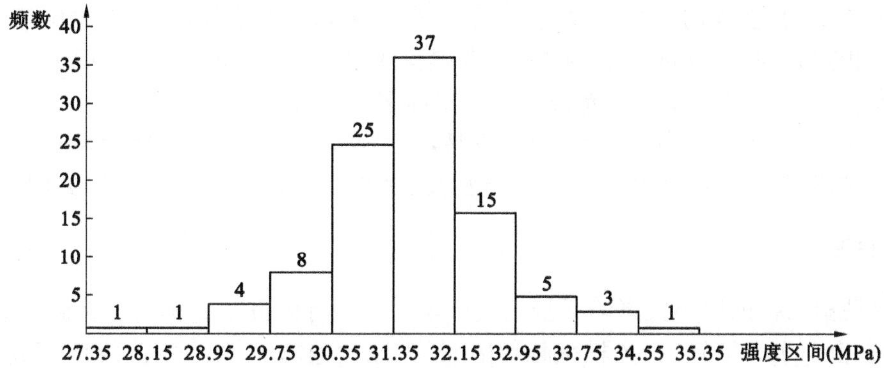

图 2-6 混凝土强度频数直方图

c. 锯齿分布,如图 2-7(d)所示。它是由于组数或组距不当、测试所用方法和读数有问题所致。

d. 孤岛分布,如图 2-7(e)所示。它是由于原材料变化(如少量材料不合格)或工人临时替班所致。

e. 陡壁分布,如图 2-7(f)所示。它往往是由于剔除不合格品、等外品或超差返修后造成的。

f. 双峰分布,如图 2-7(g)所示。它是把两种不同方法或服务生产的产品数据混淆在一起所致。

g. 平峰分布,如图 2-7(h)所示。它是生产过程中由于某种缓慢变化的因素起主导作用的结果。

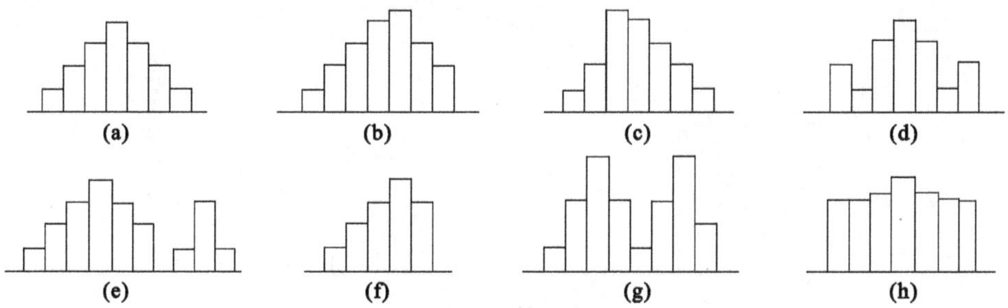

图 2-7 常见直方图分析

(a) 正态分布;(b) 偏态分布;(c) 锯齿分布;(d) 孤岛分布;(e) 陡壁分布;(f) 双峰分布;(g) 平峰分布

② 实际分布与标准分布的比较。

将正常型直方图与质量标准进行比较,判断实际施工能力。如图 2-8 所示,T 表示质量标准要求的界限,B 代表实际质量特性值分布范围。比较结果一般有以下几种情况:

a. B 在 T 中间,两边各有一定余地,这是理想的情况,如图 2-8(a)所示。

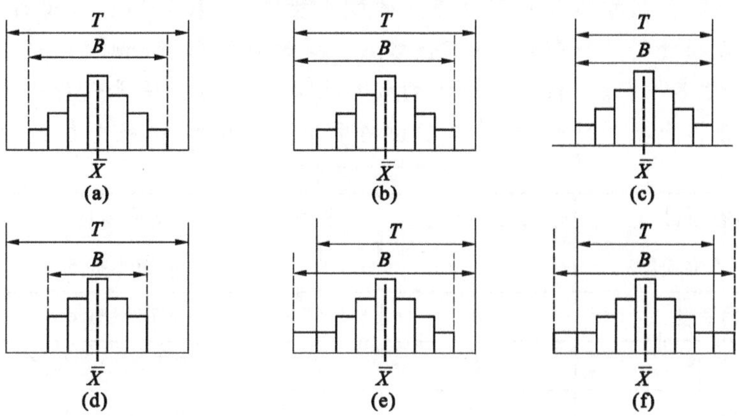

图 2-8 实际质量分布与标准质量分布比较

b. B 虽在 T 之内，但偏向一边，有超差的可能，需要采取纠偏措施，如图 2-8(b)所示。

c. B 与 T 相重合，实际分布太宽，易超差，要减少数据的分散，如图 2-8(c)所示。

d. B 过分小于 T，说明加工过于精确，不经济，如图 2-8(d)所示。

e. 由于 B 过分偏离 T 的中心，造成很多废品，需要调整，如图 2-8(e)所示。

f. 实际分布范围 B 过大，产生大量废品，说明工序能力不能满足技术要求，如图 2-8(f)所示。

2.5.4 排列图法

排列图法是利用排列图寻找影响质量主次因素的一种有效方法。排列图又称帕累托图或主次因素分析图，它由两个纵坐标、一个横坐标、几个连起来的直方形和一条曲线所组成，如图 2-9 所示。左侧的纵坐标表示频数，右侧纵坐标表示累计频率，横坐标表示影响质量的各个因素或项目，按影响程度大小从左至右排列，直方形的高度示意某个因素的影响大小。实际应用中，通常按累计频率划分为 0～80％、80％～90％、90％～100％三部分，与其对应的影响因素分别为 A、B、C 三类。A 类为主要因素，B 类为次要因素，C 类为一般因素。

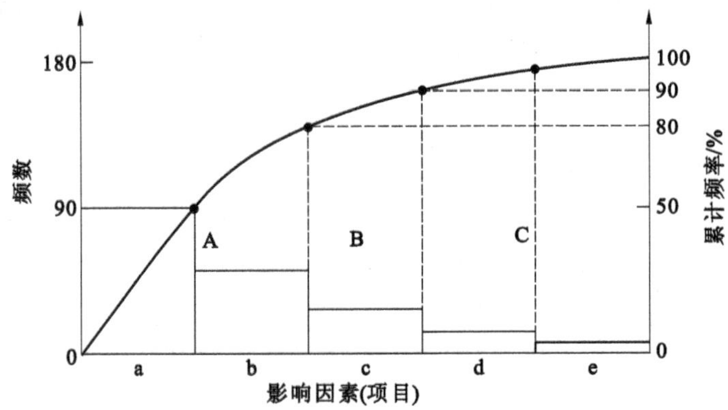

图 2-9 排列图法

【例 2-3】 某工地现浇混凝土构件尺寸质量检查结果是：在全部检查的 8 个项目中不合格点(超偏差限值)有 150 个，为改进并保证质量，应对这些不合格点进行分析，以便找出影响混凝土构件尺寸质量的薄弱环节。

(1) 搜集、整理数据

首先搜集混凝土构件尺寸各项目不合格点的数据资料，见表 2-17。各项目不合格点出现的次数即频数。然后对数据资料进行整理，将不合格点较少的轴线位置、预埋设施中心位置、预留孔洞中心位置三项合并为“其他”项。按不合格点的频数由大到小的顺序排列各检查项目，“其他”项排在最后。以全部不合格点数为总数，计算各项的频率和累计频率，结果见表 2-18。

表 2-17 不合格点统计表

序号	检查项目	不合格点数	序号	检查项目	不合格点数
1	轴线位置	1	5	平面水平度	15
2	垂直度	8	6	表面平整度	75
3	标高	4	7	预埋设施中心位置	1
4	截面尺寸	45	8	预留孔洞中心位置	1

表 2-18　　**不合格点项目频数频率统计表**

序号	项目	频数	频率/%	累计频率/%
1	表面平整度	75	50.0	50.0
2	截面尺寸	45	30.0	80.0
3	平面水平度	15	10.0	90.0
4	垂直度	8	5.3	95.3
5	标高	4	2.7	98.0
6	其他	3	2.0	100.0
合计		150	100	

(2) 排列图的绘制

① 画横坐标。将横坐标按项目数等分，并按项目频数由大到小顺序从左至右排列，该例中横坐标分为六等分。

② 画纵坐标。左侧的纵坐标表示项目不合格点数即频数，右侧纵坐标表示累计频率。要求总频数对应累计频率 100%。该例中 150 应与 100%在一条水平线上。

③ 画频数直方形。以频数为高画出各项目的直方形。

④ 画累计频率曲线。从横坐标左端点开始，依次连接各项目直方形右边线及所对应累计频率值的交点，所得的曲线即为累计频率曲线。

⑤ 记录必要的事项。如标题、搜集数据的方法和时间等。

图 2-10 为本例混凝土构件尺寸不合格点排列图。

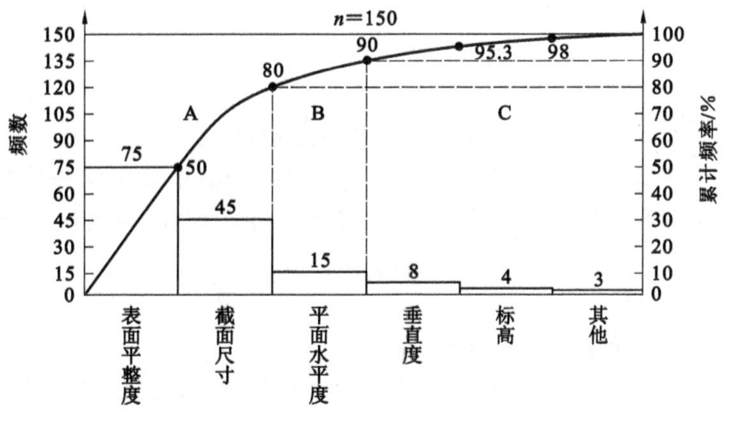

图 2-10　混凝土构件尺寸不合格点排列图

(3) 排列图的观察与分析

① 观察直方形，大致可看出各项目的影响程度。排列图中每个直方形都表示一个质量问题或影响因素。影响程度与各直方形的高度成正比。

② 利用 ABC 分类法，确定主次因素。将累计频率曲线按 0～80%、80%～90%、90%～100%分为三部分，各曲线下面所对应的影响因素分别为 A、B、C 三类因素。该例中 A 类即主要因素，为表面平整度(2 m 长度)、截面尺寸(梁、柱、墙板、其他构件)；B 类即次要因素，为平面水平度；C 类即一般因素，为垂直度、标高和其他项目。综上分析结果，下步应重点解决 A 类的质量问题。

排列图可以形象、直观地反映主次因素。其主要应用如下：

① 按不合格点的内容分类，可以分析出造成质量问题的薄弱环节。

② 按生产作业分类，可以找出生产不合格品最多的关键过程。

③ 按生产班组或单位分类，可以分析比较各单位技术水平和质量管理水平。

④ 将采取提高质量措施前后的排列图对比，可以分析措施是否有效。

⑤ 可以用于成本费用分析、安全问题分析等。

2.6 因果分析图法、控制图法和关系图法在工程质量控制中的应用

2.6.1 因果分析图法

因果分析图法是利用因果分析图来系统整理分析某个质量问题（结果）与其产生原因之间关系的有效工具。因果分析图也称特性要因图，又因其形状常被称为树枝图或鱼刺图。因果分析图基本形式如图 2-11 所示。

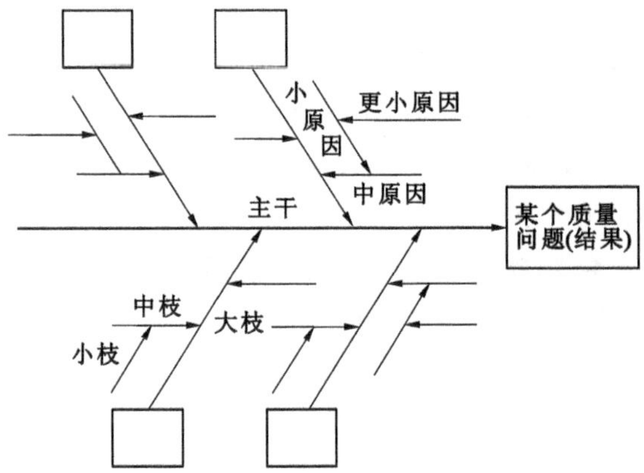

图 2-11 因果分析图的基本形式

从图 2-11 可见，因果分析图由质量特性（即质量结果，指某个质量问题）、要因（产生质量问题的主要原因）、枝干（指一系列表示不同层次原因的箭线）、主干（指较粗的直接指向质量结果的水平箭线）等组成。

下面结合实例加以说明。

【例 2-4】 绘制混凝土强度不足的因果分析图。

【解】 因果分析图的绘制步骤与图 2-11 中箭头方向恰恰相反，是从“结果”开始将原因逐层分解的，具体步骤如下：

① 明确质量问题——结果。本例分析的质量问题是“混凝土强度不足”，作图时首先由左至右画出一条水平主干线，箭头指向一个矩形框，框内注明研究的问题，即结果。

② 分析确定影响质量特性大体的原因。一般来说，影响质量的因素有五大方面，即人、机械、材料、方法、环境等。另外，还可以按产品的生产过程进行分析。

③ 将每种大原因进一步分解为中原因、小原因，直至分解的原因可以采取具体措施加以解决。

④ 检查图中所列的原因是否齐全，可以对初步分析结果广泛征求意见，并做必要的补充及修改。

⑤ 选择影响大的关键因素，做出标记“Δ”，以便重点采取措施，如图 2-12 所示。

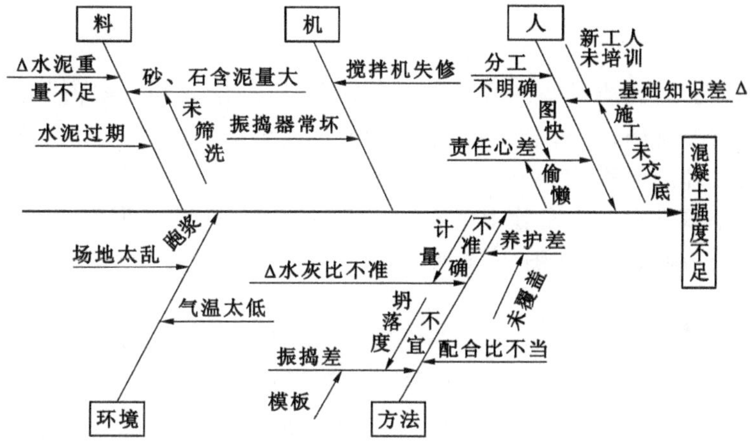

图 2-12　混凝土强度不足的因果分析图

绘制和使用因果分析图时应注意的问题：

① 集思广益。绘制时要求绘制者熟悉专业施工方法和技术，调查、了解施工现场实际条件和操作的具体情况。要以各种形式，广泛搜集现场工人、班组长、质量检查员、工程技术人员的意见，集思广益，相互启发、相互补充，使因果分析更符合实际。

② 制定对策。绘制因果分析图不是目的，而是要根据图中所反映的主要原因，制定改进的措施和对策，限期解决问题，保证产品质量。具体实施时，一般应编制一个对策计划表(见表 2-19)。

表 2-19　**混凝土强度不足的对策计划表**

项目	序号	产生问题的原因	采取的对策	执行人	完成时间
人	1	分工不明确	根据个人特长，确定每项作业的负责人及各操作人员职责、挂牌示出		
	2	基础知识差	① 组织学习操作规程； ② 做好技术交底		
方法	3	配合比不当	① 根据数据统计结果，按施工实际水平进行配比计算； ② 进行试验		
	4	水灰比不准	① 制作试块； ② 捣制时每半天测砂石含水率一次； ③ 捣制时控制坍落度在 5 cm 以下		
	5	计量不准	校正磅秤		
材料	6	水泥重量不足	进行水泥重量统计		
	7	原材料不合适	对砂、石、水泥进行各项指标试验		
	8	砂、石含泥量大	冲洗		
机械	9	振捣器常坏	① 使用前检修一次； ② 施工时配备电工； ③ 备用振捣器		
	10	搅拌机失修	① 使用前检修一次； ② 施工时配备检修工人		
环境	11	场地乱	认真清理，搞好平面布置，现场实行分片制		
	12	气温低	准备草包，养护落实到人		

2.6.2 控制图法

由正态分布的研究知，当质量特性值符合正态分布时，不论 μ 与 σ 取值如何，质量特性值落在 $[\mu-3\sigma,\mu+3\sigma]$ 范围内的概率为 99.73%，落在这个范围之外的概率为 0.27%，而落在大于 $(\mu+3\sigma)$ 或小于 $(\mu-3\sigma)$ 一侧之外的概率均为 0.27%/2=0.135%≈0.1%，这是一个小概率事件。根据小概率事件原理，小概率事件在一次实验中可看作是不会发生的。从而可判断工序质量是否稳定，是否在控制的范围内。控制图形式如图 2-13 所示。

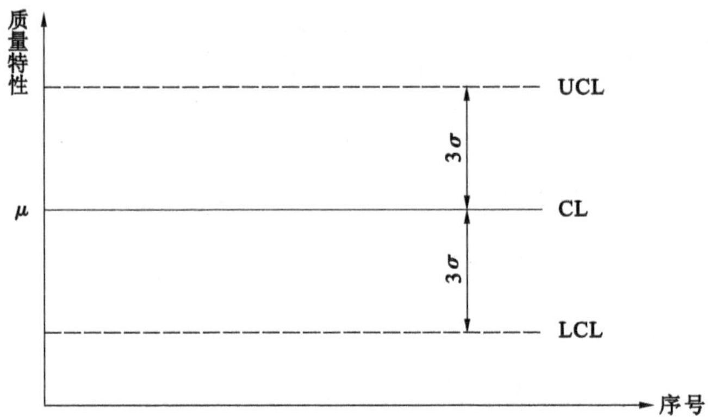

图 2-13 控制图形式

控制图分为分析用控制图与控制用控制图两类。

(1) 分析用控制图

分析用控制图上的点同时满足下述条件时，认为工序质量处于统计控制状态。

① 连续 25 点中没有 1 点在界限外或连续 35 点中最多 1 点在界限外或连续 100 点中最多 2 点在界限外；

② 控制界限内的点的排列无如图 2-14 所示的异常现象：

连续 7 点或更多点在中心线同一侧；

连续 7 点或更多点呈上升或下降趋势；

连续 11 点中至少有 10 点在中心线同一侧；

连续 14 点中至少有 12 点在中心线同一侧；

连续 17 点中至少有 14 点在中心线同一侧；

连续 20 点中至少有 16 点在中心线同一侧；

连续 3 点中至少有 2 点和连续 7 点中至少有 3 点落在两倍标准偏差与三倍标准偏差控制界限之间；

点子呈周期性变化。

(2) 控制用控制图

控制用控制图的点出现下列情况之一时，即判定为异常：

① 点落在控制界限外或界限上；

② 与分析用控制图控制界限内点排列的异常现象相同。

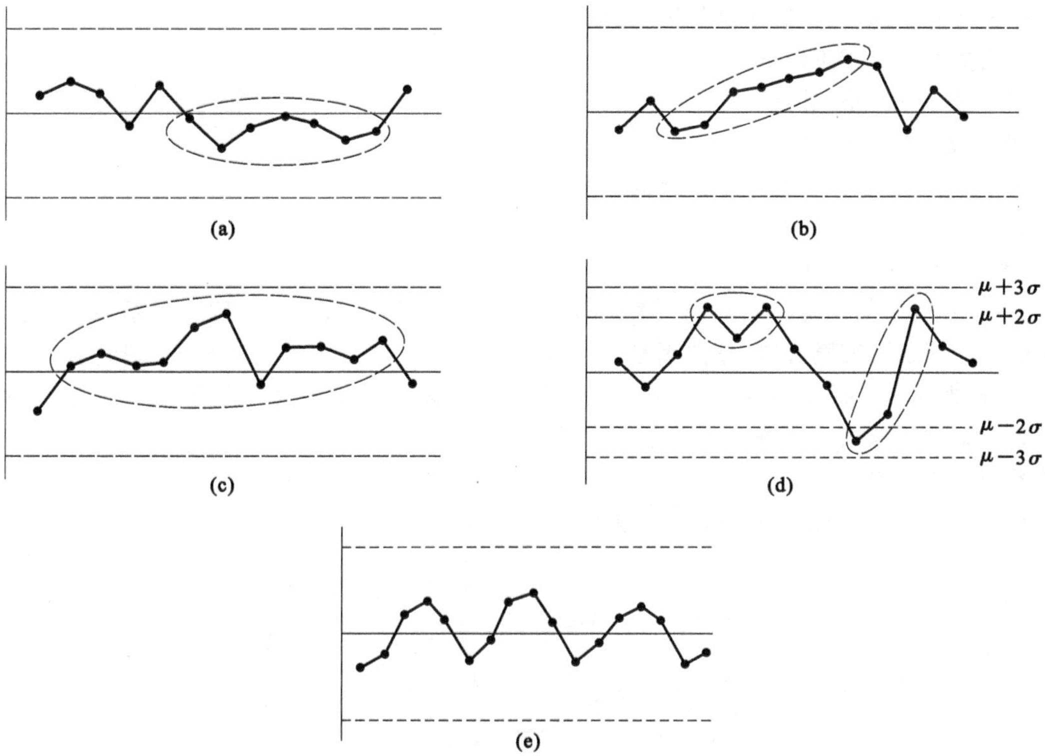

图 2-14 异常排列点

(a) 7 点在同一侧；(b) 7 点连续上升；(c) 11 点中有 10 点在同一侧；
(d) 连续 3 点中有 2 点接近控制界限；(e) 点呈周期性变化

2.6.3 关系图法

关系图法又称关联图法，就是把若干项质量问题与其主要影响因素间的因果关系用箭头连接起来，从而找出主要因素的一种方法。关系图法是谋求解决那些有着原因—结果、目的—手段等复杂关系问题的方法之一。

关系图的基本模型如图 2-15 所示。

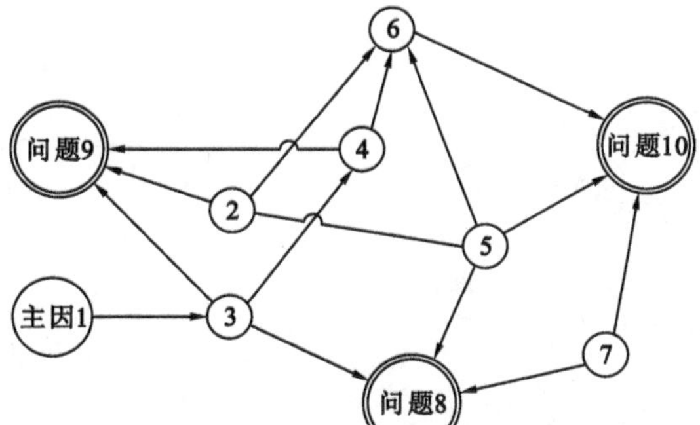

图 2-15 关系图的基本模型

图 2-15 中箭头只进不出的是问题；箭头只出不进的是主因，是解决问题的关键；箭头有进有出的是中间因素；箭头出多于进的中间因素是关键中间因素，可作主因对待。

由图 2-15 可见：①、②、⑤、⑦是主因，它们的存在影响了诸多因素。⑧、⑨、⑩是问题，它们只受到其他因素的制约，而无影响其他因素的能力。

关系图法主要应用于以下情况：

① 质量管理方针的制定与展开；

② 制订全面质量管理计划；

③ 制造过程中减少不良产品的措施；

④ 相关部门的业务改进；

⑤ 制订 QC 小组活动计划等。

在关系图中，用数字标记问题和相关因素，并用箭头表示它们之间的因果关系，把应完成的目标或需解决的问题圆圈圈起来，重点因素可用剖面线标出。箭头的方向应从原因指向结果或从目的指向手段，即原因—结果；目的—手段。上述的标记或箭头指向原则上没有统一规定，由使用者自行规定标记方式和箭头的方向及其意义。

关系图的常见模型有三种：

(1) 中央集中型关联图(单一目的)(如图 2-16 所示)

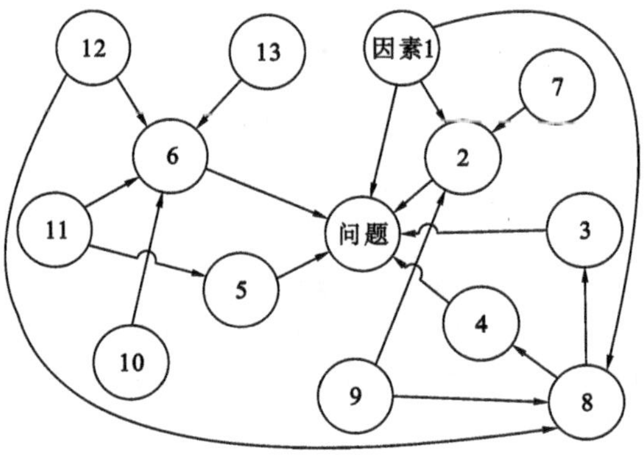

图 2-16 中央集中型关联图

(2) 单向汇集型关联图(单一目的)(如图 2-17 所示)

(3) 关系表示型关联图(多目的)(如图 2-18 所示)

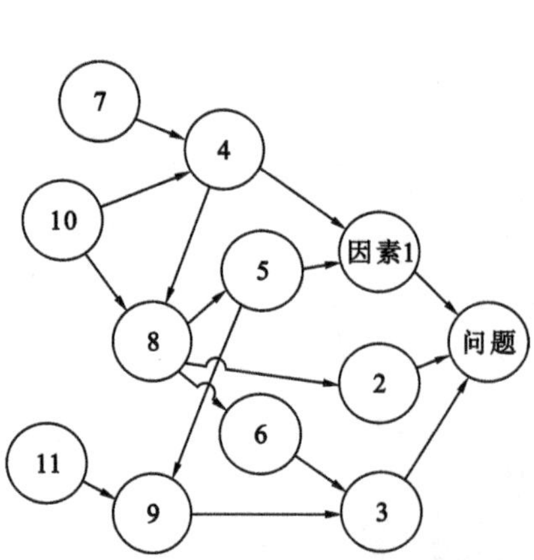

图 2-17 单项汇集型关联图

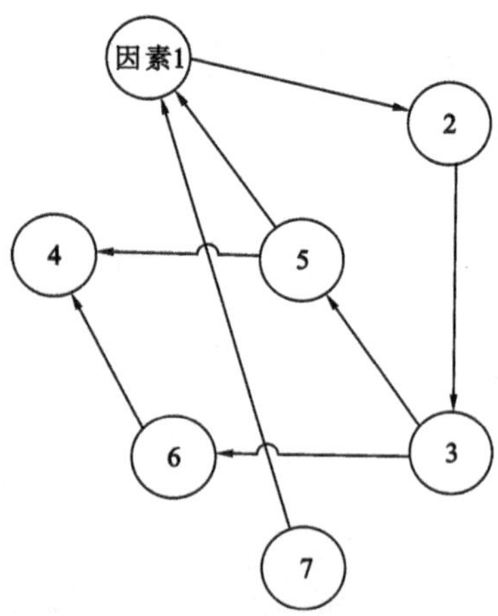

图 2-18 关系表示型关联图

在实际工程质量问题分析与控制时，应按以下步骤绘制关联图：

① 列出与问题有关的所有因素，按照应用目的，组织相关人员分析讨论；

② 用简明而通俗的语言表达各因素和问题；

③ 用箭头将因素与问题、因素与因素之间的因果关系连接起来；

④ 统观全局，讨论确认是否存在这种因果关系，对于遗漏的，应予以补充和修改；

⑤ 确定重点，把重要问题或重要因素做上标记。

2.7　工程质量缺陷和质量事故的处理

2.7.1　工程质量缺陷和质量事故

由于建筑工程具有建设工期长、所用材料品种多、影响因素复杂等特点，建设中往往会出现一些质量缺陷，甚至质量事故。监理工程师应学会区分并正确处理工程质量缺陷和质量事故。

“莲花河畔景苑”倾倒事故视频

在工程项目中，凡存在工程质量不符合建筑、安装质量检验验收标准，相关施工与验收规范或设计图纸要求，以及合同规定的质量要求不符，程度轻微的称为工程质量缺陷；造成人身伤亡或者重大经济损失的，称为工程质量事故。

根据工程质量事故造成的人员伤亡或者直接经济损失，工程质量事故分为四个等级(本等级划分所称的“以上”包括本数，所称的“以下”不包括本数)：

(1) 特别重大事故

特别重大事故是指造成30人以上死亡，或者100人以上重伤，或者1亿元以上直接经济损失的事故。

(2) 重大事故

重大事故是指造成10人以上30人以下死亡，或者50人以上100人以下重伤，或者5000万元以上1亿元以下直接经济损失的事故。

(3) 较大事故

较大事故是指造成3人以上10人以下死亡，或者10人以上50人以下重伤，或者1000万元以上5000万元以下直接经济损失的事故。

(4) 一般事故

一般事故是指造成3人以下死亡，或者10人以下重伤，或者100万元以上1000万元以下直接经济损失的事故。

2.7.2　工程质量缺陷和质量事故的成因

由于建设工程产品固定，生产流动性大，工期较长，采用的材料品种繁多，施工条件特殊，受自然条件异常因素的影响较大等原因，工程质量缺陷和质量事故的原因也多种多样，归纳起来主要有以下几个方面：

① 违反基本建设程序。如未搞清地质情况就仓促开工；边设计、边施工；无图施工等。

② 违反法规行为。如无证设计、无证施工；越级设计、越级施工；工程招、投标中的不公平竞争；超常的低价中标；非法分包、转包、挂靠；擅自修改设计等。

③ 工程地质勘察存在问题。如勘测钻孔间距太大，不能全面、准确地反映地基的实际情况；地质勘察深度不足，没有查清较深层有无软弱层、墓穴、空洞；地质勘察

不详细、不准确,导致基础设计错误等。

④ 使用不合格的原材料、制品及设备。如钢筋物理力学性能不合格导致钢筋混凝土结构达不到承载力要求;水泥安定性不合格导致结构开裂;混凝土配合比错误导致混凝土强度不足;防水材料不合格导致结构渗漏等。

⑤ 使用不当。如不经核算就在原有建筑物上加层;任意改变用途,加大设备荷载;在结构构件上随意开洞、割筋、留槽等。

⑥ 施工工艺不当。如土方开挖出现流沙时,无正确的治理措施;打桩或其他分部分项施工顺序不当,相邻建筑施工顺序错误;砌体工程组砌方法不当,通缝多;混凝土拆模时间过早,导致结构裂缝和局部垮塌。

⑦ 施工与管理不到位。不按图施工或未经设计单位同意擅自修改设计。如施工时将铰接做成刚接,将简支梁做成连续梁,导致结构破坏;挡土墙不按图设滤水层、排水孔,导致压力增大,墙体破坏或倾覆;不按有关的施工规范和操作规程施工,浇筑混凝土时振捣不良,造成薄弱部位;不熟悉图纸,盲目施工;施工方案考虑不周,施工顺序颠倒;图纸未经会审,仓促施工;技术交底不清,违章作业;疏于检查、验收等。

⑧ 自然灾害因素。如地震、大风、大雪、火灾、爆炸、水灾等引起整体失稳倒塌等。

2.7.3　工程质量缺陷的处理程序

当发生工程质量缺陷时,监理工程师应以原因分析为基础判断其严重程度,并签发“监理通知单”,责成施工承包单位写出质量缺陷问题报告,提出处理方案。对某些问题一时认识不清,且一时不致产生严重后果的,可以继续进行调查、观测,以便掌握更充分的资料和数据,做进一步分析,找出问题起源点,方可提出处理方案,将处理方案报监理工程师审核,必要时应经建设单位和设计单位认可。质量缺陷处理完毕,施工承包单位应报验,监理工程师应组织有关人员对处理的结果进行严格的检查、鉴定和验收,写出质量缺陷问题处理报告,报建设单位和监理单位存档。

工程质量缺陷问题的处理程序如图 2-19 所示。

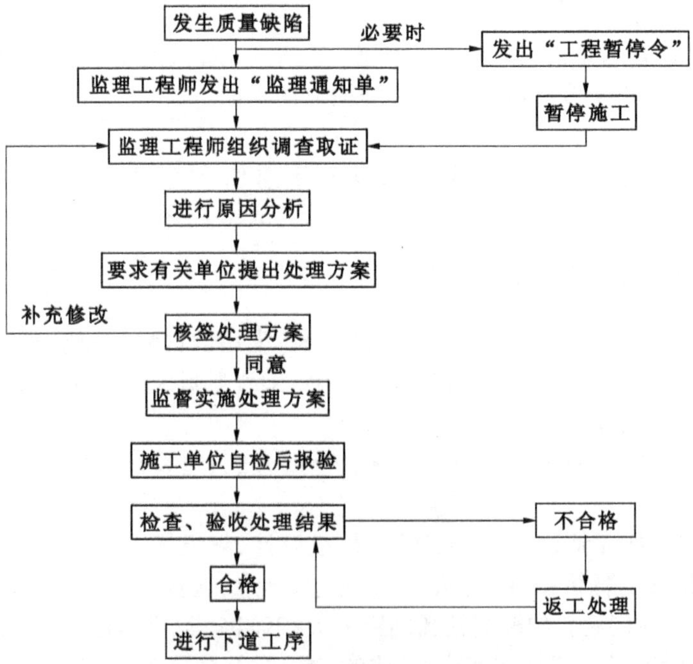

图 2-19　工程质量缺陷处理程序

2.7.4　工程质量事故的处理程序

工程质量问题的发生,既可能是由于设计计算和施工图纸中存在错误,也可能是由于施工中出现质量问题,还可能是由于使用不当,或者是由于设计、施工和使用等多种因素综合影响的结果。

工程质量事故的处理程序如图 2-20 所示。

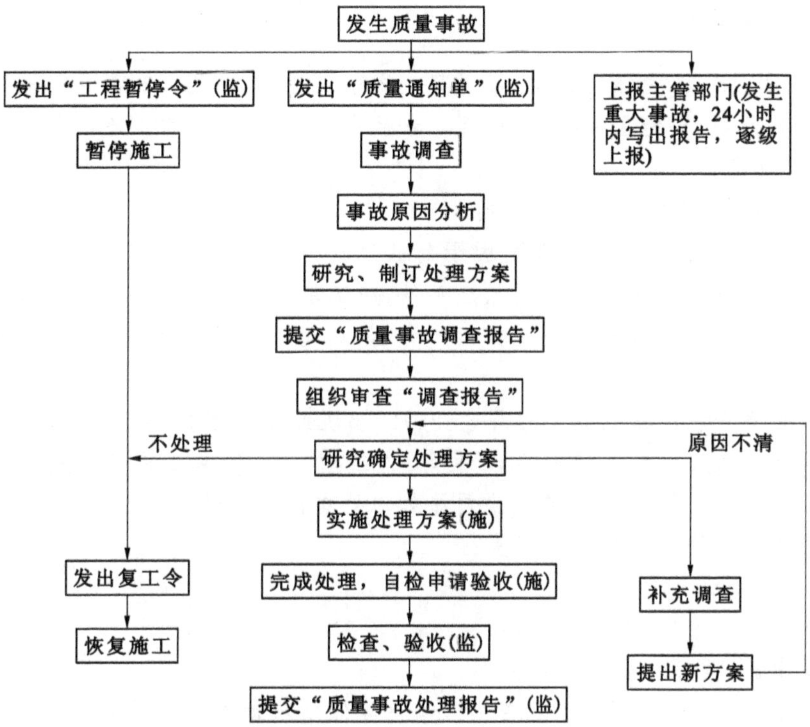

图 2-20　工程质量事故处理程序

2.7.5　工程质量事故处理的原则和基本要求

建设工程质量事故的原因有时较为复杂,其涉及的专业和部门较多,因此,如何正确处理显得尤为重要。事故的正确处理应遵循一定的程序和原则,以达到科学准确、经济合理,为各方所接受。

(1) 工程质量事故处理的一般原则

① 正确确定事故性质。事故性质是表面性还是实质性、是结构性还是一般性、是迫切性还是可缓性,都是事故处理的先决条件。

② 正确确定处理范围。除了事故直接发生部位(如局部倒塌区)外,还应检查事故对相邻结构的影响,正确确定处理范围。

③ 满足质量事故处理的基本要求。

④ 选好处理方案和时间。根据事故原因和处理目的,正确选用处理方案和时间。

⑤ 制订措施。制定有效、切实可行的纠正措施和预防措施。

(2) 工程质量事故处理的五项基本要求

① 安全可靠,不留隐患;

② 满足使用或生产要求;

③ 经济合理;

④ 材料、设备和技术条件满足需要；

⑤ 施工方便、安全。

监理工程师应通过组织检查和必要的鉴定，判断质量事故的技术处理是否达到了预期目的，是否消除了导致工程质量不合格的问题，是否仍留有隐患。如果达到预期的目的，监理工程师应进行验收并予以最终确认。

2.7.6 质量事故处理案例

某高层办公楼共 33 层，主体结构 15 层混凝土浇筑结束时，拆除 13 层模板转至 16 层使用，发现 13 层楼板大面积开裂，裂缝呈井字形，楼面浇水后大面积渗漏，存在严重质量和安全隐患。对此质量事故回答以下问题：

① 对此质量事故，监理的处理程序如何？

② 通过法定单位检测，该楼板开裂是由于商品混凝土外加剂使用不当造成的，该商品混凝土由建设单位提供厂家，该厂家具有合法的生产条件，施工单位与厂家签订购买合同。施工单位以混凝土厂家是建设单位指定、混凝土也不是其生产为由，认为不应承担责任，就此事故监理公司应该如何处理？

③ 监理公司应审查该商品混凝土的哪些资料？出现此质量事故，监理公司是否应承担责任？

④ 此质量事故造成直接经济损失 20 万元，延误工期 1 个月，施工单位向监理公司提出赔偿 20 万元损失和延长工期 1 个月的要求，监理公司该如何处理？

⑤ 质量事故处理后的验收结论有哪些？

【参考答案】

① 对此质量事故，监理的处理程序如下：

a. 总监理工程师立即下发“工程暂停令”，停止主体结构施工，并书面报告建设单位和当地建设主管部门。

b. 事故调查与原因分析。查阅混凝土原材料出厂检测合格证、施工记录、混凝土同条件养护试块、混凝土浇筑时坍落度检测记录等。建议施工单位请混凝土厂家到现场查看，要求施工单位请具有法定检测资质的单位对该楼板开裂的具体原因作出分析，并出具检测报告。

c. 建议由建设单位委托设计单位出具加固处理方案，或要求施工单位提出加固处理方案，该方案经监理、建设、设计等单位审批后实施。

d. 加固资质与原材料审查。若施工单位没有加固资质，需请专业加固公司施工，监理应对该加固公司的资质、营业执照、生产许可证、人员证书以及相关的业绩等进行审查。加固公司进场后应对加固原材料的出厂合格证进行审查，并对加固原材料见证取样送检。

e. 加固过程的质量控制。对加固的每一道工序进行隐蔽验收，必要时拍摄影像资料。

f. 加固后的检测与验收。加固后的质量经法定检测单位检测后，符合设计和使用功能要求的，监理单位组织建设、设计、施工等单位进行验收，必要时由建设单位请质量监督部门等共同对此加固效果进行验收，并形成验收结论。监理单位记录会议内容并形成纪要。

g. 提交质量事故处理报告。要求事故单位整理编写“质量事故处理报告”，并审核签认，其内容主要包括：

(a) 工程质量事故情况、调查情况、原因分析；

(b) 质量事故处理的依据；

(c) 质量事故技术处理方案；

(d) 实施技术处理施工中的有关问题和资料；

(e) 对处理结果的检查鉴定和验收；

(f) 质量事故的处理结论；

(g) 此质量事故的经验总结等。

(h) 将此质量事故处理的资料存档备案。

② 监理公司应该这样处理：

a. 明确事故责任。

监理公司应向施工单位说明以下几点：

(a) 施工单位与混凝土厂家签订购买合同，施工单位应对采购的商品质量负责；

(b) 混凝土有质量问题，施工单位可向混凝土厂家追究责任；

(c) 混凝土厂家虽然由建设单位提供，但该混凝土厂家具有合法的生产条件，能满足该工程的需要，不是造成工程质量事故的直接原因。

b. 协调建设单位。

监理公司应向建设单位说明：

(a) 施工单位对后续工程是否使用该商品混凝土有选择权，建设单位不应干预；

(b) 其他材料、设备等按施工承包合同约定执行，以免发生类似事件等。

③ 监理公司应审查商品混凝土的资料有：

a. 生产厂家的资质证书、营业执照、安全生产许可证、以往类似工程业绩；

b. 每次浇筑混凝土前，审查该批混凝土原材料合格证、厂家对原材料的检测报告、混凝土配比单；

c. 混凝土达到一定龄期时厂家对混凝土强度的检测报告、施工现场混凝土同条件养护试块报告、标养试块报告等。

出现此质量事故，监理公司是否应承担责任，要从以下几个方面作具体分析。

(a) 混凝土配比单与以往相同，外加剂的使用由厂家投料时发生错误导致质量事故，则监理公司不应承担责任。

(b) 此次混凝土配比单外加剂的使用与以往有很大不同，监理公司审查未发现，质量预控未落实，则根据委托监理合同承担监理责任。

(c) 浇筑混凝土时，监理公司发现混凝土形态与以往有很大不同，但没有及时制止并查明原因，旁站监督不到位，则根据委托监理合同承担监理责任。

④ 监理公司不予批准施工单位经济损失和延长工期的要求。

⑤ 质量事故处理后的验收结论通常有下列几种类型：

a. 事故已排除，可以继续施工。

b. 经修补处理后，能够满足使用要求。

c. 基本上满足使用要求，但使用时应有附加限制条件，例如限制荷载等。

d. 对耐久性的结论。

e. 对建筑物外观影响的结论。

f. 对短期内难以作出结论的，应进一步观测检验等。

对于处理后符合《建筑工程施工质量验收统一标准》(GB 50300—2001)规定的，应予以验收；对经加固补强或返工处理仍不能满足安全使用要求的，应拒绝验收。

【知识归纳】

(1) 建设工程质量简称工程质量,是指工程满足业主需要,并符合国家法律、法规、技术规范标准、设计文件及合同规定的特性综合。

(2) 建设工程质量控制就是为了保证达到工程合同、设计文件、技术规范标准等规定的质量标准而采取的一系列措施、手段和方法。建设工程质量控制按照建设工程质量形成过程分,主要包括决策阶段的质量控制、设计阶段的质量控制和施工阶段的质量控制;按照实施工程质量全员控制分,主要包括政府的质量控制、设计单位的质量控制、施工单位的质量控制和监理单位的质量控制四个方面。

(3) 检验就是对被检验项目的性能进行量测、检查、试验等,并将结果与标准规定要求进行比较,以确定每项性能是否合格所进行的活动。

(4) 主控项目是指建设工程中对安全、卫生、环境保护和公众利益起决定性作用的检验项目。一般项目是指除主控项目以外的检验项目。

(5) 工程项目的质量控制是一个持续的过程,首先在提出项目质量目标的基础上,制订质量控制计划,包括实现该计划需采取的措施;然后将计划加以实施,特别要在组织上加以落实,真正将工程项目质量控制的计划措施落到实处;在实施过程中,还要经常检查、监测,以评价检查结果与计划是否一致;最后对出现的工程质量问题进行处理,对暂时无法处理的质量问题重新进行分析,进一步采取措施加以解决。这一过程的原理就是 PDCA 循环。

【独立思考】

2-1 什么是建设工程质量?

2-2 什么是建设工程质量控制?建设工程质量控制的内容是什么?

2-3 什么是检验批、分项工程、分部工程和单位工程?

2-4 什么是建筑工程施工质量验收的主控项目和一般项目?

2-5 什么是旁站、巡视和平行检验?

2-6 施工质量控制的依据主要有哪些方面?

2-7 施工质量控制的工作程序如何?

2-8 施工质量控制的主要内容是什么?

2-9 监理工程师审查施工组织设计的原则有哪些?

2-10 设计交底中,监理工程师应主要了解哪些内容?

2-11 什么是质量控制点?选择质量控制点的原则是什么?在工程监理中如何落实对质量控制点的控制?

2-12 施工阶段质量控制的方式有哪些?

2-13 施工阶段质量控制的手段有哪些?

2-14 建筑工程施工质量验收的基本条件是什么?

2-15 建筑工程施工质量验收中单位(子单位)工程、分部(子分部)工程、分项工程及检验批的验收程序与组织是什么?

2-16 什么是工程质量缺陷和质量事故?

2-17 工程质量缺陷和质量事故产生的原因有哪些?

2-18 工程质量缺陷处理的程序是什么?

2-19 工程质量事故处理的程序是什么?

2-20 工程质量事故处理的原则和基本要求是什么?

【参考文献】

[1] 巩天真,张泽平.建设工程监理概论.2版.北京:北京大学出版社,2009.
[2] 赵亮,刘光忱.建设监理概论.大连:大连理工大学出版社,2009.
[3] 余跃心,杨敏.建设工程监理.北京:中国水利水电出版社,2008.
[4] 何夕平.建设工程监理.合肥:合肥工业大学出版社,2010.
[5] 崔武文.建设工程监理.北京:中国建材工业出版社,2009.
[6] 韩明,邓祥发.建设工程监理基础.天津:天津大学出版社,2004.

3

建设工程进度控制

课前导读

内容提要

本章主要内容包括建设工程进度控制的概念、影响因素，进度控制的方法及措施，进度控制的主要任务；组织施工的方式和进度计划的编制方法，侧重于网络计划的绘制与时间参数的计算；施工阶段进度控制的原则及主要内容；进度计划的执行情况，其中进度控制方法及实际进度的检查是本章的核心内容；工程延期的处理。

能力要求

通过本章的学习，要求学生了解进度控制的概念及进度控制监理工作程序；熟悉进度计划的方法及网络计划时间参数的作用；掌握进度控制的主要方法，并会调整实际进度计划；熟悉施工过程进度控制监理的基本工作内容。

3.1 建设工程进度控制概述

3.1.1 建设工程进度控制的概念

建设工程进度控制是指将工程项目建设各阶段的工作内容、工作程序、持续时间和衔接关系，根据进度总目标及资源优化配置的原则编制进度计划后将该计划付诸实施，并在进度实施过程中检查实际进度是否按照计划进度要求进行，然后对出现的偏差情况进行分析，采取补救措施或调整、修改原计划后再付诸实施，如此循环，直到工程建设竣工验收交付使用。

在实施过程中，监理工程师运用各种监理手段和方法，依据合同文件和法律法规所赋予的权力，监督工程项目任务承揽人采用先进合理的技术、组织、经济等措施，不断检查调整自身的进度计划，在确保工程质量、安全和投资费用的前提下，按照合同规定的工期加上监理工程师批准的工程延期时间以及预订的计划目标去完成项目建设任务。

3.1.2 影响进度的因素分析

为了对工程项目的施工进度进行有效控制，必须在施工进度计划实施之前对影响工程项目进度的因素进行分析，进而提出保证施工进度计划如期进行的措施，以实现对施工进度的主动控制。建设工程项目具有规模大、复杂、周期长、协作单位多等特点，因而影响工程项目施工进度的因素有很多，常见的影响因素如下：

(1) 业主因素

如因业主使用要求改变而进行设计变更；应提供的施工场地条件不能及时提供或所提供的场地不能满足工程正常需要；不能及时向施工承包单位或材料供应商付款等。

(2) 勘察设计因素

如勘察资料不准确，特别是地质资料错误或遗漏；设计内容不完善，规范应用不恰当，设计存在缺陷或错误；设计对施工的可能性未考虑或考虑不周；施工图纸供应不及时、不配套或出现重大差错等。

(3) 施工技术因素

如施工工艺错误；施工方案不合理；施工安全措施不当；不可靠技术的应用等。

(4) 自然环境因素

如复杂的工程地质条件；不明的水文气象条件；地下埋藏文物的保护、处理；洪水、地震、台风等不可抗力等。

(5) 组织管理因素

如向有关部门提出各种申请审批手续的延误；合同签订时遗漏条款、表达失当；计划安排不周密，组织协调不力，导致停工待料、相关作业脱节；领导不力，指挥失当，使参加工程建设的各个单位、各个专业、各个施工过程之间交接、配合上发生矛盾等。

(6) 社会环境因素

如外单位临近工程施工干扰；节假日交通、市容整顿的限制；临时停水、停电、断路；在国外常见的法律和制度变化，以及经济制裁、战争、骚乱、罢工、企业倒闭等。

(7) 材料、设备因素

如材料、构配件、机具、设备供应环节的差错,品种、规格、质量、数量、时间不能满足工程的需要;特殊材料及新材料的不合理使用;施工设备不配套、选型失当、安装失误、有故障等。

(8) 资金因素和政策因素等

如资金不到位,资金短缺;汇率浮动和通货膨胀;相关费率的政策性调整等。

建设项目的组织和管理者要有效地进行进度控制,就必须对影响进度的各种因素进行全面的分析和评估。正是由于上述各种因素的影响,施工进度计划的执行过程难免会产生偏差,一旦发现进度偏差,就应及时分析产生的原因,采取必要的纠偏措施或调整原进度计划,这种调整过程是一种动态控制的过程。通过影响因素的分析,一方面可促进对有利因素的充分利用和对不利因素的妥善预防及克服,使进度目标制定得更科学合理、更符合实际、更具有操作性,既积极进取又稳妥可靠;另一方面也便于事先制定预防措施,事中采取有效控制,事后进行妥善补救,达到缩小实际进度与计划进度的偏差的目的,实现对进度的主动控制和动态控制。

3.1.3 进度控制的方法及措施

3.1.3.1 进度控制的方法

工程进度涉及业主和承包单位的重大利益,是合同能否顺利执行的关键。在施工监理工作中,一般都把计划进度和实际工程进度间的平衡作为控制进度和计划管理的关键环节。实现计划进度的方法是在工程实施过程中密切注视工程实际进度与计划进度间可能出现的偏差,及时地督促承包单位合理调整资源安排,以便按照计划完成工程。在项目实施过程中,监理工程师要制定出一套控制进度的措施和科学的计划管理方法,并根据合同赋予的职权监督承包单位执行计划,以保证工程在合同规定的期限内顺利完成。

(1)单项工程进度控制

在工程开工之后,监理工程师应对整个工程进行专业分析,建立工程分项的月、旬进度控制图表,以便对分项施工的月、旬进度进行监控。其图表宜采用能直观反映工程实际进度的形式,如形象进度图等,可随时掌握各专业分项施工的实际进度与计划间的偏差。当出现偏差时应及时向承包单位发出进度缓慢的信号,要求承包单位采取措施,加快进度,督促承包单位及时向监理工程师汇报并提供资料,供监理工程师对工程实际进展情况进行综合评价。如果承包单位实际施工进度确实影响到整个工程的完工日期,应要求承包单位尽快调整施工进度计划。

(2) 采用进度表控制工程进度

进度表是监理工程师要求承包单位每月按实际完成的工程进度和现金流动情况向监理工程师提交的报表,这种报表应由下列两项资料组成:一是工程现金流动计划图,应附上已付款项曲线;二是工程实施计划条形图,应附上已完成工程条形图。某工程进度表见表 3-1。承包单位提供上述进度表,由监理工程师进行详细审查后,向业主报告。当月进度报表反映的实际进度和计划进度失去平衡时,监理工程师应对这种不平衡情况进行详细的分析,结合现场记录和各分项所控制的进度以及实际完成的工程量和工程支付的实际情况进行综合性评价。如果监理工程师根据评价的结果,认为工程或工程的任何部分进度过慢,与进度计划不相符时,应立即通知承包单位并要求承包单位采取监理工程师同意的必要措施加快进度,确保工程按计划完成。

表 3-1 **某工程进度表**

分项工程	施工进度/月							
	1	2	3	4	5	6	7	8
A	3	3	3					
	3	3	3					
B		3	3	3	3			
			3	3	2	2	2	
C				2	2	2		
						2	2	2

注:虚线为计划进度,实线为实际进度。

(3) 采用网络计划控制工程进度

用网络法制订施工计划和控制工程进度,可以使工序安排紧凑,便于抓住关键,保证施工机械、人力、财力、时间均获得合理的分配和利用。因此,承包人在制订工程进度计划时,采用网络法确定本工程关键线路是相当重要的。监理工程师除要求承包人制订网络计划外,监理机构内部也应要求监理人员随时用网络计划检查工程进度。双代号网络计划如图 3-1 所示。

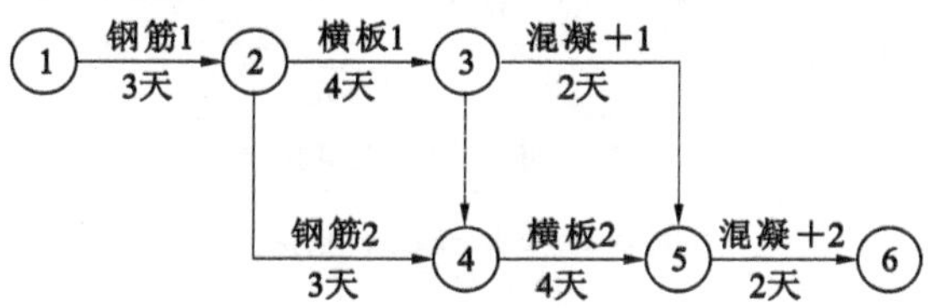

图 3-1 双代号网络计划

采用网络计划检查工程进度的方法是在每项工程完成时,在网络图上以不同颜色数字记下实际的施工时间,以便与计划对照和检查,如图 3-1 所示。检查结果有以下四种情况:第一,关键线路上某项工程的施工时间比计划增加,这种情况会使整个工期延长,必须要求承包人对以后的关键线路上的工程采取加快施工进度或增加施工力量、缩短施工时间等有效措施,以弥补工程进度与计划进度的差距,使工程进度与计划进度保持平衡。第二,关键线路上某项工程的实施时间比计划缩短,这种情况对缩短工期有利,此时监理工程师应根据整个工程实际进度情况和工程本身的需要并与业主协商,以确定本工程有无必要提前完成,并将决定意见通知承包人。不论何种情况都应要求承包人重新修订以后的网络计划,并检查关键线路有无变化,做好修订工作以保证工程计划的实现。第三,非关键线路上某项工程的施工时间比计划增加,一般情况均有调整的余地,对整个网络计划不会有影响。但是,如果超出了非关键线路所计划的时间,而且没有调整的余地,就要检查是否会影响关键线路,甚至使非关键线路改变成为关键线路。如遇这种情况就应要求承包人采取相应的措施,缩短非关键线路某些项目的施工时间,以保证关键线路的完工仍能满足计划的要求。第四,非关键线路上某项工程的施工时间比计划缩短,整个网络计划将不受影响。但应提醒承包人从非关键线路的工程项目中抽调施工力量加强关键线路上工程项目的施工,以达到缩短整个工期的目的。

(4) 采用工程曲线控制工程进度

分项工程进度控制通常是在分项工程计划的条形图上画出每个工程项目的实际开工日期、施工持续时间和竣工日期，这种方法比较简单直观，但就整个工程而言，不能反映实际进度与计划进度的对比情况。采用工程曲线法进行工程进度的控制则比较全面。工程曲线是以横轴为工期(或以计划工期为100%，各阶段工期按百分率计)，竖轴为完成工程量累计数(以百分率计)所绘制的曲线。把计划的工程进度曲线与实际完成的工程进度曲线绘在同一图上，并进行对比分析，当发现工程实际进度与计划进度出现差距时，监理工程师可通知承包人采取措施，调整计划，以确保按期完成工程。

进度曲线主要有S形曲线比较法、香蕉形曲线比较法和前锋线比较法。

① S形曲线比较法。

S形曲线比较法能直观地反映工程实际进度与计划进度之间的偏差，并对后期工程进度进行预测和控制。图3-2表示某工程项目建设进度的S形曲线比较图。图3-2中粗实线表示实际进度曲线，点画线表示预测进度曲线，细实线表示计划进度曲线。

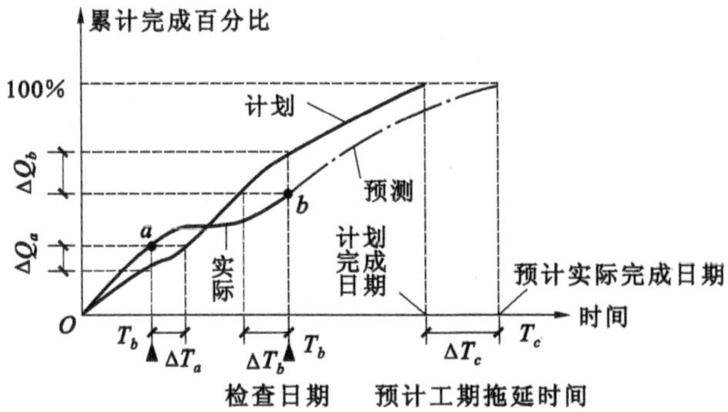

图3-2　S形曲线比较图

S形曲线反映的信息如下：

a. 工程实际进度状态。如果工程实际进度控制点落在计划进度的S形曲线的左侧，表明此时刻实际进度比计划进度超前；如果工程实际进度控制点落在计划进度的S形曲线的右侧，表明此时刻实际进度比计划进度延后。

b. 进度偏差分析。在S形曲线图中，可以直接读出进度偏差。图3-2中ΔT_a表示实际进度比计划进度超前；ΔQ_a为此时刻超额完成的工程量。

c. 预测总工期分析。以实际进度曲线提供的信息为统计数据，采用时间序列预测方法可以预测未来的进度完成情况。

d. 选择不同控制日期实现对工程项目建设进度的动态控制。

② 香蕉形曲线比较法。

香蕉形曲线是由同时开始和同时结束的两条S形曲线组合成的闭合曲线。如图3-3所示，图中ES曲线表示以各项工作的最早开始时间安排的计划进度而绘制的S形曲线；LS曲线表示以各项工作的最迟开始时间安排的计划进度而绘制的S形曲线。一般情况，ES曲线上的各点均落在LS曲线相应点的左侧，形成一个形如香蕉的曲线，故称此为香蕉形曲线。R表示实际进度曲线。在项目的实施中进度控制的理想状况是，任一时刻按实际进度描绘的点应落在该香蕉形曲线的区域内。

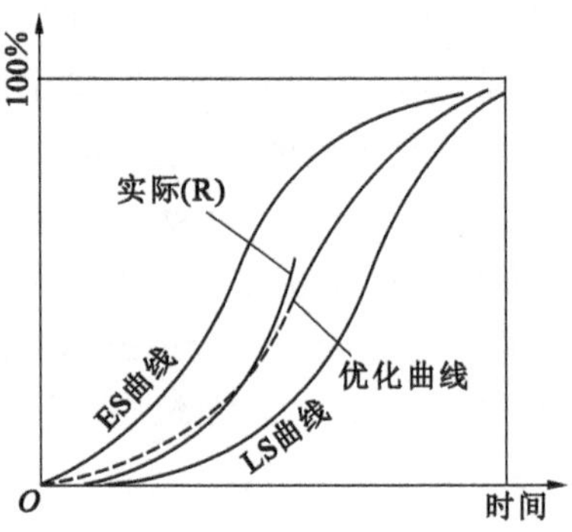

图3-3　香蕉形曲线比较图

香蕉形曲线比较法的作用有：

a. 利用香蕉形曲线进行进度的合理安排；

b. 进行施工实际进度与计划进度比较；

c. 确定在检查状态下，后期工程的 ES 曲线和 LS 曲线的发展趋势。

③ 前锋线比较法。

前锋线比较法是根据在原时标网络计划中，从进度检查日期位置用点画线依次连接在检查日期各项工作实际达到的位置所绘制出的进度前锋线，与检查日期线进行对比，确定实际进度与计划进度偏差的一种方法。如图 3-4 所示为实际进度前锋线图。

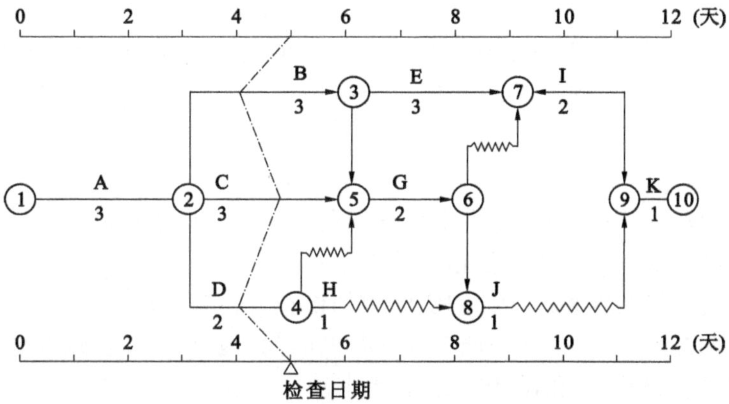

图 3-4 实际进度前锋线图

实际进度前锋线图反映的信息如下：

a. 工作实际达到的位置在检查日期线的左侧，表示该工作实际进度拖后，拖后的时间为二者之差。

b. 工作实际达到的位置与检查日期线重合，表明该工作实际进度与计划进度一致。

c. 工作实际达到的位置在检查日期线的右侧，表示该工作实际进度超前，超前的时间为二者之差。

d. 可根据该工作的自由时差和总时差，确定进度偏差对后续工作和总工期的影响程度。前锋线比较法既可以看出工作（局部）的进展情况，同时也可通过对自由时差和总时差的分析，获得工程总体进展情况。

【例 3-1】 某分部工程施工网络计划，在第 4 天下班时检查进度情况，C、D 工作完成了该工作的部分工作量，E 工作已全部完成该工作的工作量，则实际进度前锋线如图 3-5 所示点画线构成的折线。

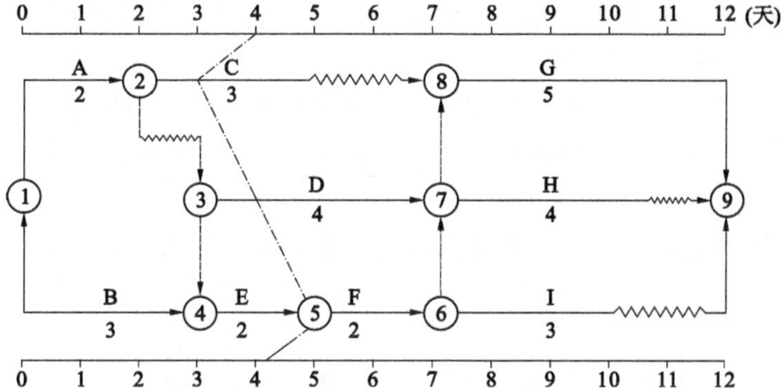

图 3-5 某网络计划前锋线比较法

【解】 通过比较可以看出：

(1) 工作C实际进度拖后1天，其总时差和自由时差均为2天，既不影响总工期，也不影响其后续工作的正常进行。

(2) 工作D实际进度与计划进度相同，对总工期和后续工作均无影响。

(3) 工作E实际进度提前1天，对总工期无影响，将使其后续工作F、I的最早开始时间提前1天。

综上所述，该检查时刻各工作的实际进度对总工期无影响，将使工作F、I的最早开始时间提前1天。

3.1.3.2 进度控制的措施

为了实施进度控制，监理工程师必须根据建设工程的具体情况，认真制定进度控制措施，以确保建设工程进度控制目标的实现。进度控制的措施包括组织措施、技术措施、经济措施以及合同措施。

(1) 组织措施

① 建立进度控制目标体系，明确建设工程现场监理组织机构中进度控制人员及其职责分工；

② 建立工程进度报告制度及进度信息沟通网络；

③ 建立进度计划审核制度和进度计划实施中的检查分析制度；

④ 建立进度协调会议制度，包括协调会议举行的时间、地点，协调会议的参加人员等；

⑤ 建立图纸审查、工程变更和设计变更管理制度。

(2) 技术措施

① 审查承包商提交的进度计划，使承包商能在合理的状态下施工；

② 编制进度控制工作细则，指导监理人员实施进度控制；

③ 采用网络计划技术及其他科学适用的计划方法，结合电子计算机的应用，对建设工程进度实施动态控制。

(3) 经济措施

① 及时办理工程预付款及工程进度款支付手续；

② 对应急赶工给予优厚的赶工费用；

③ 工期提前给予奖励；

④ 工程延误收取误期损失赔偿金；

⑤ 加强索赔管理，公正地处理索赔。

(4) 合同措施

① 推行建设管理模式，即CM(Construction Management)承发包模式，是对建设工程实行分段设计、分段发包和分段施工的管理模式；

② 加强合同管理，协调合同工期与进度计划之间的关系，保证合同中进度目标的实现；

③ 严格控制合同变更，对各方提出的工程变更和设计变更，监理工程师应严格审查后再补入合同文件之中；

④ 加强风险管理，在合同中应充分考虑风险因素及其对进度的影响，以及相应的处理方法。

3.1.4 工程实施阶段进度控制的任务

项目实施阶段进度控制的主要任务有设计前准备阶段的进度控制、设计阶段的进度控制以及施工阶段的进度控制等。

(1) 设计前准备阶段进度控制的任务

① 搜集有关工期的信息,进行工期目标和进度控制决策;

② 编制工程项目建设总进度计划;

③ 编制设计准备阶段的详细工作计划,并控制其执行;

④ 进行环境及施工现场条件的调查和分析。

(2) 设计阶段进度控制的任务

① 编制设计阶段的工作计划,并控制其执行;

② 编制详细的出图计划,并控制其执行。

(3) 施工阶段进度控制的任务

① 编制施工总进度计划,并控制其执行;

② 编制单位工程施工进度计划,并控制其执行;

③ 编制工程年、季、月实施计划,并控制其执行。

为了有效地控制建设工程进度,监理工程师要在设计前准备阶段向建设单位提供有关工期的信息,协助建设单位确定工期总目标,并进行环境及施工现场条件的调查和分析。在设计阶段和施工阶段,监理工程师不仅要审查设计单位和施工单位提交的进度计划,更要编制监理进度计划,以确保进度控制目标的实现。

3.2 建设工程进度控制相关基本知识

3.2.1 组织施工的基本方式

3.2.1.1 组织施工的基本概念

考虑工程项目的施工特点、工艺流程、资源利用、平面或空间布置等要求,其施工可以采用依次施工、平行施工和流水施工等组织方式。

(1) 依次施工

依次施工组织方式是将拟建工程项目的整个建造过程分解成若干个施工过程,按照一定的施工顺序,前一个施工过程完成后,后一个施工过程开始施工;或前一个工程完成后,后一个工程才开始施工。它是一种最基本、最原始的施工组织方式。

依次施工方式具有以下特点:

① 没有充分地利用工作面进行施工,工期长;

② 如果按专业成立工作队,则各专业队不能连续作业,有时间间歇,劳动力及施工机具等资源无法均衡使用;

③ 如果由一个工作队完成全部施工任务,则不能实现专业化施工,不利于提高劳动生产率和工程质量;

④ 单位时间内投入的劳动力、施工机具、材料等资源量较少,有利于资源供应的组织;

⑤ 施工现场的组织、管理比较简单。

(2) 平行施工

在拟建工程项目任务十分紧迫、工作面允许以及资源能够保证供应的条件下,可以组织几个相同的工作队,在同一时间、不同的空间上进行施工,这样的施工组织方式称为平行施工组织方式。

平行施工方式具有以下特点：

① 充分地利用工作面进行施工，工期短；

② 如果每一个施工对象均按专业成立工作队，则各专业队不能连续作业，劳动力及施工机具等资源无法均衡使用；

③ 如果由一个工作队完成一个施工对象的全部施工任务，则不能实现专业化施工，不利于提高劳动生产率和工程质量；

④ 单位时间内投入的劳动力、施工机具、材料等资源量成倍地增加，不利于资源供应的组织；

⑤ 施工现场的组织、管理比较复杂。

（3）流水施工

将拟建工程项目的整个建造过程分解成若干个施工过程；同时将拟建工程项目在平面上划分成若干个劳动量大致相等的施工段；在竖向上划分成若干个施工层，按照施工过程分别建立相应的专业工作队；各专业工作队按照一定的施工顺序投入施工，完成第一个施工段上的施工任务后，在专业工作队的人数、使用机具和材料不变的情况下，依次地、连续地投到第二、第三……一直到最后一个施工段的施工，这样的施工组织方式称为流水施工组织方式。

流水施工方式具有以下特点：

① 尽可能地利用工作面进行施工，工期比较短；

② 各工作队实现了专业化施工，有利于提高技术水平和劳动生产率，也有利于提高工程质量；

③ 专业工作队能够连续施工，同时使相邻专业队的开工时间能够最大限度地搭接；

④ 单位时间内投入的劳动力、施工机具、材料等资源量较为均衡，有利于资源供应的组织；

⑤ 为施工现场的文明施工和科学管理创造了有利条件。

拟兴建四幢相同的建筑物，其编号分别为Ⅰ、Ⅱ、Ⅲ、Ⅳ。它们的基础工程量都相等，而且均由挖土方、垫层、砌基础和回填土四个施工过程组成，每个施工过程在每个建筑物中的施工天数均为5天。图3-6表示不同施工方式的施工进度比较图。

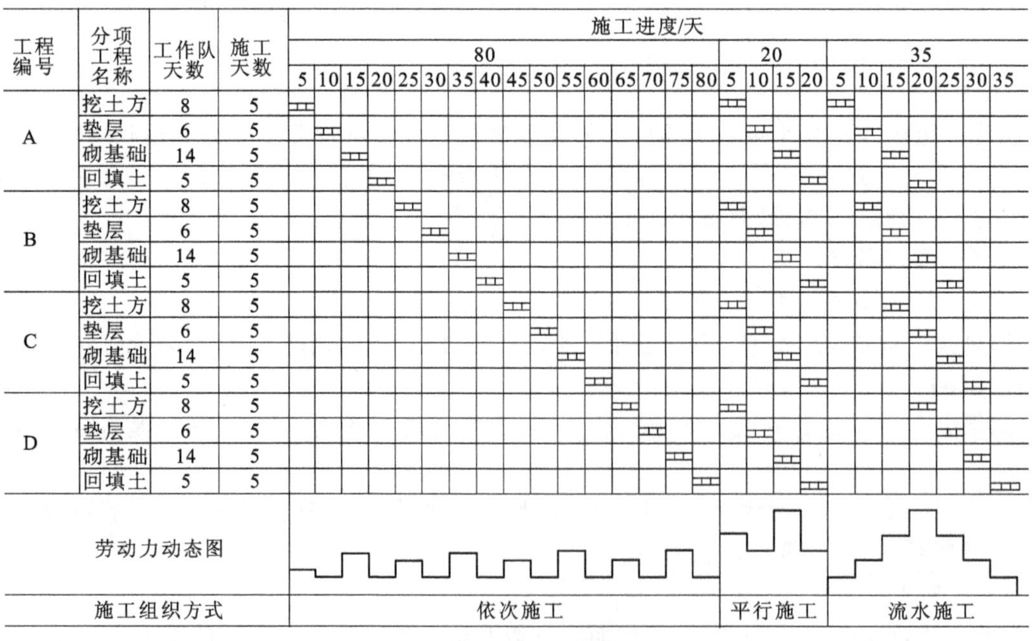

图3-6 施工方式比较图

3.2.1.2 流水施工表达方式

流水施工的表达方式除了网络图外，主要还有横道图和垂直图两种。

（1）流水施工的横道图表示法

某基础工程流水施工的横道图表示法如图 3-7 所示。图 3-7 中的横坐标表示流水施工的持续时间；纵坐标表示施工过程的名称或编号。n 条带有编号的水平线段表示 n 个施工过程或专业工作队的施工进度安排，其编号①、②…表示不同的施工段。

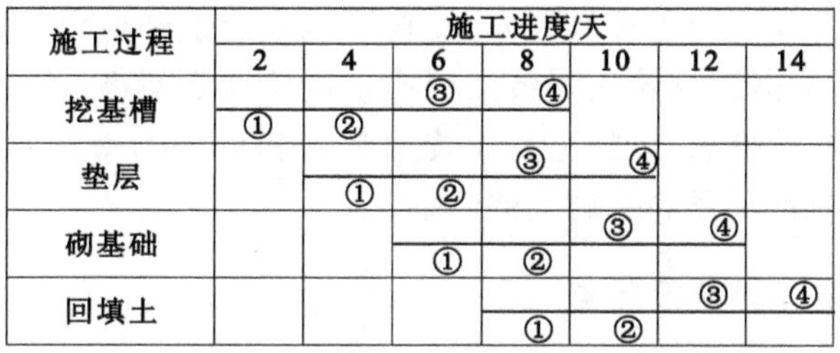

图 3-7 流水施工横道图表示法

横道图表示法的优点是：绘图简单，施工过程及其先后顺序表达清楚，时间和空间状况形象直观，使用方便，因而被广泛用来表达施工进度计划。

（2）流水施工的垂直图表示法

某基础工程流水施工的垂直图表示法如图 3-8 所示。图 3-8 中的横坐标表示流水施工的持续时间；纵坐标表示流水施工所处的空间位置，即施工段的编号。n 条斜向线段表示 n 个施工过程或专业工作队的施工进度。

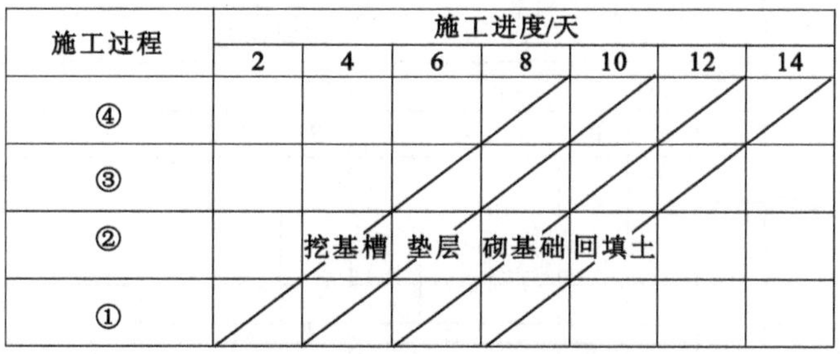

图 3-8 流水施工垂直图表示法

垂直图表示法的优点是：施工过程及其先后顺序表达清楚，时间和空间状况形象直观。斜向进度线的斜率可以直观地表示出各施工过程的进展速度，但编制实际工程进度计划不如横道图方便。

【例 3-2】 某工程有 A、B、C 三个施工过程，每个施工过程均划分为四个施工段，设 $t_A=3$ d，$t_B=2$ d，$t_C=4$ d。试分别计算依次施工、平行施工及流水施工的工期。

【解】 依次施工：三个作业班组依次分别完成 A、B、C 三项工作，

$$T=3\times4+2\times4+4\times4=12+8+16=36(\text{d})$$

平行施工：A、B、C 每个施工过程都由四个班组同时作业，共十二个作业班组，

$$T=3+2+4=9(\text{d})$$

流水施工：三个作业班组流水施工，按大差法计算得出：

$$K_{AB}=6(\text{d})$$

$$K_{BC}=2(\text{d})$$

$$T=t_C\times4+K_{AB}+K_{BC}=4\times4+6+2=24(\text{d})$$

3.2.2 工期定额的概念

工期定额是指在一定的生产技术和自然条件下，完成某个单位（或群体）工程平均需用的标准天数，它包括建设工期定额和施工工期定额两个层次。建设工期是指建设项目或独立的单项工程从开工建设起，到全部建成投产或交付使用时止所经历的时间。因不可抗拒的自然灾害或重大设计变更造成的停工，经签证后，可顺延工期。施工工期是指正式开工至完成设计要求的全部施工内容并达到国家验收标准所需的天数，它是建设工期中的一部分。

《全国统一建筑安装工程工期定额》(2000)是在原城乡建设环境保护部1985年制定的《建筑安装工程工期定额》基础上，依据国家建筑安装工程质量检验评定标准、施工及验收规范等有关规定，按正常施工条件、合理的劳动组织、以施工企业技术装备和管理的平均水平为基础，结合各地区工期定额执行情况，在广泛调查研究的基础上修编而成。

3.2.3 进度计划的常用表示方法及特点

建设工程进度计划的表示方法有多种，常用的有横道图和网络图两种。

(1) 横道图

横道图也称甘特(Gantt)图，用横道图表示的建设工程进度计划包括两个基本部分，即左侧的工作名称及工作的持续时间等基本数据部分和右侧的横道线部分。该计划明确地表示出各项工作的划分、工作的开始时间和完成时间、工作的持续时间、工作之间的相互搭接关系，以及整个工程项目的开工时间、完工时间和总工期。图3-9为某交通工程及设施（含房建及机电）分部工程施工计划横道图。

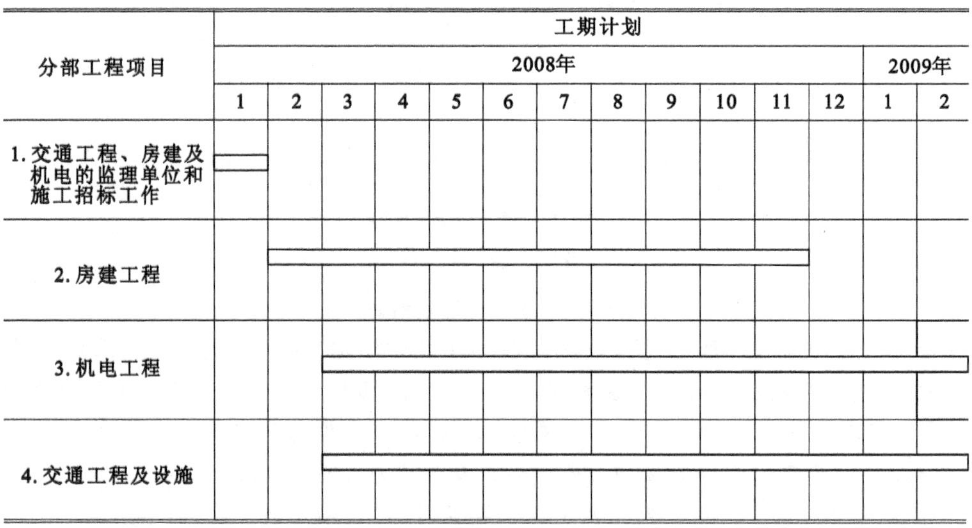

图3-9 某交通工程及设施(含房建及机电)分部工程施工计划横道图

利用横道图表示工程进度计划，存在下列缺点：① 不能明确地反映出各项工作之间错综复杂的相互关系，因而在计划执行过程中，当某些工作的进度由于某种原因提前或拖延时，不便于分析其对其他工作及总工期的影响程度，不利于建设工程进度的动态控制；② 不能明确地反映出影响工期的关键工作和关键线路，也就无法反映出整个工程项目的关键所在，因而不便于进度控制人员抓住主要矛盾；③ 不能反映出工作所具有的机动时间，看不到计划的潜力所在，无法进行最合理的组织和指挥；④ 不能反映工程费用与工期之间的关系，因而不便于缩短工期和降低工程成本。

(2) 网络图

无论是设计阶段,还是施工阶段的进度控制,均可使用网络计划技术。建设工程进度控制主要应用网络计划。

网络计划与横道计划相比,具有以下主要特点:

① 网络计划能够明确表达各项工作之间的逻辑关系,对于分析各项工作之间的相互影响及处理它们之间的协作关系具有非常重要的意义,同时也是网络计划比横道计划先进的主要特征。

② 通过网络计划时间参数的计算,可以找出关键线路和关键工作,也就明确了工程进度控制中的工作重点。

③ 通过网络计划时间参数的计算,可以明确各项工作的机动时间。工作的机动时间,是指在执行进度计划时除完成任务所必需的时间外尚剩余的、可供利用的富余时间,也称"时差"。在一般情况下,除关键工作外,其他各项工作(非关键工作)均有富余时间。这种富余时间可视为一种"潜力",既可以用来支援关键工作,也可以用来优化网络计划,降低单位时间资源需求量。

④ 网络计划可以利用电子计算机进行计算、优化和调整。网络计划的不足之处是,不像横道计划那么直观明了,但这可以通过绘制时标网络计划得到弥补。

3.2.4 双代号网络计划

双代号网络计划是以双代号网络图表示的网络计划。双代号网络图是以箭线及其两端节点的编号表示工作及工作间逻辑关系的网络图。某工程双代号网络图如图 3-10 所示。

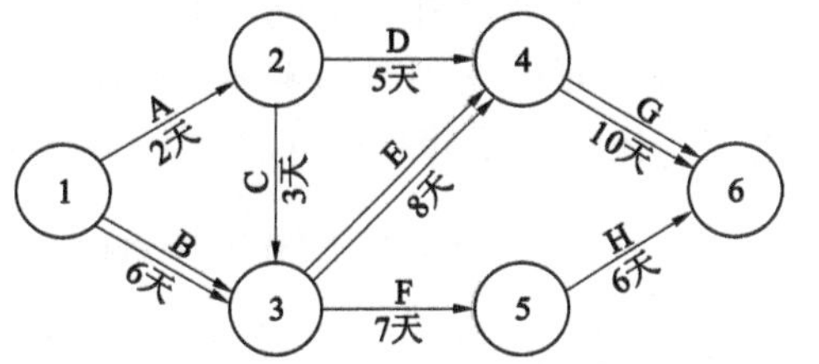

图 3-10 某工程双代号网络图

双代号网络计划的绘制规则:双代号网络图必须正确表达已定的逻辑关系;双代号网络图中严禁出现循环线路;双代号网络图中,在节点之间严禁出现带双向箭头的连线;双代号网络图中,严禁出现没有箭头节点或箭尾节点的箭线;当双代号网络图的某些节点有多条外向箭线或多条内向箭线时,在保证一项工作有唯一的一条箭线和对应有一对节点编号的前提下,允许使用母线法绘图;绘制网络图时,箭线不宜交叉,当交叉不可避免时,可用过桥法或指向法;双代号网络图只允许有一个起点节点和一个终点节点,而其他所有节点均是中间节点。

绘制双代号网络图的关键:正确运用虚箭线,尽可能减少虚箭线的使用;正确反映工作之间的逻辑关系,使有关系的工作把关系表达准确,且不要漏画关系;使无关系的工作一定不要关联,必须表达时,要用虚箭线进行隔离。

双代号网络计划的时间参数有以下三种计算方法。

(1) 按工作计算法

按工作计算法就是以网络计划中的工作为对象,直接计算各项工作的时间参数。这些时间参数包括工作的最早开始时间和最早完成时间、工作的最迟开始时间和最迟完成时间、工作的总时差和自由时差。此外,还应计算网络计划的计算工期。

为了简化计算,网络计划时间参数中的开始时间和完成时间都应以时间单位的终了时刻为标准。如第 3 天开始即是指第 3 天终了(下班)时刻开始,实际上是第 4 天上班时刻才开始;第 5 天完成即是指第 5 天终了(下班)时刻完成。

(2) 按节点计算法

按节点计算法就是先计算网络计划中各个节点的最早时间和最迟时间,然后再据此计算各项工作的时间参数和网络计划的计算工期。

(3) 标号法

标号法是一种快速寻求网络计算工期和关键线路的方法,它利用按节点计算法的基本原理,对网络计划中的每一个节点进行标号,然后利用标号值确定网络计划的计算工期和关键线路。

3.2.5 双代号时标网络计划

双代号时标网络计划(简称时标网络计划)是以水平时间坐标为尺度表示实际工作时间,以实箭线表示实际工作,实箭线的水平投影长度表示该工作的持续时间;以虚箭线表示虚工作,由于虚工作的持续时间为零,故虚箭线只能垂直画;以波形线表示工作与其紧后工作之间的时间间隔(以终点节点为完成节点的工作除外,当计划工期等于计算工期时,这些工作箭线中波形线的水平投影长度表示其自由时差)。

3.2.5.1 双代号时标网络计划的特点

双代号时标网络计划是以水平时间坐标为尺度编制的双代号网络计划,其主要特点如下:

① 时标网络计划兼有网络计划与横道计划的优点,它能够清楚地表明计划的时间进程,使用方便。

② 时标网络计划能在图上直接显示出各项工作的开始与完成时间、工作的自由时差及关键线路。

③ 在时标网络计划中可以统计每一个单位时间对资源的需要量,以便进行资源优化和调整。

④ 由于箭线受到时间坐标的限制,当情况发生变化时,对网络计划的修改比较麻烦,往往要重新绘图。但在使用计算机以后,这一问题便较容易解决。

3.2.5.2 双代号时标网络计划的编制

(1) 双代号时标规定

① 双代号时标网络计划必须以水平时间坐标为尺度表示工作时间。时标的时间单位应根据需要在编制网络计划之前确定,可为时、天、周、月或季。

② 时标网络计划中所有符号在时间坐标上的水平投影位置,都必须与其时间参数相对应。节点中心必须对准相应的时标位置。

③ 时标网络计划中虚工作必须以垂直方向的虚箭线表示,有自由时差时加波形线表示。

(2) 双代号时标分类

① 早时标网络计划。它指按节点最早时间绘制的网络计划;

② 迟时标网络计划。它指按节点最迟时间绘制的网络计划。

(3) 双代号时标网络计划的编制

时标网络计划宜按各个工作的最早开始时间编制。在编制时标网络计划之前,应先按已确定的时间单位绘制出时标计划表。

① 间接法绘制。先绘制出时标网络计划,计算各工作的最早时间参数,再根据最早时间参数在时标计划表上确定节点位置,连线完成。某些工作箭线长度不足以到达该工作的完成节点时,用波形线补足。如图 3-11、图 3-12 所示。

② 直接法绘制。根据网络计划中工作之间的逻辑关系及各工作的持续时间,直接在时标计划表上绘制时标网络计划。如图 3-13、图 3-14 所示。

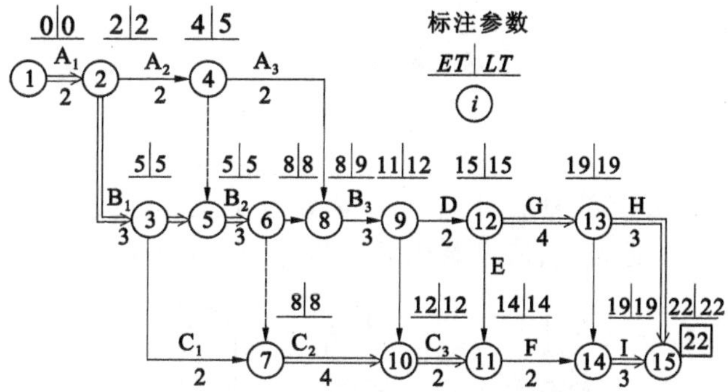

图 3-11 早时标网络计划间接法绘制

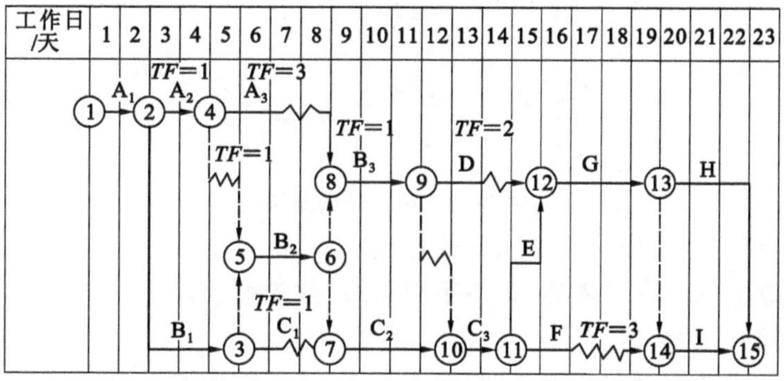

图 3-12 迟时标网络计划间接法绘制

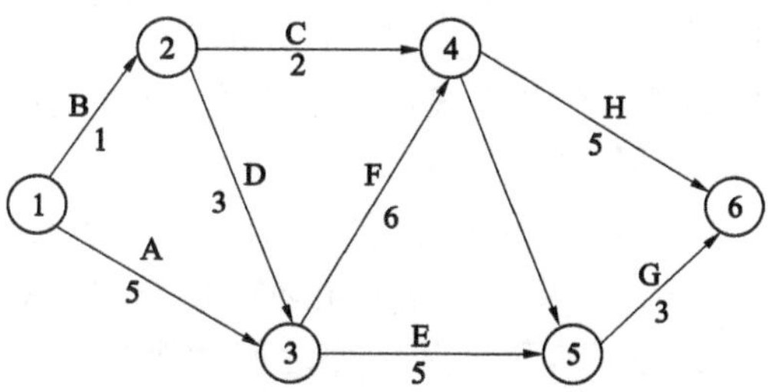

图 3-13 早时标网络计划直接法绘制

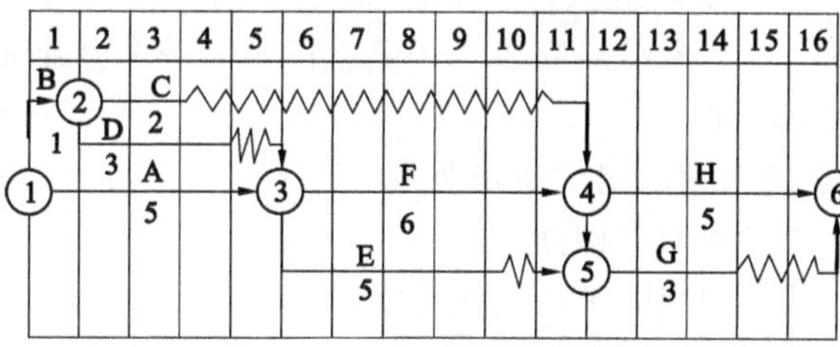

图 3-14 迟时标网络计划直接法绘制

3.2.5.3 双代号时标网络计划的应用

双代号时标网络计划适用于以下工程：

① 工作项目较少、工艺过程比较简单的工程；

② 局部网络工程；

③ 作业性网络工程；

④ 使用实际进度前锋线进行进度控制的网络计划。

3.2.6 单代号网络计划

单代号网络图是以节点及其编号表示工作，以箭线表示工作之间逻辑关系的网络图，并在节点中加注工作代号、名称和持续时间，以形成单代号网络计划，如图 3-15 所示。

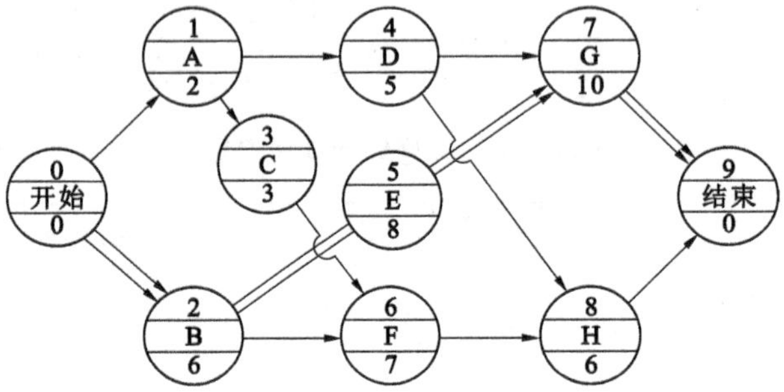

图 3-15 单代号网络图

(1) 单代号网络图与双代号网络图相比的特点：

① 工作之间的逻辑关系容易表达，且不用虚箭线，故绘图较简单；

② 网络图便于检查和修改；

③ 由于工作持续时间表示在节点之中，没有长度，故不够形象直观；

④ 表示工作之间逻辑关系的箭线可能产生较多的纵横交叉现象。

(2) 单代号网络图的基本符号

① 节点。单代号网络图中的每一个节点表示一项工作，节点宜用圆圈或矩形表示。节点所表示的工作名称、持续时间和工作代号等应标注在节点内。

单代号网络图中的节点必须编号。编号标注在节点内，其号码可间断，但严禁重复。箭线的箭尾节点编号应小于箭头节点的编号。一项工作必须有唯一的节点及相应的编号。

② 箭线。单代号网络图中的箭线表示紧邻工作之间的逻辑关系，既不占用时间，也不消耗资源。箭线应画成水平直线、折线或斜线。箭线水平投影的方向应自左向右，表示工作的行进方向。工作之间的逻辑关系包括工艺关系和组织关系，在网络图中均表现为工作之间的先后顺序。

③ 线路。单代号网络图中，各条线路应用该线路上的节点编号从小到大依次表述。

(3) 单代号网络图的绘图规则

① 单代号网络图必须正确表达已定的逻辑关系。

② 单代号网络图中，严禁出现循环回路。

③ 单代号网络图中，严禁出现双向箭头或无箭头的连线。

④ 单代号网络图中，严禁出现没有箭尾节点的箭线和没有箭头节点的箭线。

⑤ 绘制网络图时，箭线不宜交叉，当交叉不可避免时，可采用过桥法或指向法绘制。

⑥ 单代号网络图中只应有一个起点节点和一个终点节点。当网络图中有多项起点节点或多项终点节点时，应在网络图的两端分别设置一项虚工作，作为该网络图的起点节点(St)和终点节点(Fin)。

单代号网络图的绘图规则大部分与双代号网络图的绘图规则相同，故不再进行解释。

(4) 单代号网络计划时间参数的计算

单代号网络计划时间参数的计算应在确定各项工作的持续时间之后进行。时间参数的计算顺序和计算方法基本上与双代号网络计划时间参数的计算相同。单代号网络计划时间参数的标注形式如图 3-16 所示。

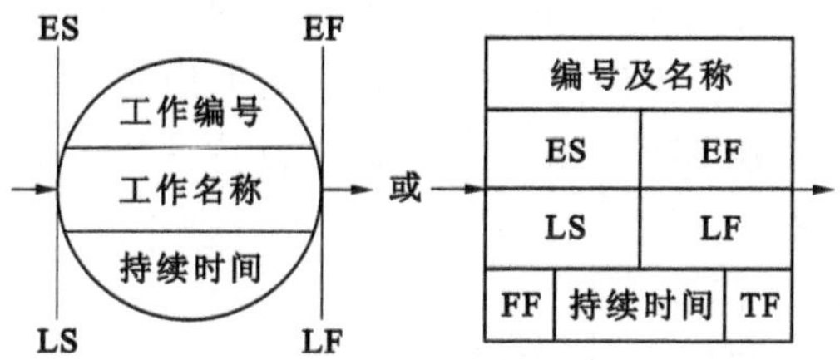

图 3-16 单代号网络计划时间参数的标注形式

ES—最早开始时间;EF—最早结束时间;LS—最迟开始时间;
LF—最迟结束时间;FF—局部机动时间;TF—总机动时间

3.2.7 网络计划时间参数的概念及其符号

时间参数是指网络计划、工作及节点所具有的各种时间值,如图 3-17 所示。

- 时间参数
  - 工作持续时间(D_{i-j})
  - 工期
  - 工作时间参数
    - 工作最早时间
      - 工作最早开始时间(ES_{i-j})
      - 工作最早完成时间(EF_{i-j})
    - 工作最晚时间
      - 工作最迟开始时间(LS_{i-j})
      - 工作最迟完成时间(LF_{i-j})
    - 工作时差
      - 工作自由时差(FF_{i-j})
      - 工作总时差(TF_{i-j})

图 3-17 时间参数分类

3.2.7.1 时间参数的概念

(1) 工作持续时间(D_{i-j})

工作持续时间是指一项工作或施工过程从开始到结束所需的时间。

双代号网络计划的时间参数既可以按工作计算,也可以按节点计算。

(2) 工期

工期泛指完成一项任务所需要的时间。在网络计划中,工期泛指计算工期、要求工期、计划工期。

① 计算工期(T_c)。它是根据时间参数计算所得到的工期。

② 要求工期(T_r)。它是项目法人在合同中提出的指令工期。

③ 计划工期(T_p)。它是在要求工期和计算工期的基础上综合考虑所确定的作为实施目标的工期。

三者的关系如下:

① 当规定了要求工期时:$T_p \leqslant T_r$;

② 当未规定要求工期时:$T_p = T_c$。

(3) 计算网络图时间参数的目的

① 确定关键线路,使得在工作中能抓住主要矛盾,向关键线路要时间;

② 计算非关键线路上的富余时间，明确其存在多少机动时间，向非关键线路要劳力、要资源；

③ 确定总工期，做到工程进度心中有数。

3.2.7.2 时间参数计算法

时间参数计算法也称为图上表示法。如图 3-18 所示，将每项工作的六个时间参数均标注在双代号网络图中，也称为六时标注法。为使网络计划的图面更加简洁，在双代号网络计划中，除各项工作的持续时间以外，通常只需标注两个基本的时间参数——各项工作的最早开始时间和最迟开始时间，这种方法称为二时标注法。

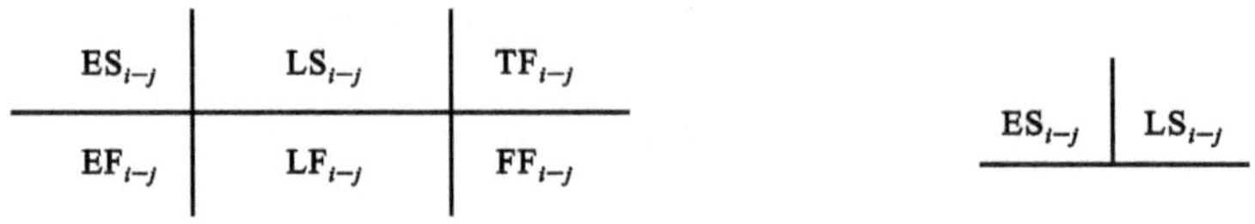

图 3-18 六时标注法、二时标注法

(1) 工作计算法

工作计算法就是以网络计划中的工作为对象，直接计算各项工作的时间参数。这些时间参数包括工作的最早开始时间和最早完成时间、工作的最迟开始时间和最迟完成时间、工作的总时差和自由时差。此外，还应计算网络计划的计算工期。

为了简化计算，网络计划时间参数中的开始时间和完成时间都应以时间单位的终了时刻为标准。如第 3 天开始即是指第 3 天终了(下班)时刻开始，实际上是第 4 天上班时刻才开始；第 5 天完成即是指第 5 天终了(下班)时刻完成。

按工作计算法计算时间参数的过程如下：

① 工作最早开始时间(ES_{i-j})的计算。

最早开始时间指各项紧前工作全部完成后，本工作有可能开始的最早时刻(“可能”指可以开工，但不一定马上开工)，工作 $i-j$ 的最早开始时间 ES_{i-j} 的计算应符合下列规定。

a. 工作 $i-j$ 的最早开始时间 ES_{i-j} 应从网络计划的起点节点开始，顺着箭线方向依次逐项计算。

b. 以起点节点引出的各项工作，当未规定其最早开始时间 ES_{i-j} 时，其值应等于零，即

$$ES_{i-j} = 0(i = 1) \tag{3-1}$$

式中 ES_{i-j}——工作 $i-j$ 的最早开始时间。

c. 当工作只有一个紧前工作时：

$$ES_{i-j} = EF_{h-i} = ES_{h-i} + D_{h-i} \tag{3-2}$$

d. 当工作有多个紧前工作时：

$$ES_{i-j} = \max\{EF_{h-i}\} = \max\{ES_{h-i} + D_{h-i}\} \tag{3-3}$$

式中 ES_{i-j}——工作 $i-j$ 的最早开始时间；

EF_{h-i}——工作 $i-j$ 的紧前工作 $h-i$(非虚工作)的最早完成时间；

ES_{h-i}——工作 $i-j$ 的紧前工作 $h-i$(非虚工作)的最早开始时间；

D_{h-i}——工作 $i-j$ 的紧前工作 $h-i$(非虚工作)的持续时间。

② 工作最早完成时间的计算。

工作最早完成时间指各紧前工作完成后，本工作有可能完成的最早时刻：

$$EF_{i-j} = ES_{i-j} + D_{i-j} \tag{3-4}$$

式中　EF_{i-j}——工作 $i-j$ 的最早完成时间；

ES_{i-j}——工作 $i-j$ 的最早开始时间；

D_{i-j}——工作 $i-j$ 的持续时间。

③ 计算工期 T_c 的计算。

计算工期 T_c 指根据时间参数计算得到的工期，它应按下式计算：

$$T_c = \max\{EF_{i-n}\} = \max\{ES_{i-n} + D_{i-n}\} \tag{3-5}$$

式中　T_c——网络计划的计算工期；

EF_{i-n}——以网络计划终点节点 n 为完成节点的工作的最早完成时间；

ES_{i-n}——以网络计划终点节点 n 为完成节点的工作的最早开始时间；

D_{i-n}——以网络计划终点节点 n 为完成节点的工作的持续时间。

④ 计划工期(T_p)的计算。

网络计划的计划工期(T_p)，指按要求工期(T_r)和计算工期(T_c)确定的作为实施目标的工期。应按下述规定计算：

a. 当已规定了要求工期时：

$$T_p \leqslant T_r$$

b. 当未规定要求工期时：

$$T_p = T_c$$

⑤ 工作最迟完成时间(LF_{i-j})的计算。

工作最迟完成时间指在不影响总工期的前提下，该工作必须完成的最迟时刻。若超过此时间，会影响计划总工期，并导致其后续工作不能按时开工。计算时应符合以下要求。

a. 工作 $i-j$ 的最迟完成时间 LF_{i-j} 应从网络计划的终点节点开始，逆着箭线方向依次逐项计算。

b. 以终点节点($j=n$)为结束节点的各工作的最迟完成时间：

$$LF_{i-n} = T_p \tag{3-6}$$

式中　LF_{i-n}——以网络计划终点节点 n 为完成节点的工作的最迟完成时间；

T_p——网络计划的计划工期。

c. 当工作 $i-j$ 只有一个紧后工作时：

$$LF_{i-j} = LS_{j-k} = LF_{j-k} - D_{j-k} \tag{3-7}$$

d. 当工作 $i-j$ 有多个紧后工作时：

$$LF_{i-j} = \min\{LS_{j-k}\} = \min\{LF_{j-k} - D_{j-k}\} \tag{3-8}$$

式中　LF_{i-j}——工作 $i-j$ 的最迟完成时间；

LS_{j-k}——工作 $i-j$ 的紧后工作 $j-k$(非虚工作)的最迟开始时间；

LF_{j-k}——工作 $i-j$ 的紧后工作 $j-k$(非虚工作)的最迟完成时间；

D_{j-k}——工作 $i-j$ 的紧后工作 $j-k$(非虚工作)的持续时间。

⑥ 工作最迟开始时间(LS_{i-j})的计算。

工作的最迟开始时间指在不影响整个任务按期完成的前提下，工作必须开始的最迟时刻。工作 $i-j$ 的最迟开始时间应按下式计算：

$$LS_{i-j} = LF_{i-j} - D_{i-j} \tag{3-9}$$

式中　LS_{i-j}——工作 $i-j$ 的最迟开始时间；

LF_{i-j}——工作 $i-j$ 的最迟完成时间；

D_{i-j}——工作 $i-j$ 的持续时间。

⑦ 工作总时差 TF_{i-j} 的计算。

工作总时差是指在不影响总工期的前提下，本工作可以利用的机动时间。该时间应按下式计算：

$$TF_{i-j} = LF_{i-j} - EF_{i-j}$$

或

$$TF_{i-j} = LS_{i-j} - ES_{i-j} \tag{3-10}$$

式中 TF_{i-j}——工作 $i-j$ 的总时差。其余符号同前。

⑧ 工作自由时差 FF_{i-j} 的计算。

工作自由时差是指各项工作按最早时间开始，在不影响其紧后工作最早开始时间的前提下，本工作可以利用的机动时间，其计算应符合下列规定(如图 3-19 所示)：

a. 当工作 $i-j$ 有紧后工作 $j-k$ 时，其自由时差应为：

$$FF_{i-j} = ES_{j-k} - ES_{i-j} - D_{i-j}$$

即

$$FF_{i-j} = ES_{j-k} - EF_{i-j} \tag{3-11}$$

式中 ES_{j-k}——工作 $i-j$ 的紧后工作 $j-k$ 的最早开始时间。

b. 终点节点($j=n$)为结束节点的工作，其自由时差 FF_{i-n} 应按网络计划的计划工期 T_p 确定：

$$FF_{i-n} = T_p - EF_{i-n} - D_{i-n}$$

即

$$FF_{i-n} = T_p - ES_{i-n} \tag{3-12}$$

式中 FF_{i-n}——以网络计划终点节点 n 为完成节点的工作 $i-n$ 的自由时差；

T_p——网络计划的计划工期；

ES_{i-n}——以网络计划终点节点 n 为完成节点的工作 $i-n$ 的最早完成时间；

D_{i-n}——以网络计划终点节点 n 为完成节点的工作 $i-n$ 的最早开始时间；

EF_{i-n}——以网络计划终点节点 n 为完成节点的工作 $i-n$ 的持续时间。

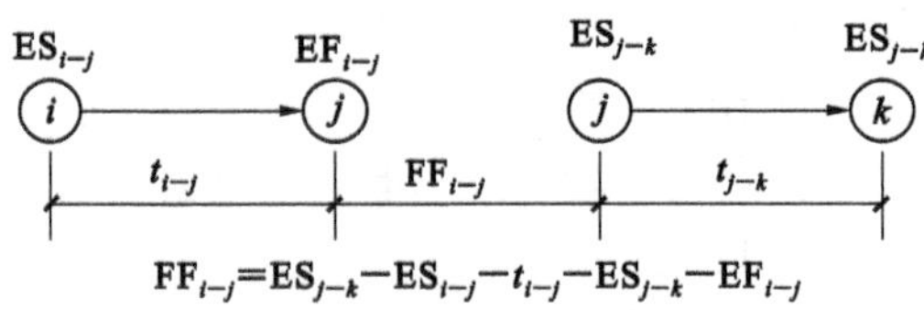

图 3-19 自由时差计算简图

⑨ 确定关键工作和关键线路。

总时差最小的工作称为关键工作，若 $T_p = T_c$，则 $TF_{i-j} = FF_{i-j} = 0$。

将关键工作首尾相连，便至少构成一条从起点节点到终点节点的通路，即为关键线路。关键线路上各工作的持续时间之和即为总工期。

关键线路的特点如下：

a. 关键线路是从网络计划起点节点到结束节点之间持续时间最长的线路；

b. 关键线路在网络计划中不一定只有一条，有时存在两条以上；

c. 当非关键线路上的工作时间延长超过它的总时差时，关键线路就变成非关键线路。

在工程进度管理中，应把关键工作作为重点来抓，保证各项工作如期完成，同时要注意挖掘非关键工作的潜力，合理安排资源，节省工程费用。

⑩ 工作总时差具有以下性质：

a. 非关键线路上，各线路有各线路的总时差，相互没有关系；

b. 总时差的使用具有双重性，它既可以被该工作使用，但又属于某非关键线所共有；

c. 当某些工作使用了全部或部分总时差时，则将引起通过该工作线路上的所有工作总时差重新分配。

⑪ 自由时差具有以下性质：

a. $FF_{i-j} \leqslant TF_{i-j}$；

b. 以关键线路上的节点作为结束点的工作，其 $TF_{i-j}=FF_{i-j}$；

c. 自由时差上，本工作所具有的机动时间是独立的，利用自由时差不会影响紧后工作的最早开始时间。

(2) 节点计算法

节点计算法是先计算网络计划中各个节点的最早时间和最迟时间，然后再据此计算各项工作的时间参数和网络计划的计算工期。

以节点作为研究对象，节点的时间参数只有两个，即节点最早时间(ET_i)和节点最迟时间(LT_i)。

① 节点最早时间(ET_i)。

节点最早时间表示以该节点为开始节点的各项工作能够开始的最早时刻。下面是按节点计算法计算时间参数的过程及规定。

a. 节点 i 的最早时间 ET_i 应从网络计划的起点节点开始，顺着箭线方向依次逐项计算；

b. 起点节点 $i=1$ 时，其最早时间 ET_i 值应等于零，即：

$$ET_i=0 \quad (i=1) \tag{3-13}$$

式中 ET_i——工作 $i-j$ 的起点节点 i 的最早时间。

c. 当节点 j 只有一条内向箭线时：

$$ET_j=ET_i+D_{i-j} \tag{3-14}$$

式中 ET_j——工作 $i-j$ 的完成节点 j 的最早时间；

ET_i——工作 $i-j$ 的开始节点 i 的最早时间；

D_{i-j}——工作 $i-j$ 的持续时间。

d. 当节点 j 有多条内向箭线时：

$$ET_j=\max\{ET_i+D_{i-j}\} \tag{3-15}$$

e. 网络计划的计算工期：

$$T_c=ET_n \tag{3-16}$$

式中 T_c——网络计划的计算工期；

ET_n——网络计划终点节点 n 的最早时间。

② 节点最迟时间(LT_i)。

节点最迟时间表示以该节点为结束节点的各项工作的最迟完成时间。

a. 节点 i 的最迟时间 LT_i 应从网络计划的终点节点开始，逆着箭线方向依次逐项计算。

b. 终点节点为：

$$LT_n=T_p \quad (i=n) \tag{3-17}$$

式中 LT_n——网络计划终点节点 n 的最迟时间；

T_p——网络计划的计划工期。

当节点 i 只有一条外向箭线时：

$$LT_i = LT_j - D_{i-j} \tag{3-18}$$

当节点 i 有多条外向箭线时：

$$LT_i = \min\{LT_j - D_{i-j}\} \tag{3-19}$$

式中 LT_i——工作 $i-j$ 的开始节点 i 的最迟时间；

LT_j——工作 $i-j$ 的开始节点 j 的最迟时间；

D_{i-j}——工作 $i-j$ 的持续时间。

③ 各工作的最早开始时间 ES_{i-j} 和最早完成时间 EF_{i-j}：

$$ES_{i-j} = ET_i \tag{3-20}$$

$$EF_{i-j} = ET_i + D_{i-j} \tag{3-21}$$

④ 工作最迟完成时间和最迟开始时间：

$$LF_{i-j} = LT_j \tag{3-22}$$

$$LS_{i-j} = LT_j - D_{i-j} \tag{3-23}$$

⑤ 工作总时差的计算：

$$LF_{i-j} = LT_j - ET_i - D_{i-j}$$

或

$$LF_{i-j} = LF_{i-j} - EF_{i-j} \tag{3-24}$$

⑥ 工作自由时差的计算：

$$FF_{i-j} = ET_j - ET_i - D_{i-j}$$

或

$$FF_{i-j} = ES_{j-k} - EF_{i-j} \tag{3-25}$$

（3）标号法

标号法是一种快速寻求网络计算工期和关键线路的方法。它利用节点计算法的基本原理，对网络计划中的每一个节点进行标号，然后利用标号值确定网络计划的计算工期和关键线路。

标号法的计算过程如下：

① 网络计划起点节点的标号值为零；

② 其他节点的标号值应根据下式按节点编号从小到大的顺序逐个进行计算：

$$b_j = \max\{b_i + D_{i-j}\} \tag{3-26}$$

式中 b_j——工作 $i-j$ 的完成节点 j 的标号值；

b_i——工作 $i-j$ 的开始节点 i 的标号值；

D_{i-j}——工作 $i-j$ 的持续时间。

当计算出节点的标号值后，应该用其标号值及其源节点对该节点进行双标号。所谓源节点，就是用来确定本节点标号值的节点，如果源节点有多个，应将所有源节点标出，其中网络计划的计算工期就是网络计划终点节点的标号值；关键线路应从网络计划的终点节点开始，逆着箭线方向按源节点确定。

【例 3-3】 根据表 3-2 所示各工作的逻辑关系，绘制双代号网络图。

表 3-2 **某工程各工作的逻辑关系**

工作	A	B	C	D	E	F	G	H	I
紧前工作	无	无	无	A	B	C	B、D	E、F	F

【解】 答案如图 3-20 所示。

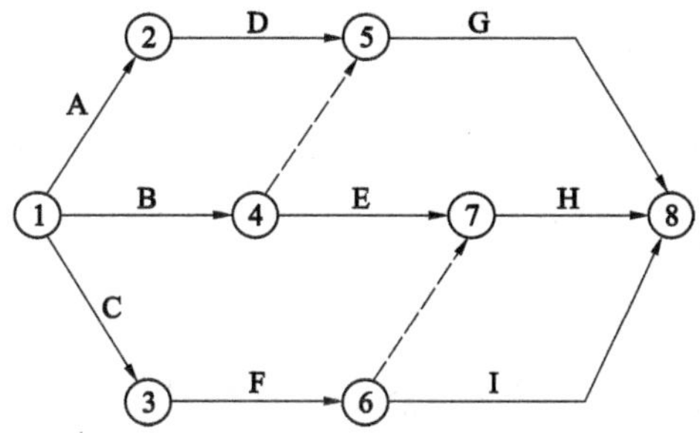

图 3-20 双代号网络图

【例 3-4】 根据表 3-3 所示各工作的逻辑关系，绘制双代号网络图。

表 3-3 某工程各工作的逻辑关系

工作	A	B	C	D	E	H	G	J
紧前工作	—	—	A	A、B	B	D、E	C、D	H、G

【解】 答案如图 3-21 所示。

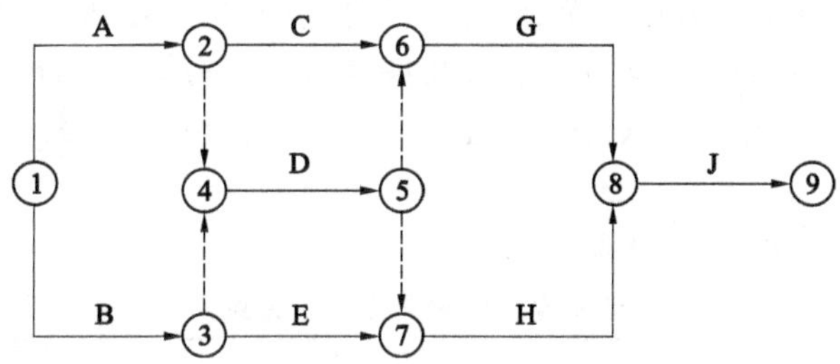

图 3-21 双代号网络图

【例 3-5】 某工程基础工程施工阶段分解为挖土方、垫层、砌基础、回填土四个施工过程，三个施工段组织流水施工，各施工过程在各施工段上的持续时间为挖土方 4 d，垫层 1 d，砌基础5 d，回填土 3 d。根据该工程所绘制的双代号网络图如图 3-22 所示。

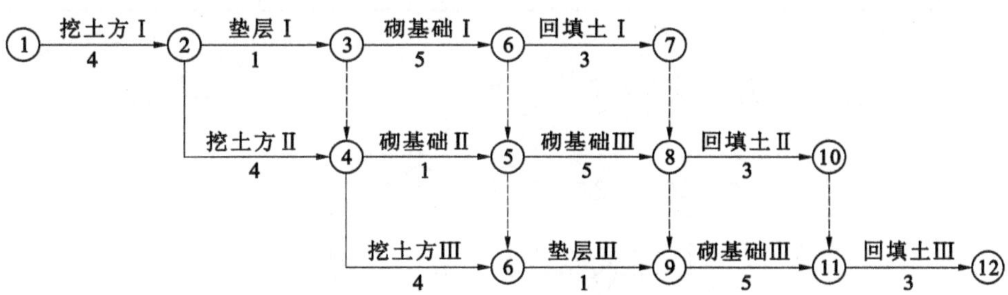

图 3-22 某工程双代号网络图

问题：

① 请指出该网络图中存在的错误并改正，计算该网络计划的工期。

② 简述双代号网络计划的排列方法，改网络计划是按哪种排列法？

③ 简述双代号网络计划关键线路的确定方法，并在图上用双线标出。

【解】 ① 网络图中的错误：有多余虚工作；节点编号重复；箭头节点编号小于箭尾节点编号，逻辑关系错误。

改正：该网络计划的工期等于计算工期，为 23 d。

② 施工网络图的排列方式有：按施工段排列法、按楼层排列法、按施工过程排列法。该网络计划是按施工段排列法。

③ 关键线路的确定方法有：从起点节点开始到终点节点为止，线路时间最长；从起点节点开始到终点节点为止，各项工作的计算总时差最小。

本例关键线路有一条：①—②—③—④—⑧—⑨—⑩—⑬—⑭。如图 3-23 所示。

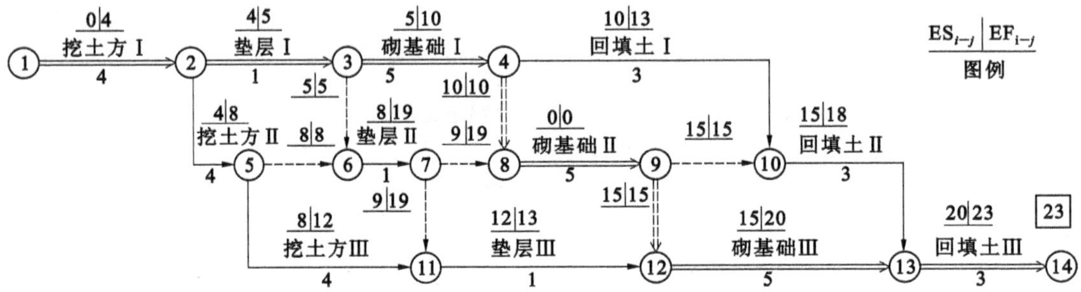

图 3-23 关键线路

【例 3-6】 四幢同型装配式大板宿舍楼，组织一个基础施工队、一个结构施工队和两个装修施工队。第一个装修队负责甲楼和丙楼的装修，第二个装修队负责乙楼和丁楼的装修工程。每幢楼的基础施工工期为 15 d，结构施工工期为 25 d，装修施工工期为 40 d，四幢楼的施工顺序为甲→乙→丙→丁，试绘制双代号网络计划。A(挖土)、B(垫层)、C(基础)、D(回填土)四项工作分三个施工段，流水施工。

【解】 答案如表 3-4 和图 3-24 所示。

表 3-4 宿舍楼各分部施工逻辑关系

工作	A_1	A_2	A_3	B_1	B_2	B_3
紧前工作	—	A_1	A_2	A_1	A_2、B_1	A_3、B_2
工作	C_1	C_2	C_3	D_1	D_2	D_3
紧前工作	B_1	B_2、C_1	B_3、C_2	C_1	C_2、D_1	C_3、D_2

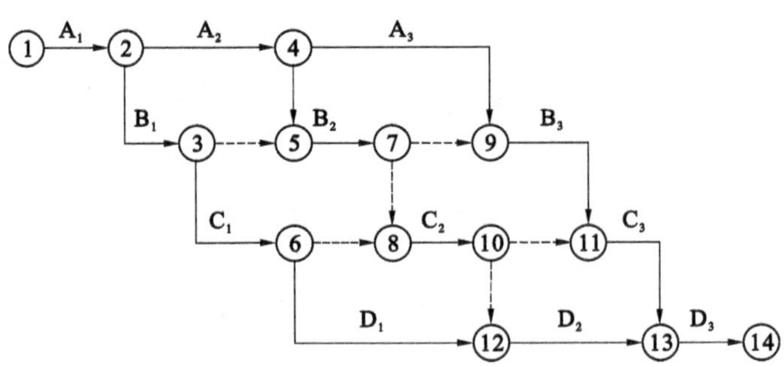

图 3-24 双代号网络图

【例 3-7】 图 3-25 为双代号网络计划，用直接法绘制时间坐标网络图。

【解】 答案如图 3-26 所示。

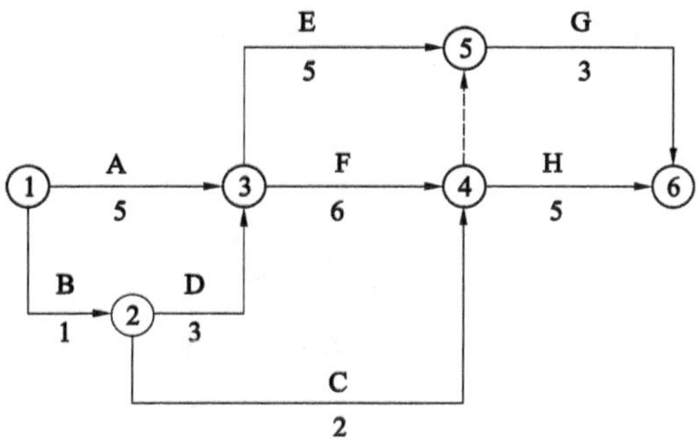

图 3-25 双代号网络计划

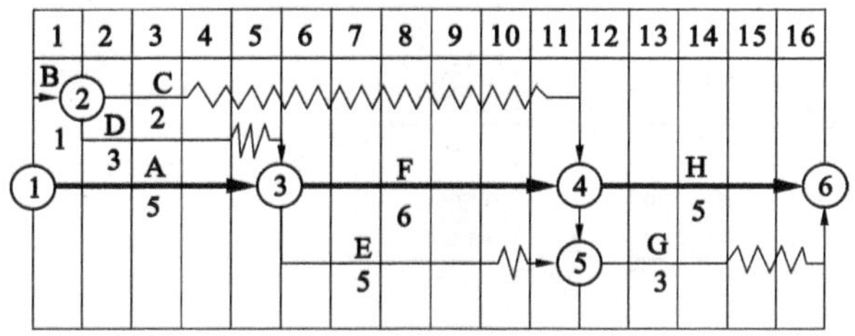

图 3-26 双代号时标网络计划

【例 3-8】 图 3-27 为双代号网络计划，用间接法绘制时间坐标网络图。

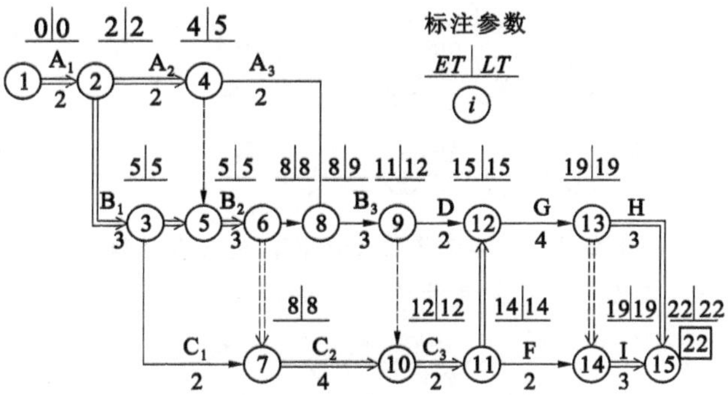

图 3-27 双代号网络图

【解】 答案如图 3-28 所示。

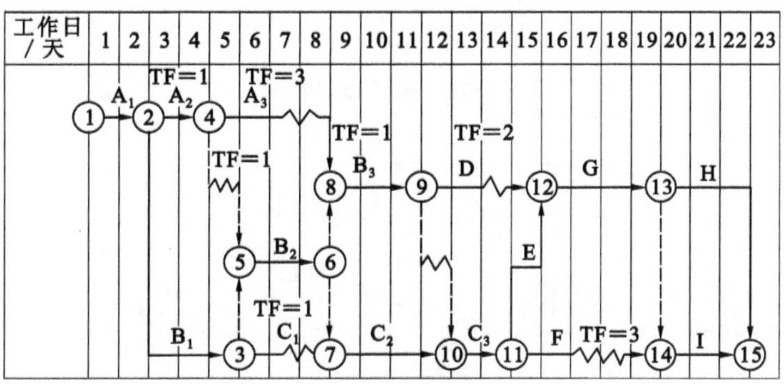

图 3-28 双代号时标网络图

【例 3-9】 以工作法计算如图 3-29 所示各工作的时间参数。

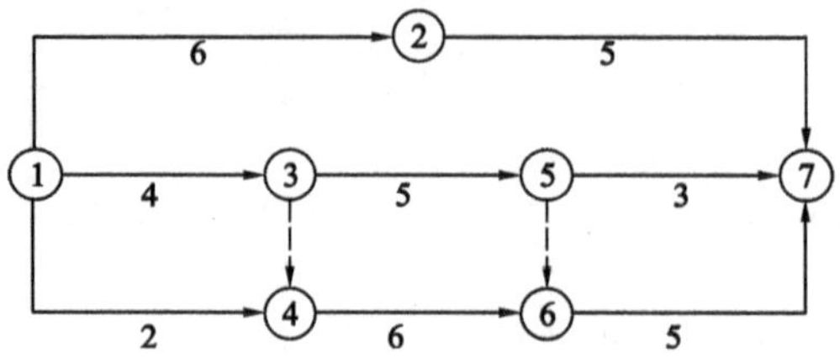

图 3-29　某工程网络图

【解】 答案如图 3-30 和图 3-31 所示。

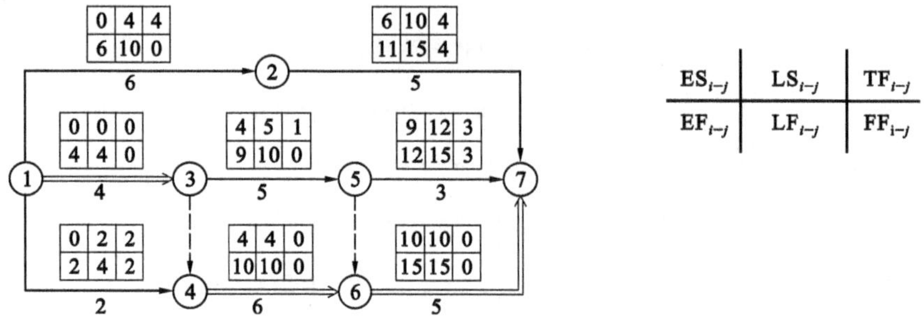

图 3-30　六时标注法双代号网络图(工作计算法)

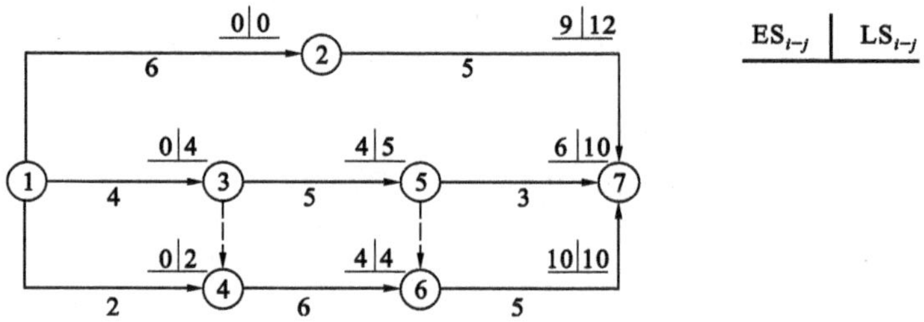

图 3-31　二时标注法双代号网络图(工作计算法)

【例 3-10】 以工作法计算如图 3-32 所示各工作的时间参数。

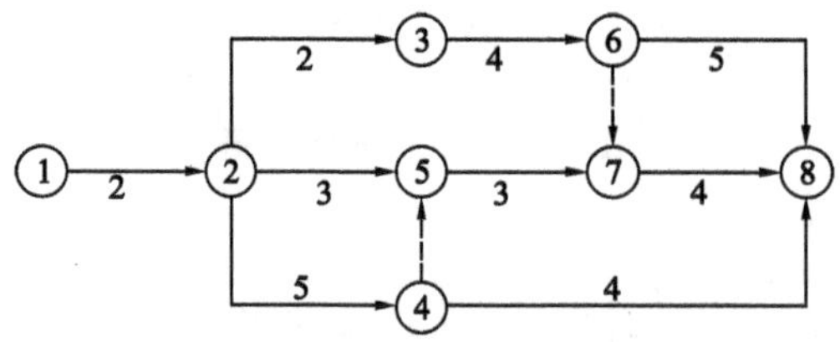

图 3-32　某工程网络图

【解】 答案如图 3-33 所示。

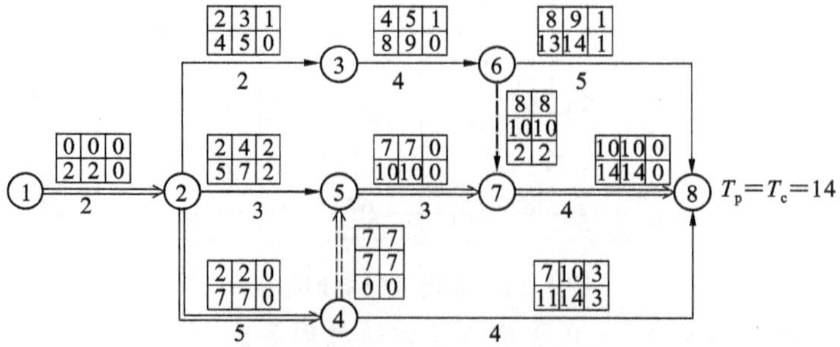

图 3-33　六时标注法双代号的网络图(工作计算法)

【例 3-11】 以工作法计算如图 3-34 所示各工作的时间参数。

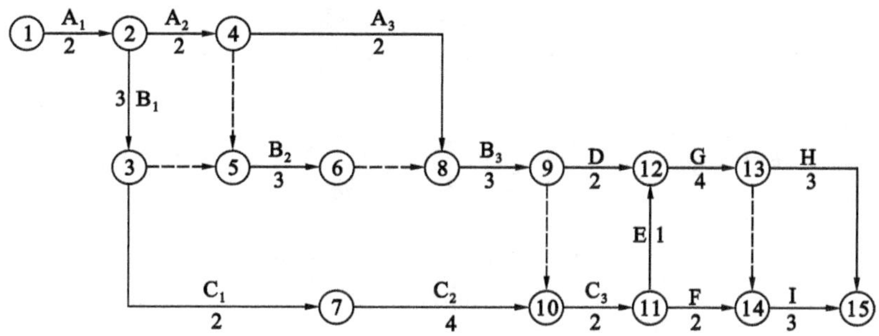

图 3-34 某工程网络图

【解】 答案如图 3-35 所示。

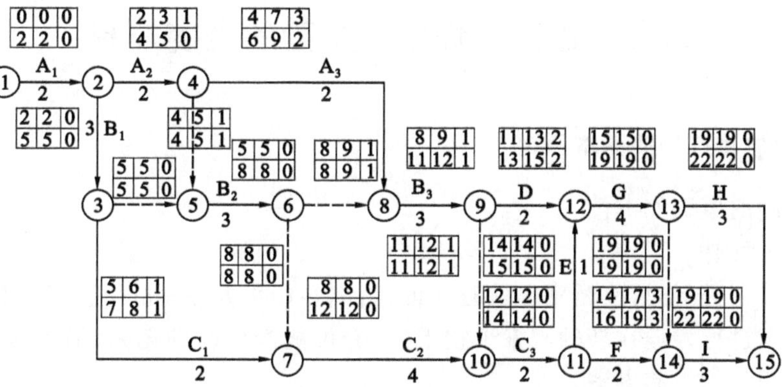

图 3-35 六时标注法双代号网络图(工作法计算)

【例 3-12】 以节点法计算如图 3-36 所示各工作的时间参数。

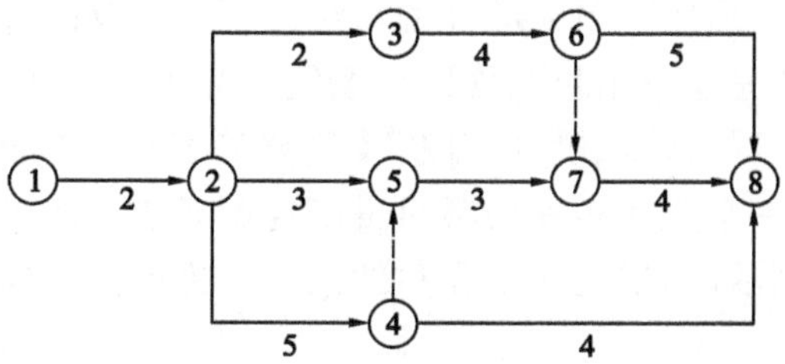

图 3-36 某工程网络图

【解】 答案如图 3-37 所示。

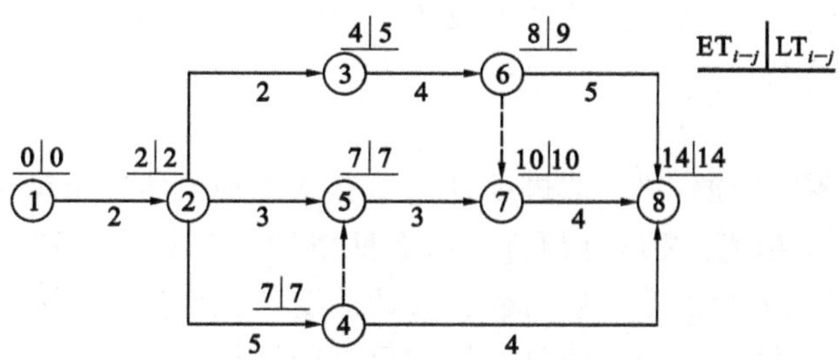

图 3-37 双代号网络计划(按节点计算法)

【例 3-13】 验算如图 3-38 所示的双代号网络计划按标号法计算的结果。

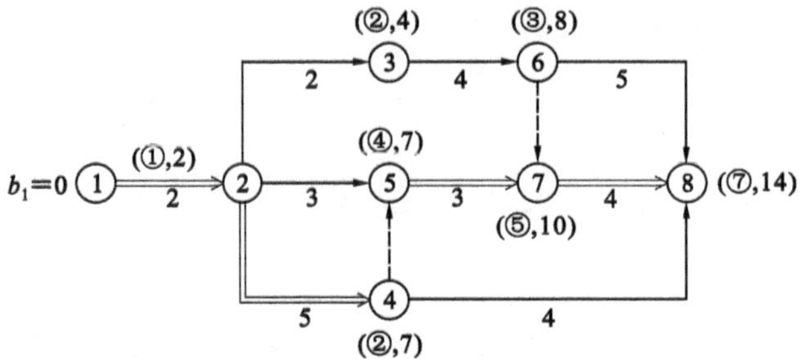

图 3-38 双代号网络计划(标号法)

【解】 答案略。

3.3 建设工程施工阶段的进度控制

3.3.1 施工阶段进度控制的基本原则

项目进度控制的原则如下：

(1) 动态控制原则

施工进度按计划进行时,按时完工就有保证,否则会产生偏差,此时应采取措施,尽量使项目按调整后的计划继续进行。但在新的因素干扰下,又有可能产生新的偏差,需继续控制,进度控制就是采用这种动态循环的控制方法。

(2) 系统原则

为实现项目的进度控制,首先应编制项目的各种计划,包括进度和资源计划等。计划的对象由大到小,计划的内容从粗到细,形成了项目的计划系统。项目涉及的各个相关主体、各类不同人员,需要建立组织体系,形成一个完整的项目实施组织系统。为了保证项目进度,自上而下都应设有专门的职能部门或人员负责项目的检查、统计、分析及调整等工作。当然,不同的人员承担不同的进度控制责任,分工协作,形成一个纵横相连的项目进度控制系统。所以无论是控制对象还是控制主体,无论是进度计划还是控制活动,都是一个完整的系统。进度控制实际上就是用系统的理论和方法解决问题。

(3) 封闭循环原则

项目进度控制的全过程是一种循环性的例行活动,其中包括编制计划、实施计划、检查、比较与分析、确定调整措施和修改计划。这些活动形成了一个封闭的循环系统,进度控制过程就是在这种封闭循环中不断运行的过程。

(4) 信息原则

信息是项目进度控制的依据,项目的进度计划信息从上到下传递给项目实施相关人员,以使计划得以贯彻落实。项目的实际进度信息则自下而上反馈到各有关部门和人员,以供分析并做出决策和调整,使进度计划仍能符合预定工期目标。为此需要建立信息系统,以便不断地传递和反馈信息,所以项目进度控制的过程也是一个信息传递和反馈的过程。

(5) 弹性原则

项目一般工期长且影响因素多,这就要求计划编制人员能根据统计经验估计各种因素的影响程度和出现的可能性，并在确定进度目标时分析目标的风险，从而使进度计划留有余地。在控制项目进度时，可以利用这些弹性缩短工作的持续时间，或改变工作之间的搭接关系，以使项目最终能实现工期目标。

(6) 网络计划技术原则

网络计划技术不仅可以用于编制进度计划，而且可以用于计划的优化、管理和控制。网络计划技术不仅是一种科学有效的进度管理方法，而且是项目进度控制，特别是复杂项目进度控制的完整计划管理和分析计算的理论基础。

3.3.2 施工阶段进度控制目标的确定

3.3.2.1 施工进度控制目标体系

保证工程项目按期建成交付使用是建设工程施工阶段进度控制的最终目的。为了有效地控制施工进度，首先要将施工进度总目标从不同角度进行层层分解，形成施工进度控制目标体系，从而作为实施进度控制的依据。

分目标包括各单位工程交工动用的分目标以及按承包单位、施工阶段和不同计划期划分的分目标。各目标之间相互联系，共同构成建设工程施工进度控制目标体系。其中，下级目标受上级目标制约，下级目标保证上级目标，最终保证施工进度总目标的实现。

3.3.2.2 施工进度控制目标的确定

为了提高进度计划的预见性和进度控制的主动性，在确定施工进度控制目标时，必须全面细致地分析与建设工程进度有关的各种有利因素和不利因素。作为一个施工项目，总有一个时间限制，即施工项目的竣工时间。而施工项目的竣工时间就是施工阶段的进度目标。有了这个明确的目标以后，才能进行有针对性的进度控制。确定施工进度控制目标的主要依据有：建设工程总进度目标对施工工期的要求；工期定额、类似工程项目的实际进度；工程难易程度和工程条件的落实情况等。

在确定施工进度分解目标时，还要考虑以下各个方面：

① 对于大型工程建设项目，应集中力量分期、分批建设，以便尽早投入使用，尽快发挥投资效益。因此，要处理好前期准备和后期建设的关系、每期工程中主体工程与辅助及附属工程之间的关系、地下工程与地上工程之间的关系、场外工程与场内工程之间的关系等。

② 合理安排土建与设备的综合施工。要根据它们各自的特点，合理安排土建施工与设备基础、设备安装的先后顺序及搭接、交叉或平行作业，明确设备工程对土建工程的要求和土建工程为设备工程提供施工条件的内容与时间。

③ 结合本工程的特点，参考同类工程建设的经验来确定施工进度目标，避免只按主观愿望盲目确定进度目标，从而在实际过程中造成进度失控。

④ 作好资金供应能力、施工力量配备、物资(材料、构配件、设备)供应能力与施工进度需要的平衡工作，以确保工程进度目标的实现而不使其落空。

⑤ 外部协作条件的配合情况包括施工进程中及项目竣工所需动用的水、电、气、通信、道路及其他社会服务项目的满足程序和满足时间。它们必须与有关项目的进度目标协调。

⑥ 考虑工程所在地区地形、地质、水文、气象等方面的限制条件。

总之，要想对工程项目的施工进度实施控制，就必须有明确、合理的进度目标(进度总目标和进度分目标)，否则控制便失去了意义。

3.3.3　施工阶段进度控制的工作内容

建设工程施工进度控制工作从审核承包单位提交的施工进度计划开始，直至建设工程保修期满为止，其工作内容主要有：

(1) 编制施工进度控制工作细则

施工进度控制工作细则是在建设工程监理规划的指导下，由项目监理班子中进度控制部门的监理工程师负责编制的更具有实施性和操作性的监理业务文件。其主要内容包括：

① 施工进度控制目标分解图；

② 施工进度控制的主要工作内容和深度；

③ 进度控制人员的职责分工；

④ 与进度控制有关的各项工作的时间安排及工作流程；

⑤ 进度控制的方法(包括进度检查周期、数据采集方式、进度报表格式、统计分析法等)；

⑥ 进度控制的具体措施(包括组织措施、技术措施、经济措施及合同措施等)；

⑦ 施工进度控制目标实现的风险分析；

⑧ 尚待解决的有关问题。

工程项目施工中进度管理案例

(2) 编制或审核施工进度计划

为了保证建设工程的施工任务按期完成，监理工程师必须审核承包单位提交的施工进度计划。当建设工程有总承包单位时，监理工程师只需对总承包单位提交的施工总进度计划进行审核即可。而对于单位工程施工进度计划，监理工程师只负责审核而不需要编制。

(3) 按年、季、月编制工程综合计划

监理工程师在编制进度计划时，应着重解决各承包单位施工进度计划之间、施工进度计划与资源(包括资金、设备、机具、材料及劳动力)保障计划之间及外部协作条件的延伸性计划之间的综合平衡与相互衔接问题。

(4) 下达工程开工令

监理工程师应根据承包单位与业主双方关于工程开工的准备情况，选择合适的时机发布工程开工令。开工令的发布，要尽可能及时。如果开工令发布拖延，会造成竣工日期推迟，甚至可能引起承包单位的索赔。

(5) 协助承包单位实施进度计划

监理工程师要随时了解施工进度计划执行过程中所存在的问题，并帮助承包单位予以解决，特别是承包单位无力解决的内外关系协调问题。

(6) 监督施工进度计划的实施

监理工程师不仅要及时检查承包单位报送的施工进度表和分析资料，同时还要进行必要的现场实地检查，杜绝虚报。

(7) 组织现场协调会

监理工程师应每月、每周定期组织召开不同层次的现场协调会议，以解决施工过程中的相互协调配合问题。

(8) 签发工程进度款支付凭证

监理工程师应对承包单位申报的已完成分项工程量进行审核，在质量监理人员检查验收后，签发工程进度款支付凭证。

(9) 审批工程延期

监理工程师应按照合同的有关规定，公正地区分工程延误和工程延期，并合理地批复工程延期时间。

(10) 向业主提供进度报告

监理工程师应随时整理进度资料，并做好工程记录，定期向业主提交工程进度报告。

(11) 督促承包单位整理技术资料

监理工程师要根据工程进展情况，督促承包单位及时整理有关技术资料。

(12) 签署工程竣工报验单、提交质量评估报告

当单位工程达到竣工验收条件，承包单位提交工程竣工报验单，申请竣工验收后，监理工程师应对竣工资料及工程实体进行全面检查。验收合格后，签署工程竣工报验单，并向业主提交质量评估报告。

(13) 整理工程进度资料

在工程完工后，监理工程师应将工程进度资料收集起来，进行归类、编目和建档，以便为今后其他类似工程项目的进度控制提供参考资料。

(14) 工程移交

监理工程师应督促承包单位办理工程移交手续，颁发工程移交证书。在工程移交后的保修期内，还要处理验收后有关质量的争议问题。

当保修期满且无争议，建设工程进度控制的任务即告完成。

3.3.4 监理单位对进度计划的审批

为了保证建设工程的施工任务按期完成，监理工程师必须审核承包单位提交的施工进度计划。对于大型建设工程，由于单位工程较多、施工工期长，且采取分期分批发包又没有一个负责全部工程的总承包单位时，就需要监理工程师编制施工总进度计划；或者当建设工程由若干个承包单位平行承包时，监理工程师也有必要编制施工总进度计划，据此控制承包单位的施工总进度计划和业主等关联单位的工作计划。

施工进度计划审核的主要内容有：

① 进度安排是否符合工程项目建设总进度计划中总目标和分目标的要求，是否符合施工合同中开工、竣工日期的规定。

② 施工总进度计划中的项目是否有遗漏，分期施工是否满足分批动用的需要和配套动用的要求。

③ 施工顺序的安排是否符合施工工艺的要求。

④ 劳动力、材料、构配件、设备及施工机具、水、电等生产要素的供应计划是否能保证施工进度计划的实现，采用的施工工艺及技术手段是否满足计划进度的需要。

⑤ 总包、分包单位分别编制的各项单位工程施工进度计划之间是否相协调，专业分工与计划衔接是否明确合理。

⑥ 对于业主负责提供的施工条件(包括资金、施工图纸、施工场地、采供的物资等)，在施工进度计划中安排得是否明确、合理；业主负责的设备提供和分包合同的合同兑现时间是否满足要求；是否有造成因业主违约而导致工程延期和费用索赔的可能性存在。

如果监理工程师在审查施工进度计划的过程中发现问题,应及时向承包单位提出书面修改意见(也称整改通知书),并协助承包单位修改。其中重大问题应及时向业主汇报。

3.3.5 施工进度计划实施中的检查、处理与调整

施工进度计划由承包单位编制完成后,应提交给监理工程师审查,待监理工程师审查确认后即可付诸实施。承包单位在执行施工进度计划的过程中,应接受监理工程师的监督与检查。监理工程师应定期向业主报告工程进展状况。

3.3.5.1 施工进度的动态检查

在施工进度计划的实施过程中,由于各种因素的影响,常常会打乱原始计划的安排而出现进度偏差。因此,监理工程师必须对施工进度计划的执行情况进行动态检查,并分析进度偏差产生的原因,以便为施工进度计划的调整提供必要的信息。

(1) 施工进度的检查方式

在建设工程施工过程中,监理工程师可以通过以下方式获得其实际进展情况:

① 定期地、经常地收集由承包单位提交的有关进度报表资料。

工程施工进度报表资料不仅是监理工程师实施进度控制的依据,同时也是其核对工程进度款的依据。在一般情况下,进度报表格式由监理单位提供给施工承包单位,施工承包单位按时填写完后提交给监理工程师核查。报表的内容根据施工对象及承包方式的不同而有所区别,但一般应包括工作的开始时间、完成时间、持续时间、逻辑关系、实物工程量和工作量以及工作时差的利用情况等。承包单位若能准确地填报进度报表,监理工程师就能从中了解到建设工程的实际进展情况。

② 由驻地监理人员现场跟踪检查建设工程的实际进展情况。

为了避免施工承包单位超报已完工程量,驻地监理人员有必要进行现场实地检查和监督。检查时间的间隔应视建设工程的类型、规模、监理范围及施工现场的条件等多方面的因素而定。可以每月或每半月检查一次,也可每旬或每周检查一次。如果在某一施工阶段出现不利情况时,甚至需要每天检查。除此之外,由监理工程师定期组织现场施工负责人召开现场会议,也是获得建设工程实际进展情况的一种方式,通过这种面对面的交谈,监理工程师可以从中了解到施工过程中的潜在问题,以便及时采取相应的措施加以预防。

(2) 施工进度的检查方法

施工进度检查的主要方法是对比法,又称作进度控制的方法,即将经过整理的实际进度数据与计划进度数据进行比较,从中发现是否出现进度偏差以及进度偏差的大小。

通过检查分析,如果进度偏差比较小,应在分析其产生原因的基础上采取有效措施,解决矛盾,排除障碍,继续执行原进度计划。如果经过努力,确实不能按原计划实现时,再考虑对原计划进行必要的调整,即适当延长工期,或改变施工速度。计划的调整一般是不可避免的,但应当慎重,尽量减少变更计划的调整。

3.3.5.2 施工进度计划的调整

通过检查分析,如果发现原有进度计划已不能适应实际情况时,为了确保进度控制目标的实现或需要确定新的计划目标,就必须对原有进度计划进行调整,以形成新的进度计划,作为进度控制的新依据。

施工进度计划的调整方法主要有两种:一种是通过压缩关键工作的持续时间来缩短工期;另一

种是通过组织搭接作业或平行作业来缩短工期。在实际工作中应根据具体情况选用上述方法进行进度计划的调整。在调整施工进度计划时，应利用费用优化的原理选择费用增加量最小的关键工作作为压缩对象。

3.3.6　工程延期与延误

在工程项目建设过程中，由于社会条件、人为条件、自然条件和管理水平等因素的影响，发生了延长工期的事件并造成了工程竣工日期向后延迟的现象，称为工程拖延。发生工程拖延的原因是多方面的，有建设单位的原因，有承包单位的原因，有监理单位的原因，还有外部条件的原因等，但工程拖延的后果只有两种，即工程延期或工程延误。监理工程师能否准确地把握工程延期与工程延误的区别，并正确地做出判断，公正地维护合同双方的合法权利，对建设单位和承包单位都十分重要。同时，监理工程师对工程延期与工程延误的处理，是监理进度控制和施工合同管理工作的重要内容，是对监理工程师业务能力和管理水平的一种检验。

3.3.6.1　申报工程延期的条件

《建设工程施工合同(示范文本)》在通用条款第 13 条中对延期申报条件作了明确规定。当发生以下原因引起的工程延期，承包单位有权提出延长工期的申请，监理工程师应依据合同规定，批准工程延期的时间：

① 因图纸或建设单位要求的原因，监理工程师发出工程变更指令而导致工程量增加；

② 异常恶劣的气候条件，是一个有经验的承包单位难以预料的特殊情况；

③ 由建设单位造成的任何延误、干扰或障碍，如未及时提供施工场地、未及时付款等；

④ 合同所涉及的任何可能造成工程延期的原因，如延期交付图纸、工程暂停施工(不包括监理工程师纠正施工单位错误行为的暂停施工)、对合格工程的剥离检查及不利的外界条件等；

⑤ 非施工单位的原因及施工单位自身以外的其他任何原因，如一周内非承包单位原因的停水、停电、停气造成停工累计超过 8 小时等；

⑥ 施工合同专用条款中约定或工程师同意工期顺延的其他情况。

3.3.6.2　工程延期的审批程序

当工程延期事件发生后，承包单位应在合同规定的有效期内向项目监理机构提交工程延期申请表。延期申请表中应详细说明工程延期的依据、工期计算、申请延期的竣工日期，并应附有证明材料，如影响工期的事件、监理指令、工程变更单等。监理工程师在接到申请后应及时进行调查核实，对延期要求符合施工合同文件中规定条件的应予以受理。当影响工期事件具有持续性时，项目监理机构可在收到承包单位提交的阶段性工程延期申请表并经过审查后，先由总监理工程师签署工程临时延期审批表并报建设单位。当承包单位提交最终的工程延期申请表后，项目监理机构应复查工程延期及临时延期情况，并由总监理工程师签署工程最终延期审批表。

监理的延期审批分为临时批准和最终批准两种。

(1) 临时批准

在实际工作中，监理工程师必须在合理的时间内作出决定，否则承包单位可以由于延期申请迟迟未获批准而被迫加快工程进度为由，提出费用索赔。为了避免这种情况的发生，同时使监理工程师能有比较充裕的时间评审延期申请，对于一些较为复杂、持续时间较长或一时难以作出定论的延期申请，监理工程师可以根据初步评审，给予一个临时的延期时间，然后再进行详细的研究评审，书面批准有效延期时间。临时批准是对延期情况的一个估计，不仅可以避免或减少承包单位提出费用索赔，同时又可再制订详细的延期批准计划，但临时批准的延期时间不能长于最后的书面批准的延期时间。

(2) 最终批准

最终延期时间应是承包单位的最后一个延期申请批准后的累计时间，但并不是每一项延期时间都累加，如果后面批准的延期内包含前一个批准延期的内容，则前一项延期的时间不能予以累计，要注意时间的搭接。监理单位在签署延期审批表前应就延长工期问题与建设单位、承包单位进行协商。审批表中应有明确的监理审核意见，同意延长工期则应注明工期延长的天数、理由及计算方法，不同意延长工期则应说明不同意的理由和依据。

3.3.6.3 工程延期的审批依据

承包单位的延期申请能够成立并获得监理工程师批准的依据是：

① 工程延期事件是否属实，强调实事求是；

② 是否符合本工程施工合同中有关工程延期的约定；

③ 延期事件是否发生在工期网络计划图的关键线路上，即延期是否有效合理；

④ 延期天数的计算是否正确，证据资料是否充足。

上述四条中，只有同时满足前三条，延期申请才能成立。对于延期时间的计算，监理工程师应根据自己记录的实际情况，运用实际进度前锋线网络图，计算确定影响总工期的天数。上述四条中最关键的就是第三条，因为在承包单位所报的延期申请中，只有有效合理的延期申请才能得到监理工程师的批准。

3.3.6.4 工程延误的处理

由于承包单位自身的原因而造成工程延期，而承包单位又未按照监理工程师的指令改变延期状态，其实质是承包单位的行为已构成了违约。按照施工合同条款及 FIDIC 条款的有关规定，监理工程师可采取以下手段予以制约。

(1) 指令承包单位采取补救措施

如对进度计划进行重新调整，增加施工人员、材料设备、资金的投入，采取更加先进的施工方法等，以加快工程进度，将损失的工期挽回。

(2) 停止支付

当承包单位的施工活动不能使监理工程师满意时，监理工程师有权拒绝承包单位的支付申请。因此，当承包单位工期延误且未按监理工程师的指令采取赶工措施时，监理工程师可以采取停止支付的手段制约承包单位。

(3) 误期损失赔偿

误期损失赔偿是当承包单位未能按合同规定的工期完成合同范围内的工作时对其进行的处罚，是建设单位对承包单位提出的反索赔。如果承包单位未能按合同规定的工期和条件完成整个工程，则应向建设单位支付投标书附件中规定的金额，作为该项违约的损失赔偿费。

(4) 终止对承包单位的雇佣

终止雇佣是对承包单位违约的严重制裁，因为建设单位一旦终止合同，承包单位不但要被驱逐出施工现场，而且还要承担由此造成的费用损失。为了保证工程如期建成，FIDIC 条款规定，如果承包单位严重违反合同，而又不采取积极的措施补救，则业主有权终止对承包单位的雇佣。

【知识归纳】

(1) 建设工程监理进度控制的概念。建设工程监理进度控制是指将工程项目建设各阶段的工作内容、工作程序、持续时间和衔接关系,根据进度总目标及资源优化配置的原则编制进度计划后将该计划付诸实施,并在进度实施过程中检查实际进度是否按照计划进度要求进行,然后对出现的偏差情况进行分析,采取补救措施或调整、修改原计划后再付诸实施,如此循环,直到工程建设竣工验收交付使用。

(2) 进度控制的方法及措施。进度曲线主要有S形曲线比较法、香蕉形曲线比较法和前锋线比较法。

(3) 项目实施阶段进度控制的主要任务有设计前准备阶段的进度控制、设计阶段的进度控制以及施工阶段的进度控制。

(4) 组织施工的基本方式,进度计划的常用表示方法及特点。

【独立思考】

3-1 建设工程监理进度控制的概念是什么?影响进度控制的因素有哪些?

3-2 进度控制的方法及措施有哪些?

3-3 流水施工的形式有哪些,各有什么特点?

3-4 实际进度与计划进度的比较方法有哪些?各有什么特点?

3-5 如何进行计划进度的调整?

3-6 横道图、网络图的形式、特点及优缺点各是什么?

3-7 进度控制的原则、目标及主要工作内容各是什么?

3-8 监理工程师如何处理工程延期?

【参考文献】

[1] 国家质量技术监督局,中华人民共和国建设部.建设工程监理规范(GB 50319—2000).北京:中国建筑工业出版社,2001.

[2] 肖维品,陈涣壮.监理工程师执业指南.北京:科学出版社,2003.

[3] 雷艺君,钱昆润.实用建设工程监理手册.2版.北京:中国建筑工业出版社,2003.

[4] 中国建设监理协会.2012年注册监理工程师考试教材:建设工程进度控制.北京:中国建筑工业出版社,2012.

[5] 中国建设监理协会.2012年注册监理工程师考试教材:建设工程监理概论.北京:中国建筑工业出版社,2012.

[6] 张守平,滕斌.工程建设监理.北京:北京理工大学出版社,2010.

[7] 巩天真,张泽平.建设工程监理概论.2版.北京:北京大学出版社,2009.

[8] 吴锡桐.建设工程施工现场监理人员实用手册.上海:同济大学出版社,2001.

[9] 梅月植,孙成,米晋生.监理工程师工作指南.北京:中国建筑工业出版社,2009.

[10] http://www.jianlishi.com/2812/2007-08-30.

[11] http://down6.zhulong.com/tech/detailprof634975JL.htm/2010-04-22.

4

建设工程投资控制

课前导读

内容提要

本章主要内容包括建设工程投资控制基本原理、建设工程投资构成及计算、施工阶段的投资控制及建设工程竣工决算等内容。本章的教学重点为投资控制基本原理、建筑安装工程费的计算、工程量清单计价方法、工程变更的控制、投资偏差分析等；教学难点为投资控制原理、工程量清单计价、投资偏差分析和工程变更的控制。

能力要求

通过本章的学习，要求学生掌握投资控制的基本原理，工程总投资的构成及计算；建筑安装工程造价的组成和计算，施工阶段投资控制的要点；熟悉建设工程投资的基本概念，竣工结算和竣工决算的区别；了解建设工程投资确定的基本依据，使学生学习后达到会运用基本理论知识解决实际工作中的投资控制的目标。

4.1　建设工程投资控制概述

4.1.1　建设工程总投资概述

建设工程总投资是指建设单位在建设全过程中所花费的全部费用。生产性建设工程总投资包括建设投资和铺底流动资金；非生产性建设工程总投资包括建设投资，不包括铺底流动资金。

建设投资由设备及工器具购置费用、建筑安装工程费用、工程建设其他费用、预备费、建设期利息等组成。

建设投资由静态投资与动态投资两大部分组成，即建设投资＝静态投资部分＋动态投资部分。静态投资部分是针对某一基准时刻，完成项目建设所需要的投资。它主要包括设备工器具购置费、建筑安装工程费、工程建设其他费用、基本预备费。动态投资部分是由于建设期间发生的利息、国家新批准的税费，以及可能的价格、汇率等变化而可能需要增加的投资，即基于未来可能的变化而实际发生（追加）的投资，目前主要包括涨价预备费和建设期利息。

流动资金是项目投产后，在全寿命周期内为进行正常生产运营，用于购买原材料、燃料、支付工资及其他经营费用等所需的周转资金。铺底流动资金是项目建成后，在试运转阶段用于购买原材料、燃料、支付工资及其他经营费用等所需的周转资金，一般为流动资金的30％。

工程造价一般是指一项工程预计开支或实际开支的全部固定资产投资费用。在这个意义上，工程造价与建设投资的概念是一致的。在实际应用中工程造价还有另一种含义，那就是工程价格，即为建成一项工程，预计或实际在土地市场、设备市场、技术劳务市场以及承包市场等交易活动中所形成的建筑安装工程的价格和建设工程的总价格。

4.1.2　建设工程投资控制原理

项目实施过程中主客观条件变化是绝对的，不变是相对的；在项目进展过程中平衡是暂时的，不平衡是永恒的，因此，在项目实施过程中必须随着情况的变化进行项目目标的动态控制，项目目标的动态控制是项目管理最基本的方法论。

4.1.2.1　动态控制原理步骤

动态控制原理流程如图4-1所示。

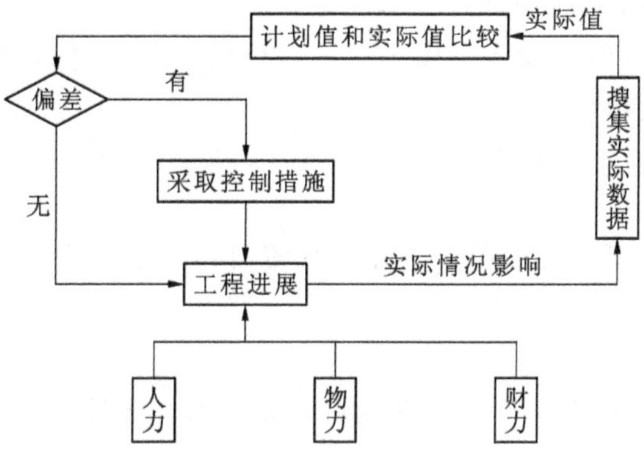

图4-1　动态控制原理流程图

① 项目目标动态控制的准备工作。

对项目的目标(如投资/成本、进度和质量目标)进行分解,以确定用于目标控制的计划值(如投资/成本、进度和质量标准等)。

② 在项目实施过程中(如设计过程中、招投标过程中和施工过程中等)对项目目标进行动态跟踪和控制。

a. 搜集项目目标的实际值,如实际投资/成本、实际施工进度和施工的质量状况等;

b. 定期(如每两周或每月)进行项目目标的计划值和实际值的比较;

c. 通过项目目标的计划值和实际值的比较,如有偏差,则采取纠偏措施进行纠偏。

③ 如必要(即原定的项目目标不合理,或原定的项目目标无法实现),则进行项目目标的调整。

4.1.2.2 动态原理在投资控制中的应用

建设工程投资控制就是在投资决策阶段、设计阶段、施工阶段以及竣工阶段,把建设工程投资控制在批准的投资限额以内,随时纠正发生的偏差,以保证项目投资管理目标的实现,以求在建设工程中能合理使用人力、物力、财力,取得较好的投资效益和社会效益。投资控制是项目控制的主要内容之一,这种控制是动态的,并贯穿于项目建设的始终。

(1) 项目投资目标动态控制的准备工作

对项目投资的目标进行分解,以确定投资目标控制的计划值。

(2) 在项目实施过程中对项目投资目标进行动态控制和跟踪

① 搜集项目投资目标的实际值。

② 定期(如每两周或每月)进行项目投资目标的计划值和实际值的比较。

在设计过程中投资的计划值和实际值的比较包括:

a. 工程概算与工程投资规划的比较;

b. 工程预算与工程概算的比较。

在施工过程中投资的计划值和实际值的比较包括:

a. 工程合同价与工程概算的比较;

b. 工程合同价与工程预算的比较;

c. 工程款支付与工程概算的比较;

d. 工程款支付与工程预算的比较;

e. 工程款支付与工程合同价的比较;

f. 工程决算与工程概算、工程预算和工程合同价的比较。

由上可知,投资的计划值和实际值是相对的,如相对于工程合同价而言,工程概算的投资是计划值,工程款支付费用则是投资的实际值。

③ 通过项目投资目标的计划值和实际值的比较,如有偏差,则采取纠偏措施进行纠偏。

(3) 投资目标的调整

如原定的项目投资目标不合理或原定的项目投资目标无法实现,则进行投资目标的调整。

4.1.3 投资控制的纠偏措施

投资控制工作需要涉及很多环节,相应地可以从组织、管理、经济、技术多方面采取纠偏措施,如图 4-2所示。其中,组织措施是最重要的措施,技术与经济相结合是控制投资的最有效手段。

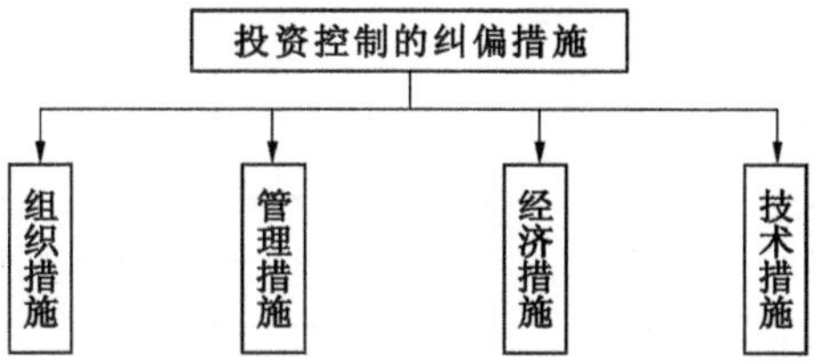

图 4-2 投资控制的纠偏措施

(1) 组织措施

组织措施是指从组织方面采取的投资控制的措施，如调整项目组织结构、任务分工、管理职能分工、工作流程组织和项目管理班子人员、会议制度等。

(2) 管理措施

管理措施是指从管理方面采取的投资控制的措施，如调整进度管理的方法和手段，改变施工管理和强化合同管理的方法，采取限额设计的方法，调整投资控制的方法和手段，采用价值工程的方法等。

(3) 经济措施

经济措施是指从经济方面采取的投资控制的措施，如落实加快工程施工进度所需的资金，制定节约投资的奖励措施等。动态地比较项目投资的实际值和计划值，严格审核各项费用支出。

(4) 技术措施

技术措施是指重视设计方案选择，严格审查监督初步设计、技术设计、施工组织设计，深入技术领域研究节约投资的可能性，如调整或修改设计，优化施工方法，改变施工机具等。

4.1.4 建设工程各阶段投资控制的目标

投资控制的目标应当随着建设工作的不断深入、有关情况的逐渐明晰来分阶段设置。同时，各阶段目标应当相互制约、相互补充，前者控制后者、后者补充前者，共同组成建设工程投资控制的目标系统。确定各阶段目标时，必须处理好目标的先进性与可行性的对立统一关系。

控制是为确保目标的实现而服务的，一个系统若没有目标，就不需要也无法进行控制。目标的设置应是很严肃的，要有科学的依据。投资控制目标的设置应随着工程建设实践的不断深入而分阶段设置，如图 4-3 所示。

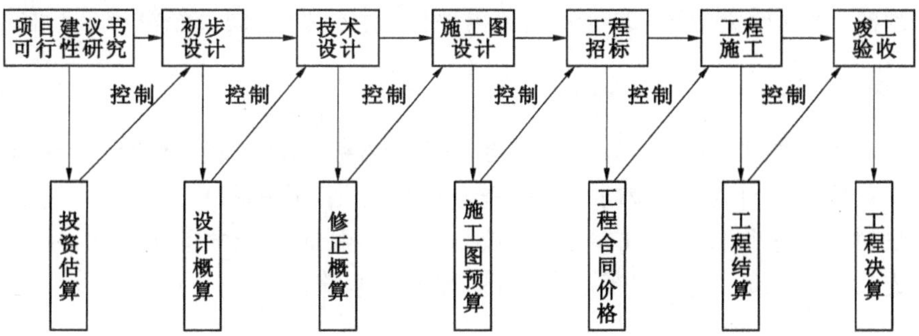

图 4-3 建设工程各阶段投资控制的目标

4.1.5 建设工程各阶段投资控制的重点

投资控制贯穿于项目建设的全过程。影响项目投资最大的阶段，是约占工程项目建设周期 1/4 的设计阶段结束前的工作阶段。根据实际工程数据统计可以绘制图 4-4。

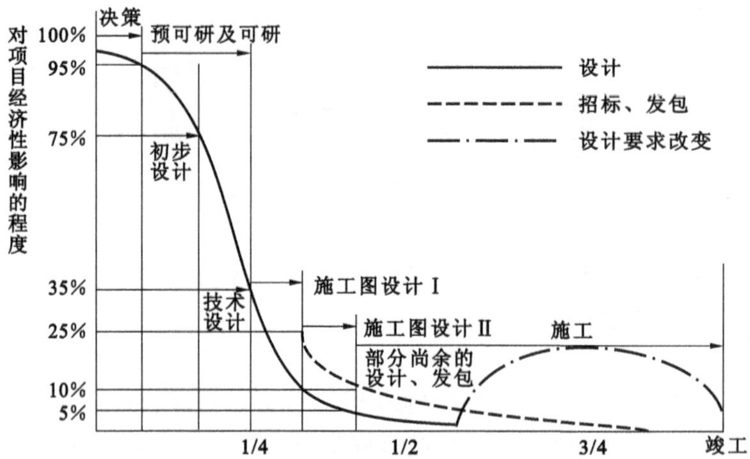

图 4-4　建设工程各阶段投资控制的影响

由图 4-4 可知，在初步设计阶段，影响项目投资的可能性为 75%～95%；在技术设计阶段，影响项目投资的可能性为 35%～75%；在施工图设计阶段，影响项目投资的可能性则为 5%～35%。很显然，项目投资控制的重点在于施工以前的投资决策和设计阶段，而在项目作出投资决策后，控制项目投资的关键就在于设计阶段。

一般来讲，投资决策和设计阶段的投入不大，但对于投资的影响却很大。因此，在实现建设全过程投资控制的同时，应当以施工（实施）以前的投资决策和设计阶段为重点。

4.1.6　建设工程投资控制的主要任务

我国项目监理机构在建设工程投资控制中的主要任务包括建设前期阶段任务、设计阶段任务、施工招标阶段任务、施工阶段任务。根据我国监理制度的实际情况，监理工作主要集中在施工阶段。

4.1.6.1　建设前期阶段

进行工程项目的机会研究、初步可行性研究，编制项目建议书，进行可行性研究，对拟建项目进行市场调查和预测，编制投资估算，进行环境影响评价、财务评价、国民经济评价和社会评价。

4.1.6.2　设计阶段

协助业主提出设计要求，组织设计方案竞赛或设计招标，用技术经济方法组织评选设计方案。协助设计单位开展限额设计工作，编制本阶段资金使用计划，并进行付款控制。进行设计挖潜，用价值工程等方法对设计进行技术经济分析、比较、论证，在保证功能的前提下进一步寻找节约投资的可能性。审查设计概预算，使概算不超估算，预算不超概算。

4.1.6.3　施工招标阶段

准备与发送招标文件，编制工程量清单和招标工程标底；协助评审投标书，提出评标建议；协助业主与承包单位签订承包合同。

4.1.6.4 施工阶段

在施工阶段，依据施工合同有关条款、施工图对工程项目造价目标进行风险分析，并制定防范性对策。从造价、项目的功能要求、质量和工期方面审查工程变更的方案，并在工程变更实施前与建设单位、承包单位协商确定工程变更的价款。按施工合同约定的工程量计算规则和支付条款进行工程量计算和工程款支付。建立月完成工程量和工作量统计表，对实际完成量与计划完成量进行比较、分析，制定调整措施。搜集、整理有关的施工和监理资料，为处理费用索赔提供证据。按施工合同的有关规定进行竣工结算，对竣工结算的价款总额与建设单位和承包单位进行协商。

4.2 建设工程投资构成及计算

4.2.1 建设工程投资的构成

我国现行建设工程投资构成如图 4-5 所示。

- 建筑工程总投资
  - 建设投资
    - 设备及工器具购置费用
      - 设备购置费
      - 工具、器具及生产家具购置费
    - 建筑安装工程费用
      - 直接费
      - 间接费
      - 利润
      - 税金
    - 工程建设其他费用
      - 土地使用权的取得费用
      - 与项目建设有关的其他费用
      - 与企业未来生产经营有关的其他费用
    - 预备费
      - 基本预备费
      - 涨价预备费
    - 建设期利息
  - 铺底流动资金，按流动资金 30%的比例计算

图 4-5 我国现行建设工程投资构成

4.2.2 设备、工器具购置费用的组成及计算

设备、工器具购置费用由设备购置费用和工具、器具及生产家具购置费用组成。对于生产性建设项目而言，设备及工器具费用与资产的有机构成密切相关，即在一定范围内，其占投资的比例越大，则项目的技术进步和资本有机构成的程度也就越高。因此，设备、工器具投资是建设工程投资中的积极部分。

4.2.2.1 设备购置费的计算

设备购置费是指为建设工程购置或自制的达到固定资产标准的设备、工具、器具的费用。

所谓固定资产是指同时具备下列特征的有形资产：为生产商品、提供劳务、出租或经营管理而持有的；使用寿命超过一个会计年度；固定资产的成本能够可靠地计量。

设备购置费的计算公式如下：

设备购置费＝设备原价或进口设备抵岸价＋设备运杂费　　(4-1)

式中:设备原价指国产标准设备、非标准设备的原价。

(1) 国产标准设备原价的确定

对于已经形成产品系列、可以批量生产的标准设备,其原价通常采用设备制造厂的交货价,即出厂价;如由设备成套公司供应时,则采用订货合同价,一般应按带有备件的出厂价计算。

(2) 国产非标准设备原价的确定

对于没形成产品系列、需要按照用户的要求逐件加工制造的非标准设备,其原价有成本计算估价法、系列设备插入估价法、分部组合估价法、定额估价法等多种不同的计算方法。

(3) 进口设备抵岸价的确定

进口设备抵岸价是指抵达买方边境港口或边境车站,且交完关税以后的价格。进口设备抵岸价与交货方式、买卖双方的责任等密切相关,作为抵达买方边境港口或边境车站并且完税以后的价格(实际需要发生的费用)。

① 进口设备的交货方式。

进口设备的交货方式可分为内陆交货类、目的地交货类、装运港交货类。

内陆交货类即卖方在出口国内陆的某个地点完成交货任务。在交货地点,卖方及时提交合同规定的货物和有关凭证;并承担交货前的一切费用和风险;买方按时接受货物,交付货款,承担接货后的一切费用和风险,并自行办理出口手续和装运出口。货物的所有权也在交货后,由卖方转移给买方。

目的地交货类即卖方要在进口国的港口或进口国内陆交货,包括目的港船上交货价、目的港船边交货价(FOS)、目的港码头交货价(关税已付)及完税后交货价(进口国目的地的指定地点)。其特点是:买卖双方承担的责任、费用和风险是以目的地约定交货点为分界线,只有当卖方在交货点将货物置于买方控制下方算交货,才能向买方收取货款。这类交货价对卖方来说承担的风险较大,在国际贸易中卖方一般不愿意采用这类交货方式。

装运港交货类即卖方在出口国装运港完成交货任务,主要有装运港船上交货价(FOB),习惯称为离岸价;运费在内价(CFR);运费、保险费在内价(CIF),习惯称为到岸价。其特点主要是:卖方按照约定的时间在装运港交货,只要卖方把合同规定的货物装船后提供货运单据便完成交货任务,并可凭单据收回货款。

② 进口设备抵岸价的计算。

进口设备如果采用装运港船上交货价(FOB),其抵岸价构成见表 4-1。

表 4-1 **进口设备抵岸价的计算**

进口设备抵岸价	货价+国外运费+国外运输保险费+银行财务费+外贸手续费+进口关税+增值税+消费税+海关监管手续费
进口设备的货价	离岸价(FOB 价)×人民币外汇牌价
国外运费	离岸价×运费率或国外运费=运量×单位运价
国外运输保险费	(离岸价+国外运费)×国外保险费率
银行财务费	离岸价×人民币外汇牌价×银行财务费率(一般为 4%~5%)
外贸手续费	到岸价(CIF)×人民币外汇牌价×外贸手续费率(一般为 1.5%) 到岸价(CIF)(关税完税价格)=离岸价(FOB)+国外运费+国外运输保险费
进口关税	到岸价×人民币外汇牌价×进口关税率

续表

增值税	组成计税价格×增值税率(17%) 组成计税价格=到岸价×人民币外汇牌价+进口关税+消费税
消费税	对部分进口产品(如轿车等)征收。计算公式为: [(到岸价×人民币外汇牌价+关税)/(1-消费税率)]×消费税率
海关监管手续费	到岸价×人民币外汇牌价×海关监管手续费率 全额收取关税的设备,不收取海关监管手续费

注:在计算进口设备抵岸价时,将国外运费和国外运输保险费换算成人民币。

(4) 设备运杂费构成

① 国产标准设备由设备制造厂交货地点起,至工地仓库或施工组织设计指定的需要安装设备的堆放地点止所发生的运费和装卸费;进口设备则是由我国到岸港口、边境车站起至工地仓库或施工组织设计指定的需要安装设备的堆放地点止所发生的运费和装卸费。

② 在设备出厂价格中没有包含的设备包装和包装材料器具费。

③ 供销部门的手续费。

④ 建设单位或工程承包公司的采购与仓库保管费,即为设备运杂费。其计算公式为:

$$设备运杂费=设备原价\times设备运杂费率 \tag{4-2}$$

4.2.2.2 工具、器具及生产家具购置费的构成及计算构成

工具、器具及生产家具购置费是指新建项目或扩建项目初步设计规定所必须购置的未达到固定资产标准的设备、仪器、工卡模具、器具、生产家具和备品备件的费用。

其计算公式为:

$$工具、器具及生产家具购置费=设备购置费\times定额费率$$

4.2.3 建筑安装工程费用的构成及计算

4.2.3.1 建筑安装工程费用的构成概述

根据原建设部与财政部联合发布的从2004年1月1日起实施的建标【2003】206号文件,建筑安装工程费用(建安工程造价)的项目组成情况,如图4-6所示。

4.2.3.2 直接工程费的组成及计算方法

直接工程费是指施工过程中耗费的购置工程实体的各项费用,包括人工费、材料费、施工机械使用费。

(1) 人工费

人工费是指直接从事建筑安装工程施工的生产工人开支的各项费用,包括以下内容:

① 基本工资。它是指发放给生产工人的基本工资。

② 工资性补贴。它是指按规定标准发放的物价补贴,如煤、燃气补贴,交通补贴,住房补贴,流动施工津贴等。

③ 生产工人辅助工资。它是指生产工人年有效施工天数以外非作业天数的工资,包括职工学习、培训期间的工资,调动工作、探亲、休假期间的工资,因气候影响的停工工资,女工哺乳时间的工资,病假在六个月以内的工资及产、婚、丧假期的工资。

- 建筑安装工程造价
  - 直接费
    - 直接工程费
      - 人工费
      - 材料费
      - 施工机械使用费
    - 措施费
      - 环境保护费
      - 文明施工费
      - 安全施工费
      - 临时设施费
      - 夜间施工增加费
      - 二次搬运费
      - 冬、雨季施工增加费
      - 大型机械设备进出场及安拆费
      - 地上地下设施、建筑物的临时保护设施费
      - 混凝土、钢筋混凝土模板及支架费、脚手架费
      - 已完工程及设备保护费
      - 施工排水、降水费
  - 间接费
    - 规费
      - 工程排污费
      - 社会保障费
        - 养老保险费
        - 失业保险费
        - 医疗保险费
      - 住房公积金
      - 工伤保险费
    - 企业管理费
      - 管理人员工资
      - 办公费
      - 差旅交通费
      - 固定资产使用费
      - 工具用具使用费
      - 劳动保险费
      - 工会经费
      - 职工教育经费
      - 财产保险费
      - 财务费
      - 税金
      - 其他
  - 利润
  - 税金
    - 营业税
    - 城市维护建设税
    - 教育费附加

图 4-6　建筑安装工程造价构成

④ 职工福利费。它是指按规定标准计提的职工福利费。

⑤ 生产工人劳动保护费。它是指按规定标准发放的劳动保护用品的购置费及修理费，徒工服装补贴、防暑降温费、在有碍身体健康环境中施工的保健费用等。

人工费的计算公式如下(单位工程量)：

$$人工费 = \sum(人工定额消耗量 \times 日工资单价) \tag{4-3}$$

式中：

$$日工资单价 = \sum_{i=1}^{5} G_i$$

(2) 材料费

材料费是指施工过程中耗用的构成工程实体的原材料、辅助材料、构配件、零件、半成品的费用。其主要包括：

① 材料原价。

② 材料运杂费。它是指材料自来源地运至工地仓库或指定堆放地点所发生的全部费用。

③ 运输损耗费。它是指材料在运输装卸过程中不可避免的损耗。

④ 采购及保管费。它是指为组织采购、供应和保管材料过程中所需要的各项费用，如采购费、仓储费、工地保管费、仓储损耗。

⑤ 检验试验费。它是指对建筑材料、构件和建筑安装物进行一般鉴定、检查所发生的费用。它包括自设试验室进行试验所耗用的材料和化学药品等的费用；不包括新结构、新材料的试验费以及建设单位对具有出厂合格证明的材料进行检验的费用，也不包括对构件做破坏性试验及其他特殊要求检验试验的费用。

单位工程量材料费的计算公式如下：

$$材料费 = \sum(材料定额消耗量 \times 材料基价) + 检验试验费 \tag{4-4}$$

式中：

$$材料基价 = [(供应价格 + 运杂费) \times (1 + 运输损耗率)] \times (1 + 采购保管费率)$$

$$检验试验费 = \sum(单位材料量检验试验费 \times 材料消耗量)$$

(3) 施工机械使用费

施工机械使用费是指施工机械作业所发生的机械使用费以及机械安拆费、场外运费。

单位工程量施工机械使用费的计算公式如下：

$$施工机械使用费 = \sum(施工机械台班定额消耗量 \times 机械台班单价) \tag{4-5}$$

机械台班单价包括：

① 折旧费。它是指施工机械在规定的使用年限内，陆续收回其原值及购置资金的时间价值。

② 大修理费。它是指施工机械按规定的大修理间隔台班进行必要的大修理，以恢复其正常功能所需的费用。

③ 经常修理费。它是指施工机械除大修理以外的各级保养和临时故障排除所需的费用，包括为保障机械正常运转所需替换设备与随机配备工具附具的摊销和维护费用，机械运转中日常保养所需润滑与擦拭的材料费用及机械停滞期间的维护和保养费用等。

④ 安拆费及场外运费。安拆费指施工机械在现场进行安装与拆卸所需的人工、材料、机械和试运转费用以及机械辅助设施的折旧、搭设、拆除等费用；场外运费指施工机械整体或分体自停放地点运至施工现场或由一施工地点运至另一施工地点的运输、装卸、辅助材料及架线等费用。

⑤ 人工费。它是指机上司机或司炉和其他操作人员的工作日人工费及上述人员在施工机械规定的年工作台班以外的人工费。

⑥ 燃料动力费。它是指施工机械在运转作业中所消耗的煤、木柴等固体燃料，汽油、柴油等液体燃料及水、电等。

⑦ 养路费及车船使用税。它是指施工机械按照国家规定和有关部门规定应缴纳的养路费、车船使用税、保险费及年检费等。

4.2.3.3 措施费的组成及计算方法

措施费是指为完成工程项目施工，发生于该工程施工前和施工过程中非工程实体项目的费用。在建标[2003]206 号文中共有 11 个通用措施费项目，并因工程的具体情况而可能发生专用措施费项目。

(1) 安全文明施工费

① 环境保护费。它是指施工现场为达到环保部门要求所需要的各项费用。其计算公式如下：

$$环境保护费 = 直接工程费 \times 环境保护费费率 \tag{4-6}$$

② 文明施工费。它是指施工现场文明施工所需要的各项费用。其计算公式如下：

$$文明施工费 = 直接工程费 \times 文明施工费费率 \tag{4-7}$$

③ 安全施工费。它是指施工现场安全施工所需要的各项费用。其计算公式如下：

$$安全施工费 = 直接工程费 \times 安全施工费费率 \tag{4-8}$$

④ 临时设施费。它是指施工企业为进行建筑工程施工所必须搭设的生活和生产用的临时建筑物、构筑物和其他临时设施费用等，具体包括临时设施的搭建、维修、拆除或摊销费。其计算公式如下：

$$\begin{aligned}临时设施费 = &(周转使用临建费 + 一次性使用临建费) \times \\ &(1 + 其他临时设施所占比例)\end{aligned} \tag{4-9}$$

在《建设工程工程量清单计价规范》(GB 50500—2008)中，将环境保护费、文明施工费、安全施工费、临时设施费合并定义为安全文明施工费，而且它属于非竞争性费用。

(2) 夜间施工增加费

它是指因夜间施工所发生的夜班补助费、夜间施工降效费、夜间施工照明设备摊销及照明用电等费用。

(3) 二次搬运费

它是指因施工场地狭小等特殊情况而发生的二次搬运费用。其计算公式如下：

$$二次搬运费 = 直接工程费 \times 二次搬运费费率 \tag{4-10}$$

(4) 冬、雨季施工增加费

它是指在冬、雨季施工期间，采取防寒保温或防雨措施所增加的费用。其计算公式如下：

$$冬、雨季施工增加费 = 分部分项清单人工费 \times 冬、雨季施工增加费费率 \tag{4-11}$$

(5) 大型机械设备进出场及安拆费

它是指机械整体或分体自停放场地运至施工现场或由一个施工地点运至另一个施工地点，所发生的机械进出场运输及转移费用及机械在施工现场进行安装、拆卸所需的人工费、材料费、机械费、试运转费和安装所需的辅助设施的费用。

(6) 施工排水费

它是指为确保工程在正常条件下施工，采取各种排水措施所发生的各种费用，可以按“项”计价或按照建标[2003]206 号文件的规定计算。其计算公式如下：

$$施工排水费 = 计算基数 \times 施工排水费费率 \tag{4-12}$$

上式中，计算基数可以为“人工费”或“人工费＋机械费”。

(7) 施工降水费

它是指为确保工程在正常条件下施工，采取各种降水措施所发生的各种费用(排水期间的机械费和材料、人工费)。其计算公式如下：

$$\text{施工降水费} = \text{计算基数} \times \text{施工降水费费率} \tag{4-13}$$

(8) 地上地下设施、建筑物的临时保护设施费

它是指在施工过程中或施工前，对工程地上地下设施及建筑物进行临时保护所需的费用，可以按"项"计价或按照建标【2003】206 号文件的规定计算。其计算公式如下：

$$\text{地上地下设施、建筑物的临时保护费} = \text{计算基数} \times \text{临时保护费费率} \tag{4-14}$$

(9) 已完工程及设备保护费

它是指竣工验收前，对已完工程及设备进行保护所需的费用。其计算公式如下：

$$\text{已完工程及设备保护费} = \text{成品保护所需机械费} + \text{材料费} + \text{人工费} \tag{4-15}$$

(10) 混凝土、钢筋混凝土模板及支架费

它是指混凝土施工过程中需要的各种钢模板、木模板、支架等的支、拆、运输费用及模板、支架的摊销(或租赁)费用。其计算公式如下(按实物量、实际发生的摊销量计算)：

$$\text{模板及支架费} = \text{模板摊销量} \times \text{模板价格} + \text{支、拆、运输费} \tag{4-16}$$

$$\text{摊销量} = \text{一次使用量} \times (1 + \text{施工损耗}) \times \left[\frac{1 + (\text{周转次数} - 1) \times \text{补损率}}{\text{周转次数}} - \frac{(1 - \text{补损率}) \times 50\%}{\text{周转次数}}\right] \tag{4-17}$$

$$\text{租赁费} = \text{模板使用量} \times \text{使用日期} \times \text{租赁价格} + \text{支、拆、运输费} \tag{4-18}$$

(11) 脚手架费

它是指施工需要的各种脚手架搭、拆、运输费用及脚手架的摊销(或租赁)费用。其计算公式如下(按实物量、实际发生的摊销量计算)：

$$\text{脚手架搭拆费} = \text{脚手架摊销量} \times \text{脚手架价格} + \text{搭、拆、运输费} \tag{4-19}$$

$$\text{脚手架摊销量} = \frac{\text{单位一次使用量} \times (1 - \text{残值率})}{\dfrac{\text{耐用期}}{\text{一次使用期}}} \tag{4-20}$$

$$\text{租赁费} = \text{脚手架每日租金} \times \text{搭设周期} + \text{搭、拆、运输费} \tag{4-21}$$

4.2.3.4 间接费的组成及计算方法

间接费包括规费和企业管理费。

(1) 规费

规费是指政府和有关权力部门规定必须缴纳的费用，包括以下内容：

① 工程排污费。它是指施工现场按规定必须缴纳的费用。

② 社会保障费。它包括养老保险费、失业保险费、医疗保险费。

③ 住房公积金。它是指企业按规定标准为职工缴纳的住房公积金。

④ 工伤保险费。它是按照建筑法规定，企业应当依法为职工参加工伤保险缴纳的工伤保险费。鼓励企业为从事危险作业的职工办理意外伤害保险，支付保险费。

规费的计算公式如下：

$$\text{规费} = \text{计算基数} \times \text{规费费率} \tag{4-22}$$

其中，以"直接费"、"人工费与机械费合计"或"人工费"为计算基数。费率标准应执行国家及有关部门的规定。

(2) 企业管理费

企业管理费是指建筑安装企业为组织施工生产和经营管理所需费用，具体包括：

① 管理人员工资。它是指管理人员的基本工资、工资性补贴、职工福利费、劳动保护费等。

② 办公费。它是指企业管理办公用的文具、纸张、账表、印刷、邮电、书报、会议、水电、烧水和集体取暖用煤等的费用。

③ 差旅交通费。它是指职工因公出差、工作调动的差旅费、住勤补助费，市内交通费和误餐补助费，职工探亲路费，劳动力招募费，职工离退休、退职一次性路费，工伤人员就医路费，工地转移费以及管理部门使用的交通工具的油料、燃料、养路费及牌照费。

④ 固定资产使用费。它是指管理和试验部门及附属生产单位使用的属于固定资产的房屋、设备仪器等的折旧、大修、维修或租赁费。

⑤ 工具用具使用费。它是指管理使用的不属于固定资产的生产工具、器具、家具、交通工具和检验、试验、测绘、消防用具等的购置、维修和摊销费。

⑥ 劳动保险费。它是指由企业支付离退休职工的异地安家补助费、职工退职金、六个月以上的病假人员工资、职工死亡丧葬补助费、抚恤费、按规定支付给离休干部的各项经费。

⑦ 工会经费。它是指企业按职工工资总额一定比例计提的工会经费。

⑧ 职工教育经费。它是指企业为职工学习先进技术和提高文化水平，按职工工资总额一定比例计提的费用。

⑨ 财产保险费。它是指施工管理用财产、车辆保险费。

⑩ 财务费。它是指施工企业为筹集资金而发生的各种费用。

⑪ 税金。它是指企业按规定缴纳的房产税、车船使用税、土地使用税、印花税等。

⑫ 其他。其他包括技术转让费、技术开发费、业务招待费、绿化费、广告费、公证费、法律顾问费、审计费、咨询费等。

企业管理费的计算主要有两种方法：公式计算法和费用（构成）分析法。

① 公式计算法。

比较简单、经常采用的基本公式如下：

$$\text{企业管理费} = \text{计算基数} \times \text{企业管理费费率} \tag{4-23}$$

其中，企业管理费的计算基数，可采用“直接费”、“人工费与机械费合计”和“人工费”三种。

a. 以直接费为计算基数：

$$\text{企业管理费费率}(\%)=\frac{\text{生产工人年平均管理费}}{\text{年有效施工天数}\times\text{人工单价}}\times\text{人工费占直接费比例}(\%) \tag{4-24}$$

b. 以人工费与机械费合计为计算基数：

$$\text{企业管理费费率}(\%)=\frac{\text{生产工人年平均管理费}}{\text{年有效施工天数}\times(\text{人工单价}+\text{每日机械使用费})}\times 100\% \tag{4-25}$$

c. 以人工费为计算基数：

$$\text{企业管理费费率}(\%)=\frac{\text{生产工人年平均管理费}}{\text{年有效施工天数}\times\text{人工单价}}\times 100\% \tag{4-26}$$

② 费用分析法。

费用分析法是根据企业管理费的费用构成，结合工程具体情况，汇总各项费用的发生额。其计算公式如下：

$$\begin{aligned}\text{企业管理费}=&\text{管理人员工资}+\text{办公费}+\text{差旅交通费}+\text{固定资产使用费}+\\&\text{工具用具使用费}+\text{劳动保险费}+\text{工会经费}+\text{职工教育经费}+\\&\text{财产保险费}+\text{财务费}+\text{税金}+\text{其他}\end{aligned} \tag{4-27}$$

4.2.3.5　利润及其计算方法

利润是指施工企业完成所承包工程应该获得的盈利。

按照不同的计价程序，利润的计算方法有所不同。具体计算公式为：

$$利润 = 计算基数 \times 利润率 \tag{4-28}$$

利润的实际计算，可采用以下三种基数：

① 以直接费和间接费的合计；

② 以人工费和机械费的合计；

③ 以人工费的合计。

目前，我国仍在依据工程类别，实行差别利润率。但是随着市场经济的进一步发展、国际交往的不断增多，应由投标企业根据工程的难易程度、市场竞争情况以及自身的经营管理水平等自行确定其合理的利润率。

4.2.3.6　税金及其计算方法

税金是指国家税法规定的应计入建筑安装工程造价（费用）内的营业税、城市维护建设税以及教育费附加。

(1) 营业税

其计算公式为：

$$营业税 = 营业额 \times 营业税税率(3\%) \tag{4-29}$$

其中，营业额（营业收入）为从事建筑、安装、修缮、装饰以及其他工程作业收取的全部收入，不包括支付分包人的价款。营业税的税率为营业额的3%。

(2) 城市维护建设税

其计算公式为：

$$应纳税额 = 应纳营业税额 \times 应用税率 \tag{4-30}$$

城市维护建设税的纳税人所在地为市区、县镇和农村的，分别按营业税的7%、5%和1%的适用税率征收。

(3) 教育费附加

其计算公式为：

$$应纳税额 = 应纳营业税额 \times 3\% \tag{4-31}$$

教育费附加的税率为营业税的3%。

为方便计算，可以将营业税、城市维护建设税、教育费附加合并计算，并以工程成本加利润（营业收入）为计算基数，即：

$$税金 = (直接费 + 间接费 + 利润) \times 综合税率 \tag{4-32}$$

其中，综合税率：

① 如果纳税人所在地为市区的为3.41%；

② 如果纳税人所在地为县镇的为3.35%；

③ 如果纳税人所在地为农村的为3.22%。

4.2.4 建筑安装工程费用的计价程序

根据原建设部 2001 年 12 月 1 日发布的第 107 号部令《建筑工程施工发包与承包计价管理办法》的规定，发包与承包价的计算方法分为工料单价法和综合单价法。

4.2.4.1 工料单价法计价程序

首先，将各个分部分项工程的工程量乘以相应的工料单价，确定出该分项的直接工程费；然后，将各个分项的直接工程费加以汇总；最后，计算措施费、间接费、利润和税金，得到建筑安装工程费用。

由于计算依据或基数的不同，工料单价法的计价程序可分为以下三种情况：

① 以直接费为计算基数，见表 4-2。

表 4-2 以直接费为计算基数的工料单价法计价程序

序号	费用项目	计算方法	备注
(1)	直接工程费	按预算表	
(2)	措施费	按规定标准计算	
(3)	直接费小计	(1)+(2)	
(4)	间接费	(3)×相应费率	
(5)	利润	[(3)+(4)]×相应利润率	
(6)	税金	[(3)+(4)+(5)]×相应综合税率	
(7)	含税造价	(3)+(4)+(5)+(6)	

② 以人工费和机械费为计算基数，见表 4-3。

表 4-3 以人工费和机械费为计算基数的工料单价法计价程序

序号	费用项目	计算方法	备注
(1)	直接工程费	按预算表	
(2)	其中人工费和机械费	按预算表	
(3)	措施费	按规定标准计算	
(4)	其中人工费和机械费	按规定标准计算	
(5)	直接费小计	(1)+(3)	
(6)	人工费和机械费小计	(2)+(4)	
(7)	间接费	(6)×相应费率	
(8)	利润	(6)×相应利润率	
(9)	税金	[(5)+(7)+(8)]×相应综合税率	
(10)	含税造价	(5)+(7)+(8)+(9)	

③ 以人工费为计算基数，见表 4-4。

表 4-4 **以人工费为计算基数的工料单价法计价程序**

序号	费用项目	计算方法	备 注
(1)	直接工程费	按预算表	
(2)	直接工程费中人工费	按预算表	
(3)	措施费	按规定标准计算	
(4)	措施费中人工费	按规定标准计算	
(5)	直接费小计	(1)+(3)	
(6)	人工费小计	(2)+(4)	
(7)	间接费	(6)×相应费率	
(8)	利润	(6)×相应利润率	
(9)	税金	[(5)+(7)+(8)]×相应综合税率	
(10)	含税造价	(5)+(7)+(8)+(9)	

【例 4-1】 某土方工程直接工程费为 300 万元，以直接费为计算基数计算建筑安装工程费，其中措施费为直接工程费的 5%，间接费费率为 8%，利润率为 4%，综合计税系数为 3.41%。列表计算该工程的建筑安装工程造价。

【解】 答案见表 4-5。

表 4-5 **建筑安装工程造价计算过程** （单位：万元）

序号	费用项目	计算方法
(1)	直接工程费	300
(2)	措施费	(1)×5%=15
(3)	直接费	(1)+(2)=300+15=315
(4)	间接费	(3)×8%=315×8%=25.2
(5)	利润	[(3)+(4)] ×4%=(315+25.2)×4%=13.608
(6)	不含税造价	(3)+(4)+(5)=315+25.2+13.608=353.808
(7)	税金	(6)×3.41%=353.808×3.41%=12.065
(8)	含税造价	(6)+(7)=353.808+12.065=365.873

4.2.4.2 综合单价法计价程序

综合单价法中分部分项工程单价为全费用单价，全费用单价经综合计算后生成，其内容包括直接工程费、间接费、利润和税金(措施费也可按此方法生成全费用价格)。各分项工程量乘以综合单价的合价汇总后，生成工程发承包价。

由于各分部分项工程中的人工、材料、机械含量的比例不同，各分项工程可根据其材料费用占人工费、材料费、机械费合计的比例(以字母“*C*”代表该项比值)在以下三种计算程序中选择一种计算其综合单价。

① 当 $C>C_0$（C_0 为本地区原费用定额测算所选典型材料费占人工费、材料费和机械费合计的比例）时，可以采用分项直接工程费为基数计算该分项的间接费和利润，见表 4-6。

表 4-6　**以分项直接工程费为计算基数的综合单价法计价程序**

序号	费用项目	计算方法	备　　注
1	分项直接工程费	人工费＋材料费＋机械费	
2	间接费	(1)×相应费率	
3	利润	[(1)＋(2)]×相应利润率	
4	合计	(1)＋(2)＋(3)	
5	含税造价	(4)×(1＋相应税率)	

② 当 $C<C_0$ 时，可以采用人工费、机械费合计为基数计算该分项的间接费和利润，见表 4-7。

表 4-7　**以人工费和机械费之和为计算基数的综合单价法计价程序**

序号	费用项目	计算方法	备　　注
1	分项直接工程费	人工费＋材料费＋机械费	
2	其中人工费和机械费	人工费＋机械费	
3	间接费	(2)×相应费率	
4	利润	(2)×相应利润率	
5	合计	(1)＋(3)＋(4)	
6	含税造价	(5)×(1＋相应税率)	

③ 当没有材料费和机械费的时候，可以采用人工费为基数计算该分项的间接费和利润，见表 4-8。

表 4-8　**以人工费为计算基数的综合单价法计价程序**

序号	费用项目	计算方法	备　　注
1	分项直接工程费	人工费＋材料费＋机械费	
2	直接工程费中人工费	人工费	
3	间接费	(2)×相应费率	
4	利润	(2)×相应利润率	
5	合计	(1)＋(3)＋(4)	
6	含税造价	(5)×(1＋相应税率)	

【例 4-2】 某土建工程，以直接费为计算基数，其中直接费为 100 万元，间接费费率为 10%，利润率为 8%，税率（综合计税系数）为 3.41%，则该工程的含税造价为多少万元？

【解】 该工程的含税造价为：

$$100\times(1+10\%)\times(1+8\%)\times(1+3.41\%)=122.85(\text{万元})$$

4.2.5　建设工程工程量清单计价方法

根据《建设工程工程量清单计价规范》(GB 50500—2008)的规定，建设项目采用工程量清单计价，建设工程造价由分部分项工程费、措施项目费、其他项目费、规费和税金组成，其结构如图4-7所示。

- 建设工程造价
  - 分部分项工程费
    - 人工费
    - 材料费
    - 施工机械使用费
    - 企业管理费
      - 管理人员工资
      - 办公费
      - 差旅交通费
      - 固定资产使用费
      - 工具用具使用费
      - 劳动保险费
      - 工会经费
      - 职工教育经费
      - 财产保险费
      - 财务费
      - 税金
      - 其他
    - 利润
  - 措施项目费
    - 安全文明施工费
    - 二次搬运费
    - 夜间施工费
    - 冬、雨季施工费
    - 大型机械进出场及安拆费
    - 施工排水、降水费
    - 已完工程及设备保护费
    - 脚手架费
    - 模板与支撑费
  - 其他项目费
    - 暂列金额
    - 暂估价(包括材料暂估价、专业工程暂估价)
    - 计日工
    - 总承包服务费
    - 其他:索赔、现场签证
  - 规费
    - 工程排污费
    - 社会保障费
      - 养老保险费
      - 失业保险费
      - 医疗保险费
    - 住房公积金
    - 工伤保险费
  - 税金
    - 营业税
    - 城市维护建设税
    - 教育费附加

图4-7　建设工程造价构成

4.2.5.1 分部分项工程量清单计价的方法

分部分项工程量清单应采用综合单价计价。综合单价是指完成一个规定计量单位的分部分项工程量清单项目或措施清单项目所需的人工费、材料费、施工机械使用费、企业管理费与利润，以及一定范围内的风险费用。工程量清单计价过程可以分为工程量清单编制和工程量清单应用两个阶段。

(1) 工程量清单计价的方法

① 工程造价的计算过程。

利用综合单价法计价，需分项计算清单项目，汇总得到工程总造价。

$$\text{分部分项工程费} = \sum \text{分部分项工程量} \times \text{分部分项工程综合单价} \tag{4-33}$$

$$\text{措施项目费} = \sum \text{措施项目工程量} \times \text{措施项目综合单价} + \sum \text{单项措施费} \tag{4-34}$$

$$\text{单位工程报价} = \text{分部分项工程费} + \text{措施项目费} + \text{其他项目费} + \text{规费} + \text{税金} \tag{4-35}$$

$$\text{单项工程报价} = \sum \text{单位工程报价} \tag{4-36}$$

$$\text{总报价} = \sum \text{单项工程报价} \tag{4-37}$$

② 分部分项工程费计算。

a. 工程量的计算。

招标文件中的工程量清单标明的工程量是投标人投标报价的共同基础，竣工结算的工程量按发、承包双方在合同中约定应予计量且按实际完成的工程量确定。清单工程量是按建筑物或构筑物的实体净量计算的，而实际施工作业量(预算工程量)是考虑了施工过程中因技术措施增加的工程量计算，因此两者在数量上会有一定的差异。按工程量清单计算直接工程费时，必须考虑施工方案等各种影响因素，以施工作业量为基数完成计价。

b. 人、料、机数量测算。

企业可以按反映企业水平的企业定额或参照政府消耗量定额确定人工、材料、机械台班的耗用量。

c. 市场调查和询价。

根据工程项目的具体情况，考虑市场资源的供求状况，采用市场价格作为参考，考虑一定的调价系数，确定人工工资单价、材料预算价格和施工机械台班单价。

d. 计算清单项目分项工程的直接工程费单价。

按确定的分项工程人工、材料和机械的消耗量及询价获得的人工工资单价、材料预算单价、施工机械台班单价，计算出对应分项工程单位数量的人工费、材料费和机械费。

e. 计算综合单价。

分部分项工程的综合单价由相应的直接工程费、企业管理费与利润，以及一定范围内的风险费用构成。企业管理费及利润通常根据各地区规定的费率乘以规定的计算基数得出。

(2) 措施项目费计算

措施项目清单计价应根据建设工程的施工组织设计计算，可以计算工程量的措施项目，应按分部分项工程量清单的方式采用综合单价计价；其余的措施项目可以“项”为单位的方式计价，应包括除规费、税金外的全部费用。

措施项目清单中的安全文明施工费应按照国家或省级、行业建设主管部门的规定计价，不得作为竞争性费用。

(3) 其他项目费的计算

其他项目费由暂列金额、暂估价、计日工、总承包服务费等内容构成。暂列金额和暂估价由招标人按估算金额确定；计日工和总承包服务费由投标人根据招标人提出的要求，按估算的费用确定。

(4) 规费的计算

规费是指政府和有关权力部门规定必须缴纳的费用。具体计算时，一般按国家及有关部门规定的计算公式和费率标准进行计算。规费应按国家或省级、行业建设主管部门的规定计算，不得作为竞争性费用。

(5) 税金的计算

建筑安装工程税金是指国家税法规定的应计入建筑安装工程造价内的营业税、城市维护建设税及教育费附加。若国家税法发生变化或地方政府及税务部门依据职权对税种进行了调整，则应对税金项目清单进行相应调整。税金应按国家或省级、行业建设主管部门的规定计算，不得作为竞争性费用。

(6) 风险费用

采用工程量清单计价的工程，应在招标文件或合同中明确风险内容及其范围(幅度)。风险是工程建设施工阶段发、承包双方在招投标活动和合同履约及施工中所面临涉及工程计价方面的风险。

4.2.5.2　工程量清单计价的表格

《建设工程量清单计价规范》(GB 50500—2008)规定了工程量清单计价表格，包括工程量清单、招标控制价、投标报价、竣工结算等各个阶段计价使用的表样，具体见表 4-9～表 4-36。

表 4-9　　**工程量清单(封面 1)**

____________________工程

工 程 量 清 单

招 标 人：____________________
(单位盖章)

工程造价
咨 询 人：____________________
(单位资质专用章)

法定代表人
或其授权人：____________________
(签字或盖章)

法定代表人
或其授权人：____________________
(签字或盖章)

编 制 人：____________________
(造价人员签字盖专用章)

复 核 人：____________________
(造价工程师签字盖专用章)

编制时间：　　年　　月　　日

复核时间：　　年　　月　　日

表 4-10　　　　**招标控制价(封面 2)**

<table>
<tr><td colspan="2">

______________________工程

招 标 控 制 价

招标控制价(小写)：______________________
　　　　　(大写)：______________________

</td></tr>
<tr><td>招　标　人：______________________
（单位盖章）</td><td>工程造价
咨　询　人：______________________
（单位资质专用章）</td></tr>
<tr><td>法定代表人
或其授权人：______________________
（签字或盖章）</td><td>法定代表人
或其授权人：______________________
（签字或盖章）</td></tr>
<tr><td>编　制　人：______________________
（造价人员签字盖专用章）</td><td>复　核　人：______________________
（造价工程师签字盖专用章）</td></tr>
<tr><td>编制时间：　　年　　月　　日</td><td>复核时间：　　年　　月　　日</td></tr>
</table>

表 4-11　　　　**投标总价(封面 3)**

<table>
<tr><td>

招　标　人：______________________________
工 程 名 称：______________________________
投标总价(小写)：______________________________
　　　　(大写)：______________________________
投　标　人：______________________________
　　　　　　（单位资质专用章）

法定代表人
或其授权人：______________________________
　　　　　　（签字或盖章）

编　制　人：______________________________
　　　　　　（造价人员签字盖专用章）

编制时间：　　年　　月　　日

</td></tr>
</table>

表 4-12 **竣工结算总价(封面 4)**

________________工程

竣工结算总价

中标价(小写):________________ (大写):________________

结算价(小写):________________ (大写):________________

发包人:________________ 承包人:________________ 工程造价咨询人:________________
(单位盖章) (单位盖章) (单位资质专用章)

法定代表人或其授权人:________________ 法定代表人或其授权人:________________ 法定代表人或其授权人:________________
(签字或盖章) (签字或盖章) (签字或盖章)

编制人:________________ 核对人:________________
(造价人员签字盖专用章) (造价工程师签字盖专用章)

编制时间: 年 月 日 核对时间: 年 月 日

表 4-13 **总说明**

工程名称: 第 页共 页

1. 工程概况;
2. 投标报价包括的范围;
3. 投标报价编制的依据

表 4-14 **工程项目招标控制价汇总表**

工程名称: 第 页共 页

序号	单位工程名称	金额/元	其中	
			安全文明施工费/元	规费/元
合计				

表 4-15

单位工程招标控制价汇总表

单位工程名称： 单位：元

序号	汇总内容	（专业工程） 清单计价汇总	（专业工程） 清单计价汇总	报价小计
1	分部分项工程			
2	措施项目			
3	其他项目			
4	规费			
5	税金			
招标控制价合计＝1＋2＋3＋4＋5				

表 4-16

工程项目投标报价汇总表

工程名称： 第　页共　页

序号	单项工程名称	金额（元）	其中		
			暂估价/元	安全文明施工费/元	规费/元
合计					

表 4-17

单位工程投标报价汇总表

单位工程名称： 标段： 单位：元

序号	汇总内容	（专业工程） 清单报价汇总	（专业工程） 清单报价汇总	报价小计
1	分部分项工程			
2	措施项目			
3	其他项目			
4	规费			
5	税金			
投标报价合计＝1＋2＋3＋4＋5				

表 4-18

工程项目竣工结算汇总表

工程名称： 第　页共　页

序号	单位工程名称	金额/元	其中	
			安全文明施工费/元	规费/元
合计				

表 4-19 **单位工程竣工结算汇总表**

单位工程名称： 标段： 单位：元

序号	汇总内容	（专业工程） 清单结算价汇总	（专业工程） 清单结算价汇总	金额小计
1	分部分项工程			
2	措施项目			
3	其他项目			
4	规费			
5	税金			
竣工结算总价合计＝1＋2＋3＋4＋5				

表 4-20 **分部分项工程量清单与计价表**

单位及专业工程名称： 标段： 第 页共 页

序号	项目编码	项目名称	项目特征	计量单位	工程量	综合单价/元	合价/元	其中/元		备注
								人工费	机械费	
本页小计										
合计										

表 4-21 **工程量清单综合单价计算表**

单位及专业工程名称： 第 页共 页

序号	编号	名称	计量单位	数量	综合单价/元							合计/元
					人工费	材料费	机械费	管理费	利润	风险费用	小计	
1	（清单编码）	（清单名称）										
	（定额编号）	（定额名称）										
	…	…										
合计												

表 4-22 **工程量清单综合单价工料机分析表**

单位及专业工程名称： 第 页共 页

<table>
<tr><td colspan="2">项目编码</td><td></td><td>项目名称</td><td></td><td>计量单位</td><td></td></tr>
<tr><td colspan="7">清单综合单价组成明细</td></tr>
<tr><td rowspan="2">序号</td><td colspan="2" rowspan="2">名称及规格</td><td rowspan="2">单位</td><td rowspan="2">数量</td><td colspan="2">金额/元</td></tr>
<tr><td>单价</td><td>合价</td></tr>
<tr><td rowspan="2">1</td><td>人工</td><td></td><td></td><td></td><td></td><td></td></tr>
<tr><td colspan="5">人工费小计</td><td></td></tr>
<tr><td rowspan="2">2</td><td>材料</td><td></td><td></td><td></td><td></td><td></td></tr>
<tr><td colspan="5">材料费小计</td><td></td></tr>
<tr><td rowspan="2">3</td><td>机械</td><td></td><td></td><td></td><td></td><td></td></tr>
<tr><td colspan="5">机械费小计</td><td></td></tr>
<tr><td>4</td><td colspan="5">直接工程费(1＋2＋3)</td><td></td></tr>
<tr><td>5</td><td colspan="5">企业管理费</td><td></td></tr>
<tr><td>6</td><td colspan="5">利润</td><td></td></tr>
<tr><td>7</td><td colspan="5">风险费用</td><td></td></tr>
<tr><td>8</td><td colspan="5">综合单价(4＋5＋6＋7)</td><td></td></tr>
</table>

表 4-23 **措施项目清单与计价表(一)**

单位及专业工程名称： 第 页共 页

序号	项目名称	计算基础	费率/%	金额/元
1	安全防护、文明施工费			
2	夜间施工增加费			
3	缩短工期增加费			
4	二次搬运费			
5	已完工程及设备保护费			
6	检验试验费			
合　　计				

表 4-24 **措施项目清单与计价表(二)**

单位及专业工程名称： 第 页共 页

<table>
<tr><td rowspan="2">序号</td><td rowspan="2">项目编码</td><td rowspan="2">项目名称</td><td rowspan="2">项目特征</td><td rowspan="2">计量单位</td><td rowspan="2">工程量</td><td rowspan="2">综合单价/元</td><td rowspan="2">合价/元</td><td colspan="2">其中/元</td><td rowspan="2">备注</td></tr>
<tr><td>人工费</td><td>机械费</td></tr>
<tr><td></td><td></td><td></td><td></td><td></td><td></td><td></td><td></td><td></td><td></td><td></td></tr>
<tr><td colspan="7">本页小计</td><td></td><td></td><td></td><td></td></tr>
<tr><td colspan="7">合　　计</td><td></td><td></td><td></td><td></td></tr>
</table>

表 4-25 **措施项目清单综合单价计算表**

单位及专业工程名称： 第 页共 页

序号	编号	名称	计量单位	数量	综合单价/元							合计/元
					人工费	材料费	机械费	管理费	利润	风险费用	小计	
1	（清单编码）	（清单名称）										
	（定额编号）	（定额名称）										
	…	…										
2	（清单编码）	（清单名称）										
	（定额编号）	（定额名称）										
	…	…										
合 计												

表 4-26 **措施项目清单综合单价工料机分析表**

单位及专业工程名称： 第 页共 页

项目编码			项目名称		计量单位	
清单综合单价组成明细						
序号	名称及规格		单位	数量	金额/元	
					单价	合价
1	人工					
	人工费小计					
2	材料					
	材料费小计					
3	机械					
	机械费小计					
4	直接工程费(1＋2＋3)					
5	管理费					
6	利润					
7	风险费用					
8	综合单价(4＋5＋6＋7)					

表 4-27 **其他项目清单与计价汇总表**

单位工程名称： 标段： 第 页共 页

序号	项目名称	计量单位	金额/元	备 注
1	暂列金额			明细详见表××
2	暂估价			
3	计日工			明细详见表××
4	总承包服务费			明细详见表××
合 计				—

表 4-28 **暂列金额明细表**

单位工程名称： 第 页共 页

序号	项目名称	计量单位	暂定金额/元	备注
合 计				—

表 4-29 **材料暂估单价表**

单位工程名称： 第 页共 页

序号	材料名称、规格、型号	计量单位	单价/元	备注

表 4-30 **专业工程暂估价表**

单位工程名称： 第 页共 页

序号	工程名称	工程内容	金额/元	备注
合 计				—

表 4-31 **计日工表**

单位工程名称： 第 页共 页

编号	项目名称	单位	暂定数量	综合单价/元	合价/元
一	人工				
1					
人工小计					
二	材料				
1					
材料小计					
三	施工机械				
1					
施工机械小计					
合 计					

表 4-32 **总承包服务费计价表**

单位工程名称： 第 页共 页

序号	项目名称	项目价值/元	服务内容	费率/%	金额/元
1	发包人分包专业工程				
2	发包人供应材料				
合 计					

表 4-33 **索赔与现场签证计价汇总表**

工程名称： 第 页共 页

序号	签证及索赔项目名称	计量单位	数量	单价(元)	合价(元)	索赔及签证依据
本页小计						
合 计						—

注："签证及索赔依据"是指经双方认可的签证单和索赔依据的编号。

表 4-34

费用索赔申请(核准)表

工程名称： 编号：

<table>
<tr><td colspan="2">致：________________（发包人全称）
根据施工合同条款第______条的约定，由于________原因，我方要求索赔金额（大写）______元，（小写）______元，请予核准。
附：1. 费用索赔的详细理由和依据：
2. 索赔金额的计算：
3. 证明材料：

承包人（章）：
承包人代表：
日　　期：</td></tr>
<tr><td>复核意见：
根据施工合同条款第______条的约定，你方提出的费用索赔申请经复核：
□ 不同意此项索赔，具体意见见附件。
□ 同意此项索赔，索赔金额的计算，由造价工程师复核。

监理工程师：
日　　期：</td><td>复核意见：
根据施工合同条款第______条的约定，你方提出的费用索赔申请经复核，索赔金额为（大写）：______元，（小写）：______元。

造价工程师：
日　　期：</td></tr>
<tr><td colspan="2">审核意见：
□ 不同意此项索赔。
□ 同意此项索赔，与本期进度款同期支付。

发包人（章）：
承包人代表：
日　　期：</td></tr>
</table>

注：1. 在选择栏中的“□”内画“√”；
2. 本表一式四份，由承包人填报，发包人、监理人、造价咨询人、承包人各存一份。

表 4-35

现场签证表

工程名称： 编号：

<table>
<tr><td>施工部位</td><td></td><td>日期</td><td></td></tr>
<tr><td colspan="4">致：______________________（发包人全称）
根据______（指令人姓名）______年______月______日的口头指令或你方______（或监理人）______年______月______日的书面通知，我方要求完成此项工作应支付价款金额为（大写）__________元，（小写）__________元，请予核准。
附：1. 签证事由及原因：
2. 附图及计算式：
承包人（章）：
承包人代表：
日　　期：</td></tr>
<tr><td colspan="2">复核意见：
你方提出的此项签证申请经复核：
□ 不同意此项签证，具体意见见附件。
□ 同意此项签证，签证金额的计算，由造价工程师复核。
监理工程师：
日　　期：</td><td colspan="2">复核意见：
□ 此项签证按承包人中标的计日工单价计算，金额为（大写）：______元，（小写）：______元。
□ 此项签证因无计日工单价，金额为（大写）：______元，（小写）：______元。
造价工程师：
日　　期：</td></tr>
<tr><td colspan="4">审核意见：
□ 不同意此项签证。
□ 同意此项签证，价款与本期进度款同期支付。
发包人（章）：
承包人代表：
日　　期：</td></tr>
</table>

注：1. 在选择栏中的“□”内画“√”；

2. 本表一式四份，由承包人在收到发包人（监理人）的口头或书面通知后填写，发包人、监理人、造价咨询人、承包人各存一份。

表 4-36　　**工程款支付申请(核准)表**

工程名称：　　　　　　　　　　　　　　　　　　　　　　　　　　　　　　编号：

<table>
<tr><td colspan="2">
致：________________________________（发包人全称）
我方于________至________期间已完成了____________工作，根据施工合同的约定，现申请支付本期的工程款额为（大写）__________________元，（小写）__________________元，请予核准。

<table>
<tr><th>序号</th><th>名称</th><th>金额/元</th><th>备注</th></tr>
<tr><td>1</td><td>累计已完成的工程价款</td><td></td><td></td></tr>
<tr><td>2</td><td>累计已实际支付的工程价款</td><td></td><td></td></tr>
<tr><td>3</td><td>本周期已完成的工程价款</td><td></td><td></td></tr>
<tr><td>4</td><td>本周期完成的计日工金额</td><td></td><td></td></tr>
<tr><td>5</td><td>本周期应增加或扣减的变更金额</td><td></td><td></td></tr>
<tr><td>6</td><td>本周期应增加或扣减的索赔金额</td><td></td><td></td></tr>
<tr><td>7</td><td>本周期应抵扣的预付款</td><td></td><td></td></tr>
<tr><td>8</td><td>本周期应扣减的质保金</td><td></td><td></td></tr>
<tr><td>9</td><td>本周期应增加或扣减的其他金额</td><td></td><td></td></tr>
<tr><td>10</td><td>本周期实际应支付的工程价款</td><td></td><td></td></tr>
</table>

承包人(章)：
承包人代表：
日　　期：
</td></tr>
<tr><td>
复核意见：
□ 与实际施工情况不相符，修改意见见附件。
□ 与实际施工情况相符，具体金额由造价工程师复核。

监理工程师：
日　　期：
</td><td>
复核意见：
你方提出的支付申请经复核，本周期已完成工程价款额为（大写）：__________元，（小写）：__________元，本期间应支付金额为（大写）：__________元，（小写）：__________元。

造价工程师：
日　　期：
</td></tr>
<tr><td colspan="2">
审核意见：
□ 不同意。
□ 同意，支付时间为本表签发后的 15 天内。

发包人(章)：
承包人代表 ：
日　　期：
</td></tr>
</table>

注：1. 在选择栏中的“□”内画“√”；

2. 本表一式四份，由承包人填报，发包人、监理人、造价咨询人、承包人各存一份。

4.2.6 工程建设其他费用的构成

工程建设其他费用是指建设单位在整个建设期间,除设备及工器具购置费、建筑安装工程费以外的,为保证工程建设顺利完成和交付使用后能够正常发挥效用而发生的一些费用。

4.2.6.1 土地使用费

(1) 农用土地征用费

① 土地补偿费,为该耕地被征用前3年平均年产值的6~10倍。

② 安置补助费,按照需要安置的农业人口数计算。需要安置的农业人口数,按照被征用的耕地数量除以征地前被征用的单位平均每人占有耕地的数量计算。每一个需要安置的农业人口的安置补助费标准,为该耕地被征用前3年平均产值的4~6倍。但是,每一万平方米被征用耕地的安置补助费,最高不得超过被征用前3年平均年产值的15倍。

征用其他土地的土地补偿费和安置补助费标准,由省、自治区、直辖市参照征用耕地的土地补偿费和安置补助费的标准规定。

③ 地上附着物和青苗的补偿费,由省、自治区、直辖市规定。

④ 征用城市郊区的菜地,用地单位应当按照国家有关规定缴纳新菜地开发建设基金。

(2) 取得国有土地使用费

① 土地使用权出让金。其受让人按招标、挂牌、拍卖等形成的价格,向出让人支付。

② 城市建设配套费。它是进行城市公共设施的建设而分摊的城市基础设施配套费用。

③ 拆迁补偿与临时安置补助费。其包括拆迁补偿费和安置补助费或搬迁补助费。现在《国有土地上房屋征收与补偿条例》(国务院590号令)中规定,其补偿费包括被征收房屋价值的补偿,因征收房屋造成的搬迁、临时安置的补偿以及因征收房屋造成的停产停业损失补偿三项内容。

在实际工作中,“毛地”出让时,单独考虑;“净地”出让时,可以包含在地价或出让金中,进而可不予考虑。

4.2.6.2 与项目建设有关的其他费用

(1) 建设单位管理费

建设单位管理费包括建设单位开办费、建设单位经费。其计算公式如下:

$$建设单位管理费=工程费用\times建设单位管理费用指标或费率(\%) \quad (4\text{-}38)$$

(2) 勘察设计费

勘察设计费包括可行性研究以及勘察、设计所需的费用。

(3) 研究试验费

研究试验费是为工程提供或验证设计参数、数据资料等进行必要的研究试验以及设计规定在施工中进行的试验、验证所需费用。

(4) 临时设施费

临时设施费是建设期间建设单位所需临时设施的搭设、维修、摊销费用或租赁费用。

(5) 工程监理费

(6) 工程保险费

工程保险费包括建设单位购买建筑工程一切险、安装工程一切险和机器损坏保险等。

(7) 引进技术和进口设备其他费

引进技术和进口设备其他费包括技术引进费、分期或延期付款利息、担保费等六项。

当然，花费上述费用的目的是为了确保顺利开工以及各项建设工作的顺利进行，而且在工程建设实践中，建设单位实际发生的费用要远多于此。

4.2.6.3 与未来企业生产经营有关的其他费用

(1) 联合试运转费

联合试运转费是指新建企业或新增加生产工艺过程的扩建企业在竣工验收前，按照设计规定的工程质量标准，进行整个车间的负荷试运转发生的费用支出大于试运转收入的亏损部分。其中，不包括应由设备安装工程费开支的单台设备调试费及无负荷联动试运转费用。

(2) 生产准备费

生产准备费是指新建企业或新增生产能力的企业，为保证竣工交付使用而进行必要的生产准备所发生的费用。

其费用内容包括：

① 生产职工培训费。它包括自行或委托培训。

② 生产单位提前进厂参加施工、设备安装、调试等以及熟悉工艺流程及设备性能等人员的工资、工资性补贴、职工福利费、差旅交通费、劳动保护费等。

(3) 办公和生产家具购置费。其是指为保证新建、改建、扩建项目初期正常生产、使用和管理所必须购置的办公和生活家具、用具的费用。

以上费用旨在保证工程项目顺利地由建设阶段过渡到使用阶段。

4.2.7 预备费、建设期利息、铺底流动资金

4.2.7.1 预备费及其计算

(1) 基本预备费

基本预备费又称作不可预见费。它是指在项目实施中，可能发生的难以预料的支出和需要预留的费用，并主要用于设计变更及施工中可能增加工程量的费用。

基本预备费的计算公式如下：

基本预备费 =（设备及工具、器具购置费 + 建筑安装工程费 + 工程建设其他费）× 基本预备费率　　(4-39)

(2) 涨价预备费

涨价预备费是指在建设期内，由于价格的变化引起的项目投资增加，并需要事先预留的费用。

其具体的计算公式如下：

$$PC = \sum_{t=1}^{n} I_t[(1+f)^t - 1] \tag{4-40}$$

式中 PC——涨价预备费；

I_t——第 t 年的建筑安装工程费、设备及工器具购置费之和；

n——建设期；

f——建设期的价格上涨指数。

这里要注意基本预备费和涨价预备费的计算基数之间的异同。

4.2.7.2 建设期利息的计算

项目借款在建设期间发生并计入固定资产的贷款利息，即建设期间的贷款利息，简称建设期利息。为了简化计算，在可行性研究（编制投资估算）阶段，通常将某年的借款发生时间假定在该年的年中（即 6 月月末）。

其计算公式如下：

$$各年应计的利息=\left(年初借款本息累计+\frac{本年借款额}{2}\right)\times 年利率 \tag{4-41}$$

在具体计算或应用时，应注意建设期利息的估算与银行实际计算某一年利息的区别。

【例 4-3】 某新建项目，建设期为 3 年，共向银行贷款 1300 万元，贷款时间及金额：第 1 年为 300 万元，第 2 年为 600 万元，第 3 年为 400 万元。年利率为 6%，试计算建设期利息。

【解】 在建设期，各年利息计算如下：

第 1 年应计利息＝(0＋300×0.5)×0.06＝9(万元)

第 2 年应计利息＝(300＋9＋600×0.5)×0.06＝36.54(万元)

第 3 年应计利息＝[(300＋600)＋(9＋36.54)＋400×0.5]×0.06＝68.73(万元)

因此，建设期间的利息总和＝9＋36.54＋68.73＝114.27(万元)

这里要注意建设期利息(求和)与其中某一年利息(当年)的区别。

4.2.7.3 铺底流动资金

铺底流动资金一般取（全部）流动资金数量的 30%计算。

关于流动资金和铺底流动资金的两种提法，通常按以下“惯例”办理：在发改委及其分管的工作（投资决策）中，习惯使用（全部）流动资金的提法；在住建部及其分管的工作（设计、施工）中，习惯使用铺底流动资金的提法。

【例 4-4】 某建设工程在建设期初的建安工程费和设备及工具、器具购置费为 45000 万元。按本项目实施进度计划，项目建设期为 3 年，投资分年使用比例：第 1 年为 25%，第 2 年为 55%，第 3 年为 20%。建设期内预计年平均价格总水平上涨率为 5%。建设期贷款利息为 1395 万元，建设工程其他费用为 3860 万元，基本预备费率为 10%。试估算该项目的建设投资。

【解】 (1) 各年的涨价预备费

第 1 年年末的涨价预备费＝45000×25%×[$(1+0.05)^1-1$]
＝562.5(万元)

第 2 年年末的涨价预备费＝45000×55%×[$(1+0.05)^2-1$]
＝2536.88(万元)

第 3 年年末的涨价预备费＝45000×20%×[$(1+0.05)^3-1$]
＝1418.63(万元)

该项目的建设期的涨价预备费＝562.5＋2536.88＋1418.63
＝4518.01(万元)

(2) 计算项目的建设投资

建设投资＝静态投资部分＋建设期贷款利息＋涨价预备费
＝(45000＋3860)×(1＋10%)＋1395＋4518.01
＝59659.01(万元)

4.3　建设工程投资确定的依据

4.3.1　建设工程定额

4.3.1.1　概述

(1) 建设工程定额的概念

建设工程定额是建设工程中各类定额的总称，即额定的消耗量标准。它是指按照国家有关的产品标准、设计与施工验收规范、质量评定标准，并参考行业、地方标准以及具有代表性的设计、施工资料确定的，在工程建设过程中完成规定计量单位产品所消耗的人工、材料、机械等的数量标准。

(2) 定额水平

规定额度所反映的是在一定的社会生产力发展水平下，完成某项工程建设产品与各种生产消耗之间特定的数量关系；考虑的是在正常的施工条件，目前大多数施工企业的技术装备程度，合理的施工工期、施工工艺和劳动组织下的情况，反映的是一种社会平均消耗水平。

(3) 定额在现代管理中的地位

定额是现代科学管理的重要内容，在现代化管理中有着重要的地位。

① 定额是节约社会劳动，提高劳动生产率的重要手段。

② 定额是组织和协调社会化大生产的工具。

③ 定额是宏观调控的依据。

④ 定额是实现分配，兼顾效率与公平的手段。

(4) 定额在市场经济条件下的作用

在市场经济条件下，定额作为管理手段是不可或缺的。

① 定额与市场经济的共融性是与生俱来的。

② 在工程建设中，定额仍然有节约社会劳动和提高生产效率的作用。

③ 定额还有利于完善市场信息系统。

(5) 定额在建设工程管理中的作用

建设工程的特点决定了建设工程投资的特点，建设工程投资的特点又决定了建设工程投资的形成必须依靠定额来进行计算。

① 每个建设工程都是由单项工程、单位工程、分部分项工程组成的，需分层次计算，而分层次计算离不开定额。

② 国家应制定统一的工程量计算规则、项目划分、计量单位，企业在这三个统一的基础上，在国家定额的指导下，结合本企业的管理水平、技术装备程度和工人的操作水平等具体情况，编制本企业的投标报价定额，依据企业定额形成的报价才能在市场竞争中获取较大的优势。

③ 在建设工程投资的形成过程中，定额有其特定的地位和作用。

④ 定额编制的依据之一是有代表性的已完工程价格资料，通过对其整理、分析、比较，作为编制的依据和参考，有其真实性、合理性和适用性，对建设工程投资的形成也有指导意义。

4.3.1.2　定额的分类

(1) 按反映的物质消耗的内容分类

① 人工消耗定额。它是指完成一定合格产品所消耗的人工的数量标准。

② 材料消耗定额。它是指完成一定合格产品所消耗的材料的数量标准。

③ 机械消耗定额。它是指完成一定合格产品所消耗的施工机械的数量标准。

(2) 按编制程序和用途分类

① 施工定额。

施工定额是以同一性质的施工过程或工序作为研究对象,表示生产产品数量与时间消耗综合关系编制的定额。施工定额是施工企业(建筑安装企业)组织生产和加强管理在企业内部使用的一种定额,属于企业定额的性质。施工定额是工程建设定额中分项最细、定额子目最多的一种定额,也是建设工程定额中的基础性定额。施工定额由人工定额、材料消耗定额和机械台班使用定额所组成。

施工定额是建筑安装施工企业进行施工组织、成本管理、经济核算和投标报价的依据。

施工定额是直接用于施工项目的施工管理,用来编制施工作业计划、签发施工任务单、签发限额领料单以及结算计件工资或计量奖励工资等。

施工定额水平反映了施工企业生产与组织的技术水平和管理水平。

② 预算定额。

预算定额是以建筑物或构筑物各个分部分项工程为对象编制的定额。预算定额是以施工定额为基础综合扩大编制的,同时也是编制概算定额的基础。与施工定额不同,预算定额是社会性的,而施工定额则是企业性的。

预算定额是编制施工图预算的主要依据,是编制单位估价表、确定工程造价、控制建设工程投资的基础和依据。

③ 概算定额。

概算定额是以扩大的分部分项工程为对象编制的定额。概算定额是编制扩大初步设计概算、确定建设项目投资额的依据。

④ 概算指标。

概算指标是概算定额的扩大与合并,它是以整个建筑物和构筑物为对象,以更为扩大的计量单位来编制的。概算指标的设定和初步设计的深度相适应,是设计单位编制设计概算或建设单位编制年度投资计划的依据,也可作为编制估算指标的基础。

⑤ 投资估算指标。

投资估算指标通常是以独立的单项工程或完整的工程项目为计算对象编制确定的生产要素消耗的数量标准或项目费用标准,是根据已建工程或现有工程的价格数据和资料,经分析、归纳和整理编制而成的。

投资估算指标是在项目建议书和可行性研究阶段编制投资估算、计算投资需要量时使用的一种指标,是合理确定建设工程项目投资的基础。

(3) 按建设工程特点分类

① 建筑工程定额。它是建筑工程的基础定额或预算定额、概算定额(指标)的统称。建筑工程一般理解为房屋和构筑物工程。目前,我国有土建定额、装饰定额等,它们都属于建筑工程定额的范畴。

② 安装工程定额。它是安装工程的基础定额或预算定额、概算定额(指标)的统称。目前,我国有机械设备安装定额、电气设备安装定额、自动化仪表安装定额、静置设备与工艺金属结构安装定额等,它们都属于安装工程定额的范畴。

③ 铁路、公路、水利工程定额。它们分别也是各自基础定额或预算定额、概算定额(指标)的统称。

(4) 按定额的适用范围分类

① 国家定额。目前我国的国家定额有土建工程基础定额、安装工程预算定额等。

② 行业定额。目前我国的各行业几乎都有自己的行业定额。

③ 地区定额。目前我国的地区定额一般都是在国家定额的基础上编制的地区单位计价表。

④ 企业定额。企业定额是只在本企业投标报价时使用的定额。企业定额水平应高于国家、行业或地区定额,才能适应投标报价、增强市场竞争能力的要求。

(5) 按构成工程的成本和费用分类

① 构成直接工程成本的定额。其包括直接费、其他直接费、现场经费定额。

② 构成工程间接费的定额。其包括企业管理费、财务费用和其他费用定额。

③ 构成工程建设其他费用的定额。其包括土地征用费、拆迁安置费、建设单位管理费定额。

4.3.2　工程量清单

4.3.2.1　工程量清单的概述

为了适应我国社会主义市场经济发展的需要,规范建设工程工程量清单计价行为,统一建设工程工程量的编制和计价方法,维护招标人和投标人的合法权益,根据《中华人民共和国建筑法》、《中华人民共和国合同法》、《中华人民共和国招标投标法》等法律、法规,中华人民共和国住房与城乡建设部和国家质量监督检验检疫总局联合发布了国家标准《建设工程工程量清单计价规范》(GB 50500—2008)(以下简称“08 规范”)。

“08 规范”适用于建设工程工程量清单计价活动,即涉及建设项目的工程量清单编制、工程量清单招标控制价编制、工程量清单投标报价编制、工程合同价款的约定、竣工结算的办理以及工程施工过程中工程计量与工程价款的支付、索赔与现场签证、工程价款的调整和工程计价争议处理等工程建设招投标与施工阶段全过程的活动。

“08 规范”明确规定,全部使用国有资金投资或国有资金投资为主的工程建设项目,必须采用工程量清单计价。国有资金(含国家融资资金)为主的工程建设项目是指国有资金占投资总额 50%以上,或虽不足 50%,但国有投资者实质上拥有控制权的工程建设项目。

对于非国有资金投资的工程建设项目,是否采用工程量清单方式计价由项目业主自主确定。当确定采用工程量清单计价时,则应执行“08 规范”;对于确定不采用工程量清单方式计价的,除不执行工程量清单计价的专门性规定外,仍应执行“08 规范”规定的工程价款调整、工程计量和价款支付、索赔与现场签证、竣工结算以及工程造价争议处理等条文。

“08 规范”包括规范条文和附录两部分。

规范条文共 5 章,分为总则、术语、工程量清单编制、工程量清单计价、工程量清单计价表格。规范条文就适用范围、遵循的原则、工程量清单编制的规则、工程量清单计价的规则、工程量清单计价格式及编制人员资格等作了明确规定。

附录共有 A、B、C、D、E、F 6 个,分别对应建筑工程、装饰装修工程、安装工程、市政工程、园林绿化工程和矿山工程的工程量清单项目及计算规则。附录就这 6 个专业工程的工程量清单的项目名称、项目特征、计量单位、工程量计算规则和工程内容等作了明确规定。

(1) 工程量清单的作用

① 在招投标阶段,工程量清单为投标人的投标竞争提供了一个平等和共同的基础;

② 工程量清单是建设工程计价的依据;

③ 工程量清单是工程付款和结算的依据;

④ 工程量清单是调整工程量、进行工程索赔的依据。

(2) 工程量清单的编制

工程量清单应由具有编制能力的招标人或受其委托具有相应资质的工程造价咨询人编制。采用工程量清单方式招标,工程量清单必须作为招标文件的组成部分,其准确性和完整性由招标人负责。

工程量清单由分部分项工程量清单、措施项目清单、其他项目清单、规费项目清单、税金项目清单组成。

(3) 工程量清单编制的依据

① "08 规范";

② 国家或省级、行业建设主管部门颁发的计价依据和办法;

③ 建设工程设计文件;

④ 与建设工程项目有关的标准、规范、技术资料;

⑤ 招标文件及其补充通知、答疑纪要;

⑥ 施工现场情况、工程特点及常规施工方案;

⑦ 其他相关资料。

4.3.2.2 分部分项工程量清单的编制

分部分项工程量清单为不可调整的闭口清单,在投标阶段,投标人对投标文件提供的分部分项工程量清单必须逐一计价,对清单所列内容不允许作任何更改变动;投标人如果认为清单内容有不妥或遗漏,只能通过质疑的方式由清单编制人作统一的修改更正,并将修正后的工程量清单发往所有投标人。

分部分项工程量清单应包括项目编码、项目名称、项目特征、计量单位和工程量。

分部分项工程量清单应根据附录规定的项目编码、项目名称、项目特征、计量单位和工程量计算规则进行编制。

(1) 项目编码

项目编码是分部分项工程量清单项目名称的数字标志。一～九位应按"08 规范"附录的规定设置,十～十二位应根据拟建工程的工程量清单项目名称设置。

一～二位为工程分类顺序码,如建筑工程为 01、装饰装修工程为 02、安装工程为 03、市政工程为 04、园林绿化工程为 05、矿山工程为 06;

三～四位为专业工程顺序码,如"08 规范"附录 A 的建筑工程的 01 表示土(石)方工程;

五～六位为分部工程顺序码,如"08 规范"附录 A 的土(石)方工程中 01 表示土方工程;

七～九位为分项工程顺序码,如"08 规范"附录 A 的土方工程中 001 表示平整场地;

十～十二位为工程量清单项目顺序码,应根据拟建工程的工程量清单项目名称设置,同一招标工程的项目编码不得有重码。

(2) 项目名称

分部分项工程量清单的项目名称应按其附录的项目名称结合拟建工程的实际情况确定。分项工程项目名称一般以工程实体命名，项目名称如有缺项，招标人可按相应的原则进行补充，并报当地工程造价管理部门备案。补充项目的编码由工程量清单附录的顺序码 X 与大写英文字母 B 和三位阿拉伯数字组成，并应从 XB001 起顺序编制，同一招标工程的项目不得重码。工程量清单中需附有补充项目的名称、项目特征、计量单位、工程量计算规则、工程内容。

(3) 项目特征

清单项目特征的描述应根据计价规范附录中有关项目特征的要求，结合技术规范、标准图集、施工图纸，按照工程结构、使用材质及规格或安装位置等，予以详细而准确的表述和说明。但由于种种原因，对同一个清单项目，不同的人进行编制，对项目特征会有不同的描述，因此，体现项目本质区别的项目特征和对报价有实质影响的工作内容也必须描述，但项目特征和工作内容有本质的区别。一般来说，"项目特征"描述的是工程实体特征，体现该实体的构成要素，而"工作内容"表述的是形成工程实体的操作程序。

如计价规范在"实心砖墙"的"项目特征"及"工程内容"栏内均包含有勾缝，但两者的性质完全不同。"项目特征"栏的勾缝体现的是用什么材料勾缝，而"工程内容"栏内的勾缝表述的是勾缝如何完成。因此，如果需要勾缝，就必须在项目特征中描述，而不能因工程内容中有而不描述，否则，将视为清单项目漏项。

但有的项目特征仅用文字往往又难以准确和全面地描述清楚，因此，为达到规范、简捷、准确、全面描述项目特征的要求，在描述工程量清单项目特征时应按以下原则进行：项目特征描述的内容按"08 规范"附录规定的内容，项目特征的表述按拟建工程的实际要求，以能满足确定综合单价的需要为前提。

对采用标准图集或施工图纸能够全部或部分满足项目特征描述要求的，项目特征描述可直接采用"详见××图集"或"详见××图号"的方式。但对不能满足项目特征描述要求的部分，仍应用文字描述进行补充。

(4) 计量单位

分部分项工程量清单的计量单位应按附录中规定的计量单位确定，如"吨"、"立方米"、"平方米"、"米"、"千克"或"项"、"个"等。在"08 规范"中设有多个计量单位的，如门窗工程的计量单位为"樘/m^2"，预制钢筋混凝土桩的单位为"m/根"，实际工作中，可根据工程实际，选择最适宜、最方便计量的单位来表示。各专业有特殊计量单位的，再另外加以说明。

(5) 工程量计算

"08 规范"明确了清单项目的工程量计算规则，其工程量是以形成工程实体为准，并以完成后的净值来计算的。这一计算方法避免了因施工方案不同而造成计算的工程量大小各异的情况，为各投标人提供了一个公平的平台。

4.3.2.3 措施项目清单的编制

措施项目是指为完成工程项目施工，发生于该工程施工准备和施工过程中的技术、生活、安全、环境保护等方面的非工程实体项目。

措施项目清单应根据拟建工程的实际情况列项。根据"08 规范"，措施项目可分为通用措施项目与专业措施项目。通用措施项目是指各专业工程的"措施项目清单"中均可列的措施项目，可根据工程实际选择列项。各专业工程的专用措施项目应按附录中各专业工程中的措施项目并根据工程实际进行选择列项。若出现"08 规范"未列的项目，可根据工程实际情况补充。

措施项目中可以计算工程量的项目清单宜采用分部分项工程量清单的方式编制，列出项目编码、项目名称、项目特征、计量单位和按计算规则计算的工程量，不能计算工程量的措施项目清单，以“项”为计量单位列项。

措施项目清单为可调整清单，投标人对招标文件中所列项目，可根据企业自身特点做适当的变更或增减。投标人要对拟建工程可能发生的措施项目和措施费用作通盘考虑，清单一经报出，即被认为是包括了所有应该发生的措施项目的全部费用。如果报出的清单中没有列项，而施工中又必须发生的项目，业主有权认为其已经综合在分部分项工程量清单的综合单价中。将来措施项目发生时投标人不得以任何借口提出索赔与调整。

4.3.2.4 其他项目清单的编制

其他项目清单是指因招标人的特殊要求而发生的与拟建工程有关的其他费用项目和相应数量的清单。其他项目清单应根据拟建工程的具体情况进行编制，参照下列内容列项。

(1) 暂列金额

由于工程建设自身的规律，在工程实施中，可能有设计变更、业主要求的变更及其他诸多不确定性因素。这将导致合同价格的调整，暂列金额正是因这类不可避免的价格调整而设立的，以便合理确定工程造价的控制目标。

中标人只有按照合同约定程序，且实际发生了暂列金额所包含的工作，才能将得到的相应金额，纳入合同结算价款中。扣除实际发生金额后的暂列金额余额仍属于招标人所有。

(2) 暂估价

暂估价是指招标人在招标文件中提供的用于支付必然要发生但暂时不能确定价格的材料以及需另行发包的专业工程金额。暂估价包括材料暂估价和专业工程暂估价。

一般而言，为方便合同管理和计价，需要纳入分部分项工程量清单项目综合单价中的暂估价则最好只是材料费，以方便投标人组价。以“项”为计量单位给出的专业工程暂估价一般应是综合暂估价，应当包括除规费、税金以外的管理费、利润等。

(3) 计日工

计日工是为了解决现场发生的零星工作的计价而设立的。

计日工适用的零星工作一般是指合同约定之外的或者因变更而产生的、工程量清单中没有相应项目的额外工作，尤其是那些不允许事先商定价格的额外工作。为了获得合理的计日工单价，计日工表中一定要尽可能把项目列全，并给出一个比较贴近实际的暂定数额。

(4) 总承包服务费

总承包服务费是为了解决招标人在法律、法规允许的条件下进行专业工程发包以及自行采购供应材料、设备时，要求总承包人对发包的专业工程提供协调和配合服务(如分包人使用总包人的脚手架、水电接剥等)；对供应的材料和设备提供收、发和保管服务以及对施工现场进行统一管理；对竣工资料进行统一汇总整理等发生的并向总承包人支付的费用。招标人应当预计该项费用并按投标人的投标报价向投标人支付该项费用。

4.3.2.5 规费项目清单

规费的内容与计算方法前文中已经进行了论述。规费作为政府和有关权力部门规定必须缴纳的费用，政府和有关权力部门可根据形势发展的需要，对规费项目进行调整。因此，对建标【2003】206号文未包括的规费项目，在编制规费时，应根据省级政府和省级有关权力部门的规定进行补充。

4.3.2.6 税金项目清单

根据建标【2003】206 号文的规定，目前国家税法规定应计入建筑安装工程造价内的税种包括营业税、城市建设维护税及教育费附加。如国家税法发生变化或地方政府及税务部门依据职权对税种进行了调整，应对税金项目清单进行相应调整。

4.3.3 企业定额

《建筑工程施工发包与承包计价管理办法》(建设部 107 号令)第七条第二款规定："投标报价应当依据企业定额和市场价格信息，并按照国务院和省、自治区、直辖市人民政府建设行政主管部门发布的工程造价计价办法进行编制。"

(1) 企业定额的概念

企业定额是工程施工企业根据本企业的技术水平和管理水平，编制的完成单位合格产品所必需的人工、材料和施工机械台班消耗量，以及其他生产经营要素消耗的数量标准。企业定额是施工企业生产力水平的体现，是施工企业进行施工管理和投标报价的基础和依据，是企业参与市场竞争的核心竞争能力的具体表现。

(2) 企业定额的作用

① 企业定额是施工企业计算和确定工程施工成本的依据，是施工企业进行成本管理、经济核算的基础；

② 企业定额是施工企业进行工程投标、编制工程投标报价的基础和主要依据；

③ 企业定额是施工企业编制施工组织设计、制订施工计划和作业计划的依据。

(3) 企业定额的编制原则

施工企业在编制企业定额时应依据本企业的技术能力和管理水平，以国家发布的预算定额或基础定额为参照和指导，测定计算完成分项工程或工序所必需的人工、材料和机械台班的消耗量，准确反映本企业的施工生产力水平。

(4) 企业定额的编制方法

编制企业定额最关键的工作是确定人工、材料和机械台班的消耗量，计算分项工程单价或综合单价。

① 人工消耗量的确定。根据企业环境，拟订正常的施工作业条件，分别计算、测定基本用工和其他用工的工日数，进而拟订施工作业的定额时间。

② 材料消耗量的确定。通过企业历史数据的统计分析、理论计算、实验试验、实地考察等方法计算确定材料包括周转材料的净用量和损耗量，从而拟订材料消耗的定额指标。

③ 机械台班消耗量的确定。它同样需要按照企业的环境，拟订机械工作的正常施工条件，确定机械净工作效率和利用系数，据此拟订施工机械作业的定额台班和与机械作业相关的工人小组的定额时间。

4.3.4 其他确定依据

(1) 工程技术文件

反映建设工程项目的规模、内容、标准、功能等的文件是工程技术文件。只有根据工程技术文件，才能对工程的分部组合即工程结构作出分解，得到计算的基本子项。只有依据工程技术文件及其反映的工程内容和尺寸，才能测算或计算出工程实物量，得到分部分项工程的实物数量。因此，工程技术文件是建设工程投资确定的重要依据。

在工程建设的不同阶段所产生的工程技术文件是不同的。

① 在项目决策阶段，工程技术文件包括项目意向、项目建议书。在可行性研究等阶段，工程技术文件表现为项目策划文件、功能描述书、项目建议书或可行性研究报告等。投资估算的编制依据，主要就是上述的工程技术文件。

② 在初步设计阶段，工程技术文件主要表现为初步设计所产生的初步设计图纸及有关设计资料。设计概算的编制，主要是以初步设计图纸等有关设计资料作为依据。

③ 随着工程设计的深入，进入详细设计即施工图设计阶段，工程技术文件又表现为施工图设计资料，包括建筑施工图纸、结构施工图纸、设备施工图纸、其他施工图纸和设计资料。施工图预算的编制必须以施工图纸等有关工程技术文件为依据。

④ 在工程招标阶段，工程技术文件主要是以招标文件、建设单位的特殊要求、相应的工程设计文件等来体现的。

(2) 要素市场价格信息

构成建设工程投资的要素包括人工、材料、施工机械等，要素价格是影响建设工程投资的关键因素，要素价格的形成是由市场决定的。建设工程投资采用的基本子项所需资源的价格采自市场，随着市场的变化，要素价格也随之发生变化。因此，建设工程投资必须随时掌握市场价格信息，了解市场价格行情，熟悉市场上各类资源的供求变化及价格动态。这样，得到的建设工程投资才能反映市场，反映工程建造所需的真实费用。

(3) 建设工程环境条件

环境和条件的差异或变化，会导致建设工程投资大小的变化。工程的环境和条件，包括工程地质条件、气象条件、现场环境与周边条件，也包括工程建设的实施方案、组织方案、技术方案等。

(4) 其他

国家对建设工程费用计算的有关规定，以及按国家税法规定须计取的相关税费等，都构成了建设工程投资确定的依据。

4.4 建设工程施工阶段的投资控制

4.4.1 施工阶段投资目标控制

监理工程师在施工阶段进行投资控制的基本原理是把计划投资额作为投资控制的目标值，在工程施工过程中定期地进行投资实际值与目标值的比较，通过比较发现并找出实际支出额与投资控制目标之间的偏差，分析偏差产生的原因，并采取有效措施加以控制，以保证投资控制目标的实现。其主要工作包括：编制资金使用计划，审核工程款支付情况，审核工程变更报告，工程计量，工程款结算及处理索赔等。

4.4.1.1 编制资金使用计划

投资控制的目的是为了确保投资目标的实现。因此，监理工程师必须编制资金使用计划，合理地确定投资控制目标值。如果没有明确的投资控制目标，就无法进行项目投资实际支出值与目标值的比较，不能进行比较也就不能找出偏差，不知道偏差程度，就会使控制措施缺乏针对性。

编制资金使用计划过程中最重要的步骤，就是项目投资目标的分解。根据投资控制目标和要求的不同，投资目标的分解可以分为按项目投资构成、按项目组成、按进度计划分解三种类型。

（1）按项目投资构成分解的资金使用计划

工程项目的投资主要分为建筑安装工程投资、设备及工器具购置投资、工程建设其他投资。由于建筑工程和安装工程在性质上存在着较大差异，投资的计算方法和标准也不尽相同。因此，在实际操作中往往将建筑工程投资和安装工程投资分解开来。这样，工程项目投资的总目标就可以分解。图 4-8 中的建筑工程投资、安装工程投资、工器具购置投资可以进一步分解。按项目投资的构成来分解的方法比较适用于有大量经验数据的工程项目。

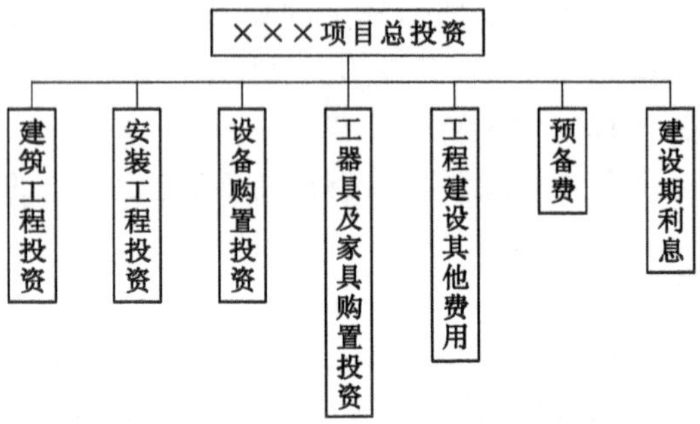

图 4-8　按项目投资构成分解的资金使用计划

（2）按项目组成分解的资金使用计划

大中型的工程项目通常是由若干单项工程构成的，而每个单项工程包括多个单位工程，每个单位工程又是由若干个分部分项工程构成的，因此，首先要把项目总投资分解到单项工程，如图 4-9 所示。

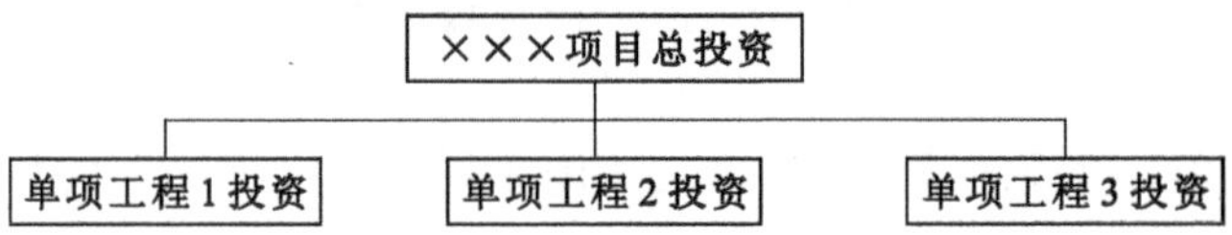

图 4-9　按项目组成分解的资金使用计划

一般来说，概算和预算大多是按照单项工程和单位工程来编制的，所以将项目总投资分解到各单项工程和单位工程是比较容易的。需要注意的是，按照这种方法分解项目总投资，不能只是分解建筑工程投资、安装工程投资和设备及工器具购置投资，还应该分解项目的其他投资。但项目其他投资所包含的内容既与具体单项工程或单位工程直接有关，也与整个项目建设有关，因此，必须采取适当的方法将项目其他投资合理地分解到各个单项工程和单位工程中。最常用也是最简单的方法就是按照单项工程的建筑安装工程投资与设备及工器具购置投资之和的比例分摊，但其结果可能与实际支出的投资相差甚远。因此，实践中一般应对工程项目的其他投资的具体内容进行分析，将其中确实与各单项工程和单位工程有关的投资分离出来，按照一定比例分解到相应的工程内容上。其他与整个项目有关的投资则不分解到各单项工程和单位工程上。

另外，对各单位工程的建筑安装工程投资还需要进一步分解，在施工阶段一般可分解到分部分项工程。

（3）按进度计划编制的资金使用计划

工程项目的投资是分阶段、分期支出的，资金应用是否合理与资金的使用时间安排有密切关系。按施工进度计划编制资金使用计划，通常先确定施工进度计划，然后在此基础上按时间-投资累计曲线（S 形曲线）的形式做出投资计划。时间-投资累计曲线绘制步骤如下。

a. 确定工程项目进度计划,编制进度计划的横道图;

b. 根据横道图每单位时间内完成的实物工程量或投入的人力、物力和财力,计算单位时间(月或旬)的投资计划值,绘制直方图,如图 4-10 所示。

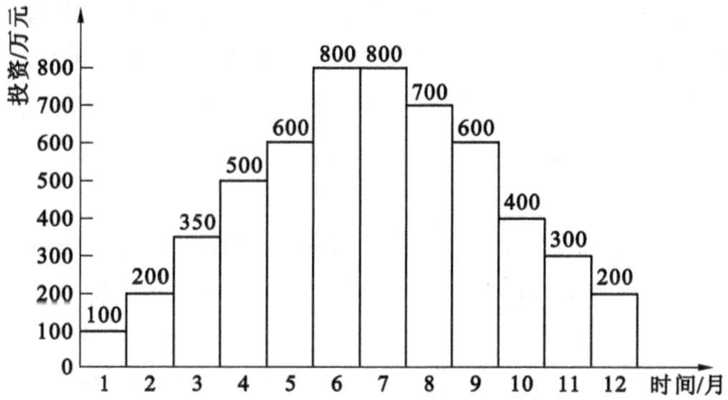

图 4-10 时标网络图上按月编制的投资计划

c. 计算规定时间 t 计划累计完成的投资额,画出累计直方图。其计算方法为各单位时间计划完成的投资额累加求和,可按下式计算:

$$Q_t = \sum_{n=1}^{t} q_n \tag{4-42}$$

式中 Q_t——某时间 t 计划累计完成投资额;

q_n——单位时间 n 的计划完成投资额。

d. 描出累计直方图右上角的点,连线即形成 S 形曲线,如图 4-11 所示。

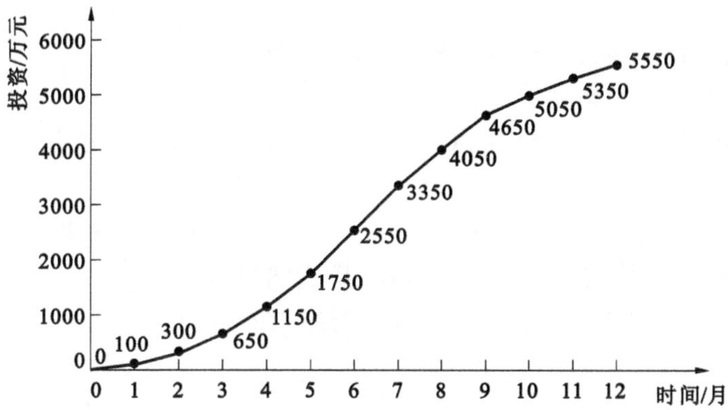

图 4-11 时间-投资累计曲线

每一条 S 形曲线都对应某一特定的工程进度计划。因为在进度计划的非关键路线中存在许多有时差的工序或工作,因而 S 形曲线(投资计划值曲线)必然包括在由全部工作都按最早可能开始时间开始和全部工作都按最迟必须开始时间开始的曲线所组成的"香蕉图"内。

一般而言,所有工作都按最迟开始时间开始,对节约建设单位的建设资金贷款利息是有利的,但同时也降低了项目按期竣工的保证率。因此,监理工程师必须合理地确定投资支出计划,达到既节约投资支出,又能控制项目工期的目的。

以上三种编制资金使用计划的方法并不是相互独立的。在实践中,往往是将这几种方法结合起来使用,从而达到扬长避短的效果。

4.4.1.2 施工阶段投资控制的措施

众所周知，建设工程的投资主要发生在施工阶段，在这一阶段需要投入大量的人力、物力、资金等，是工程项目建设费用消耗最多的时期，浪费投资的可能性比较大。因此，精心地组织施工，挖掘各方面潜力，节约资源消耗，仍可以收到节约投资的明显效果。对施工阶段的投资控制应给予足够的重视，仅仅靠控制工程款的支付是不够的，应从组织、经济、技术、管理等多方面采取措施，控制投资。

(1) 组织措施

① 在项目管理班子中落实从投资控制角度进行施工跟踪的人员、任务分工和职能分工；

② 编制本阶段投资控制工作计划和绘制详细的工作流程图。

(2) 经济措施

① 编制资金使用计划，确定、分解投资控制目标。对工程项目造价目标进行风险分析，并制定防范性对策。

② 进行工程计量。

③ 复核工程付款账单，签发付款证书。

④ 在施工过程中进行投资跟踪控制，定期地进行投资实际支出值与计划目标值的比较；如发现偏差，应分析产生偏差的原因，积极采取纠偏措施。

⑤ 协商确定工程变更的价款，审核竣工结算。

⑥ 对工程施工过程中的投资支出作好分析与预测，经常或定期向建设单位提交项目投资控制及其存在问题的报告。

(3) 技术措施

① 对设计变更进行技术经济比较，严格控制设计变更；

② 继续寻找通过设计挖潜节约投资的可能性；

③ 审核承包商编制的施工组织设计，对主要施工方案进行技术经济分析。

(4) 管理措施

① 做好工程施工记录，保存各种文件图纸，特别是注有实际施工变更情况的图纸，注意积累素材，为正确处理可能发生的索赔提供依据。参与处理索赔事宜。

② 参与合同修改、补充工作，着重考虑它对投资控制的影响。

4.4.2 工程计量

工程计量是指根据设计文件及承包合同中关于工程量计算的规定，项目监理机构对承包商申报的已完成工程的工程量进行的核验。采用单价合同的承包工程，工程量清单中的工程量只是在图纸和规范基础上的估算值，不能作为工程款的结算依据。实际工程款结算前，监理工程师应该对已完工程量进行计量，作为工程款的结算凭据。工程计量是控制工程项目投资支出的关键环节，又是约束承包商履行合同义务的手段。

4.4.2.1 工程计量的程序

(1)《建设工程施工合同(示范文本)》约定的程序

按照《建设工程施工合同(示范文本)》规定，工程计量的一般程序是：承包人应按专用条款约定的时间，向监理工程师提交已完工程量的报告，监理工程师接到报告后 7 天内按设计图纸核实已完工程量，并在计量前24小时通知承包人，承包人应为计量提供便利条件并派人参加。承包人收到通知后不参加计量，计量结果仍有效，可作为工程价款支付的依据。监理工程师收到承包人报告后7天内未进行计量，从第8天起，承包人报告中开列的工程量即视为已被确认，可作为工程价款支付的依据。工程师不按约定时间通知承包人，使承包人不能参加计量，计量结果无效。对承包人超出设计图纸范围和其他因承包人造成返工的工程量，监理工程师不予计量。

(2)《建设工程监理规范》(GB J0319—2000)规定的程序

① 承包单位统计经专业监理工程师质量验收合格的工程量，按施工合同的约定填报工程量清单和工程款支付申请表；

② 专业监理工程师进行现场计量，按施工合同的约定审核工程量清单和工程款支付申请表，并报总监理工程师审定；

③ 总监理工程师签署工程款支付证书，并报建设单位。

(3) FIDIC施工合同约定的工程计量程序

按照FIDIC施工合同约定，当监理工程师要求测量工程的任何部分时，应向承包商代表发出合理通知，承包商代表应：

① 及时亲自或另派合格代表，协助工程师进行测量；

② 提供监理工程师要求的任何具体材料。

如果承包商未能到场或派代表到场，监理工程师(或其代表)所作的测量应作为准确予以认可。

除合同另有规定外，凡需根据记录进行测量的任何永久工程，此类记录应由工程师准备。承包商应根据约定或被提出要求时，到场与监理工程师对记录进行检查和协商，达成一致后应在记录上签字。如承包商未到场，应认为该记录准确，予以认可。如果承包商检查后不同意该记录，和(或)不签字表示同意，承包商应向监理工程师发出通知，说明认为该记录不准确的部分。监理工程师收到通知后，应审查该记录，进行确认或更改。如果承包商被要求检查记录14天内，没有发出此类通知，该记录应作为准确予以认可。

4.4.2.2 工程计量的依据

工程计量依据一般有质量合格证书，工程量清单前言，技术规范中的“计量支付”条款和设计图纸。

(1) 质量合格证书

对于承包商已完的工程，并不是全部进行计量，而只是质量达到合同标准的已完工程才予以计量。所以工程计量必须与质量监理紧密配合，经过专业监理工程师检验，工程质量达到合同规定的标准后，由专业监理工程师签署报验申请表(质量合格证书)，只有质量合格的工程才予以计量。所以说质量监理是计量监理的基础，计量又是质量监理的保障，通过计量支付，强化承包商的质量意识。

(2) 工程量清单前言和技术规范

工程量清单前言和技术规范是确定计量方法的依据。因为工程量清单前言和技术规范的“计量支付”条款规定了清单中每一项工程的计量方法，同时还指出了按规定的计量方法确定的单价所包括的工作内容和范围。

(3) 设计图纸

单价合同以实际完成的工程量进行结算，但被监理工程师计量的工程数量，并不一定是承包商实际施工的数量。计量的几何尺寸要以设计图纸为依据，监理工程师对承包商超出设计图纸要求增加的工程量和自身原因造成返工的工程量，不予计量。

4.4.2.3 工程计量的方法

(1) 监理工程师需进行计量的工程项目

① 工程量清单中的全部项目;

② 合同文件中规定的项目;

③ 工程变更项目。

根据"08 规范",工程计量时,若发现工程量清单中出现漏项、工程量计算偏差,以及工程变更引起工程量的增减,应按承包人在履行合同义务过程中实际完成的工程量计算。

(2) 工程计量的方法

① 均摊法。

均摊法是对清单中某些项目的合同价款,按合同工期平均计量,如为监理工程师提供宿舍,保养测量设备,保养气象记录设备,维护工地清洁和整洁等。这些项目都有一个共同的特点,即每月均有发生,所以可以采用均摊法进行计量支付,如保养气象记录设备,每月发生的费用是相同的。若本项合同款额为 2000 元,合同工期为 20 个月,则每月计量、支付的款额为:2000÷20=100(元/月)。

② 凭据法。

凭据法是按照承包商提供的凭据进行计量支付。如建筑工程险、第三方责任险、履约保证金等项目,一般按凭据法进行计量支付。

③ 估价法。

估价法是按合同文件的规定,根据监理工程师估算的已完成的工程价值支付,如为工程师提供办公设施和生活设施,为工程师提供用车,为工程师提供测量设备、天气记录设备、通讯设备等项目。这类清单项目往往要购买几种仪器设备,当承包商对于某一项清单项目中规定购买的仪器设备不能一次购进时,则需采用估价法进行计量支付。其计量过程如下:

a. 按照市场的物价情况,对清单中规定购置的仪器设备分别进行估价;

b. 按下式计量支付金额:

$$F=\frac{AB}{D} \tag{4-43}$$

式中 F——计算支付的金额;

A——清单所列该项的合同金额;

B——该项实际完成的金额(按估算价格计算);

D——该项全部仪器设备的总估算价格。

从式(4-43)可知:

(a) 该项实际完成金额 B 必须按各种设备的估算价格计算,它与承包商购进的价格无关。

(b) 估算的总价与合同工程量清单的款额无关。

当然,估价的款额与最终支付的款额无关,最终支付的款额总是合同清单中的款额。

④ 断面法。

断面法主要用于取土坑或填筑路堤土方的计量。对于填筑土方工程,一般规定计量的体积为原地面线与设计断面所构成的体积。采用这种方法计量,在开工前承包商需测绘出原地形的断面,并需经监理工程师检查,方可作为计量的依据。

⑤ 图纸法。

在工程量清单中，许多项目采取按照设计图纸所示的尺寸进行计量，如混凝土构筑物的体积、钻孔桩的桩长等。

⑥ 分解计量法。

分解计量法是将一个项目根据工序或部位分解为若干子项，对完成的各子项进行计量支付。这种计量方法主要是为了解决一些包干项目或较大的工程项目支付时间过长，影响承包商的资金流动等问题。

4.4.3　工程变更价款的确定

在工程项目的实施过程中，由于多方面的情况变更，经常出现工程量变化、施工进度变化，以及发包方与承包方在执行合同中引起争议等许多问题。这些问题的产生，一方面是由于勘察设计工作不仔细，以致在施工过程中发现许多招标文件中没有考虑或估算不准确的工程量，因而不得不改变施工项目或增减工程量；另一方面是由于发生不可预见的事件，如自然或社会原因引起的停工或工期拖延等。由于工程变更所引起的工程量的变化、承包商的索赔等，都有可能使项目投资超出原来的预算投资，监理工程师必须严格予以控制，密切注意其对未完工程投资支出的影响及对工期的影响。

4.4.3.1　项目监理机构对工程变更的管理

项目监理机构应按下列程序处理工程变更。

① 设计单位对原设计存在的缺陷提出的工程变更，应编制设计变更文件；建设单位或承包单位提出的变更，应提交总监理工程师，由总监理工程师组织专业监理工程师审查。审查同意后，应由建设单位转交原设计单位编制设计变更文件。当工程变更涉及安全、环保等内容时，应按规定经有关部门审定。

② 项目监理机构应了解实际情况和搜集与工程变更有关的资料。

③ 总监理工程师必须根据实际情况、设计变更文件和其他有关资料，按照施工合同的有关款项，在指定专业监理工程师完成下列工作后，对工程变更的费用和工期做出评估：

a. 确定工程变更项目与原工程项目之间的类似程度和难易程度；

b. 确定工程变更项目的工程量；

c. 确定工程变更的单价或总价。

④ 总监理工程师应就工程变更费用及工期的评估情况与承包单位和建设单位进行协调。

⑤ 总监理工程师签发工程变更单。工程变更单应包括工程变更要求、工程变更说明、工程变更费用和工期、必要的附件等内容，有设计变更文件的工程变更应附设计变更文件。

⑥ 项目监理机构根据项目变更单监督承包单位实施。在建设单位和承包单位未能就工程变更的费用等方面达成协议时，项目监理机构应提出一个暂定的价格，作为临时支付工程款的依据。该工程款最终结算时，应以建设单位与承包单位达成的协议为依据。在总监理工程师签发工程变更单之前，承包单位不得实施工程变更。未经总监理工程师审查同意而实施的工程变更，项目监理机构不得予以计量。

4.4.3.2　我国现行工程变更价款的确定方法

“08 规范”规定因非承包商原因导致的工程变更，对应的综合单价按下列方法确定：合同中已有适用的综合单价，按合同中已有的综合单价确定；合同中有类似的综合单价，参照类似的综合单价确定；合同中没有适用或类似的综合单价，由承包人提出综合单价，经发包人确认后执行。

(1) 采用合同中工程量清单的单价和价格

合同中工程量清单的单价和价格由承包商投标时提供，用于变更工程，容易被业主、承包商及监理工程师所接受，从合同意义上讲也是比较公平的。

采用合同中工程量清单的单价或价格有三种情况：一是直接套用；二是间接套用；三是部分套用。

(2) 协商单价和价格

协商单价和价格是基于合同中没有或者有但不合适的情况而采取的一种方法。

4.4.3.3 FIDIC合同条件下工程的变更与估价

(1) 工程变更

根据FIDIC施工合同条件的约定，在颁发工程接收证书前的任何时间，监理工程师可通过发布指示或要求承包商提交建议书的方式，提出变更。承包商应遵守并执行每项变更，除非承包商立即向监理工程师发出通知，说明(附详细根据)承包商难以取得变更所需的货物。监理工程师接到此类通知后，应取消、确认或改变原指示。每项变更可包括：

① 合同中包括的任何工作内容的数量的改变(但此类改变不一定构成变更)；

② 任何工作内容的质量或其他特性的改变；

③ 任何部分工程的标高、位置和(或)尺寸的改变；

④ 任何工作的删减，但要交他人实施的工作除外；

⑤ 永久工程所需的任何附加工作、生产设备、材料或服务，包括任何有关的竣工试验、钻孔和其他试验和勘探工作；

⑥ 实施工程的顺序或时间安排的改变。

除非得到监理工程师指示或批准，否则承包商不得对永久工程作任何改变和(或)修改。

(2) 变更程序

如果监理工程师在发出变更指示前要求承包商提出一份建议书，承包商应尽快做出书面回应，或提出其不能照办的理由(如果情况如此)，或提交以下资料：

① 对建议要完成的工作的说明，以及实施的进度计划；

② 根据进度计划和竣工时间的要求，承包商对进度计划做出必要修改的建议书；

③ 承包商对变更估价的建议书。

监理工程师收到此类建议书后，应尽快给予批准、不批准或提出意见的回复，在等待答复期间，承包商不应延误任何工作。应由监理工程师向承包商发出执行每项变更并附做好各项费用记录的任何要求的指示，承包商应确认收到该指示。

(3) 工程变更的估价

除非合同中另有规定，监理工程师应通过FIDIC第12.1款和第12.2款商定或确定的测量方法和适宜的费率和价格，对各项工作的内容进行估价，再按照FIDIC第3.5款商定或确定合同价格。

各项工作内容的适宜费率或价格，应为合同对此类工作内容规定的费率或价格，如合同中无某项内容，应取类似工作的费率或价格。但在以下两种情况下，宜对有关工作内容采用新的费率或价格。

第一种情况：

① 如果此项工作实际测量的工程量比工程量表或其他报表中规定的工程量的变动大10%；

② 工程量的变化与该项工作规定的费率的乘积超过了中标的合同金额的0.01%；

③ 此工程量的变化直接造成该项工作单位成本的变动超过1%；

④ 这项工作不是合同中规定的“固定费率项目”。

第二种情况：

① 此工作是根据变更与调整的指示进行的；

② 合同没有规定此项工作的费率或价格；

③ 由于该项工作与合同中的任何工作没有类似的性质或不在类似的条件下进行，故没有一个规定的费率或价格适用。

每种新的费率或价格应考虑以上描述的有关事项，对合同中相关费率或价格加以合理调整后得出。如果没有相关的费率或价格可供推算新的费率或价格，应根据实施该工作的合理成本和合理利润，并考虑其他相关事项后得出。

监理工程师应在商定或确定适宜费率或价格前，确定用于期中付款证书的临时费率或价格。

4.4.4　索赔控制

索赔是工程承包合同履行中，当事人一方因对方不履行或不完全履行既定的义务，或者由于对方的行为使权利人受到损失时，要求对方补偿损失的权利。索赔是工程承包中经常发生并随处可见的正常现象。索赔的控制将是建设工程施工阶段投资控制的重要手段。

4.4.4.1　FIDIC常见的索赔内容

（1）承包商向业主的索赔

① 不利的自然条件与人为障碍引起的索赔。

不利的自然条件是指施工中遭遇到的实际自然条件比招标文件中所描述的更为困难和恶劣，是一个有经验的承包商无法预测的不利的自然条件与人为障碍，导致了承包商必须花费更多的时间和费用，在这种情况下，承包商可以向业主提出索赔要求。

a. 地质条件变化引起的索赔。一般来说，在招标文件中规定，由业主提供有关该项工程的勘察所取得的水文及地表以下的资料。但在合同中往往写明承包商在提交投标书之前，已对现场和周围环境及与之有关的可用资料进行了考察和检查，包括地表以下条件及水文和气候条件。承包商应对上述资料的解释负责。但合同条件中经常还有另外一条：在工程施工过程中，承包商如果遇到了现场气候条件以外的外界障碍或条件，在他看来这些障碍和条件是一个有经验的承包商也无法预见到的，则承包商应就此向监理工程师提供有关通知，并将一份副本呈交业主。收到此类通知后，如果监理工程师认为这类障碍或条件是一个有经验的承包商无法合理预见到的，在与业主和承包商适当协商以后，应给予承包商延长工期和费用补偿的权利，但不包括利润。以上两条并存的合同文件，往往是承包商同业主及监理工程师争议各执一端的缘由所在。

b. 工程中人为障碍引起的索赔。在施工过程中，如果承包商遇到了地下构筑物或文物，如地下电缆、管道和各种装置等，只要是图纸上并未说明的，承包商应立即通知监理工程师，并共同讨论处理方案。如果导致工程费用增加（如原计划是机械挖土，现在不得不改为人工挖土），承包商即可提出索赔。这种索赔发生争议较少。闲置机器而引起的费用是索赔的主要部分。当未预知的情况所产生的影响不可避免时，监理工程师应立即与承包商就解决问题的办法和有关费用达成协议，给予工期延长和成本补偿。

② 工程变更引起的索赔。

在工程施工过程中，由于工地上不可预见的情况，如环境的改变，或为了节约成本等，在监理工程师认为必要时，可以对工程或其任何部分的外形、质量或数量做出变更。任何此类变更，承包商均不应以任何方式使合同作废或无效。但如果监理工程师确定的工程变更单价或价格不合理，或缺乏说服承包商的依据，则承包商有权就此向业主进行索赔。

③ 工期延期的费用索赔。

工期延期的索赔通常包括两个方面：一是承包商要求延长工期；二是承包商要求偿付由于非承包商原因导致工程延期而造成的损失。一般这两方面的索赔报告要求分别编制。因为工期和费用索赔并不一定同时成立。例如：由于特殊恶劣气候等原因承包商可以要求延长工期，但不能要求补偿；也有些延误时间并不影响关键路线的施工，承包商可能得不到延长工期的承诺。但是，如果承包商能提出证据说明其延误造成的损失，就有可能有权获得这些损失的补偿，有时两种索赔可能混在一起，既可以要求延长工期，又可以获得对其损失的补偿。

a. 工期索赔。承包商提出工期索赔，通常是由下述原因造成的：合同文件的内容出错或互相矛盾；监理工程师在合理的时间内未曾发出承包商要求的图纸和指示；有关放线的资料不准；不利的自然条件；在现场发现化石、钱币、有价值的物品或文物；额外的样本与试验；业主和监理工程师命令暂停工程；业主未能按时提供作业场地；业主违约；业主风险；不可抗力。

b. 延期产生的费用索赔。以上提出的工期索赔中，凡属于客观原因造成的延期，属于业主也无法预见到的情况，如特殊反常天气等，承包商可得到延长工期，但得不到费用补偿。凡纯属业主方面的原因造成拖期，不仅应给承包商延长工期，还应给予费用补偿。

④ 加速施工费用的索赔。

解决这一问题建议采用“奖金”的办法，鼓励承包商克服困难，加速施工，即规定当某一部分工程或分部工程每提前完工一天，发给承包商奖金若干。这种支付方式的优点是：不仅促使承包商早日建成工程，使其早日投入运行，而且计价方式简单，避免了计算加速施工、延长工期、调整单价等许多容易引起争议的烦琐计算和讨论。

⑤ 业主不正当地终止工程而引起的索赔。

由于业主不正当地终止工程，承包商有权要求补偿损失，其数额是承包商在被终止工程中的人工、材料、机械设备的全部支出，以及各项管理费用、保险费、贷款利息、保函费用的支出（减去已结算的工程款），并有权要求赔偿其赢利损失。

⑥ 物价上涨引起的索赔。

a. 对固定总价合同不予调整。这适用于工期短、规模小的工程。

b. 按价差调整合同价。在工程结算时，人工费及材料费的价差为现行价格与基础价格的差值，由业主向承包商补偿。

材料价调整数和人工费调整数计算方法如下：

$$\text{材料价调整数}=(\text{现行价}-\text{基础价})\times\text{材料数量} \tag{4-44}$$

$$\begin{aligned}\text{人工费调整数}=&(\text{现时工资}-\text{基础工资})\times\\&(\text{实际工作小时数}+\text{加班工作小时数}\times\text{加班工资增加率})\end{aligned} \tag{4-45}$$

对管理费及利润不进行调整。

c. 用调价公式调整合同价。在每月结算工程进度款时，利用合同文件中的调价公式，计算人工、材料等的调整数。

⑦ 法律、货币及汇率变化引起的索赔。

a. 法律改变引起的索赔。如果在基准日期（投标截止日期前的 28 天）以后，由于业主国家或地方的任何法规、法令、政令或其他法律或规章发生了变更，导致了承包商成本增加。对承包商由此增加的开支，业主应予补偿。

b. 货币及汇率变化引起的索赔。如果在基准日期以后，工程施工所在国政府或其授权机构对支付合同价格的一种或几种货币实行货币限制或货币汇兑限制，则业主应补偿承包商因此而受到的损失。

⑧ 拖延支付工程款的索赔。

如果业主在规定的应付款时间内未能按监理工程师的任何证书向承包商支付应支付的款额，承包商可在提前通知业主的情况下，暂停工作或减缓工作速度，并有权获得任何误期的补偿和其他额外费用的补偿（如利息）。FIDIC 合同规定利息以高出支付货币所在国中央银行的贴现率加 3%的年利率进行计算。

⑨ 业主的风险。

a. FIDIC 合同条件对业主风险的定义。

国际咨询工程师联合会

业主的风险是指战争、敌对行动（不论宣战与否）、入侵、外敌行动；工程所在国内的叛乱、恐怖主义、革命、暴动、军事政变或篡夺政权或内战；承包商人员及承包商和分包商的其他雇员以外的人员在工程所在国内的暴乱、骚动或混乱；工程所在国国内的战争军火、爆炸物资、电离辐射或放射性污染，但可能由承包商使用此类军火、爆炸物资、辐射源或放射性源引起的除外；由音速或超音速飞行的飞机或飞行装置所产生的压力波；除合同规定以外业主使用或占有的永久工程的任何部分；由业主人员或业主对其负责的其他人员所做工程的任何部分的设计；不可预见的或不能合理预期的，一个有经验的承包商已采取适宜预防措施的任何自然力的作用。

b. 业主风险的后果。

如果上述业主风险列举的任何风险达到对工程、货物或承包商文件造成损失或损害的程度，承包商应立即通知监理工程师，并应按照监理工程师的要求，修正此类损失或损害。

如果因修正此类损失或损害使承包商遭受延误和（或）招致费用增加，承包商应进一步通知监理工程师，并根据承包商索赔的规定，有权作以下要求：

（a）根据竣工时间延长的规定，如果竣工已经或将受到延误，对任何此类延误给予延长期；

（b）任何此类成本应计入合同价格，给予支付。

⑩ 不可抗力。

不可抗力在 FIDIC 合同条件中的定义是指某种异常事件或情况：一方无法控制的；该方在签订合同前，不能对之进行合理准备的；发生后，该方不能合理避免或克服的；不能主要归因他方的。

不可抗力可以包括但不限于下列各种异常事件或情况：战争、敌对行动（不论宣战与否）、入侵、外敌行为；叛乱、恐怖主义、革命、暴动、军事政变或篡夺政权或内战；承包商人员和承包商的其他雇员以外的人员的骚动、喧闹、混乱、罢工或停工；工程所在国国内的战争军火、爆炸物资、电离辐射或放射性污染，但可能因承包商使用此类军火、炸药、辐射源或放射性源引起的除外；自然灾害，如地震、飓风、台风或火山活动期等。

(2) 业主向承包商的索赔

由于承包商不履行或不完全履行约定的义务,或者由于承包商的行为使业主受到损失时,业主可向承包商提出索赔。

① 工期延误索赔。

承包商支付误期损害赔偿费的前提是工期延误的责任属于承包商方面。施工合同中的误期损害赔偿费,通常是由业主在招标文件中确定的。业主在确定误期损害赔偿费的费率时,一般要考虑以下因素:业主赢利损失;由于工程拖期而引起的贷款利息增加;工程拖期带来的附加监理费;由于工程延期不能使用,继续租用原建筑物或租用其他建筑物的租赁费。

至于误期损害赔偿费的计算方法,在每个合同文件中均有具体规定。一般按每延误一天赔偿一定的款额计算,累计赔偿额一般不超过合同总额的5%~10%。

② 质量不满足合同要求索赔。

当承包商的施工质量不符合合同的要求,或使用的设备和材料不符合合同规定,或在缺陷责任期未满以前未完成应该负责修补的工程时,业主有权向承包商追究责任,要求补偿所受的经济损失。如果承包商在规定的期限内未完成缺陷修补工作,业主有权雇佣他人来完成工作,发生的成本和利润由承包商负担。如果承包商自费修复,则业主可索赔重新检验费。

③ 承包商不履行的保险费用索赔。

如果承包商未能按照合同条款对指定的项目投保,并保证保险有效,业主可以自行投保并保证保险有效,业主所支付的必要的保险费可在应付给承包商的款项中扣回。

④ 对超额利润的索赔。

如果工程量增加很多,使承包商预期的收入增大,因工程量增加承包商并不增加任何固定成本,合同价应由双方讨论调整,收回部分超额利润。

由于法规的变化导致承包商在工程实施中降低了成本,产生了超额利润,应重新调整合同价格,收回部分超额利润。

⑤ 对指定分包商的付款索赔。

在承包商未能提供已向指定分包商付款的合理证明时,业主可以直接按照监理工程师的证明书,将承包商未付给指定分包商的所有款项(扣除保留金)付给这个分包商,并从应付给承包商的任何款项中如数扣回。

⑥ 业主合理终止合同或承包商不正当地放弃工程的索赔。

如果业主合理地终止承包商的承包,或者承包商不合理放弃工程,则业主有权从承包商手中收回由新的承包商完成工程所需的工程款与原合同未付部分的差额。

4.4.4.2 索赔费用的计算

(1) 索赔费用的组成

索赔费用的主要组成部分同工程款的计价内容相似。

① 分部分项工程量清单费用。

工程量清单漏项或非承包人原因的工程变更,造成增加新的工程量清单项目,其对应的综合单价的确定与工程变更价款的确定原则相同。

a. 人工费。

人工费的索赔包括:完成合同之外的额外工作所花费的人工费用;由于非承包商责任的工效降低所增加的人工费用;超过法定工作时间的加班劳动;法定人工费增长以及非承包商责任工程延误

导致的人员窝工费和工资上涨费等。

b. 材料费。

材料费的索赔包括：由于索赔事项材料实际用量超过计划用量而增加的材料费；由于客观原因材料价格大幅度上涨而增加的费用；由于非承包商责任工程延误导致的材料价格上涨和超期储存费用。材料费中应包括运输费、仓储费，以及合理的损耗费用。如果由于承包商管理不善，造成材料损坏失效，则不能列入索赔计价。

c. 施工机械使用费。

施工机械使用费的索赔包括：由于完成额外工作增加的机械使用费；非承包商责任工效降低增加的机械使用费；由于业主或监理工程师原因导致机械停工的窝工费。窝工费的计算，如系租赁设备，一般按实际租金和调进调出费的分摊计算；如系承包商自有设备，一般按台班折旧费计算，而不能按台班费计算，因为台班费中包括了设备使用费。

d. 企业管理费。

企业管理费是指承包商完成额外工程、索赔事项工作以及工期延长期间发生的管理费，但如果对部分工人窝工损失索赔时，因其他工程仍然进行，可能不予计算。

企业管理费中涉及索赔款中的总部管理费，主要指的是工程延误期间所增加的管理费。这项索赔款的计算，目前没有统一的方法。在国际工程施工索赔中总部管理费的计算有以下几种。

第一种，按照投标书中总部管理费的比率(3%～8%)计算，公式为：

$$\text{总部管理费}=\text{合同中总部管理费比率}(\%)\times(\text{直接费索赔款额}+\text{工地管理费索赔款额等}) \tag{4-46}$$

第二种，按照公司总部统一规定的管理费比率计算，公式为：

$$\text{总部管理费}=\text{公司管理费比率}(\%)\times(\text{直接费索赔款额}+\text{工地管理费索赔款额等}) \tag{4-47}$$

第三种，以工程延期的总天数为基础，计算总部管理费的索赔额，计算步骤如下：

$$\text{对某一工程提取的管理费}=\frac{\text{同期内公司的总管理费}\times\text{该工程的合同额}}{\text{同期内公司的总合同额}} \tag{4-48}$$

$$\text{该工程的每日管理费}=\frac{\text{该工程向总部上缴的管理费}}{\text{合同实施天数}} \tag{4-49}$$

$$\text{索赔的总部管理费}=\text{该工程的每日管理费}\times\text{工程延期的天数} \tag{4-50}$$

e. 利润。

一般来说，由于工程范围的变更、文件有缺陷或技术性错误、业主未能如期提供施工场地等引起的索赔，承包商可以列入利润损失。但对于工程暂停的索赔，由于利润通常是包括在每项实施的工程内容的价格之内的，而延误工期并未削减某些项目的实施，导致利润减少。所以，一般监理工程师很难同意在工程暂停的费用索赔中加进利润损失。

索赔利润的款额计算通常是与原报价单中的利润百分率保持一致，即在成本的基础上，增加原报价单中的利润率，作为该项索赔款的利润。

② 措施项目费用。

因分部分项工程量清单漏项或非承包人原因的工程变更，引起措施项目发生变化，造成施工组织设计或施工方案变更，使得措施费发生变化时，已有的措施项目按原有措施费的组价方法调整；原措施费中没有的措施项目，由承包人根据措施项目变更情况，提出适当的措施费变更，经发包人确认后调整。

③ 其他项目费。

其他项目费中所涉及的人工费、材料费等按合同的约定计算。

④ 规费与税金。

除工程内容的变更或增加，承包商可以列入相应增加的规费与税金，其他情况一般不能索赔。

索赔规费与税金的款额计算通常是与原报价单中的百分率保持一致。

(2) 索赔费用的计算方法

① 实际费用法。

实际费用法是工程索赔计算时最常用的一种方法。这种方法的计算原则是，以承包商为某项索赔工作所支付的实际开支为根据向业主要求费用补偿。

用实际费用法计算时，在直接费的额外费用部分的基础上，再加上应得的间接费和利润，即是承包商应得的索赔金额。由于实际费用法所依据的是实际发生的成本记录或单据，因此，在施工过程中，系统而准确地积累记录资料是非常重要的。

② 总费用法。

总费用法即总成本法，就是当发生多次索赔事件以后，重新计算该工程的实际总费用，实际总费用减去投标报价时的估算总费用，则为索赔金额，即：

$$\text{索赔金额} = \text{实际总费用} - \text{投标报价估算总费用} \tag{4-51}$$

这种方法只有在难以采用实际费用法时才应用。

③ 修正的总费用法。

修正的总费用法是对总费用法的改进，即在总费用计算的原则上，去掉一些不合理的因素，使其更合理。

修正的内容如下：

a. 将计算索赔款的时段局限于受到外界影响的时间，而不是整个施工工期。

b. 只计算受影响时段内的某项工作所受影响的损失，而不是计算该时段内所有施工工作所受的损失。

c. 与该项工作无关的费用不列入总费用中。

d. 对投标报价费用重新进行核算：按受影响时段内该项工作的实际单价进行核算，乘以实际完成的该项工作的工程量，得出调整后的报价费用。

按修正后的总费用计算索赔金额的公式如下：

$$\text{索赔金额} = \text{某项工作调整后的实际总费用} - \text{该项工作的报价费用} \tag{4-52}$$

修正的总费用法与总费用法相比，有了实质性的改进，它的准确程度已接近于实际费用法。

4.4.5 我国工程价款的结算

预付款、进度款支付案例

4.4.5.1 工程价款的主要结算方式

按照财政部、原建设部印发的《建设工程价款结算暂行办法》(财建【2004】369 号令)的规定，工程价款的主要结算方式如下：

(1) 按月结算与支付

这是实行按月支付进度款,竣工后结算的办法。合同工期在两个年度以上的工程,在年终进行工程盘点,办理年度结算。

(2) 分段结算与支付

这是当年开工、当年不能竣工的工程按照工程形象进度,划分不同阶段,支付工程进度款的办法。

当采用分段结算方式时,应在合同中约定具体的工程分段划分,付款周期应与计量周期一致。

4.4.5.2 工程预付款

工程预付款是建设工程施工合同订立后由发包人按照合同约定,在正式开工前预先支付给承包人的工程款。它是施工准备和所需要材料、结构件等流动资金的主要来源。发包人应按照合同约定支付工程预付款。支付的工程预付款,按照合同约定在工程进度款中抵扣。当合同对工程预付款的支付没有约定时,按照财政部、原建设部印发的《建设工程价款结算暂行办法》(财建【2004】369号)的规定办理。

① 工程预付款的额度:包工包料的工程原则上预付比例不低于合同金额(扣除暂列金额)的10%,不高于合同金额(扣除暂列金额)的30%;对重大工程项目,按年度工程计划逐年预付。实行工程量清单计价的工程,实体性消耗和非实体性消耗部分应在合同中分别约定预付款比例(或金额)。

② 工程预付款的支付时间:在具备施工条件的前提下,发包人应在双方签订合同后的一个月内或约定的开工日期前的7天内预付工程款。

若发包人未按合同约定预付工程款,承包人应在预付时间到期后10天内向发包人发出要求预付的通知。若发包人收到通知后仍不按要求预付,承包人可在发出通知14天后停止施工,发包人应从约定应付之日起按同期银行贷款利率计算向承包人支付应付预付款的利息,并承担违约责任。

③ 凡是没有签订合同或不具备施工条件的工程,发包人不得预付工程款,不得以预付款为名转移资金。

4.4.5.3 工程进度款

《建设工程施工合同(示范文本)》中关于工程款的支付作出了相应的约定:“在确认计量结果后14天内,发包人应向承包人支付工程款(进度款)。”“发包人超过约定的支付时间不支付工程款(进度款),承包人可向发包人发出要求付款的通知,发包人接到承包人通知后仍不能按要求付款的,可与承包人协商签订延期付款协议,经承包人同意后可延期支付。协议应明确延期支付的时间和从计量结果确认后第15天起计算应付款的贷款利息。”“发包人不按合同约定支付工程款(进度款),双方又未达成延期付款协议,导致施工无法进行,承包人可停止施工,由发包人承担违约责任。”

(1) 工程进度款的计算

工程进度款的计算主要涉及工程量的计量和对应的单价确定方法。单价分为工料单价与综合单价两类。

工程量应按承包人在履行合同义务过程中实际完成的工程量计量。若发现工程量清单中出现漏项、工程量计算偏差,以及工程变更引起工程量的增减变化应按实调整,正确计量。

承包人应按照合同约定,向发包人递交已完工程量报告。发包人应在接到报告后按合同约定进行核对。

承包人应在每个付款周期末，向发包人递交进度款支付申请，并附相应的证明文件。除合同另有约定外，进度款支付申请应包括下列内容：

① 本周期已完成工程的价款；

② 累计已完成的工程价款；

③ 累计已支付的工程价款；

④ 本周期已完成的计日工金额；

⑤ 应增加和扣减的变更金额；

⑥ 应增加和扣减的索赔金额；

⑦ 应抵扣的工程预付款；

⑧ 应扣减的质量保证金；

⑨ 根据合同应增加和扣减的其他金额；

⑩ 本付款周期实际应支付的工程价款。

(2) 工程进度款的支付

发包人在收到承包人递交的工程进度款支付申请及相应的证明文件后，发包人应在合同约定时间内核对和支付工程进度款。发包人应扣回的工程预付款，与工程进度款同期结算抵扣。

发包人未在合同约定时间内支付工程进度款，承包人应及时向发包人发出要求付款的通知，发包人收到承包人通知后仍不按要求付款的，可与承包人协商签订延期付款协议，经承包人同意后延期支付。协议应明确延期支付的时间和从付款申请生效后按同期银行贷款利率计算应付款的利息。

4.4.5.4　竣工结算

工程竣工验收报告经发包人认可后28天内，承包人向发包人递交竣工结算报告及完整的结算资料，双方按照协议书约定的合同价款及专用条款约定的合同价款调整内容，进行工程竣工结算。专业监理工程师审核承包人报送的竣工结算报表；总监理工程师审定竣工结算报表；与发包人、承包人协商一致后，签发竣工结算文件和最终的工程款支付证书。

发包人收到承包人递交的竣工结算报告结算资料后28天内进行核实，给予确认或者提出修改意见。发包人确认竣工结算报告后通知经办银行向承包人支付竣工结算价款。承包人收到竣工结算价款后14天内将竣工工程交付发包人。

若发包人收到竣工结算报告及结算资料后28天内无正当理由不支付工程竣工结算价款，从第29天起按承包人同期向银行贷款利率支付拖欠工程价款的利息，并承担违约责任。

发包人收到竣工结算报告及结算资料后28天内无正当理由不支付工程竣工结算价款，承包人可以催告发包人支付结算价款。发包人在收到竣工结算报告及结算资料后56天内仍不支付的，承包人可以与发包人协议将该工程折价，也可以由承包人申请法院将该工程依法拍卖，承包人就该工程折价或者拍卖的价款优先受偿。

工程竣工验收报告经发包人认可后28天内，承包人未能向发包人递交竣工结算报告及完整的结算资料，造成工程竣工结算不能正常进行或工程竣工结算价款不能及时支付，发包人要求交付工程的，承包人应当交付；发包人不要求交付工程的，承包人承担保管责任。

竣工结算要有严格的审查，一般从以下几个方面入手：

(1) 核对合同条款

首先，应核对竣工工程内容是否符合合同条件要求，工程竣工验收是否合格，只有按合同要求完成全部工程并验收合格才能竣工结算；其次，应按合同规定的结算方法、计价定额、取费标准、主材价格和优惠条款等，对工程竣工结算进行审核，若发现合同开口或有漏洞，应请建设单位与施工单位认真研究，明确结算要求。

(2) 检查隐蔽验收记录

所有隐蔽工程均需进行验收，由两人以上签证。实行工程监理的项目应经监理工程师签证确认。

(3) 落实设计变更签证

设计修改变更应有原设计单位出具设计变更通知单和修改的设计图纸、校审人员签字并加盖公章，经建设单位和监理工程师审查同意、签证；重大设计变更应经原审批部门审批，否则不应列入结算。

(4) 按图核实工程数量

竣工结算的工程量应依据竣工图、设计变更单和现场签证等进行核算，并按国家统一规定的计算规则计算工程量。

(5) 执行定额单价

(6) 防止各种计算误差

4.4.5.5 保修金的返还

工程保修金一般为施工合同价款的 3%。在专用条款中具体规定，发包人在质量保修期后 14 天内，将剩余保修金和利息返还承包商。

4.4.6 FIDIC 合同条件下工程费用的支付

4.4.6.1 工程支付的范围和条件

(1) 工程支付的范围

FIDIC 合同条件所规定的工程支付的范围主要包括两部分：一部分费用是工程量清单中的费用，这部分费用是承包商在投标时根据合同条件的有关规定提出的报价，并经业主认可的费用；另一部分费用是工程量清单以外的费用，这部分费用虽然在工程量清单中没有规定，但是在合同条件中却有明确的规定，因此它也是工程支付的一部分。

(2) 工程支付的条件

① 质量合格是工程支付的必要条件。

② 符合合同条件。

③ 变更项目必须有监理工程师的变更通知。

④ 支付金额必须大于期中支付证书规定的最小限额。合同条件约定，如果在扣除保留金和其他金额之后的净额少于投标书附录中规定的期中支付证书的最小限额时，监理工程师没有义务开具任何支付证书。不予支付的金额将按月接转，直到达到或超过最低限额时才予以支付。

⑤ 承包商的工作使监理工程师满意。

4.4.6.2 工程支付的项目

(1) 工程量清单项目

工程量清单项目分为一般项目、暂列金额和计日工作三种。

① 一般项目。一般项目是指工程量清单中除暂列金额和计日工作以外的全部项目。这类项目的支付是以经过监理工程师计量的工程数量为依据，乘以工程量清单中的单价，其单价一般是不

变的。这类项目的支付占了工程费用的绝大部分，一般通过签发期中支付证书支付进度款。

② 暂列金额。暂列金额是指包括在合同中，供工程任何部分的施工，或提供货物、材料、设备或服务，或提供不可预料事件之费用的一项金额。这项金额按照监理工程师的指示可能全部或部分使用，或根本不予动用。

③ 计日工作。计日工作是指承包商在工程量清单的附件中，按工种或设备填报单价的日工劳务费和机械台班费，一般用于工程量清单中没有合适项目，且不能安排大批量的流水施工的零星附加工作。

a. 按合同中包括的计日工作计划表中所定项目和承包商在其投标书中所确定的费率和价格计算。

b. 对于清单中没有定价的项目，应按实际发生的费用加上合同中规定的费率计算有关的费用。

(2) 工程量清单以外项目

① 动员预付款。当承包商按照合同约定提交一份保函后，业主应支付一笔预付款，作为用于动员的无息贷款。

② 材料设备预付款。材料、设备预付款一般是指运至工地尚未用于工程的材料设备预付款。对承包商买进并运至工地的材料、设备，业主应支付无息预付款，预付款按材料设备的某一比例（通常为发票价的80%）支付。

材料、设备预付款按合同中的规定从承包商应得的工程款中分批扣除。扣除次数和各次扣除金额随工程性质不同而异，一般要求在合同规定的完工日期前至少3个月扣清，最好是材料设备一用完，该材料设备的预付款即扣还完毕。

③ 保留金。保留金是为了确保在施工阶段，或在缺陷责任期间，由于承包商未能履行合同义务，由业主（或监理工程师）指定他人完成应由承包商承担的工作所发生的费用。保留金的限额一般为合同总价的5%，从第一次付款证书开始，按投标函附录中标明的保留金百分率乘以当月末已实施的工程价值加上工程变更、法律改变和成本改变应增加的任何款额，直到累计扣留达到保留金的限额为止。

④ 工程变更的费用。工程变更费用的支付依据是工程变更令和监理工程师对变更项目所确定的变更费用，支付时间和支付方式也是列入期中支付证书予以支付。

⑤ 索赔费用。索赔费用的支付依据是监理工程师批准的索赔审批书及其计算而得的款额，支付时间则随工程月进度款一并支付。

⑥ 价格调整费用。价格调整费用按照合同条件规定的计算方法计算调整的款额，它包括因法律改变和成本改变的调整。

⑦ 迟付款利息。如果承包商没有在合同规定的时间收到付款，承包商应有权就未付款额按月计算复利，收取延误期的融资费用。除非专用条款中另有规定，上述融资费用应以高出支付货币所在国中央银行的贴现率加3%的年利率进行计算，并应用同种货币支付。

⑧ 业主索赔。业主索赔主要包括拖延工期的误期损害赔偿费和缺陷工程损失等。这类费用可从承包商的保留金中扣除，也可从支付给承包商的款项中扣除。

4.4.6.3 工程费用支付的程序

(1) 承包商提出付款申请

工程费用支付的一般程序是首先由承包商提出付款申请的月报表，填报一系列监理工程师指定格式的报表，说明承包商认为这个月他应得的有关款项。

(2) 监理工程师审核付款申请,编制期中付款证书

监理工程师在28天内对承包商提交的付款申请进行全面审核,修正或删除不合理的部分,计算付款净金额。计算付款净金额时,应扣除该月应扣除的保留金、动员预付款、材料设备预付款、违约金等。若净金额小于合同规定的期中支付的最小限额时,则监理工程师不需开具任何付款证书。

(3) 业主支付

业主收到监理工程师签发的付款证书后,按合同规定的时间支付给承包商款项。

4.4.6.4 工程支付的报表与证书

(1) 月报表

月报表是指对每月完成的工程量的核算、结算和支付的报表。承包商应在每个月末后,按监理工程师批准的格式向监理工程师递交月报表(一式六份),详细说明承包商自己认为有权得到的款额,以及包括按照进度报告的规定编制的相关进度报告在内的证明文件。该报表应包括下列项目:

① 截至月末已实施的工程和已提出的承包商文件的估算合同价值(包括各项变更,但不包括以下②~⑦项所列项目);

② 按照合同中因法律改变和因成本改变而调整的有关规定,应增减的任何款额;

③ 至业主提取的保留金额达到投标书附录中规定的保留金限额(如果有)以前,用投标书附录中规定的保留金百分比计算的,对上述款项总额应减少的任何保留金额;

④ 按照合同中预付款的规定,因预付款的支付和付还,应增加和减少的任何款额;

⑤ 按照合同中拟用于工程的生产设备和材料的规定,因生产设备和材料应增减的任何款额;

⑥ 根据合同或包括索赔、争端与仲裁等其他规定,应付的任何其他增加或减少额;

⑦ 所有以前付款证书中确认的减少额。

(2) 竣工报表

承包商在收到工程的接收证书后84天内,应向监理工程师送交竣工报表(一式六份),该报表应附有按监理工程师批准的格式所编写的证明文件,并应详细说明以下几点:

① 截止到工程接收证书载明的日期,按合同要求完成的所有工作的价值。

② 承包商认为应支付的任何其他款项,如所要求的索赔款等。

③ 承包商认为根据合同规定应付给他的任何其他款项的估计款额。估计款额在竣工报表中应单独列出。

(3) 最终报表和结清单

承包商在收到履约证书后56天内,应向监理工程师提交按照监理工程师批准的格式编制的最终报表草案并附证明文件(一式六份),该报表应详细列出:① 根据合同应完成的所有工作的价值;② 承包商认为根据合同或其他规定应支付给他的任何其他款额。

(4) 最终付款证书

监理工程师在收到正式最终报表及结清单之后28天内,应向业主递交一份最终付款证书,说明以下几点:

① 监理工程师认为按照合同最终应支付给承包商的款额;

② 业主以前所有应支付和应得到的款额的收支差额。

(5) 履约证书

履约证书应由监理工程师在整个工程的最后一个区段缺陷通知期限期满之后28天内颁发,这说明承包商已尽其义务完成施工和竣工并修补了其中的缺陷,达到了使监理工程师满意的程度。

至此，承包商与合同有关的实际业务业已完成，但如业主或承包商任一方有未履行的合同义务时，合同仍然有效。

4.4.7 工程价款的动态结算

工程价款的动态结算就是要把各种动态因素渗透到结算过程中，使结算大体能反映实际的消耗费用。

(1) 按实际价格结算法

工程承包商可凭发票按实报销。这种方法方便易行，但由于是实报实销，因而承包商对降低成本不感兴趣，为了避免副作用，造价管理部门要定期公布最高结算限价，同时合同文件中应规定建设单位或监理工程师有权要求承包商选择更廉价的供应来源。

(2) 按主材计算价差

发包人在招标文件中列出需要调整价差的主要材料表及其基期价格（一般采用当时当地工程价格管理机构公布的信息价或结算价），工程竣工结算时按竣工当时当地工程价格管理机构公布的材料信息价或结算价，与招标文件中列出的基期价比较计算材料差价。

(3) 主料按抽料计算价差

主要材料按施工图预算计算的用量和竣工当月当地工程价格管理机构公布的材料结算价或信息价与基期价对比计算差价。其他材料按当地工程价格管理机构公布的竣工调价系数计算方法计算差价。

(4) 竣工调价系数法

这种方法按工程价格管理机构公布的竣工调价系数及调价计算方法计算差价。

(5) 调值公式法（又称动态结算-公式法）

根据国际惯例，对建设工程已完成投资费用的结算，一般采用此法。事实上，绝大多数情况是发包方和承包方在签订的合同中就明确规定了调值公式。

① 利用调值公式法进行价格调整的工作程序及监理工程师应做的工作。

价格调整的计算工作比较复杂，其程序如下。

首先，确定计算物价指数的品种，一般品种不宜太多，只确立那些对项目投资影响较大的因素，如设备、水泥、钢材、木材和工资等，这样便于计算。

其次，要明确以下两个问题：一是合同价格条款中，应写明经双方商定的调整因素，在签订合同时要写明考核几种物价波动到何种程度才进行调整。二是考核的地点和时点，地点一般在工程所在地，或指定的某地市场价格；时点指的是某月某日的市场价格。这里要确定两个时点价格，即基准日期的市场价格（基础价格）和与特定付款证书有关的期间最后一天的 42 天前的时点价格。这两个时点就是计算调值的依据。

最后，确定各成本要素的系数和固定系数，各成本要素的系数要根据各成本要素对总造价的影响程度而定。各成本要素系数之和加上固定系数应该等于 1。

在实行国际招标的大型合同中，监理工程师应负责按下述步骤编制价格调值公式：

a. 分析施工中必需的投入，并决定选用一个公式，还是选用几个公式；

b. 估计各项投入占工程总成本的相对比重，以及国内投入和国外投入的分配，并决定对国内成本与国外成本是否分别采用单独的公式；

c. 选择能代表主要投入的物价指数；

d. 确定合同价中固定部分和不同投入因素的物价指数的变化范围；

e. 规定公式的应用范围和用法；

f. 如有必要，规定外汇汇率的调整。

② 建筑安装工程费用的价格调值公式。

若施工期内市场价格波动超出一定幅度时，应按合同约定调整工程价款；合同没有约定或约定不明确的，应按省级或行业建设主管部门或其授权的工程造价管理机构的规定调整。

按照国家发改委、财政部、原建设部等九部委第56号令发布的标准施工招标文件中的通用合同条款，对物价波动引起的价格调整规定了以下两种方式。

a. 采用价格指数调整价格差额。

(a) 价格调整公式。因人工、材料和设备等价格波动影响合同价格时，根据投标函附录中的价格指数和权重表约定的数据，按以下公式计算差额并调整合同价格：

$$\Delta P = P_0\left[A + \left(B_1 \times \frac{F_{t1}}{F_{01}} + B_2 \times \frac{F_{t2}}{F_{02}} + B_3 \times \frac{F_{t3}}{F_{03}} + \cdots + B_n \times \frac{F_{tn}}{F_{0n}}\right) - 1\right] \tag{4-53}$$

式中 ΔP——需调整的价格差额；

P_0——约定的付款证书中承包人应得到的已完成工程量的金额，它不包括价格调整、不计质量保证金扣留和支付、预付款的支付和扣回，约定的变更及其他金额已按现行价格计价的，也不计在内；

A——定值权重(即不调部分的权重)；

$B_1, B_2, B_3, \cdots, B_n$——各可调因子的变值权重(即可调部分的权重)，为各可调因子在投标函投标总报价中所占的比例；

$F_{t1}, F_{t2}, F_{t3}, \cdots, F_{tn}$——各可调因子的现行价格指数，指约定的付款证书相关周期最后一天的前42天的各可调因子的价格指数；

$F_{01}, F_{02}, F_{03}, \cdots, F_{0n}$——各可调因子的基本价格指数，指基准日期的各可调因子的价格指数。

以上价格调整公式中的各可调因子、定值和变值权重，以及基本价格指数及其来源在投标函附录价格指数和权重表中约定。价格指数应首先采用有关部门提供的价格指数，缺乏上述价格指数时，可采用有关部门提供的价格代替。

(b) 暂时确定调整差额。在计算调整差额时得不到现行价格指数的，可暂用上一次价格指数计算，并在以后的付款中再按实际价格指数进行调整。

(c) 权重的调整。约定的变更导致原定合同中的权重不合理时，由监理人与承包人和发包人协商后进行调整。

(d) 承包人工期延误后的价格调整。由于承包人原因未在约定的工期内竣工的，则对原约定竣工日期后继续施工的工程，在使用第一条的价格调整公式时，应采用原约定竣工日期与实际竣工日期的两个价格指数中较低的一个作为现行价格指数。

b. 采用造价信息调整价格差额。

施工期内，因人工、材料、设备和机械台班价格波动影响合同价格时，人工、机械使用费按照国家或省、自治区、直辖市建设行政管理部门、行业建设管理部门或其授权的工程造价管理机构发布的人工成本信息、机械台班单价或机械使用费系数进行调整；需要进行价格调整的材料，其单价和采购数应由监理人员复核，监理人员确认需调整的材料单价及数量，作为调整工程合同价格差额的依据。

上述物价波动引起的价格调整中的第一种方法适用于使用的材料品种较少，但每种材料使用量较大的土木工程，如公路、水坝等工程。第二种方法适用于使用的材料品种相对较多，每种材料使用量相对较小的房屋建筑与装饰工程。

【例 4-5】 2012 年 3 月实际完成的工程按基准日的价格计算工程进度款为 100 万元，调值公式中的固定系数为 0.2，相关成本要素除钢材价格指数上升了 10%外，都未发生变化，钢材费占合同调值部分的 50%。按调值公式计算 2012 年 3 月实际工程结算款应为多少万元？

【解】 $$P=P_0\left(a_0+a_1\frac{A}{A_0}+a_2\frac{B}{B_0}+a_3\frac{C}{C_0}+a_4\frac{D}{D_0}\right)$$

$$=100\times(0.2+0.8\times0.5\times1.1+0.8\times0.5)$$

$$=104(\text{万元})$$

4.4.8 投资偏差分析

在确定了投资控制目标之后，为了有效地进行投资控制，监理工程师就必须定期地进行投资计划值与实际值的比较，当实际值偏离计划值时，分析产生偏差的原因，采取适当的纠偏措施，以使投资超支尽可能小。

4.4.8.1 赢得值法的概述

赢得值法计算参数和指标见表 4-37。

表 4-37 **赢得值法计算参数和指标**

参数名称及计算公式	
已完工作预算费用(BCWP)＝已完成工作量×预算单价	
计划工作预算费用(BCWS)＝计划完成工作量×预算单价	
已完工作实际费用(ACWP)＝已完成工作量×实际单价	
指标名称及计算公式	判断标准
费用偏差(CV)＝已完工作预算费用(BCWP)－已完工作实际费用(ACWP) ＝已完成工作量×(预算单价－实际单价)	>0 节支 <0 超支
进度偏差(SV)＝已完工作预算费用(BCWP)－计划工作预算费用(BCWS) ＝预算单价×(已完成工作量－计划工作量)	>0 提前 <0 拖后
费用绩效指数(CPI)＝已完工作预算费用(BCWP)/已完工作实际费用(ACWP) ＝预算单价/实际单价	>1 节支 <1 超支
进度绩效指数(SPI)＝已完工作预算费用(BCWP)/计划工作预算费用(BCWS) ＝已完成工作量/计划工作量	>1 提前 <1 拖后

偏差程度可参照局部偏差和累计偏差分为局部偏差程度和累计偏差程度。注意累计偏差程度并不等于局部偏差程度的简单相加。

4.4.8.2 偏差分析的方法

偏差分析可采用不同的方法，常用的有横道图法、表格法和曲线法。

(1) 横道图法

用横道图法进行投资偏差分析，是用不同的横道标志已完工程计划投资、拟完工程计划投资和已完工程实际投资，横道的长度与其金额成正比例。

横道图法具有形象、直观、一目了然等优点，它能够准确表达出投资的绝对偏差，而且能一眼感受到偏差的严重性。但是，这种方法反映的信息量少，一般在项目的较高管理层应用。

(2) 表格法

表格法是进行偏差分析最常用的一种方法。它将项目编号、名称、各投资参数以及投资偏差数综合归纳入一张表格中，并且直接在表格中进行比较。用表格法进行偏差分析具有如下优点：

① 灵活、适用性强。可根据实际需要设计表格，进行增减项。

② 信息量大。表格可以反映偏差分析所需的资料，从而有利于投资控制人员及时采取针对性措施，加强控制。

③ 表格处理可借助于计算机，从而节约大量数据处理所需的人力，并大大提高速度。

(3) 曲线法

曲线法是用投资累计曲线(S形曲线)来进行投资偏差分析的一种方法。

在用曲线法进行投资偏差分析时，首先要确定投资计划值曲线。投资计划值曲线是与确定的进度计划联系在一起的。同时，也应考虑实际进度的影响，应当引入三条投资参数曲线，即已完工程实际投资曲线 a，已完工程计划投资曲线 b 和拟完工程计划投资曲线 p，如图 4-12 所示。图中曲线 a 与曲线 b 的竖向距离表示投资偏差，曲线 b 与曲线 p 的水平距离表示进度偏差。

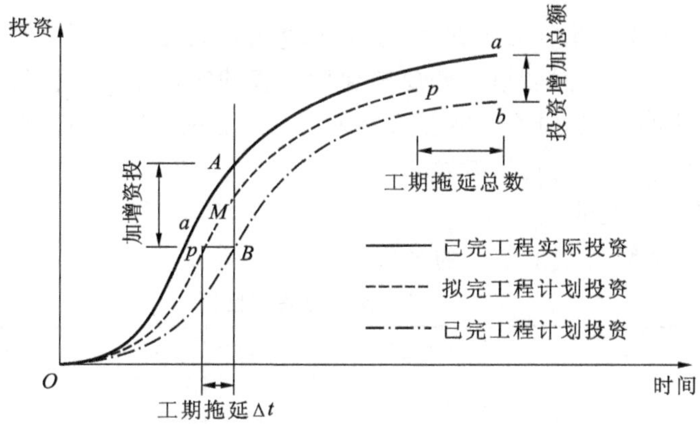

图 4-12　赢得值三个参数曲线分析

图 4-12 反映的偏差为累计偏差。用曲线法进行偏差分析同样具有形象、直观的特点，但这种方法很难直接用于定量分析，只能对定量分析起一定的指导作用。

4.4.8.3　偏差原因分析

偏差分析的一个重要目的就是要找出引起偏差的原因，从而采取有针对性的措施，减少或避免相同原因的再次发生。一般来说，产生投资偏差的原因有以下几种：物价上涨、设计原因、业主原因、施工原因和客观原因，具体如图 4-13 所示。

对偏差原因进行分析的目的是为了有针对性地采取纠偏措施，从而实现投资的动态控制和主动控制。

纠偏首先要确定纠偏的对象，有些偏差原因是无法避免和控制的，如客观原因，充其量只能对其中少数原因做到防患于未然，力求减少原因所产生的经济损失。对于施工原因所导致的经济损失通常是由承包商自己承担的，从投资控制的角度只能加强合同的管理，避免被承包商索赔。所以，这些偏差原因都不是纠偏的主要对象。纠偏的主要对象是业主原因和设计原因造成的投资偏差。在确定了纠偏的主要对象之后，就需要采取有针对性的纠偏措施。纠偏可采用组织措施、经济

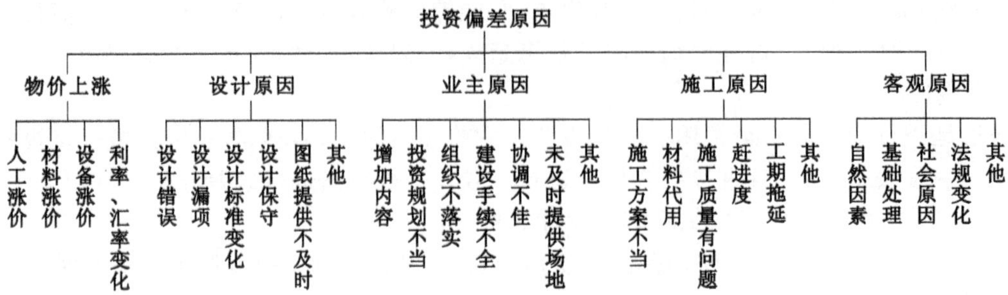

图 4-13 投资偏差原因

措施、技术措施和合同措施等。

4.5 建设工程竣工决算

4.5.1 竣工决算概述

(1) 竣工决算的概念

竣工决算是建设工程经济效益的全面反映，是项目法人核定各类新增资产价值、办理其交付使用的依据。通过竣工决算，一方面能够正确反映建设工程的实际造价和投资结果；另一方面可以通过竣工决算与概算、预算的对比分析，考核投资控制的工作成效，总结经验教训，积累技术经济方面的基础资料，提高未来建设工程的投资效益。

(2) 竣工决算与竣工结算的区别

表 4-38 列出了竣工决算与竣工结算的区别。

表 4-38 竣工决算与竣工结算的区别

区别项目	工程竣工结算	工程竣工决算
编制单位及其部门	承包方的预算部门	项目业主的财务部门
内　　容	承包方承包施工的建筑安装工程的全部费用。它最终反映承包方完成的施工产值	建设工程从筹建开始到竣工交付使用为止的全部建设费用，它反映建设工程的投资效益
性质和作用	① 承包方与业主办理工程价款最终结算的依据； ② 双方签订的建筑安装工程承包合同终结的凭证； ③ 业主编制竣工决算的主要资料	① 业主办理交付、验收、动用新增各类资产的依据； ② 竣工验收报告的重要组成部分

(3) 竣工决算的内容

竣工决算是建设工程从筹建到竣工投产全过程中发生的所有实际支出，包括设备及工器具购置费、建筑安装工程费和其他项目费用等。竣工决算由竣工财务决算报表、竣工财务决算说明书、竣工工程平面示意图和工程造价比较分析四部分组成。其中，竣工财务决算报表和竣工财务决算说明书属于竣工财务决算的内容。竣工财务决算是竣工决算的组成部分，是正确核定新增资产价值、反映竣工项目建设成果的文件，是办理固定资产交付使用的依据。

(4) 竣工决算的编制依据

① 经批准的可行性研究报告及其投资估算；

② 经批准的初步设计或扩大初步设计及其概算或修正概算；

③ 经批准的施工图设计及其施工图预算；

④ 设计交底或图纸会审纪要；

⑤ 招投标的标底、承包合同、工程结算资料；

⑥ 施工记录或施工签证单，以及其他施工中发生的费用记录，如索赔报告与记录、停(交)工报告等；

⑦ 竣工图及各种竣工验收资料；

⑧ 历年基建资料、历年财务决算及批复文件；

⑨ 设备、材料调价文件和调价记录；

⑩ 有关财务核算制度、办法和其他有关资料、文件等。

(5) 竣工决算的编制步骤

① 搜集、整理、分析原始资料。从建设工程开始就按编制依据的要求，搜集、清点、整理有关资料，主要为建设工程档案资料。

② 对照、核实工程变动情况，重新核实各单位工程、单项工程造价。将竣工资料与原设计图纸进行查对、核实，必要时可实地测量，确认实际变更情况；根据经审定的施工单位竣工结算等原始资料，按照有关规定对原概(预)算进行增减调整，重新核定工程造价。

③ 将审定后的待摊投资、设备及工器具投资、建筑安装工程投资、工程建设其他项目投资严格划分和核定后，分别计入相应的建设成本栏目内。

④ 编制竣工财务决算说明书，力求内容全面、简明扼要、文字流畅、说明问题。

⑤ 填报竣工财务决算报表。

⑥ 做好工程造价对比分析。

⑦ 清理、装订好竣工图。

⑧ 按国家规定上报、审批、存档。

4.5.2 新增资产价值的确定

工程项目竣工投入运营后，所花费的总投资应按会计制度和有关税法的规定，形成相应的资产。这些新增资产分为固定资产、无形资产、流动资产和其他资产四类。资产的性质不同，其核算的方法也不同。

4.5.2.1 新增固定资产

(1) 新增固定资产价值的作用

① 如实反映企业固定资产价值的增减变化，保证核算的统一性；

② 真实反映企业固定资产的占用额；

③ 正确计提企业固定资产折旧；

④ 反映一定范围内固定资产再生产的规模与速度；

⑤ 分析国民经济各部门的技术构成变化及相互间适应的情况。

(2) 新增固定资产价值的构成

① 第一部分工程费用。它包括设备及工器具费用、建筑工程费、安装工程费。

② 固定资产其他费用。它主要有建设单位管理费、勘察设计费、研究试验费、工程监理费、工

程保险费、联合试运转费、办公和生活家具购置费及引进技术和进口设备的其他费用等。

③ 预备费。

④ 融资费用。它包括建设期利息及其他融资费用。

(3) 新增固定资产价值的计算

新增固定资产价值的计算是以独立发挥生产能力的单项工程为对象的,当单项工程建成经有关部门验收鉴定合格,正式移交生产或使用,即应计算新增固定资产价值。一次交付生产或使用的工程一次计算新增固定资产价值,分期分批交付生产或使用的工程,应分期分批计算新增固定资产价值。

4.5.2.2 新增无形资产

无形资产是指能使企业拥有某种权利、能为企业带来长期的经济效益,但没有实物形态的资产。无形资产包括专利权、商标权、专有技术、著作权、土地使用权、商誉等。

新增无形资产的计价原则如下:

① 投资者将无形资产作为资本金或者合作条件投入的,按照评估确认或合同协议约定的金额计价。

② 购入的无形资产,按照实际支付的价款计价。

③ 企业自创并依法确认的无形资产,按开发过程中的实际支出计价。

④ 企业接受捐赠的无形资产,按照发票凭证所载金额或者同类无形资产市场价作价。

无形资产计价入账后,其价值从受益之日起,在有效使用期内分期摊销。

4.5.2.3 新增流动资产

新增流动资产依据投资概算核拨的项目铺底流动资金,由建设单位直接移交使用单位。

4.5.2.4 新增其他资产

其他资产是指除固定资产、无形资产和流动资产以外的资产。形成其他资产原值的费用主要是生产准备费(含职工提前进厂费和培训费)、样品样机购置费和农业开荒费等。

4.5.3 竣工财务决算的编制

工程项目竣工财务决算由竣工财务决算报表和竣工财务决算说明书两部分组成。

我国财政部财基字【1998】498号文件对建设工程竣工财务决算报表的格式作了统一规定,对竣工财务决算说明书的内容提出了统一要求。

竣工财务决算报表的格式根据大中型项目(5个报表)和小型工程项目(3个报表)分别制定。

(1) 工程项目竣工财务决算审批表(大中型项目和小型工程项目)

该表作为决算上报有关部门审批之用。有关部门应对决算进行认真审查后将签署的审核意见填列该表中。

(2) 大中型工程项目概况表

该表综合反映建成的大中型工程项目的基本概况。

(3) 大中型工程项目竣工财务决算表

该表反映竣工的大中型项目的全部资金来源和资金占用情况。对于跨年度的项目,在编制该表前,一般应先编制出项目竣工年度财务决算。根据编制出的竣工年度财务决算和历年财务决算编制出该项目的竣工财务决算。

(4) 大中型工程项目交付使用资产总表

该表反映工程项目建成后新增固定资产、流动资产、无形资产和其他资产价值,作为财产交接的依据。小型项目不编制此表,直接编制“交付使用资产明细表”。

(5) 工程项目交付使用资产明细表(大中型项目和小型工程项目)

该表反映交付使用资产及其价值的更详细的情况,适用于大、中、小型工程项目。该表既是交付单位办理资产交接的依据,也是接收单位登记资产账目的依据。因此,编制此表应做到固定资产部分逐项盘点填列,工具、器具和家具等低值易耗品可分类填列。

(6) 小型工程项目竣工财务决算总表

该表主要反映小型工程项目的全部工程和财务情况。该表比照大中型工程项目概况表指标和大中型工程项目竣工财务决算表指标口径填列。

【知识归纳】

(1) 建设工程总投资的概念及组成。
(2) 建设工程投资控制原理。
(3) 建设工程投资控制的主要任务。
(4) 建筑安装工程费用的构成及计算。
(5) 建筑安装工程费用的计价程序。
(6) 建设工程工程量清单计价方法。
(7) 预备费、建设期利息、铺底流动资金。
(8) 工程量清单。
(9) 企业定额。
(10) 工程计量。
(11) 我国工程价款的结算。
(12) 工程价款的动态结算。
(13) 投资偏差分析方法。
(14) 工程竣工结算和工程竣工决算的区别。

【独立思考】

4-1 建设工程总投资中静态投资和动态投资分别包括什么?
4-2 投资控制包括哪几类措施?
4-3 抵岸价的构成包括什么?如何计算?
4-4 简述工程量清单计价程序。
4-5 我国工程变更价款如何确定?
4-6 简述投资偏差分析的步骤。
4-7 简述工程竣工决算和工程竣工结算的区别。

【参考文献】

[1] 全国一级建造师执业资格考试用书编写委员会.建设工程经济.3版.北京:中国建筑工业出版社,2012.

[2] 中国建设监理协会.建设工程投资控制.北京:知识产权出版社,2011.

[3] 全国一级建造师执业资格考试用书编写委员会.建设工程项目管理.3版.北京:中国建筑工业出版社,2012.

[4] 全国二级建造师执业资格考试用书编写委员会.建设工程施工管理.3版.北京:中国建筑工业出版社,2012.

5 建设工程合同管理

课前导读

内容提要

本章主要内容包括建设工程合同管理、《中华人民共和国合同法》（以下简称《合同法》）总则、建设工程招投标管理、勘察设计合同、监理合同及施工合同等相关法律、法规知识。教学难点于在工程合同索赔管理。

能力要求

通过本章的学习，要求学生能应用《合同法》、《中华人民共和国招标投标法》（以下简称《招标投标法》）解释《勘察设计合同》、《建设监理委托合同（示范文本）》及《建设工程施工合同（示范文本）》，具备合同索赔的分析判断能力，能正确处理合同双方的责任与权利。

5.1 建设工程合同管理概述

5.1.1 建设工程合同的概念

《合同法》第二百六十九条规定："建设工程合同是承包人进行工程建设，发包人支付价款的合同。建设工程合同包括工程勘察、设计、施工合同。"

5.1.2 建设工程合同的种类

(1) 根据完成承包任务的内容来划分

《合同法》第二百六十九条明确指出，建设工程合同包括建设工程勘察合同、设计合同和施工合同。

(2) 根据工程承发包范围来划分

《合同法》第二百七十二条规定："发包人可以与总承包人订立建设工程合同，也可以分别与勘察人、设计人、施工人订立勘察、设计、施工承包合同。发包人不得将应当由一个承包人完成的建设工程肢解成若干部分发包给几个承包人。总承包人或者勘察、设计、施工承包人经发包人同意，可以将自己承包的部分工作交由第三人完成。"因此，建设工程合同可分为建设工程总承包合同、承包合同和分包合同等类型。

(3) 根据工程合同价款的确定方式来划分

《建设工程施工合同(示范文本)》规定，建设工程合同可以分为固定总价合同、单价合同和成本加酬金合同等。

5.1.3 建设工程合同的特征

建设工程合同从合同理论上属于广义承揽合同中的一种，但由于其针对建设工程活动制定，从管理、标的等方面不同于一般承揽合同。其主要区别在于：

(1) 合同主体的严格性

建设工程合同的主体一般只能是法人。发包人一般只能是经过批准进行工程项目建设的法人，必须由国家批准建设项目，落实投资计划，且具备相应的协调能力；承包人除了具有法人资格外，还应当具备从事勘查、设计、施工等行业批准的相应资质。

(2) 合同标的的特殊性

建筑产品的不可移动性和生产单件性决定了合同标的的特殊性，建设工程合同的标的是各类建筑产品，其基础部分与大地连接，不能移动，这一特征决定了每个建设工程合同的标的都是特殊的，相互间具有不可替代性。

(3) 合同履行期限的长期性

建设工程体型庞大，结构复杂，不可能像工业产品一样实现流水线生产，这就使得建设工程合同履行期限都比较长，而且在履行过程中，可能会出现不可预见的事件，导致合同履行期限更长。

(4) 计划和程序的严格性

基础建设是国家进行固定资产投资的重要形式，也是衡量国民经济增长率的重要指标。建设工程合同的订立必须以国家批准的投资计划为前提，国家投资以外的项目，也受到当年贷款规模和批准限额的限制，纳入当年投资规模的平衡，并经过严格批准程序。建设工程合同的订立及履行必须符合国家关于建设程序的规定。

(5) 合同形式的特殊要求

对于一般的合同，我国《合同法》对于合同的形式没有特殊的要求。但是对于建设工程合同，考虑到建设工程的长期性、复杂性和重要性，在建设过程中经常会发生影响合同履行的纠纷。因此，《合同法》第二百七十条规定："建设工程合同应当采用书面形式。"这也反映了国家对建设工程合同的重视。

5.1.4 建设工程合同管理的基础

(1) 建设工程合同管理法律法规体系

目前，我国这方面的立法体系已基本完善。与建设工程合同有直接关系的是《中华人民共和国民法通则》(以下简称《民法通则》)、《合同法》、《招标投标法》和《中华人民共和国建筑法》(以下简称《建筑法》)。《民法通则》是调整平等主体的公民之间、法人之间、公民与法人之间的财产关系和人身关系的基本法律。合同关系也是一种财产(债权、债务)关系，因此，《民法通则》对规范合同关系作出了原则性的规定。《合同法》是规范我国市场经济财产流转关系的基本法，建设工程合同的订立和履行也要遵守其基本规定，在建设工程合同的履行过程中，由于会涉及大量的其他合同，如买卖合同等，也要遵守《合同法》的规定。招标、投标是通过竞争择优确定承包人的主要方式，《招标投标法》是规范建筑市场竞争的主要法律，能够有效地实现建筑市场的公开、公平、公正的竞争。有些建设项目必须通过招标、投标确定承包人，其他项目国家鼓励通过招标、投标确定承包人。《建筑法》是规范建筑活动的基本法律，建设工程合同的订立和履行也是一种建筑活动，合同的内容也必须遵守《建筑法》的规定。另外，建设工程合同的订立和履行还涉及其他一些法律关系，则需要遵守相应的法律规定。在建设工程合同的订立和履行中需要提供担保的，则应当遵守《中华人民共和国担保法》的规定。在建设工程合同的订立和履行中需要投保的，则应当遵守《中华人民共和国保险法》的规定。建设工程合同的订立和履行中需要建立劳动关系的，则应当遵守《中华人民共和国劳动法》的规定。若合同的订立和履行过程如果要涉及合同的公证、鉴证等活动，则应当遵守国家对公证、鉴证等的规定。如果合同在履行过程中发生了争议，双方订有仲裁协议(或者争议发生后双方达成仲裁协议的)，则应按照《中华人民共和国仲裁法》的规定进行仲裁；如果双方没有仲裁协议(争议发生后双方也没有达成仲裁协议的)，则应按照《中华人民共和国民事诉讼法》作为争议的最终解决方式。

(2) 推行合同示范文本制度

推行合同示范文本制度，一方面有助于当事人了解、掌握有关法律、法规，使具体实施项目的建设工程合同符合法律、法规的要求，避免缺款少项，防止出现显失公平的条款，也有助于当事人熟悉合同的运行；另一方面，有利于行政管理机关对合同的监督，有助于仲裁机构或者人民法院及时裁判纠纷，维护当事人的利益。使用标准化的范本签订合同，对完善建设工程合同管理制度起到了极大的推动作用。

5.2 《合同法》的解释

5.2.1 《合同法》概述

为了满足我国发展社会主义市场经济的需要，消除市场交易规则的分歧，1999 年 3 月 15 日，第九届全国人大第二次会议通过了《中华人民共和国合同法》，于 1999 年 10 月 1 日起施行，并将原有的《经济合同法》、《技术合同法》和《涉外经济合同法》三部合同法律同时废止。

《合同法》由总则、分则和附则三部分组成。总则包括以下 8 章：一般规定、合同的订立、合同的效力、合同的履行、合同的变更和转让、合同的权利义务终止、违约责任、其他规定。分则按照合同标的的特点分为 15 种：买卖合同；供用电、水、气、热力合同；赠与合同；借款合同；租赁合同；融资租赁合同；承揽合同；建设工程合同；运输合同；技术合同；保管合同；仓储合同；委托合同；行纪合同；居间合同。附则规定本法的施行时间、替代前法名称及废止时间。

5.2.2 合同的订立

《合同法》第十三条规定："当事人订立合同，采取要约、承诺方式。"合同的成立需要经过要约和承诺两个阶段，这是民法学界的共识，也是国际合同公约和世界各国合同立法的通用做法。建设工程合同的订立同样需要通过要约、承诺。

5.2.2.1 要约

(1) 要约的概念和条件

《合同法》第十四条规定："要约是希望和他人订立合同的意思表示，该意思表示应当符合下列规定：① 内容具体确定；② 表明经受要约人承诺，要约人即受该意思表示约束。"具体地讲，要约必须是特定人的意思表示，必须是以缔结合同为目的。要约必须是对相对人发出的行为，必须由相对人承诺，虽然相对人的人数可能为不特定的多数人。另外，要约必须具备合同的一般条款。

(2) 要约邀请

《合同法》第十五条规定："要约邀请是希望他人向自己发出要约的意思表示。寄送的价目表、拍卖公告、招标公告、招股说明书、商业广告等为要约邀请。商业广告的内容符合要约规定的，视为要约。"要约邀请并不是合同成立过程中的必经过程，它是当事人订立合同的预备行为，在法律上无须承担责任。这种意思表示的内容往往不确定，不含有合同成立的主要内容，也不含相对人同意后受其约束的表示。

(3) 要约的撤回和撤销

要约撤回是指要约在发生法律效力之前，欲使其不发生法律效力而取消要约的意思表示。《合同法》第十七条规定："要约可以撤回。撤回要约的通知应当在要约到达受要约人之前或者与要约同时到达受要约人。"

要约撤销是要约在发生法律效力之后，要约人欲使其丧失法律效力而取消该项要约的意思表示。《合同法》第十八条规定："要约可以撤销。撤销要约的通知应当在受要约人发出承诺通知之前到达受要约人"。但《合同法》第十九条又规定："有下列情形之一的，要约不得撤销：① 要约人确定了承诺期限或者以其他形式明示要约不可撤销；② 受要约人有理由认为要约是不可撤销的，并已经为履行合同做了准备工作。"可以认为，要约的撤销是一种特殊的情况，且必须在受要约人发出承诺通知之前到达受要约人。

5.2.2.2 承诺

(1) 承诺的概念和条件

《合同法》第二十一条规定："承诺是受要约人同意要约意思的表示。"因此，承诺具有以下条件：① 承诺必须由受要约人作出。非受要约人向要约人作出的接受要约意思的表示仅是一种要约而非承诺。

② 承诺只能向要约人作出。非要约对象向要约人作出的完全接受要约意思的表示也不是承诺，因为要约人根本没有与其订立合同的意愿。

③ 承诺的内容应当与要约的内容一致。但是，近年来，国际上出现了允许受要约人对要约内容进行非实质性变更的趋势。受要约人对要约的内容作出实质性变更的，视为新要约。有关合同标的、数量、质量、价款和报酬、履行期限、履行地点和方式、违约责任和解决争议方法等的变更，都是对要约内容的实质性变更。承诺对要约的内容作出非实质性变更的，除要约人及时反对或者要约表明不得对要约内容作任何变更以外，该承诺有效，合同以承诺的内容为准。

④ 承诺必须在承诺期限内发出。超过期限，除要约人及时通知受要约人该承诺有效外，视为新要约。

(2) 承诺的期限

《合同法》第二十三条规定："承诺应当在要约确定的期限内到达要约人，承诺必须以明示的方式在要约规定的期限内作出。如果要约没有规定承诺期限的需按以下方式而定：① 要约以对话方式作出的，应当即时作出承诺，但当事人另有约定的除外；② 要约以非对话方式作出的，承诺应当在合理期限内到达。"

这样的规定主要是表明承诺的期限应当与要约相对应。"合理期限"要根据要约发出的客观情况和交易习惯确定，应当注意双方的利益平衡。《合同法》第二十四条规定："要约以信件或者电报作出的，承诺期限自信件载明的日期或者电报交发之日开始计算。信件未载明日期的，自投寄该信件的邮戳日期开始计算。要约以电话、传真、电邮等快速通讯方式作出的，承诺期限自要约到达受要约人时开始计算。"《合同法》第二十九条规定："受要约人在承诺期限内发出承诺，按照通常情形能够及时到达要约人，但因其他原因承诺到达要约人时超过承诺期限的，除要约人及时通知受要约人因承诺超过期限不接受该承诺的以外，该承诺有效。"

(3) 迟到的承诺

《合同法》对超过承诺期限到达要约人的承诺作出了不同的区分。

① 受要约人超过承诺期限发出的承诺。除非要约人及时通知受要约人该承诺有效，否则该超期的承诺视为新要约，对要约人不具备法律效力。

② 非受要约人责任原因延误到达的承诺。受要约人在承诺期限内发出承诺，按照通常情况能够及时到达要约人，但因其他原因承诺到达要约人时超过了承诺期限。对于这种情况，除非要约人及时通知受要约人因承诺超过期限不接受该承诺，否则承诺有效。

(4) 承诺的撤回

承诺的撤回是承诺人阻止或者消灭承诺发生法律效力意思的表示。承诺可以撤回，撤回承诺的通知应当在承诺通知到达要约人之前或者与承诺通知同时到达要约人。

5.2.2.3 要约和承诺的生效

对于要约和承诺的生效，世界各国有不同的规定，但主要有投邮主义、到达主义和了解主义。对于投邮主义，在现代信息交流方式中可作广义的理解：要约和承诺发出以后，只要要约和承诺已处于要约人和承诺人控制范围之外，要约、承诺即生效。到达主义则要求要约、承诺达到受要约人、要约人时生效。了解主义则不但要求对方收到要约、承诺的意思表示，而且要求真正了解其内容时，该意思表示才生效。目前，世界上大部分国家和《联合国国际货物销售合同公约》都采用了到达主义。

对于要约生效,《合同法》第十六条规定:“要约到达受要约人时生效。采用数据电文形式订立合同,收件人指定特定系统接收数据电文的,该数据电文进入该特定系统的时间,视为到达时间;未指定特定系统的,该数据电文进入收件人的任何系统的首次时间,视为到达时间。”

对于承诺生效,《合同法》第二十六条规定:“承诺通知到达要约人时生效。承诺不需要通知的,根据交易习惯或者要约的要求作出承诺的行为时生效。”所以承诺应当以通知的方式作出,但根据交易习惯或者要约的要求表明可以通过行为作出承诺的除外。承诺的通知送达给要约人时生效。

5.2.2.4 合同的内容

《合同法》总则第十二条规定:“合同的内容由当事人约定,一般包括以下条款:当事人的名称或者姓名和住所;标的;数量;质量;价款或者报酬;履行期限、地点和方式;违约责任;解决争议的方法。当事人可以参照各类合同的示范文本订立合同。”

(1) 当事人的名称或者姓名和住所

合同主体包括自然人、法人、其他组织。明确合同主体,对于了解合同当事人的基本情况,合同的履行和确定诉讼管辖具有重要的意义。自然人的姓名是指经户籍登记管理机关核准登记的正式用名(由于重名现象,目前大多需要同时对应身份证号)。自然人的住所是指自然人有长期居住的意愿和实际的处所,即经常居住地。法人、其他组织的名称是指经登记主管机关核准登记的名称,如公司的名称以企业营业执照上的名称为准。法人和其他组织的住所是指它们的主要营业地或者主要办事机构所在地。当然,作为一种国家干预较多的合同,国家对建设工程合同的当事人有一些特殊的要求,如要求施工企业作为承包人时必须具有相应的资质等级等。

(2) 标的

标的是合同当事人双方权利和义务共同指向的对象。标的的表现形式为物、劳务、行为、智力成果、工程项目等。没有标的的合同是空洞的,当事人的权利义务无所依托;标的不明确的合同无法履行,合同也不能成立。所以,标的是合同的首要条款,签订合同时标的必须明确、具体,必须符合国家法律和行政法规的规定。

(3) 数量

数量是衡量合同标的多少的尺度,以数字和计量单位表示。没有数量或数量的规定不明确,那么当事人双方权利义务的多少、合同是否完全履行都无法确定。数量必须严格按照国家规定的法定计量单位填写,以免当事人产生不同的理解。施工合同中的数量主要体现的是工程量的大小。

(4) 质量

质量是标的的内在品质和外观形态的综合指标。签订合同时,必须明确质量标准。合同对质量标准的约定应当准确而具体,对于技术上较为复杂的和容易引起歧义的词语、标准,应当加以说明和解释。对于强制性的标准,当事人必须执行,合同约定的质量不得低于该强制性标准;对于推荐性的标准,国家鼓励采用。当事人没有约定质量标准,如果有国家标准,则依国家标准执行;如果没有国家标准,则依行业标准执行;如果没有行业标准,则依地方标准执行;如果没有地方标准,则依企业标准执行。由于建设工程中的质量标准大多是强制性的质量标准,因此当事人的约定不得低于这些强制性的标准。

(5) 价款或者报酬

价款或者报酬是当事人一方向交付标的对应的另一方支付的货币。标的物的价款由当事人双方协商,但必须符合国家的物价政策。合同条款应写明有关银行结算和支付方法的条款。价款或者报酬在勘察、设计合同中表现为勘察、设计费,在监理合同中则体现为监理费,在施工合同中则体现为工程款。

(6) 履行的期限、地点和方式

履行的期限是当事人各方依照合同规定全面完成各自义务的时间。履行的地点是指当事人交付标的和支付价款或酬金的地点，其包括标的的交付、提取地点；服务、劳务或工程项目建设的地点；价款或劳务的结算地点。施工合同的履行地点是工程所在地。履行的方式是指当事人完成合同规定义务的具体方法，其包括标的的交付方式和价款或酬金的结算方式。履行的期限、地点和方式是确定合同当事人是否适当履行合同的依据。

(7) 违约责任

违约责任是任何一方当事人不履行或者不适当履行合同规定的义务而应当承担的法律责任。当事人可以在合同中约定，一方当事人违反合同时，向另一方当事人支付一定数额的违约金，或者约定违约损害赔偿的计算方法。

(8) 解决争议的方法

在合同履行过程中不可避免地会产生争议，为使争议发生后能够有一个双方都能接受的解决办法，应当在合同条款中对此作出规定。如果当事人希望通过仲裁作为解决争议的最终方式，则必须在合同中约定仲裁条款，因为仲裁是以自愿为原则的。

《合同法》自愿原则要求合同的内容由当事人约定，虽然同时规定了合同一般应当包括的条款，但具备这些条款不是合同成立的必要条件。建设工程合同也应当包括这些内容，但由于建设工程合同往往比较复杂，合同中的内容往往并不全部在狭义的合同文本中，如有些内容反映在招标、投标等文件中，有些内容反映在当事人约定采用的规范标准中。

5.2.3 合同的效力

5.2.3.1 合同生效应当具备的条件

合同生效是指合同对双方当事人的法律约束力的开始。合同成立并不意味合同具有效力，合同生效应当具备下列条件：

(1) 当事人具有相应的民事权利能力和民事行为能力

《合同法》第九条规定："当事人订立合同，应当具有相应的民事权利能力和民事行为能力。"即订立合同的人必须具备一定的独立表达自己的意思和理解自己的行为的性质和后果的能力。对于自然人而言，民事权利能力始于出生，完全民事行为能力人可以订立一切法律允许自然人作为合同主体的合同。法人和其他组织的权利能力就是它们的经营、活动范围，民事行为能力须与它们的权利能力相一致。

(2) 意思表示真实

《合同法》第三条、第四条规定说明合同是当事人意思表示一致的结果。因此，当事人的意思表示必须真实。但是，意思表示真实是合同的生效条件而非合同的成立条件。意思表示不真实包括意思与表示不一致、不自由的意思表示两种。含有意思表示不真实的合同是不能取得法律效力的。如建设工程合同的订立，一方采用欺诈、胁迫的手段订立的合同，就是意思表示不真实的合同，这样的合同就欠缺生效的必要条件。

(3) 不违反法律或者社会公共利益

《合同法》第七条规定要求不违反法律或者社会公共利益，这是合同有效的重要条件。所谓不违反法律或者社会公共利益，是就合同的目的和内容而言的。其中，合同的目的，是指当事人订立合同的直接原因；合同的内容，是指合同中的权利义务及其指向的对象。不违反法律或者社会公共利益，实际是对合同自由的限制。

5.2.3.2 合同的生效时间

(1) 合同生效时间的一般规定

《合同法》第四十四条规定："依法成立的合同，自成立时生效。法律、行政法规规定应当办理批准、登记等手续生效的，依照其规定。"结合《合同法》第三十六条、第三十七条规定，具体地讲：口头合同自受要约人承诺时生效；书面合同自当事人双方签字或者盖章时生效；法律规定应当采用书面形式的，当事人虽然未采用书面形式但已经履行全部或者主要义务的，可以视为合同有效。合同中有违反法律或社会公共利益的条款的，或当事人取消或改正的，不影响合同其他条款的效力。法律、行政法规规定应当办理批准、登记等手续生效的，依照其规定。

(2) 附条件和附期限合同的生效时间

《合同法》第四十五条规定："当事人对合同的效力可以约定附条件。附生效条件的合同，自条件成就时生效。附解除条件的合同，自条件成就时失效。当事人为自己的利益不正当地阻止条件成就的，视为条件已成就；不正当地促成条件成就的，视为条件不成就。"即附条件合同的成立与生效不是同一时间。合同成立后虽然并未开始履行，任何一方不得撤销要约和承诺，否则应承担缔约过失责任，赔偿对方因此而受到的损失；合同生效后，当事人双方必须忠实履行合同约定的义务，如果不履行或未正确履行义务，应按违约责任条款的约定追究责任。一方不正当地阻止条件成就，视为合同已生效，同样要追究其违约责任。

《合同法》第四十六规定："当事人对合同的效力可以约定附期限。附生效期限的合同，自期限届至时生效。附终止期限的合同，自期限届满时失效。"

5.2.3.3 合同效力与仲裁条款

《合同法》第五十七条规定："合同无效、被撤销或者终止的，不影响合同中独立存在的有关解决争议方法的条款的效力。"合同成立后，合同中的仲裁条款是独立存在的，合同的无效、变更、解除、终止，不影响仲裁协议的效力。如果当事人在施工合同中约定通过仲裁解决争议，不能认为合同无效将导致仲裁条款无效。若因一方的违约行为，另一方按约定的程序终止合同而发生了争议，仍然应当由双方选定的仲裁委员会裁定施工合同是否有效及对争议的处理。

5.2.3.4 效力待定的合同

有些合同的效力较为复杂，不能直接判断是否生效，而是需要经过后续事件和行为确定是否具有法律效力，这类合同即为效力待定的合同。

(1) 限制民事行为能力人订立的合同

《合同法》第四十七条规定："限制民事行为能力人订立的合同，经法定代理人追认后，该合同有效，但纯获利益的合同或者与其年龄、智力、精神健康状况相适应而订立的合同，不必经法定代理人追认。相对人可以催告法定代理人在一个月内予以追认。法定代理人未作表示的，视为拒绝追认。合同被追认之前，善意相对人有撤销的权利。撤销应当以通知的方式作出。"同时结合《合同法》第三条、第四条、第九条规定，即无民事行为能力人不能订立合同，限制行为能力人一般情况不能独立订立合同。限制民事行为能力人订立的合同，经法定代理人追认以后，合同有效。

(2) 无代理权人订立的合同

《合同法》第四十八条规定："行为人没有代理权、超越代理权或者代理权终止后以被代理人名义订立的合同，未经被代理人追认，对被代理人不发生效力，由行为人承担责任。相对人可以催告被代理人在一个月内予以追认。被代理人未作表示的，视为拒绝追认。合同被追认之前，善意相对人有撤销的权利。撤销应当以通知的方式作出。"

(3) 表见代理人订立的合同

《合同法》第四十九条规定："行为人没有代理权、超越代理权或者代理权终止后以被代理人名义订立合同，相对人有理由相信行为人有代理权的，该代理行为有效。"这里所规定的就是表见代理合同的效力。依此规定，表见代理的代理人虽然也没有代理权，但表见代理不同于狭义的无权代埋。《合同法》第四十八条是狭义无权代理的含义。构成表见代理合同必须具备以下条件：

① 行为人没有代理权而以被代理人的名义订立合同。表见代理属于广义无权代理的一种，只存在行为人无代理权的情况下，才会发生表见代理。

② 相对人有正当理由相信行为人有代理权。即客观上有足以使第三人相信行为人有代理权的事实，如行为人持有曾是被代理人签发的授权书、被代理人的介绍信，有被代理人盖章的空白合同书。是否具备此条件是表见代理与狭义无权代理的根本区别。

③ 表见代理人与相对人订立的合同具备生效要件。

④ 相对人善意且不存在过错。善意是指相对人不知代理人无代理权；无过错是指相对人对于代理人无代理权已尽了交易上必要的注意。

在现实生活中，无权代理和表见代理在法律实践中还是很难区分的，究其原因，表见代理属于无权代理，因此《合同法》中未明确提出表见代理的名词。

(4) 法定代表人、负责人越权订立的合同

《合同法》第五十条规定："法人或者其他组织的法定代表人、负责人超越权限订立的合同，除相对人知道或者应当知道其超越权限的以外，该代表行为有效。"

(5) 无处分权人处分他人财产订立的合同

《合同法》第五十一条规定："无处分权的人处分他人财产，经权利人追认或者无处分权的人订立合同后取得处分权的，该合同有效。"因此，无处分权人处分他人财产订立的合同，一般情况下是无效的。但是，在下列两种情况下合同有效：

① 无处分权人处分他人财产，经权利人追认，订立的合同有效；

② 无处分权人通过订立合同取得处分权的合同有效。

5.2.3.5 无效合同

无效合同是指当事人违反了法律规定的条款而订立的，国家不承认其效力，不给予法律保护的合同。无效合同从订立之时起就没有法律效力，不论合同履行到什么阶段，合同被确认无效后，这种无效的确认要溯及合同订立时。

(1) 合同无效的情形

《合同法》第五十二条规定无效合同情形如下：

① 一方以欺诈、胁迫的手段订立，损害国家利益的合同。

"欺诈"是指一方当事人故意告知对方虚假情况，或者故意隐瞒真实情况，诱使对方当事人作出错误意思表示的行为，如施工企业伪造资质等级证书与发包人签订施工合同等。"胁迫"是以给自然人及其亲友的生命健康、荣誉、名誉、财产等造成损害或者以给法人的荣誉、名誉、财产等造成损

害为要挟，迫使对方作出违背真实意思表示的行为，如材料供应商以败坏施工企业名誉为要挟，迫使施工企业与其订立材料买卖合同等。以欺诈、胁迫的手段订立合同，如果损害国家利益，则合同无效。

② 恶意串通，损害国家、集体或第三人利益的合同。

这种情况在建设工程领域内较为常见的是投标人串通投标或者招标人与投标人串通，损害国家、集体或第三人利益，投标人、招标人通过这样的方式订立的合同是无效的。

③ 以合法形式掩盖非法目的的合同。

如果合同要达到的目的是非法的，即使其以合法的形式作掩护，也是无效的，如当事人之间为了达到挪用公款的目的，即使设计了合法的形式也属于无效合同。

④ 损害社会公共利益的合同。

如果合同违反公共秩序和善良风俗(即公序良俗)，就损害了社会公共利益，这样的合同也是无效的。例如，施工单位在劳动合同中规定雇员应当接受搜身检查的条款，或者在施工合同的履行中规定以债务人的人身作为担保的约定，都属于无效的合同条款。

⑤ 违反法律、行政法规的强制性规定的合同。

违反法律、行政法规的强制性规定的合同也是无效的，如建设工程的质量标准是《中华人民共和国标准化法》、《建筑法》规定的强制性标准，如果建设工程合同当事人约定的质量标准低于国家标准，则该合同是无效的。

(2) 无效合同的免责条款

无效合同免责条款是指当事人约定免除或者限制其未来责任的合同条款。《合同法》第五十三条规定合同中的下列免责条款无效：

① 造成对方人身伤害的；

② 因故意或者重大过失造成对方财产损失的。

(3) 无效合同的确认

无效合同的确认权归人民法院或者仲裁机构。

(4) 无效合同的法律后果

合同被确认无效后，合同规定的权利义务即视为无效。履行中的合同应当终止履行，未履行的不得继续履行。对因履行无效合同而产生的财产后果应根据《合同法》第五十八条、五十九条处理，方式如下：

① 返还财产。

由于无效合同自始没有法律约束力，因此，返还财产是处理无效合同的主要方式。合同被确认无效后，当事人依据该合同所取得的财产，应当返还给对方；不能返还的，应当作补偿。建设工程合同一般都无法返还财产，无论是勘察设计成果还是工程施工，承包人的付出都是无法返还的，因此，一般应当采用作价补偿的方法处理。

② 赔偿损失。

合同被确认无效，过错的一方应赔偿对方因此受到的损失。双方均有过错的，应根据过错的大小各自承担相应的责任。

③ 收缴财产，收归国有。

双方恶意串通，损害国家或者第三人利益的，国家采取强制性措施收缴其财产或者返还第三人。无效合同不影响善意第三人取得合法权益。

5.2.4 合同的履行

5.2.4.1 合同履行的概念

合同履行是指合同双方当事人按照合同的规定权利，使各方的目的得以实现的行为。合同依法成立，当事人就应当按照合同的约定，全部履行自己的义务。签订合同的目的在于履行，通过合同的履行而取得某种权益。合同的履行以有效的合同为前提和依据，因为无效合同从订立之时起就没有法律效力，不存在合同履行的问题。合同履行是该合同具有法律约束力的首要表现。建设工程合同的目的也是履行，因此，合同订立后同样应当严格履行各自的义务。

5.2.4.2 合同履行的原则

《合同法》第六十条规定："当事人应当按照约定全面履行自己的义务。当事人应当遵循诚实信用原则，根据合同的性质、目的和交易习惯履行通知、协助、保密等义务。"即合同履行应遵循以下原则：

(1) 全面履行的原则

当事人应当按照约定全面履行自己的义务，即按合同约定的标的、价款、数量、质量、地点、期限、方式等全面履行各自的义务。按照约定履行自己的义务，既包括全部履行义务，也包括正确适当履行合同义务。建设工程合同订立后，双方应当严格履行各自的义务，不按期支付预付款、工程款，不按照约定时间开工、竣工，都是违约行为。

合同有明确约定的，应当依约定履行。但是，合同约定不明确并不意味着合同无须全面履行或约定不明确部分可以不履行。《合同法》第六十一条规定："合同生效后，当事人就质量、价款或者报酬、履行地点等内容没有约定或者约定不明确的，可以协议补充；不能达成补充协议的，按照合同有关条款或者交易习惯确定。"按照合同有关条款或者交易习惯确定，一般只能适用于部分常见条款欠缺或者不明确的情况，因为只有这些内容才能形成一定的交易习惯。如果按照上述办法仍不能确定合同如何履行的，《合同法》第六十二条、第六十三条又进一步作出规定。因此，针对因合同内容约定不明确而无法全面正确适当履行时，可采取下列措施。

① 双方可以协议补充相关内容；

② 协议不成的按照合同有关条款或者交易习惯确定；

③ 按照①、②无法确定的适用于下列规定：

a. 质量要求不明的，按国家标准、行业标准履行；没有国家、行业标准的，按通常标准或者符合合同目的的特定标准履行。作为建设工程合同中的质量标准，大多是强制性的国家标准，因此，当事人的约定不能低于国家标准。

b. 价款或报酬不明的，按订立合同时履行地的市场价格履行；依法应当执行政府定价或政府指导价的，按规定履行。在建设工程施工合同中，合同履行地是不变的，肯定是工程所在地。因此，约定不明确时，应当执行工程所在地的市场价格。

c. 履行地点不明确的，交付货币的，在接收货币一方所在地履行；交付不动产的，在不动产所在地履行；其他标的在履行义务一方所在地履行。

d. 履行期限不明确的，债务人可以随时履行，债权人也可以随时要求履行，并给对方必要的准备时间。

e. 履行方式不明确的，按照有利于实现合同目的的方式履行。

f. 履行费用的负担不明确的，由履行义务一方承担。

g. 执行政府定价或者政府指导价的，在合同约定的交付期限内政府价格调整时，按照交付时的价格计价。逾期交付标的物的，遇价格上涨时，按照原价格执行；价格下降时，按照新价格执行。逾期提取标的物或者逾期付款的，遇价格上涨时，按照新价格执行；价格下降时，按照原价格执行。

(2) 诚实信用原则

当事人应当遵循诚实信用原则，根据合同性质、目的和交易习惯履行通知、协助和保密的义务，当事人首先要保证自己全面履行合同约定的义务，并为对方履行义务创造必要的条件。当事人双方应关心合同履行情况，发现问题应及时协商解决，一方当事人在履行过程中发生困难，另一方当事人应在法律允许的范围内给予帮助。同时在合同履行过程中应信守商业道德，保守商业秘密。

5.2.4.3 合同履行中的抗辩权

抗辩权是指在双方合同履行中，双方都应当履行自己所负的债务，当一方不履行或不当履行时，另一方可以据此拒绝对方的履行要求。

(1) 同时履行抗辩权

《合同法》第六十六条规定："当事人互负债务，没有先后履行顺序的，应当同时履行。一方在对方履行之前有权拒绝其履行要求。一方在对方履行债务不符合约定时，有权拒绝其相应的履行要求。"如施工合同中期付款时，对承包人施工质量不合格部分，发包人有权拒付该部分的工程款；如果发包人拖欠工程款，则承包人可以放慢施工进度，甚至停止施工。产生的后果，由违约方承担。

同时履行抗辩权的适用条件是：① 由同一双务合同产生互负的对价给付债务；② 合同中未约定履行的顺序；③ 对方当事人没有履行债务或者没有正确履行债务；④ 对方的对价给付是可能履行的义务。所谓对价给付是指一方履行的义务和对方履行的义务之间具有互为条件、互为牵连的关系并且在价格上基本相等。

(2) 后履行抗辩权

《合同法》第六十七条规定："当事人互负债务，有先后履行顺序，先履行一方未履行的，后履行一方有权拒绝其履行要求。先履行一方履行债务不符合约定的，后履行一方有权拒绝其相应的履行要求。"如材料供应合同按照约定应由供货方先行交付订购的材料后，采购方再行付款结算，若合同履行过程中供货方交付的材料质量不符合约定的标准，采购方有权拒付贷款。

后履行抗辩权应满足的条件为：① 由同一双务合同产生互负的对价给付债务；② 合同中约定了履行的顺序；③ 应当先履行合同的当事人没有履行债务或者没有正确履行债务；④ 应当先履行的对价给付是可能履行的义务。

(3) 先履行抗辩权

先履行抗辩权又称不安抗辩权。它是指合同中约定了履行的顺序，合同成立后后履行方发生了财务状况恶化等情况，先履行合同一方在对方未履行或者提供担保前有权拒绝先为履行。设立不安抗辩权的目的在于，预防合同成立后情况发生变化而损害合同先履行一方的利益。但为避免合同先履行一方故意以抗辩权方情况发生变化为由不履行应先履行的义务，《合同法》第六十八条、六十九条对先履行抗辩权的使用条件作了严格规定：

① 应当先履行债务的当事人，有确切证据证明对方有下列情形之一的，可以中止履行：经营状况严重恶化；转移财产、抽逃资金，以逃避债务；丧失商业信誉；有丧失或者可能丧失履行债务能力的其他情形。当事人没有确切证据中止履行的，应当承担违约责任。

② 当事人中止履行合同的，应当及时通知对方。对方提供适当的担保时应当恢复履行。中止履行后，对方在合理的期限内未恢复履行能力并且未提供适当的担保，中止履行一方可以解除合同。当事人没有确切证据就中止履行合同的应承担违约责任。

5.2.4.4 合同不当履行的处理

(1) 因债权人致使债务人履行困难的处理

《合同法》第七十条规定："债权人分立、合并或者变更住所没有通知债务人，致使履行债务发生困难的，债务人可以中止履行或者将标的物提存。"即合同生效后，当事人不得因姓名、名称的变更或法定代表人、负责人、承办人的变动而不履行合同义务。债权人分立、合并或者变更住所如果没有通知债务人，会使债务人不知向谁履行债务或者不知在何地履行债务，致使履行债务发生困难。出现这些情况，债务人可以中止履行或者将标的物提存。

中止履行是指债务人暂时停止合同的履行或者延期履行合同。提存是指由于债权人的原因致使债务人无法向其交付标的物，债务人可以将标的物交给有关机关保存以此消灭合同的制度。

(2) 提前或者部分履行的处理

提前履行是指债务人在合同规定的履行期限到来之前就开始履行自己的义务。部分履行是指债务人没有按照合同约定履行全部义务而只履行了自己的一部分义务。提前或者部分履行会给债权人行使权利带来困难或者增加实现债权的费用。因此，《合同法》第七十一条规定："债权人可以拒绝债务人提前履行债务，但提前履行不损害债权人利益的除外。债务人提前履行债务给债权人增加的费用，由债务人负担。"《合同法》第七十二条规定："债权人可以拒绝债务人部分履行债务，但部分履行不损害债权人利益的除外。债务人部分履行债务给债权人增加的费用，由债务人负担。"

(3) 合同不当履行中的保全措施

保全措施是指为防止因债务人的财产不当减少而给债权人带来危害时，确保其债权的实现而采取的法律措施。这些措施包括代位权和撤销权两种。

① 代位权。《合同法》第七十三条规定："因债务人怠于行使其到期债权，对债权人造成损害的，债权人可以向人民法院请求以自己的名义代位行使债务人的债权，但该债权专属于债务人自身的除外。代位权的行使范围以债权人的债权为限。债权人行使代位权的必要费用，由债务人负担。"

② 撤销权。《合同法》第七十四条规定："因债务人放弃其到期债权或者无偿转让财产，对债权人造成损害的，债权人可以请求人民法院撤销债务人的行为。债务人以明显不合理的低价转让财产，对债权人造成损害，并且受让人知道该情形的，债权人也可以请求人民法院撤销债务人的行为。撤销权的行使范围以债权人的债权为限。债权人行使撤销权的必要费用，由债务人负担。"同时，《合同法》第七十五条规定："撤销权自债权人知道或者应当知道撤销事由之日起一年内行使。自债务人的行为发生之日起五年内没有行使撤销权的，该撤销权消灭。"

5.2.5 合同的变更、转让和终止

5.2.5.1 合同变更

合同变更是指当事人对已经发生法律效力，但尚未履行或者尚未完全履行的合同，进行修改或补充所达成的协议。根据《合同法》第七十七条规定："当事人协商一致，可以变更合同。"实际上合同内容按照《合同法》第十二条规定的一般内容包含了当事人(主体)名称及其他内容。因此，合同

变更可分为广义变更和狭义变更两类。广义变更指当事人变更的，即《合同法》中合同的转让；狭义变更指除当事人变更外的其他内容变更，即《合同法》中合同的变更。《合同法》第七十八条规定："当事人对合同变更的内容约定不明确的，推定为未变更。"

5.2.5.2 合同转让

合同转让是指合同一方将合同的权利、义务全部或部分转让给第三人的法律行为。

《民法通则》规定："合同一方将合同的权利、义务全部或者部分转让给第三人的，应当取得合同另一方的同意，并不得牟利。依照法律规定应当由国家批准的合同，需经原批准机关批准。但是，法律另有规定或者原合同另有约定的除外。"

(1) 债权转让相关规定

《合同法》第七十九条至第八十一条规定：债权转让是指合同债权人通过协议将其债权全部或者部分转让给第三人的行为。债权人转让权利的，应当通知债务人，未经通知，该转让对债务人不发生效力。债权人转让权利的通知不得撤销，但经受让人同意的除外。债权人转让权利的，受让人取得与债权有关的从权利，但该从权利专属于债权人自身的除外。债权人可以将合同的权利全部或者部分转让给第三人，但有下列情形之一的除外：

① 根据合同性质不得转让；

② 根据当事人约定不得转让；

③ 依照法律规定不得转让。

(2) 债务转移的相关规定

《合同法》第八十四条至第八十八条规定：债务转移是指债务人将合同的义务全部或者部分转移给第三人的情况。债务人将合同的义务全部或部分转移给第三人的必须经债权人的同意，否则，这种转移不发生法律效力。法律、行政法规规定转移义务应当办理批准、登记手续的，应当办理批准、登记手续。债务人转移义务的，新债务人可以主张原债务人对债权人的抗辩。债务人转移义务的，新债务人应当承担与主债务有关的从债务，但该从债务专属于原债务人自身的除外。

(3) 权利和义务同时转让

《合同法》第八十九条至第九十条规定：当事人一方经对方同意，可以将自己在合同中的权利和义务一并转让给第三人。当事人订立合同后合并的，由合并后的法人或者其他组织行使合同权利，履行合同义务当事人订立合同后分立的，除债权人和债务人另有约定外，由分立的法人或其他组织对合同的权利和义务享有连带债权，承担连带债务。

5.2.5.3 合同的终止

合同权利义务的终止也称合同终止，指当事人之间根据合同确定的权利义务在客观上不复存在，据此合同不再对双方具有约束力。合同终止是随着一定法律事实的发生而发生的，与合同中止的不同之处在于，合同中止只是在法定的特殊情况下，当事人暂时停止履行合同，当这种特殊情况消失以后，当事人仍然承担继续履行的义务；而合同终止是合同关系的消灭，不可恢复。按照《合同法》的规定，有下列情形之一的，合同的权利义务终止：① 债务已经按照约定履行；② 合同解除；③ 债务相互抵消；④ 债务人依法将标的物提存；⑤ 债权人免除债务；⑥ 债权债务同归于一人；⑦ 法律规定或者当事人约定终止的其他情形。

(1) 债务已按照约定履行

债务已按照约定履行即债的清偿，是按照合同约定实现债权目的的行为。其含义与履行相同，但履行侧重于合同动态的过程，而清偿则侧重于合同静态的实现结果。

清偿是合同的权利义务终止的最主要和最常见的原因。建设工程合同也不例外，双方当事人按照合同的约定，各自完成了自己的义务、实现了自己的权利，就是清偿。清偿一般由债务人为之，但不以债务人为限，也可能由债务人的代理人或者第三人进行合同的清偿。清偿的标的物一般是合同规定的标的物，但是债权人同意，也可用合同规定的标的物以外的物品来清偿其债务。

(2) 合同解除

合同解除是指已经发生法律效力、但尚未履行或者尚未完全履行的合同，因当事人一方的意思表示或者双方的协议而使债权债务关系提前归于消灭的行为。合同解除可分为约定解除和法定解除两类。

① 约定解除。

约定解除是当事人通过行使约定的解除权或者双方协商决定而进行的合同解除。当事人协商一致可以解除合同，即合同的协商解除。当事人也可以约定一方解除合同的条件，解除合同条件成就时，解除权人可以解除合同，即合同约定解除权的解除。

协商解除和约定解除权解除合同有很大的不同。合同的协商解除一般是合同已开始履行后进行的约定，且必然导致合同的解除；而合同约定解除权的解除则是合同履行前的约定，它不一定导致合同的真正解除，因为解除合同的条件不一定成立。

② 法定解除。

法定解除是解除条件直接由法律规定的合同解除。当法律规定的解除条件具备时，当事人可以解除合同。它与合同约定解除权的解除都是具备一定解除条件时，由一方行使解除权，区别在于解除条件的来源不同。

当事人一方依照法定解除的规定主张解除合同的，应当通知对方。合同自通知到达对方时解除。对方有异议的，可以请求人民法院或者仲裁机构确认解除合同的效力。法律、行政法规规定解除合同应当办理批准、登记等手续的，则应当在办理完相应手续后解除。

合同解除后，尚未履行的，终止履行；已经履行的，根据履行情况和合同性质，当事人可以要求恢复原状、采取其他补救措施，并有权要求赔偿损失。合同的权利义务终止，不影响合同中结算和清理条款的效力。

③ 债务相互抵消。

债务相互抵消是指两个人彼此互负债务，各以其债权充当债务的清偿，使双方的债务在等价范围内归于消灭。债务抵消可以分为法定债务抵消和约定债务抵消两类。

a. 法定债务抵消。

法定债务抵消是指当事人互负到期债务，该债务标的物的种类、品质相同的，任何一方可以将自己的债务与对方的债务抵消。法定债务抵消的条件是比较严格的，要求必须是互负到期债务，且债务标的物的种类、品质相同。符合这些条件的互负债务，除了法律规定或者合同性质决定不能抵消的以外，当事人都可以互相抵消。

当事人主张抵消的，应当通知对方。通知自到达对方时生效。抵消不得附条件或者附期限。

b. 约定债务抵消。

约定债务抵消是指当事人经协商一致而发生的抵消。约定债务抵消的债务要求不高，标的物的种类、品质可以不相同，但要求当事人必须协商一致。

5.2.6 违约责任

5.2.6.1 违约责任概述

违约责任是指当事人任何一方不履行合同义务或者履行合同义务不符合约定而应当承担的法律责任。违约行为的表现形式包括不履行和不适当履行两种。不履行是指当事人不能履行或者拒绝履行合同义务。不能履行合同的当事人一般也应承担违约责任。不适当履行则包括不履行以外的其他所有违约情况。当事人一方不履行合同义务，或履行合同义务不符合约定的，应当承担继续履行、采取补救措施或者赔偿损失等违约责任。当事人双方都违反合同的，应各自承担相应的责任。

对于违约产生的后果，并非一定要等到合同义务全部履行后才追究违约方的责任，按照《合同法》的规定对于预期违约的，当事人也应当承担违约责任。所谓"预期违约"，是指在履行期限届满之前，当事人一方明确表示或者以自己的行为表明不履行合同的义务，对方可以在履行期限届满之前要求其承担违约责任。这是《合同法》严格责任原则的重要体现。

5.2.6.2 违约责任的承担方式

(1) 承担违约责任的条件

当事人承担违约责任的条件，是指当事人承担违约责任应当具备的要件。按照《合同法》规定，承担违约责任的条件采用严格责任原则，只要当事人有违约行为，即当事人不履行合同或者履行合同不符合约定，就应当承担违约责任。

严格责任原则还包括，当事人一方因第三人的原因造成违约时，应当向对方承担违约责任。第三方造成的违约行为虽然不是当事人的过错，但客观上导致了违约行为，只要不是不可抗力原因造成的，应包括在当事人可能预见的情况中。为了严格合同责任，故就签订的合同而言，归于当事人应承担的违约责任范围。承担违约责任后，与第三人之间的纠纷再按照法律或当事人与第三人之间的约定解决。如施工过程中，承包人因发包人委托设计单位提供的图纸错误而导致损失，发包人应首先给承包人以相应损失的补偿，然后再依据设计合同追究设计承包人的违约责任。

当然，违反合同而承担的违约责任，是以合同有效为前提的。无效合同从订立之时起就没有法律效力，所以谈不上违约责任问题。但对部分无效合同中有效条款的不履行，仍应承担违约责任。所以，当事人承担违约责任的前提，必须是违反了有效的合同或合同条款的有效部分。

(2) 承担违约责任的原则

《合同法》规定的承担违约责任是以补偿性为原则的。补偿性是指违约责任旨在弥补或者补偿因违约行为造成的损失。对于财产损失的赔偿范围，《合同法》规定，补偿损失额应当相当于因违约行为所造成的损失额，包括合同履行后可获得的利益。但是，违约责任在有些情况下也具有惩罚性。如合同约定了违约金，违约行为没有造成损失或者损失小于违约金；约定了定金，违约行为没有造成损失或者损失小于约定的定金等。

(3) 违约责任承担

《合同法》第一百零七条至一百二十条对违约责任的承担进行了以下规定。

① 继续履行。

继续履行是指违反合同的当事人不论是否承担了赔偿金或者承担了其他形式的违约责任，都必须根据对方的要求，在自己能够履行的条件下，对合同未履行的部分继续履行。因为订立合同的目的就是通过履行实现当事人的目的，从立法的角度，应当鼓励和要求合同的实际履行。承担赔偿金或者违约金责任不能免除当事人的履约责任。当事人一方不履行债务或者履行债务不符合约定的，对方也可以要求继续履行。但《合同法》第一百一十条规定，当事人一方不履行非金钱债务或者履行非金钱债务不符合约定的，对方可以要求履行，但有下列情形之一的除外：

a. 法律上或者事实上不能履行；

b. 债务的标的不适于强制履行或者履行费用过高；

c. 债权人在合理期限内未要求履行。

② 采取补救措施。

所谓的补救措施主要是指《民法通则》和《合同法》中所规定的，在当事人违反合同的事实发生后，为防止损失发生或者扩大，而由违反合同一方依照法律规定或者约定采取的修理、更换、重新制作、退货、减少价格或者报酬等措施，以给债权人弥补或者挽回损失的责任形式。采取补救措施的责任形式，主要发生在质量不符合约定的情况下。建设工程合同中，采取补救措施是施工单位承担违约责任常用的方法。

采取补救措施的违约责任，在应用时应把握以下问题：

a. 对于质量不合格的违约责任，有约定的，从其约定；没有约定或约定不明的，双方当事人对其协商确定；如果不能通过协商达成违约责任的补充协议的，则按照合同有关条款或者交易习惯确定。以上方法都不能确定违约责任时，可运用《合同法》的规定，即质量要求不明确的，按照国家标准、行业标准履行；没有国家标准、行业标准的，按照通常标准或者符合合同目的的特定标准履行。但是，由于建设工程中的质量标准往往都是强制性的，因此，当事人不能约定低于国家标准、行业标准的质量标准。

b. 在确定具体的补救措施时，应根据建设项目的性质以及损失的大小，选择适当的补救方式。

③ 赔偿损失。

当事人一方不履行合同义务或者履行合同义务不符合约定而给对方造成损失的，应当赔偿对方的损失。损失赔偿应当相当于因违约所造成的损失，包括合同履行后可以获得的利益，但不得超过违反合同一方订立合同时预见或应当预见的因违反合同可能造成的损失。这种方式是承担违约责任的主要方式。因为违约一般都会给当事人造成损失，赔偿损失是守约者避免损失的有效方式。

当事人一方不履行合同义务或履行合同义务不符合约定的，在履行义务或采取补救措施后，对方还有其他损失的，应承担赔偿责任。当事人一方违约后，对方应当采取适当措施防止损失的扩大，没有采取措施致使损失扩大的，不得就扩大的损失请求赔偿，为防止损失扩大而支出的合理费用，由违约方承担。

④ 支付违约金。

当事人可以约定一方违约时向对方支付一定数额的违约金，也可以约定因违约产生的损失额的赔偿办法。约定违约金低于造成损失额的，当事人可以请求人民法院或仲裁机构予以增加；约定违约金过分高于造成损失的，当事人可以请求人民法院或仲裁机构予以适当减少。违约金与赔偿损失不能同时采用。当事人就延迟履行约定违约金的，违约方支付违约金后，还应当履行债务。

⑤ 定金罚则。

当事人可以依照《中华人民共和国担保法》约定一方向对方给付定金作为债权的担保。债务人履行债务后，定金应当抵作价款或者收回。给付定金的一方不履行约定的债务的，无权要求返还定金；收受定金的一方不履行约定的债务的，应当双倍返还定金。

当事人既约定违约金，又约定定金的，一方违约时，对方可以选择适用违约金或者定金条款。

⑥ 因不可抗力的违约责任。

因不可抗力不能履行合同的，根据不可抗力的影响，部分或全部免除责任。当事人延迟履行后发生的不可抗力，不能免除责任。当事人因不可抗力不能履行合同的，应当及时通知对方，以减轻给对方造成的损失，并应当在合理的期限内提供证明。

当事人可以在合同中约定不可抗力的范围。为了公平的目的，避免当事人滥用不可抗力的免责权，约定不可抗力的范围是必要的。在有些情况下还应当约定不可抗力的风险分担责任。

5.2.7 合同争议的解决

合同争议是指当事人双方对合同履行的情况和不履行的后果产生的争议。

5.2.7.1 合同争议的法律规定

《合同法》第一百二十八条规定："当事人可以通过和解或者调解解决合同争议。当事人不愿和解、调解或者和解、调解不成的，可以根据仲裁协议向仲裁机构申请仲裁。涉外合同的当事人可以根据仲裁协议向中国仲裁机构成者其他仲裁机构申请仲裁。当事人没有订立仲裁协议或者仲裁协议无效的，可以向人民法院起诉。当事人应当履行发生法律效力的判决、仲裁裁决、调解书；拒不执行的，对方可以请求人民法院执行。"

5.2.7.2 合同争议的解决途径

由上述法律规定可见，对合同争议纠纷可以通过以下方式解决：

(1) 和解

当事人通过和解解决争议，是由双方当事人在自愿互谅的基础上，遵循公平和诚实信用的原则，按照法律、法规的规定，对争议的纠纷通过协商达成一致意见，从而解决争议。

(2) 调解

当事人通过调解解决争议，是由双方当事人共同选定的第三人充当调解人，通过第三人的沟通，遵循公平和诚实信用的原则，按照法律、法规的规定，对争议纠纷达成一致意见，从而解决争议。

(3) 仲裁

合同仲裁是指合同当事人双方对合同的订立或履行的情况发生争议时，根据有关法律的规定或者当事人的协议，由第三方作出判断或裁决的一种法律制度。合同争议提交仲裁的前提和依据是当事人在合同中预先订立的仲裁条款，或者是在合同争议发生之后达成的仲裁协议。当事人必须通过仲裁协议的方式选择仲裁机构之后，仲裁机构方可受理当事人提交的合同争议。根据《中华人民共和国仲裁法》的规定，除违反法律规定，可以由法院撤销的仲裁裁决之外，仲裁裁决都是终局的，双方当事人必须执行。

(4) 诉讼

如果当事人没有订立仲裁协议或者仲裁协议无效，当事人解决合同争议的最后途径是向人民法院起诉。合同纠纷的诉讼解决是指人民法院对合同纠纷案件行使国家审判权，按照《民事诉讼法》规定的程序进行审理，查清事实，分清是非，明确责任，认定双方当事人的权利义务关系，解决合同纠纷。

诉讼是解决合同争议最有效的手段和方法，即维护守约当事人的合法权益，又强制违约当事人承担相应的法律责任，从而促进了合同当事人信守合同的责任感，增强了双方的法律意识。同时，及时审结合同纠纷案件，能够保障社会主义市场经济的健康发展。

5.3 建设工程招标投标管理

5.3.1 建设工程招标投标相关法律知识

我国《招标投标法》第十条规定："招标分为公开招标和邀请招标。"下面分别介绍这两种招标方法。

(1) 公开招标

公开招标是指招标人以招标公告的方式邀请不特定的法人或者其他组织投标，即招标人通过报刊、广播或电视等公共传播媒介介绍、发布招标公告或信息而进行招标，它是一种无限制的竞争方式。公开招标的优点是招标人有较大的选择范围，可在众多的投标人中选定报价合理、工期较短、信誉良好的承包商，有助于打破垄断，实行公平竞争。

(2) 邀请招标

邀请招标是指招标人以投标邀请书的方式邀请特定的法人或者其他组织投标。招标人采用邀请招标方式的，应当向3家以上(5～7家为宜)具备承担招标项目的能力、资信良好的特定法人或者其他组织发出投标邀请书。邀请招标虽然也能够邀请到有经验的、资信可靠的投标者投标，保证履行合同，但限制了竞争范围，可能会失去技术上和报价上有竞争力的投标者。

与公开招标相比，邀请招标具有以下优点：① 不需要发布招标公告和设置资格预审程序，节约招标费用和节省时间；② 由于对投标人以往的业绩和履约能力比较了解，减少了合同履行过程中承包方违约的风险等。

5.3.2 监理招标投标管理

5.3.2.1 监理招标的特点

鉴于监理招标标的(监理服务是指受招标人的委托对生产建设过程提供监督管理、协调、咨询等服务)的特殊性，招标人选择中标人的基本原则是"基于能力的选择"，其特点如下：

① 招标的宗旨是对监理单位能力的选择。

② 报价在选择中居于次要地位。

③ 邀请投标人较少，监理招标一般采用邀请招标，且邀请数量以3～5家为宜。

5.3.2.2 委托监理工作的范围

监理工作的范围主要依据《工程建设监理委托合同》中的约定，可以是整个项目的全过程，也可以分成几个合同包。划分合同包的工作范围时，通常要考虑的因素有：

① 工程规模；

② 工程项目的专业特点；

③ 被监理合同的难易程度。

5.3.2.3 监理招标的程序

(1) 组建招标机构

由业主组建一个符合招标人条件的招标班子组织招标工作，或者委托招标代理机构代行招标。

(2) 申请招标

招标人向招标投标管理机构提出招标申请书。招标申请书的主要内容包括:招标人的情况,招标工程具备的条件,拟采用的招标方式,对投标人的要求等。经招标投标管理机构批准,即可进行招标。

(3) 编制招标文件

招标文件是招标人向投标人介绍招标工程情况和招标的具体要求的综合性文件,包括下列内容:

① 工程综合说明,包括工程名称、地址、占地范围、建筑面积、技术要求、工程特点、现场条件、开工竣工时间、招标方式、对投标人的要求等;

② 拟委托的监理业务范围和工作任务大纲;

③ 必要的技术资料;

④ 投标书的编制要求;

⑤ 评标、定标的原则和方法;

⑥ 投标、开标、评标、定标等活动的日程安排;

⑦ 拟采用的监理合同标准条件和监理合同专用条件调整方法;

⑧ 监理费的支付方法;

⑨ 其他需要说明的事项。

招标文件由招标人编制,报招标投标管理机构审定。招标文件一经发出,招标单位不得擅自变更其内容或增加附加条件;确需变更和补充的,报招标投标管理机构批准后,在规定的时间内通知所有投标人。

(4) 发布招标公告或投标邀请书

若实行公开招标,则需发布招标公告;若实行邀请招标则需发出投标邀请书。投标邀请书应发给那些符合招标条件的监理单位,以保证招标质量,减少招标工作量。

(5) 投标人资质审查

招标公告或投标邀请书发出后,有意参加投标竞争的监理单位应向招标人申请投标。招标人接到投标申请应及时对投标人进行资质审查,确定是否具备投标资格,并将审查结果通知投标人。

(6) 分发招标文件及有关资料

向审查合格的投标人分发招标文件和必要的技术资料。

(7) 组织勘察现场并答疑

由招标人组织所有投标人踏勘现场,并统一解答招标文件中的疑问。

(8) 组建评标委员会

招标人负责组建评标委员会。评标委员会由招标人的代表和有关技术、经济方面的专家组成。进入评标委员会的专家必须符合招标投标有关法规的规定,与投标人有利害关系的人不得进入相关项目的评标委员会。

(9) 开标

开标由招标人组织,邀请所有投标人参加,在规定的时间和地点进行。开标时,由投标人或者由其推选的代表检查投标文件的密封情况,也可以由招标人委托的公证机构检查并鉴证;经确认无误后,由工作人员当众拆封,宣读投标人名单、投标价格和投标文件的其他内容。

(10) 评标、决标

评标委员会按照评标的程序和方法,遵循公平竞争、公正合理的原则,对各投标文件的各项内容及投标人的信誉等进行综合评价，择优确定中标的监理单位。

(11) 发出中标通知

(12) 订立合同

由业主和中标的监理单位签订建设工程监理合同。

5.3.3 施工招标投标管理

5.3.3.1 施工招标的特点

与监理招标相比，发包的工作内容明确、具体，各投标人编制的投标书在评标时更易于进行横向对比。

5.3.3.2 招标合同数量的划分

依据工程特点和现场条件划分合同包的工作范围时，应考虑的主要因素有：

① 施工内容的专业要求；

② 施工现场条件；

③ 对工程总投资的影响；

④ 建设资金计划到位时间、施工图完成的计划进度等其他因素。

5.3.3.3 资格预审

资格预审的内容包括：

① 法人资格和组织机构；

② 财务状况，包括申请人的资产负债表、现金流量表等；

③ 人员报表，包括管理人员和主要技术人员的名单和简历；

④ 机械设备报表，即为履行合同任务而配备的机械、设备情况；

⑤ 分包计划；

⑥ 施工经历，包括以往(近五年)承担类似项目的业绩；

⑦ 在建项目调查；

⑧ 近几年诉讼史等。

5.3.3.4 招标文件

① 投标须知、合同条件(通用条件与专用条件)及合同格式；

② 技术规范；

③ 投标文件，包括投标书及其附录、工程量清单与报价单、辅助资料表和资格证明文件。

5.3.3.5 评标办法

(1) 经评审的最低投标价法

经评审的最低投标价法，能够满足招标文件的实质性要求，并且经评审的最低投标价的投标，应当推荐为中标候选人，这种评标方法是按照评审程序，经初步评审后，以合理低标价作为中标的主要条件。合理的低标价必须是经过终审，进行答辩，证明是实现低标价的措施有力可行的报价。评标委员会在评标时，会对所有投标人的投标报价以及投标文件的商务部分作必要的价格调整，因此不保证能以最低的投标价中标。

采用经评审的最低投标价法时，中标人的投标应当符合招标文件的技术要求和标准，但评标委员会无需对投标文件的技术部分进行价格折算。

按照《评标委员会和评标办法暂行规定》的规定，经评审的最低投标价法一般适用于具有通用技术、性能标准或者招标人对其技术、性能没有特殊要求的招标项目。这种方法应当是一般项目的首选方法。

(2) 综合评估法

不宜采用经评审的最低投标价法的招标项目，一般应当采用综合评估法进行评审。根据综合评估法，最大限度地满足招标文件中规定的各项综合评价标准的投标，应当推荐为中标候选人。

对技术部分和商务部分进行量化后，评标委员会应当对这两部分的量化结果进行加权，计算出各投标的综合评估价(评标价)或者综合评分。报价部分的评分又分为用标底衡量、用复合标底衡量和无标底衡量三大类。

5.4 建设工程勘察设计合同管理

5.4.1 勘察设计合同概述

5.4.1.1 勘察设计合同的概念

建设工程勘察合同是指根据建设工程的要求，查明、分析、评价建设场地的地质环境特征和岩土工程条件，编制建设工程勘察文件的协议。建设工程设计合同是指根据建设工程的要求，对建设工程所需的技术、经济、资源、环境等条件进行综合分析、论证，编制建设工程设计文件的协议。为了保证工程项目的建设质量达到预期的投资目的，实施过程必须遵循项目建设的内在规律，即坚持先勘察、后设计、再施工的程序。

5.4.1.2 勘察设计合同示范文本介绍

发包人通过招标的方式与选择的中标人就委托的勘察、设计任务签订合同。订立合同委托勘察、设计任务是发包人和承包人的自主市场行为，但必须遵守《合同法》、《建筑法》、《建设工程勘察设计管理条例》(国务院 293 号令)、《建设工程勘察设计市场管理规定》(建设部 65 号令)等法律、法规和规章的要求。为了保证勘察、设计合同的内容完备、责任明确、风险责任分担合理，原建设部和国家工商行政管理局在 2000 年颁布了《建设工程勘察合同(示范文本)》和《建设工程设计合同(示范文本)》。

(1) 勘察合同示范文本

勘察合同范本按照委托勘察任务的不同分为两个版本。

① 建设工程勘察合同(一)(GF—2000—0203)。

该合同范本适用于为设计提供勘察工作的委托任务，包括岩土工程勘察、水文地质勘查、工程测量、工程物探等勘察。合同条款的主要内容包括：工程概况；发包人应提供的资料；勘察成果资料的提交；勘察费用的支付；发包人、勘察人责任；违约责任；未尽事宜的约定；其他约定事项；合同争议的解决；合同生效与终止。

② 建设工程勘察合同(二)(GF—2000—0204)。

该合同范本的委托工作内容仅涉及岩土工程，包括取得岩土工程的勘察资料、对项目的岩土工程进行设计、治理和检测工作。由于委托工作范围包括岩土工程的设计、处理和监测，因此，合同条款的主要内容除了上述勘察合同应具备的条款外，还包括变更及工程费的调控；材料设备的供应；报告、文件、治理的工程等的检查和验收等方面的约定条款。

(2) 设计合同示范文本

① 建设工程设计合同(一)(GF—2000—0209)。

该合同范本适用于民用建设工程设计的合同，条款包括的主要内容：订立合同依据的文件；委托设计任务的范围和内容；发包人应提供的有关资料和文件；设计人应交付的资料和文件；设计费的支付；双方责任；违约责任及其他。

② 建设工程设计合同(二)(GF—2000—0210)。

该合同范本适用于委托专业工程的设计。除了上述设计合同应包括的条款内容外，还增加设计依据；合同文件的组成和优先次序；项目的投资要求、设计阶段和设计内容；保密等方面的条款约定。

5.4.2 勘察设计合同内容

5.4.2.1 勘察合同的内容

依据范本订立勘察合同时，双方通过协商，应根据工程项目的特点，在相应条款内明确以下方面的具体内容。

① 发包人应提供的勘察依据文件和资料。发包人应提供本工程批准文件(复印件)以及用地(附红线范围)、施工、勘察许可等文件(复印件)；提供工程勘察任务委托书、技术要求和工作范围的地形图、建筑总平面布置图；提供勘察工作范围已有的技术资料及工程所需的坐标与标高资料；提供勘察工作范围地下已有埋藏物的资料(如电力电缆、电信电缆、各种管道、人防设施、洞室等)及具体位置分布图；其他必要的相关资料。

② 委托任务的工作范围。工程勘察任务(内容)可能包括：自然条件观测；地形图测绘；资源探测；岩土工程勘察；地震安全性评价；工程水文地质勘察；环境评价；模型试验；技术要求；预计的勘察工作量；勘察成果资料提交的份数。

③ 合同工期。它指合同约定的勘察工作开始和终止时间。

④ 勘察费用。它指勘察费用的预算金额、勘察费用的支付程序和每次支付的百分比。

⑤ 发包人应为勘察人提供的现场工作条件。它包括落实土地征用、青苗树木赔偿；拆除地上地下障碍物；处理施工扰民及影响施工正常进行的有关问题；平整施工现场；修好通行道路、接通电源水源、挖好排水沟渠以及水上作业用船等。

⑥ 违约责任。它包括承担违约责任的条件、违约金的计算方法等。

⑦ 合同争议的最终解决方式、约定仲裁委员会的名称。

5.4.2.2 设计合同的内容

依据范本订立民用建筑设计合同时，双方通过协商，应根据工程项目的特点，在相应条款内明确以下方面的具体内容。

(1) 发包人应提供的文件和资料

① 设计依据文件和资料。它包括经批准的项目可行性研究报告或项目建议书；城市规划许可

文件；工程勘察资料等。发包人应向设计人提交的有关资料和文件在合同内应约定其名称、份数、提交的时间和其他有关事宜。

② 项目设计要求。它包括工程的范围和规模；限额设计的要求；设计依据的标准；法律、法规规定应满足的其他条件。

(2) 委托任务的工作范围

① 设计范围。合同内应明确建设规模，详细列出工程分项的名称、层数和建筑面积。

② 建筑物的合理使用年限设计要求。

③ 委托的设计阶段和内容。它可能包括方案设计、初步设计和施工图设计的全过程，也可以是其中某几个阶段。

④ 设计深度要求。设计标准可以高于国家规范的强制性规定，发包人不得要求设计人违反国家有关标准进行设计。方案设计应当满足编制初步设计文件和控制概算的需要；初步设计应当满足编制施工招标文件、主要设备材料订货和编制施工图设计文件的需要；施工图设计文件应当满足设备材料采购、非标准设备制作和施工的需要，并注明建筑物的合理使用年限。具体内容要根据项目的特点在合同内约定。

⑤ 设计人配合施工工作的要求，包括向发包人和施工承包人进行设计交底，处理有关设计问题；参加重要隐蔽工程验收和竣工验收等事项。

(3) 设计人交付设计资料的时间

(4) 设计费用

合同双方不得违反国家有关最低收费标准的规定，任意压低勘察、设计费用，合同内除约定总设计费外，还需列明分阶段支付进度款的条件、占总设计费的百分比及金额。

(5) 发包人应为设计人提供的现场服务

该服务可能包括施工现场的工作条件、生活条件及交通等方面的具体内容。

(6) 违约责任

违约责任需要约定的内容包括承担违约责任的条件和违约金的计算方法等。

(7) 合同争议的最终解决方式

明确约定解决合同争议的最终方式是采用仲裁或诉讼。采用仲裁时，需注明仲裁委员会的名称。

5.4.3 勘察设计合同管理

5.4.3.1 勘察合同管理

(1) 发包人的责任

① 在勘察现场范围内，不属于委托勘察任务而又没有资料、图纸的地区(段)，发包人应负责查清地下埋藏物。若因未提供上述资料、图纸，或提供的资料和图纸不可靠、地下埋藏物不清，致使勘察人在勘察工作过程中发生人身伤害或造成经济损失时，由发包人承担民事责任。

② 勘察现场需要看守，特别是在有毒、有害等危险现场作业时，发包人应派人负责安全保卫工作。按国家有关规定，对从事危险作业的现场人员应进行保健防护，并承担相应费用。

③ 工程勘察前，属于发包人负责提供的材料，应根据勘察人提出的工程用料计划，按时提供各种材料及其产品合格证明，并承担费用和运到现场，派人与勘察人员一起验收。

④ 勘察过程中的任何变更，经办理正式变更手续后，发包人应按实际发生的工作量支付勘察费。

⑤ 为勘察人员提供必要的生产、生活条件，并承担费用；如不能提供时应一次性付给勘察人临时设施费。

⑥ 发包人若要求在合同规定时间内提前完工（或提交勘察成果资料）时，发包人按提前的天数向勘察人支付加班费。

⑦ 发包人应保护勘察人的投标书、勘察方案、报告书、文件、资料、图纸、数据、特殊工艺（方法）、专利技术和合理化建议。未经勘察人同意，发包人不得复制、泄露、擅自修改、传送或向第三人转让或用于本合同外的项目。

(2) 勘察人的责任

① 勘察人应按国家技术规范、标准、规程和发包人的任务委托书及技术要求进行工程勘察，按合同规定的时间提交质量合格的勘察成果资料，并对其负责。

② 如果勘察人提供的勘察成果资料质量不合格，勘察人应负责无偿给予补充完善使其达到质量合格。若勘察人无力补充完善，需另委托其他单位时，勘察人应承担全部勘察费用。因勘察质量造成重大经济损失或工程事故时，勘察人除应负法律责任和免收直接受损失部分的勘察费外，还应根据损失程度向发包人支付赔偿金。赔偿金为发包人、勘察人在合同内约定的实际损失的某一百分比。

③ 勘察过程中，根据工程的岩土工程条件（或工作现场地形地貌、地质和水文地质条件）及技术规范要求，向发包人提出增减工作量或修改勘察工作的意见，并办理正式变更手续。

(3) 勘察合同的工期

勘察人应在合同约定的时间内提交勘察成果资料，勘察工作有效期限以发包人下达的开工通知书或合同规定的时间为准。若遇以下特殊情况时，可以相应延长合同工期。

① 设计变更；

② 工作量变化；

③ 不可抗力影响；

④ 非勘察人原因造成的停工、窝工等。

(4) 勘察费用的支付

① 收费标准及付费方式。

合同中约定的勘察费用计价方式，可以采用的有：按国家规定的现行收费标准，预算包干；中标价加签证；按实际完成工作量结算等。

② 勘察费用的支付。

合同签订后 3 天内，发包人应向勘察人支付预算勘察费的 20% 作为定金。勘察外业工作结束后，发包人向勘察人支付约定勘察费的某一百分比。对于勘察规模大、工期长的大型勘察工程，还可按实际完成的勘察进度分解，向勘察人分阶段支付工程进度款。提交勘察成果资料后 10 天内，发包人应一次付清全部工程费用。

(5) 违约责任

① 发包人的违约责任。

a. 由于发包人未给勘察人提供必要的工作和生活条件而造成停工、窝工或来回进出场地，发包人应承担的责任包括：付给勘察人停工、窝工费，金额按预算的平均工日产值计算；工期按实际延误的工日顺延；补偿勘察人来回的进出场费和调遣费。

b. 合同履行期间，由于工程停建而终止合同或发包人要求解除合同时，勘察人未进行勘察工作的，不退还发包人已付定金；已进行勘察工作的，完成的工作量在 50% 以内时，发包人应向勘察人支付预算额 50% 的勘察费；完成的工作量超过 50% 时，则应向勘察人支付预算额 100% 的勘察费。

c. 发包人未按合同规定时间(日期)拨付勘察费，每超过 1 日应按未支付勘察费的 1‰偿付逾期违约金。

d. 发包人不履行合同时，无权要求返还定金。

② 勘察人的违约责任。

a. 由于勘察人原因造成勘察成果资料质量不合格，不能满足技术要求时，其返工勘察费用由勘察人承担。交付的报告、成果、文件达不到合同约定条件的部分，发包人可要求勘察人返工，勘察人按发包人要求的时间返工，直到符合约定条件。返工后仍不能达到约定条件，勘察人应承担违约责任，并根据因此造成的损失程度向发包人支付赔偿金，赔偿金额最高不超过返工项目的收费。

b. 由于勘察人原因未按合同规定时间(日期)提交勘察成果资料，每超过 1 日，应减收勘察费的 1‰。

c. 勘察人不履行合同时，应双倍返还定金。

5.4.3.2 设计合同管理

(1) 发包人的责任

① 按时提供设计依据文件和基础资料。发包人应当按照合同约定时间，一次性或陆续向设计人提交设计的依据文件和相关资料，以保证设计工作的顺利进行。如果发包人提交上述资料及文件超过规定期限 15 天以内，设计人规定的交付设计文件时间相应顺延；交付上述资料及文件超过规定期限 15 天以上时，设计人有权重新确定提交设计文件的时间。进行专业工程设计时，如果设计文件中需选用国家标准图、部标准图及地方标准图，其选用应由发包人负责解决。

② 对资料的正确性负责。尽管提供的某些资料不是发包人自己完成的，如作为设计依据的勘察资料和数据等，就设计合同的当事人而言，发包人仍需对所提交基础资料及文件的完整性、正确性及时限负责。

③ 提供必要的现场工作条件。由于设计人完成设计工作的主要地点不是施工现场，因此，发包人有义务为设计人在现场工作期间提供必要的工作、生活方面的条件。发包人为设计人派驻现场的工作人员提供的方便条件可能涉及工作、生活、交通等方面，以及必要的劳动保护装备。

④ 外部协调工作。设计的阶段成果(初步设计、技术设计、施工图设计)完成后，应由发包人组织鉴定和验收，并负责向发包人的上级或有管理资质的设计审批部门完成报批手续。施工图设计完成后，发包人应将施工图报送建设行政主管部门，由建设行政主管部门委托的审查机构进行结构安全和强制性标准、规范执行情况等内容的审查。发包人和设计人必须共同保证施工图设计满足以下条件：

a. 建筑物(包括地基基础、主体结构体系)的设计稳定、安全、可靠；

b. 设计符合消防、节能、环保、抗震、卫生、人防等有关强制性标准；

c. 设计的施工图达到规定的设计深度；

d. 不存在有可能损害公共利益的其他影响。

⑤ 其他相关工作。发包人委托设计人配合引进项目的设计任务，从询价、对外谈判、国内外技术考察直至建成投产的各个阶段，应吸收承担有关设计任务的设计人参加。出国费用，除置装费外，其他费用由发包人支付。发包人委托设计人承担合同约定委托范围之外的服务工作，需另行支付费用。

⑥ 保护设计人的知识产权。发包人应保护设计人的投标书、设计方案、文件、资料图纸、数据、计算软件和专利技术。未经设计人同意，发包人对设计人交付的设计资料及文件不得擅自修改、复

制或向第三人转让或用于本合同外的项目。若发生以上情况，发包人应负法律责任，设计人有权向发包人提出索赔。

⑦ 遵循合理设计周期的规律。如果发包人从施工进度的需要或其他方面的考虑，要求设计人比合同规定时间提前交付设计文件时，须征得设计人同意。设计的质量是工程发挥预期效益的基本保障，发包人不应严重背离合理设计周期的规律，强迫设计人不合理地缩短设计周期。双方经过协商达成一致并签订提前交付设计文件的协议后，发包人应支付相应的赶工费。

（2）设计人的责任

① 保证设计质量。

保证工程设计质量是设计人的基本责任。设计人应依据批准的可行性研究报告、勘察资料，在满足国家规定的设计规范、规程、技术标准的基础上，按合同规定的标准完成各阶段的设计任务，并对提交的设计文件的质量负责。在投资限额内，鼓励设计人采用先进的设计思想和方案。但若设计文件中采用的新技术、新材料可能影响工程的质量或安全，而又没有国家标准时，应当由国家认可的检测机构进行试验、论证，并经国务院有关部门或省、直辖市、自治区有关部门组织的建设工程技术专家委员会审定后方可使用。负责设计的建(构)筑物需注明设计的合理使用年限。设计文件中选用的材料、构配件、设备等，应当注明规格、型号、性能等技术指标，其质量要求必须符合国家规定的标准。对于在各设计阶段设计文件审查会提出的修改意见，设计人应负责修正和完善。设计人交付设计资料及文件后，需按规定参加有关的设计审查，并根据审查结论负责对不超出原定范围的内容作必要的调整补充。《建设工程质量管理条例》(国务院 279 号令)规定，设计单位未根据勘察成果文件进行工程设计的，设计单位指定建筑材料、建筑构配件的生产厂、供应商的，设计单位未按照工程建设强制性标准进行设计的，均属于违反法律和法规的行为，要追究设计人的责任。

② 完成各设计阶段的工作任务。

a. 初步设计。它包括总体设计(大型工程)；方案设计(建筑设计、工艺设计、进行方案比选等工作)；编制初步设计文件(完善选定的方案；分专业设计并汇总，编制说明与概算，参加初步设计审查会议；修正初步设计)。

b. 技术设计。它包括提出技术设计计划[可能包括工艺流程试验、研究；特种设备的研制、大型建(构)筑物关键部位的试验、研究]；编制技术设计文件；参加初步审查，并做必要修正。

c. 施工图设计。它包括建筑设计；结构设计；设备设计；专业设计的协调；编制施工图设计文件。

③ 配合施工的义务。

a. 设计交底。设计人在建设工程施工前，需向施工承包人和监理人说明建设工程勘察、设计意图，解释建设工程勘察、设计文件，以保证施工工艺达到预期的设计水平的要求。设计人按合同规定时限交付设计资料及文件后，本年内项目开始施工，设计人负责向发包人及施工单位进行设计交底、处理有关设计问题和参加竣工验收。如果在一年内项目未开始施工，设计人仍应负责上述工作，但可按所需工作量向发包人适当收取咨询服务费，收费额由双方以补充协议商定。

b. 解决施工中出现的设计问题。设计人有义务解决施工中出现的设计问题，若属于设计变更的范围，按照变更原因确定费用负担责任。发包人要求设计人派专人留驻施工现场进行配合与解决有关问题时，双方应另行签订补充协议或技术咨询服务合同。

c. 工程验收。为了保证建设工程的质量，设计人应按合同约定参加工程验收工作。这些约定的工作可能涉及重要部位的隐蔽工程验收、试车验收和竣工验收。

④ 保护发包人的知识产权。

设计人应保护发包人的知识产权，不得向第三人泄露、转让发包人提交的产品图纸等技术经济资料。如发生以上情况并给发包人造成经济损失，发包人有权向设计人索赔。

(3) 支付管理

① 定金的支付。

设计合同由于采用定金担保，因此合同内没有预付款。发包人应在合同签订后3天内，支付设计费总额的20%作为定金。在合同履行过程的中期支付中，定金不参与结算，双方的合同义务全部完成进行合同结算时，定金可以抵作设计费或收回。

② 合同价格。

在现行体制下，建设工程勘察、设计发包人与承包人应当执行国家有关建设工程勘察费、设计费的管理规定。签订合同时，双方商定合同的设计费，收费依据和计算方法按国家和地方有关规定执行。国家和地方没有规定的，由双方商定。如果合同约定的费用为估算设计费，则双方在初步设计审批后，需按批准的初步设计概算核算设计费。工程建设期间如有概算调整，则设计费也应做相应调整。

③ 设计费的支付与结算。

a. 支付管理原则。设计人按合同约定提交相应报告、成果或阶段的设计文件后，发包人应及时支付约定的各阶段设计费；设计人提交最后一部分施工图的同时，发包人应结清全部设计费，不留尾款；实际设计费按初步设计概算核定，多退少补。实际设计费与估算设计费出现差额时，双方需另行签订补充协议；发包人委托设计人承担本合同内容之外的工作服务，需另行支付费用。

b. 按设计阶段支付费用的百分比。合同签订后3天内，发包人支付设计费总额的20%作为定金。此笔费用支付后，设计人可以自主使用；设计人提交初步设计文件后3天内，发包人应支付设计费总额的30%；施工图阶段，当设计人按合同约定提交阶段性设计成果后，发包人应依据约定的支付条件、所完成的施工图工作量比例和时间，分期分批向设计人支付剩余总设计费的50%，施工图完成后，发包人结清设计费，不留尾款。

(4) 设计工作内容的变更

设计合同的变更，通常指设计人承接工作范围和内容的改变。按照发生原因的不同，一般可能涉及以下几个方面。

① 设计人的工作。

设计人交付设计资料及文件后，按规定参加有关的设计审查，并根据审查结论负责对不超出原定工作范围的内容做必要的调整补充。

② 委托任务范围内的设计变更。

为了维护设计文件的严肃性，经过批准的设计文件不得随意变更。发包人、施工承包人、监理人均不得修改建设工程勘察、设计文件。如果发包人根据工程的实际需要确需修改建设工程勘察、设计文件时，应当首先报经原审批机关批准，然后由原建设工程勘察、设计单位修改。经过修改的设计文件仍需按设计管理程序经有关部门审批后使用。

③ 委托其他设计单位完成的变更。

在某些特殊情况下，发包人需要委托其他设计单位完成设计变更工作，如变更增加的设计内容专业性较强，超过了设计人资质条件允许承接的工作范围；或施工期间发生的设计变更，设计人由于资源能力所限，不能在要求的时间内完成等原因。在此情况下，发包人经原建设工程设计人书面同意后，也可以委托其他具有相应资质的建设工程勘察、设计单位修改。修改单位对修改的勘察、设计文件承担相应责任，原设计人不再对修改的部分负责。

④ 发包人原因的重大设计变更。

发包人变更委托设计项目、规模、条件或因提交的资料错误，或对所提交资料作了较大修改，造成设计人设计需返工时，双方除需另行协商签订补充协议(或另订合同)、重新明确有关条款外，发包人应按设计人所耗工作量向设计人增付设计费。

(5) 违约责任

① 发包人的违约责任。

a. 发包人延误支付。发包人应按合同规定的金额和时间向设计人支付设计费，每逾期1天，应承担应支付金额2‰的逾期违约金，且设计人提交设计文件的时间顺延。逾期30天以上时，设计人有权暂停履行下阶段工作，并书面通知发包人。

b. 审批工作的延误。发包人的上级或设计审批部门对设计文件不审批或合同项目停(缓)建，均视为发包人应承担的风险。设计人提交合同约定的设计文件和相关资料后，按照设计人已完成全部设计任务对待，发包人应按合同规定结清全部设计费。

c. 因发包人原因要求解除合同。在合同履行期间，发包人要求终止或解除合同，设计人未开始设计工作的，不退还发包人已付的定金；已开始设计工作的，发包人应根据设计人已进行的实际工作量，不足50%时，按该阶段设计费的50%支付；超过50%时，按该阶段设计费的100%支付。

② 设计人的违约责任。

a. 设计错误。作为设计人，其基本义务是对设计资料及文件中出现的遗漏或错误负责修改或补充。由于设计人员错误造成工程质量事故损失，设计人除负责采取补救措施外，应免收直接受损失部分的设计费。损失严重的，还应根据损失的程度和设计人责任大小向发包人支付赔偿金。范本中要求设计人的赔偿责任按工程实际损失的百分比计算；当事人双方订立合同时，需在相关条款内具体约定百分比的数额。

b. 设计人延误完成设计任务。由于设计人自身原因，延误了按合同规定的交付设计资料及设计文件的时间，每延误1天，应减收该项目应收设计费的2‰。

c. 因设计人原因要求解除合同。合同生效后，设计人要求终止或解除合同应双倍返还定金。

③ 不可抗力事件的影响。

由于不可抗力因素致使合同无法履行时，双方应及时协商解决。

5.5 建设工程委托监理合同管理

5.5.1 建设工程委托监理合同概述

建设工程监理合同示例

5.5.1.1 建设工程监理合同的概念

建设工程监理合同简称监理合同，是指业主委托监理单位承担拟建工程监理业务，为明确双方权利义务关系，与监理单位签订的协议。建设监理的内容是依据法律、行政法规以及有关技术标准、设计文件和建设工程合同，对承包单位在工程质量、建设工期和建设资金使用等方面，代表建设单位实施监督。建设监理可以是对建设工程全过程进行监理，也可以分阶段进行监理，如设计监理、施工监理、设备监理等，目前最常见的是施工监理。

5.5.1.2 建设工程监理合同的主体

建设监理合同的主体是合同确立的权利的享有者和义务的承担者，包括建设单位、监理单位。双方是平等的主体关系，又是委托与被委托的关系。

(1) 业主

在我国，业主是指由投资方代表组成，全面负责项目投资、项目建设、生产经营、归还贷款和债券本息等工作的管理方。

(2) 监理单位

监理单位是指具有法人资格，取得监理资质证书的监理公司、监理事务所以及工程建设咨询单位。监理单位的资质分为综合资质、专业资质和事务所资质。

5.5.1.3 建设工程委托监理合同文件

(1) 合同文件的组成

建设工程委托监理合同文件组成为：建设工程委托监理合同、监理投标书或中标通知书、建设工程委托监理合同标准文件、建设工程委托监理合同专用文件、在实施过程中当事人之间共同签署的补充与修正文件。

(2) 建设工程监理合同在《合同法》中的归属

我国《合同法》中明确列出，建设工程合同中只包含工程勘察设计、施工合同，不包含建设工程委托监理合同。根据合同性质，监理合同归属于委托合同。

5.5.2 建设工程委托监理合同的订立

监理单位采取何种方式承接建设工程监理业务，取决于业主选择监理单位、委托监理业务的方式。业主选择监理单位、委托监理业务一般有协商方式和招标方式两种。业主根据工程项目的性质、规模和建设工程监理管理机关的规定，在上述两种方式中确定一种方式选择监理单位、委托监理业务。但是，对于《招标投标法》规定范围内的工程建设项目，必须进行招标。

5.5.3 建设工程委托监理合同的履行

5.5.3.1 监理工作

建设工程监理的目标与工程项目建设的目标是一致的，即控制投资、工期、安全和质量。合同管理、信息管理和全面的组织协调是实现投资、工期和质量目标必须运用的控制手段和措施。另外，监理合同中监理工作还包括正常工作、附加工作和额外工作。

(1) 正常工作

正常工作是指双方在专用条件中约定、委托人委托的监理工作范围和内容，包括工程技术咨询服务、协助委托人完成相关工作、监督与检查和施工管理。

(2) 附加工作

① 委托人委托监理范围以外，通过双方书面协议另外增加的工作内容；

② 由于委托人或承包人原因，使监理工作受到阻碍或延误，因增加工作量或持续时间而增加的工作。

(3) 额外工作

建设工程监理的额外工作是指正常工作和附加工作以外，根据监理合同约定监理人必须完成的工作，或非监理人自己的原因而暂停或终止监理业务，其善后工作及恢复监理业务的工作。

5.5.3.2 监理报酬

(1) 正常工作的监理报酬计算方法

① 按所监理工程概预算的百分比计算；

② 按照参与监理工作的年度平均人数计算。

(2) 监理报酬的支付

监理报酬的具体计算方法与支付方式，当事人应当在专用条款中约定。如果委托人在规定的支付期限内未支付监理报酬，自规定之日起，还应向监理人支付滞纳金。滞纳金从规定支付期限最后一日起计算。支付监理报酬所采取的货币币种、汇率由合同专用条款约定。如果委托人对监理人提交的支付通知中报酬或部分报酬项目提出异议，应当在收到支付通知书 24 小时内向监理人发出表示异议的通知，但委托人不得拖延其他无异议报酬项目的支付。

5.5.4 监理人员对监理合同的管理

5.5.4.1 监理合同的生效、变更和终止

(1) 合同的生效

监理合同属于诺成合同，所以当事人一经签字合同便成立且生效。

(2) 合同的变更

在委托监理合同签订后，实际情况发生变化，使得监理人不能全部或部分执行监理业务时，监理人应当立即通知委托人，该监理业务的完成时间应予延长。当恢复执行监理业务时，应当增加不超过 42 日的时间用于恢复执行监理业务，并按双方约定的数量支付监理报酬。当事人一方要求变更或解除合同时，应当在 42 日前通知对方，因解除合同使一方遭受损失的，除依法可以免除责任的外，应由责任方负责赔偿。

(3) 合同的终止

监理人向委托人办理完竣工验收或工程移交手续，承包人和委托人已签订工程保险责任书，监理人收到监理报酬尾款，本合同即终止。保修期间的责任，双方应在专用条款中约定。

5.5.4.2 违约责任

任何一方对另一方负有违约责任时的赔偿原则是：

① 赔偿应限于因违约所造成的，可以合理预见到的损失和损害的数额。

② 在任何情况下，赔偿的累计数额不应超过专用条款中规定的最大赔偿限额；如果监理单位违约，其赔偿总额不应超出监理酬金总额(除去税金)。

③ 如果任何一方与第三方共同对另一方负有责任，则负有责任一方所应付的赔偿比例应限于由其违约所应负责的那部分比例。

5.6 建设工程施工合同管理

5.6.1 建设工程施工合同概述

建设工程施工合同是发包人(建设单位、业主或总包单位)与承包人(施工单位)之间为完成商定的建设工程项目,确定双方权利和义务的协议。建设工程施工合同也称为建筑安装承包合同,建筑是指对工程进行营造的行为;安装主要是指与工程有关的线路、管道、设备等设施的装配。依照施工合同,承包人应完成一定的建筑、安装工程任务,发包人应提供必要的施工条件并支付工程价款。

建设工程施工合同是建设工程的主要合同,是工程建设质量控制、进度控制、投资控制的主要依据。在市场经济条件下,建设市场主体之间相互的权利义务关系主要是通过合同确立的,因此,在建设领域加强对施工合同的管理具有十分重要的意义。

5.6.2 建设工程施工合同的订立

5.6.2.1 订立施工合同应具备的条件

① 初步设计已经批准;
② 工程项目已经列入年度建设计划;
③ 有能够满足施工需要的设计文件和有关技术资料;
④ 建设资金和主要建筑材料设备来源已经落实;
⑤ 对于招投标工程,中标通知书已经下达。

5.6.2.2 订立施工合同应当遵守的原则

(1) 遵守国家法律、法规和国家计划的原则

订立施工合同,必须遵守国家法律、法规,也应遵守国家的建设计划和其他计划(如贷款计划)。建设工程施工对经济发展、社会生活有多方面的影响,国家有许多强制性的管理规定,施工合同当事人都必须遵守。

(2) 平等、自愿、公平的原则

签订施工合同当事人双方都具有平等的法律地位,任何一方都不得强迫对方接受不平等的合同条件。当事人有权决定是否订立合同和合同内容,合同内容应当是双方当事人真实意思的体现,合同内容还应当是公平的,不能单纯损害一方的利益。对于显失公平的施工合同,当事人一方有权申请人民法院或仲裁机构予以变更或撤销。

(3) 诚实信用的原则

当事人订立施工合同应该诚实信用,不得有欺诈行为,双方应当如实将自身和工程的情况介绍给对方。在施工合同履行过程中,当事人也应守信用,严格履行合同。

5.6.2.3 订立施工合同的程序

施工合同的订立同样包括要约和承诺两个阶段。其订立方式有直接发包和招标发包两种。对于必须进行招标的建设项目,工程建设的施工都应通过招标投标确定承包人。

中标通知书发出后,中标人应当与招标人及时签订合同。《招标投标法》规定:招标人和中标人

应当自中标通知书发出之日起 30 天内，按照招标文件和中标人的投标文件订立书面合同。招标人和中标人不得再行订立背离合同实质性内容的其他协议。

5.6.2.4 《建设工程施工合同(示范文本)》简介

《建设工程施工合同(示范文本)》由协议书、通用条款、专用条款三部分组成，并附有三个附件。

(1) 协议书

协议书是《建设工程施工合同(示范文本)》的总纲性文件，是发包人与承包人依据《合同法》、《建筑法》及其他有关法律、法规，遵循平等、自愿、公平和诚实信用的原则，就建设工程施工中最基本、最重要的事项协商一致而订立的合同。它规定了合同当事人双方最主要的权利义务，规定了组成合同的文件及合同当事人对履行合同义务的承诺，并且合同当事人在这份文件上签字盖章，因此具有很高的法律效力，在所有施工合同文件组成中具有最优的解释效力。协议书主要包括以下十方面内容：

① 工程概况，包括工程名称、工程地点、工程内容、群体工程并应附承包人承揽工程项目一览表(附件 1)、工程立项批准文号、资金来源等；

② 工程承包范围；

③ 合同工期，包括开工日期、竣工日期、合同工期总日历天数；

④ 质量标准；

⑤ 合同价款(用大小写分别表示)；

⑥ 组成合同的文件；

⑦ 本协议书中有关词语含义，与通用条款中分别赋予它们的定义相同；

⑧ 承包人向发包人承诺按照合同约定进行施工、竣工并在质量保修期内承担工程质量保修责任；

⑨ 发包人向承包人承诺按照合同约定的期限和方式支付合同价款及其他应当支付的款项；

⑩ 合同生效，包括：合同订立时间(年月日)、合同订立地点、双方约定生效的时间；

(2) 通用条款

通用条款是根据《合同法》、《建筑法》等法律法规对承发包双方的权利义务作出的具体规定，除双方协商一致对其中的某些条款作修改、补充或取消外，双方都必须履行。通用条款共有十一部分共 47 条，基本适用于各类建设工程。其十一部分为：词语定义及合同文件、双方一般权利和义务、施工组织设计和工期、质量与检验、安全施工、合同价款与支付、材料设备供应、工程变更、竣工验收与结算、违约索赔和争议、其他。

(3) 专用条款

考虑到建设工程的内容各不相同，工期、造价等也随之变动，承包人与发包人各自的能力、施工现场的环境和条件也各不相同，需要专用条款对通用条款进行必要的修改和补充，使两者成为双方当事人统一意愿的体现。专用条款也有 47 条，与通用条款的条款序号一致，为承发包双方补充协议提供了一个可供参考的提纲或格式。

(4) 附件

附件是对施工合同当事人权利义务的进一步明确，并且使当事人的有关工作一目了然，便于执行和管理。它有三个附件：承包人承揽工程项目一览表、发包人供应材料设备一览表、工程质量保修书。

5.6.3 监理人员在施工准备阶段的合同管理

5.6.3.1 施工图纸

施工图纸经监理工程师审核签认后，在合同约定的日期前发放给承包人，以保证承包人及时编制施工进度计划和组织施工。发包人应按照专用条款约定的份数供应承包人图纸，承包人要求增加图纸套数时，发包人可代为复制，但复制费用由承包人承担。在承包范围内，由承包人负责设计的图纸应提交监理工程师审核，经过监理工程师签认后才可以使用，但是不能解除承包人的设计责任。

5.6.3.2 施工组织设计和进度计划

监理工程师接到承包人提交的施工组织设计（施工方案）和进度计划后，应当予以确认或者提出修改意见，时间限制则由双方在专用条款中约定。如果监理工程师逾期不确认也不提出书面意见，则视为已经同意。承包人按照已确认的施工组织设计（施工方案）和进度计划组织施工。

监理工程师对承包人提交的施工组织设计（施工方案）和进度计划的认可，不免除承包人对施工组织设计和工程进度计划本身的缺陷所应承担的责任。进度计划经监理工程师予以认可的重要目的，是作为发包人和监理工程师依据计划进行协调和对施工进度控制的依据。

5.6.3.3 开工

（1）承包人要求延期开工

承包人不能按时开工，应在不迟于协议书约定的开工日期前 7 天，以书面形式向监理工程师提出延期开工的理由和要求。但是监理工程师有权批准是否同意延期开工。监理工程师在接到延期开工申请后的 48 小时内未予答复，视为同意承包人的要求，工期相应顺延。如果监理工程师不同意延期要求，工期不予顺延。如果承包人未在规定时间内提出延期开工要求，工期也不予顺延。

（2）发包人要求延期开工

因发包人的原因施工现场尚不具备施工的条件，导致承包人不能按照协议书约定的日期开工，监理工程师应以书面形式通知承包人推迟开工日期。发包人应当赔偿承包人因此造成的损失，相应顺延工期。

5.6.3.4 工程分包

经过发包人同意的分包工程，承包人选择的分包人需要提请监理工程师同意。监理工程师主要审查分包人是否具备实施分包工程的资质与能力，未经监理工程师同意的分包人不得进入现场参与施工。

5.6.3.5 支付工程预付款

发包人应在不迟于约定的开工日期前 7 天内预付工程款。若发包人不按约定预付，承包人应在预付时间到期后 7 天内向发包人发出要求预付的通知，发包人收到通知后仍不按要求预付，承包人可在发出通知 7 天后停止施工，发包人应从约定应计之日起向承包人支付应付款的利息（利率按同期银行贷款利率计算），并承担违约责任。

5.6.4 监理人员在施工阶段的合同管理

5.6.4.1 材料设备的质量控制

(1) 发包人供应的材料设备

发包人应按照专用条款中的材料设备供应一览表,按时、按质、按量将采购的材料和设备运抵施工现场,提供产品合格证明并对其质量负责。在到货前 24 小时,发包人以书面形式通知承包人,与发包人共同进行到货清点。发包人供应的材料设备与约定不符时,由发包人承担相应责任。

材料设备经双方共同清点后移交给承包人保管,发包人支付相应的保管费用。因承包人的原因发生损坏或丢失,由承包人负责赔偿。发包人不按规定通知承包人验收,发生的损坏或丢失由发包人负责。

发包人供应的材料设备进入施工现场后需要在使用前检查或者试验的,由承包人负责检查试验,费用由发包人负责。此次检查试验通过以后,不能解除发包人供应材料设备存在的质量缺陷责任。

(2) 承包人采购的材料设备

承包人采购材料设备的,应按合同约定采购,提供产品合格证明,并对其质量负责。在到货前 24 小时,承包人以书面形式通知监理工程师,与监理工程师共同进行到货清点。承包人采购的材料设备与约定不符时,承包人应在监理工程师要求的时间内运出施工现场,重新采购符合要求的产品,并承担由此发生的费用,同时延误的工期不予顺延。承包人采购的材料设备,承包人应按监理工程师的要求进行检查或试验,检查检验的费用由承包人承担。

5.6.4.2 施工质量检验

(1) 工程质量标准

监理工程师依据合同约定的质量标准对承包人的工程质量进行检查,达到或超过约定标准的,给予质量认可;达不到要求时,则予拒收。不论何时,监理工程师一经发现质量达不到约定标准的工程部分,均可要求承包人返工,并由承包人承担返工费用,工期不予顺延。因发包人原因达不到约定标准的,由发包人承担返工的追加合同价款,工期相应顺延。因双方原因达不到约定标准的,责任由双方共同承担。

(2) 施工过程中的检查与检验

经监理工程师检查检验合格后,又发现因承包人原因出现的质量问题,仍由承包人承担责任,赔偿发包人的直接损失,工期不予顺延。监理工程师的检查检验原则上不应影响施工正常进行。如果实际影响了施工的正常进行,其后果责任由检验结果的质量是否合格来区分合同责任。检验结果为质量不合格时,影响正常施工的费用由承包人承担;否则,由发包人承担影响正常施工的追加合同价款,工期顺延。因监理工程师指令失误或其他非承包人原因发生的追加合同价款,由发包人承担。

(3) 使用专利技术及特殊工艺施工

如果发包人要求承包人使用专利技术或特殊工艺施工,应负责办理相应的申报手续,承担申报、试验、使用等费用。若承包人提出使用专利技术或特殊工艺施工,应首先取得监理工程师认可,然后由承包人负责办理申报手续并承担有关费用。

5.6.4.3 隐蔽工程和重新检验

(1) 隐蔽验收

监理工程师接到承包人的请求验收通知后，应在通知约定的时间与承包人共同进行检查或试验。若检测结果表明质量验收合格，经监理工程师在验收记录上签字后，承包人可进行工程隐蔽和继续施工。若验收不合格，承包人应在监理工程师限定的时间内修改后重新验收。经监理工程师验收，工程质量应符合标准、规范和设计图纸等要求。若验收24小时后，监理工程师不在验收记录上签字，则视为监理工程师已经认可验收记录，承包人可进行隐蔽或继续施工。

(2) 重新检验

无论监理工程师是否参加了验收，当其对某部分的工程质量有怀疑时，均可要求承包人对已经隐蔽的工程进行重新检验。承包人接到通知后，应按要求进行剥离或开孔，并在检验后重新覆盖或修复。若重新检验表明质量合格，则由发包人承担由此发生的全部追加合同价款，赔偿承包人损失，并相应顺延工期；若检验不合格，则由承包人承担发生的全部费用，工期不予顺延。

5.6.4.4 施工进度控制

(1) 承包人修改进度计划

不管实际进度超前还是滞后于计划进度，监理工程师均有权通知承包人修改进度计划，以便更好地进行后续施工的协调管理。因承包人自身的原因造成工程实际进度滞后于计划进度，所有的后果都应由承包人自行承担。监理工程师不对确认后的改进措施的效果负责，这种确认并不是监理工程师对延期的批准，而仅仅是要求承包人在合理的状态下施工。

(2) 暂停施工

在监理工程师认为确有必要时，可以根据现场的实际情况发布暂停施工的指示，并在发出暂停施工通知后的48小时内提出书面意见。承包人实施监理工程师作出的处理意见后，可提出书面复工要求。监理工程师应当在收到复工要求后的48小时内给予相应的答复。如果监理工程师未能在规定的时间内提出处理意见，或收到承包人复工要求后48小时内未予答复，承包人可以自行复工。

如果停工责任在发包人，由发包人承担所发生的追加合同价款，赔偿承包人由此造成的损失，工期相应顺延；如果停工责任在承包人，由承包人承担发生的费用，工期不予顺延。如果因监理工程师未及时作出答复，导致承包人无法复工，由发包人承担违约责任。

(3) 工期延误

承包人未按合同约定完成工程施工，如果由于其自身的原因造成工期延误，应承担违约责任。但是，出现下列情况并经监理工程师确认的，工期可以顺延：① 发包人不能按约定提供开工条件；② 发包人不按约定支付工程预付款、进度款，致使工程不能正常进行；③ 设计变更和工程量增加；④ 一周内非承包人原因停水、停电、停气造成停工累计超过8小时；⑤ 不可抗力事件等。

承包人在工期可以顺延的情况发生后14天内，应将延误的工期向监理工程师提出书面报告。监理工程师应在收到报告后14天内予以确认，否则视为报告要求被确认。

(4) 发包人要求提前竣工

发包人要求提前竣工应与承包人协商。双方达成一致后签订提前竣工协议。提前竣工协议包括：① 提前竣工的时间；② 发包人应为赶工提供的方便条件；③ 承包人在保证质量和安全的前提下，可能采取的赶工措施；④ 提前竣工所需的追加合同价款等。

5.6.4.5 支付和结算管理

(1) 工程量确认

承包人应当按照合同约定的方法和时间，向发包人提交已完工程量的报告。发包人接到报告后7天内核实已完工程量，并在核实前1天通知承包人，承包人应提供条件并派人参加核实，承包人收到通知后不参加核实，以发包人核实的工程量作为工程价款支付的依据。发包人不按约定时间通知承包人，致使承包人未能参加核实，核实结果无效。发包人收到承包人报告后7天内未核实完工程量，从第8天起，承包人报告的工程量即视为被确认，作为工程价款支付的依据；双方合同另有约定的，按合同执行。对承包人超出设计图纸(含设计变更)范围和因承包人原因造成返工的工程量，发包人不予计量。

(2) 支付管理

① 施工合同价款调整。

承包人应当在合同规定的调整情况发生后14天内，将合同价款调整原因、金额以书面形式通知发包人，发包人确认调整金额后将其作为追加合同价款，与工程进度款同期支付。发包人收到承包人通知后14天内不予确认也不提出修改意见，则视为已经同意该项调整。

② 工程进度款支付。

发包人应在双方计量确认后14天内向承包人支付工程进度款。发包人不按合同约定支付工程进度款，双方又未达成延期付款协议，导致施工无法进行时，承包人可停止施工，由发包人承担违约责任。

5.6.4.6 设计变更管理

监理工程师依据工程项目的需要和施工现场的实际情况，可以就以下几个方面向承包人发出变更通知：承包人在施工中提出的合理化建议被发包人采纳，若建议涉及对设计图纸或施工组织设计的变更及对材料、设备的换用，须经监理工程师同意；所发生的费用和获得收益的分组或分享，由发包人和承包人另行约定。

(1) 变更的内容

① 更改工程有关部分的标高、基线、位置和尺寸；

② 增减合同中约定的工程量；

③ 改变有关工程的施工时间和顺序；

④ 其他有关工程变更需要的附加工作。

(2) 工程变更价款的确认程序

在工程变更确定后14日内，变更涉及工程价款调整的，由承包人向监理工程师提出变更工程价款的报告，经监理工程师确认后调整合同价款。在工程设计变更确定后14日内，如承包人未提出变更工程价款报告，视为该项变更不涉及合同价款的调整。

监理工程师应在收到变更合同价款报告之日起14日内予以确认或作出其他答复。自变更工程价款报告送达之日起14日内，如监理工程师无正当理由不确认或答复，视为变更工程价款报告已被确认。

确认增(减)的工程变更价款作为追加(减)合同价款，与工程进度款同期支付。

5.6.4.7 不可抗力

(1) 合同约定工期内发生的不可抗力

不可抗力是指合同当事人不能预见、不能避免并且不能克服的客观情况，包括因战争、动乱、空中飞行物坠落或其他非发包人责任造成的爆炸、火灾以及专用条款约定的风、雨、雪、洪水、地震等自然灾害。

因不可抗力事件导致的费用及延误的工期由双方分别按以下方法承担：

① 工程本身的损害、因工程损害导致第三方人员伤亡和财产损失以及运至施工场地用于施工的材料和待安装的设备的损害，由发包人承担；

② 承发包双方人员的伤亡损失，分别由各自承担；

③ 承包人机械设备损坏及停工损失，由承包人承担；

④ 停工期间，承包人应监理工程师要求留在施工场地的必要的管理人员及保卫人员的费用由发包人承担；

⑤ 工程所需清理、修复费用，由发包人承担；

⑥ 延误的工期相应顺延。

总之，工程本身的损失及后续费用、第三方人员伤亡及财产损失由发包人承担，双方的财产损失及人员伤亡由双方分别负责，工期顺延。

(2) 迟延履行合同期间发生的不可抗力

按照《合同法》的基本原则，因合同一方迟延履行合同后发生不可抗力，不能免除迟延履行期的相应责任。

5.6.5 监理人员在竣工阶段的合同管理

5.6.5.1 工程试车

(1) 试车的组织

安装工程具备单机无负荷试车条件时，由承包人组织试车通知，其内容包括试车内容、时间和地点。若监理工程师不能按时参加试车，须在试车前 24 小时内以书面形式提出延期要求，延期不超过 48 小时。监理工程师未能按以上时间提出延期要求，不参加试车，应承认试车记录。具备联动无负荷试车条件时，由发包人组织试车。在试车前 48 小时，书面通知承包人，通知内容包括试车内容、时间、地点和对承包人的要求等。监理工程师在试车合格后在试车记录上签字，试车结束 24 小时后未签字确认的，视为监理工程师已经认可试车记录，承包人可继续施工或办理竣工手续。

(2) 试车中双方的责任

若因设计原因达不到验收要求，发包人应要求设计单位修改设计，承包人按修改后的设计重新安装，发包人承担修改设计费用及重新安装的全部费用和追加合同价款，工期相应顺延。

若因制造原因达不到验收要求，设备采购方负责重新购置或修理，承包人负责拆除或重新安装。设备由承包人采购的，由承包人承担修理或重新购置、拆除及重新安装的全部费用，工期不予顺延；设备由发包人采购的，发包人承担上述各项追加合同价款，工期相应顺延。

若因施工原因达不到验收要求，承包人按监理工程师的要求重新安装和试车，并承担重新安装和试车的费用，工期不予顺延。试车费用除已包括在合同价款之内或专用条款另有约定外，均由发包人承担。

5.6.5.2 竣工验收

(1) 竣工验收需满足的条件

依据通用条款和法规的规定,竣工工程必须符合以下要求:

① 完成工程设计和合同约定的各项内容;

② 质量符合工程建设强制性标准、设计文件与合同要求,并提出了工程竣工报告,工程竣工报告应经项目经理和施工单位有关负责人审核签字;

③ 对于委托监理的工程项目,监理单位提出了工程质量评价报告,并具有完整的监理资料,工程质量评价报告应经总监理工程师和监理单位有关负责人审核签字;

④ 勘察、设计单位对勘察、设计文件及施工过程中由设计单位签署的设计变更通知书进行了确认;

⑤ 有完整的技术档案和施工管理资料;

⑥ 有工程使用的主要建筑材料、建筑构配件和设备合格证及必要的进场试验报告;

⑦ 有施工单位签署的工程质量保修书;

⑧ 有公安消防、环保等部门出具的认可文件或准许使用文件;

⑨ 建设行政主管部门及其委托的工程质量监督机构等有关部门责令整改的问题全部整改完毕。

(2) 竣工验收程序

工程具备竣工验收条件,承包人向发包人申请工程竣工验收。对符合竣工验收要求的工程,发包人收到竣工验收报告后的 28 天内,组织勘察、设计、施工、监理、质量监督机构和其他有关方面的专家组成验收组,制订验收方案。然后,发包人按该方案组织验收。

5.6.5.3 竣工验收后的管理

① 发包人在验收后 14 天内给予认可或提出修改意见。竣工验收合格的工程移交给发包人运行使用,承包人不再承担工程保管责任。需要修改缺陷的部分,承包人应按要求进行修改,并承担由于自身原因造成修改的费用。

② 发包人收到承包人报送的竣工验收报告后 28 天内不组织验收,或验收后 14 天内不提出修改意见,视为竣工验收报告已被认可。同时,从第 29 日起,发包人承担工程保险及一切意外责任。

③ 工程未经竣工验收或竣工验收未通过的,发包人不得使用。发包人强行使用时,由此发生的质量问题及其他问题,由发包人承担责任;但是,不能免除承包人应承担的保修责任。

④ 竣工时间的确定。工程竣工验收通过,承包人送交竣工验收报告的日期为实际竣工日期。工程按发包人要求修改后通过竣工验收的,实际竣工日期为承包人修改后提请发包人验收的日期。

5.7 工程施工索赔管理

5.7.1 工程施工索赔概述

工程索赔是在工程承包合同履行中,当事人一方由于另一方未履行合同所规定的义务而遭受损失时,向另一方提出赔偿要求的行为。

施工索赔的分类如下:

(1) 按索赔的合同依据分类

① 合同中明示的索赔。

合同中明示的索赔是指承包人所提出的索赔要求，在该工程项目的合同文件中有文字依据。承包人可以据此提出索赔要求，并取得经济补偿。

② 合同中默示的索赔。

合同中默示的索赔是指承包人所提出的该项索赔要求，虽然在工程项目的合同条款中没有专门的文字叙述，但可以根据该合同的某些条款的含义，推断出承包人有索赔权。这种索赔要求，同样有法律效力，有权得到相应的经济补偿。

(2) 按索赔目的分类

① 工期索赔。

工期索赔形式上是对权利的要求，以避免在原定合同竣工日不能完工时，被发包人追究延期违约责任。一旦获得批准合同工期顺延后，承包人不仅免除了承担延期违约赔偿费的严重风险，而且可能提前竣工得到奖励，最终仍反映在经济收益上。

② 费用索赔。

费用索赔的目的是要求经济补偿。当施工的客观条件改变导致承包人增加开支，其要求对超出计划成本的附加开支给予补偿，以挽回不应由其承担的经济损失。

(3) 按索赔事件的性质分类

① 工程延误索赔。

因发包人未按合同要求提供施工条件，如未及时交付设计图纸、施工现场、道路等，或因发包人指令工程暂停施工或不可抗力事件等原因造成工期拖延的，承包人可对此提出索赔。

② 工程变更索赔。

由于发包人或监理工程师指令增加或减少工程量或增加附加工程、修改设计、变更工程顺序等，造成工期延长和费用增加，承包人可对此提出索赔。

③ 合同被迫终止的索赔。

由于发包人或承包人违约以及不可抗力事件等原因造成合同非正常终止，受害方因其蒙受经济损失而向对方提出索赔。

④ 工程加速索赔。

由于发包人或监理工程师指令承包人加快施工速度，缩短工期，引起承包人的人、财、物额外开支而提出的索赔。

⑤ 意外风险和不可预见因素索赔。

在工程实施过程中，因人为不可抗拒的自然灾害、特殊风险以及一个有经验的承包人通常不能合理预见的不利施工条件或外界障碍，如地下水、地质断层、溶洞、地下障碍物等引起的索赔。

⑥ 其他索赔。

如因货币贬值、汇率变化、物价和工资上涨、政策法令变化等原因引起的索赔。

5.7.2 索赔程序

5.7.2.1 承包人的索赔

(1) 承包人提出索赔要求

① 发出索赔意向通知。

索赔事件发生后，承包人应在索赔事件发生后的28天内向监理工程师递交索赔意向通知，声明将对此事件提出索赔。索赔事件发生后，承包人有义务做好现场施工的同期记录。监理工程师有权随时检查和调阅，以判断索赔事件造成的实际损害。

② 递交索赔报告。

索赔意向通知提交后的28天内或监理工程师可能同意的其他合理时间内，承包人应递送正式的索赔报告。

索赔报告的内容应包括：事件发生的原因；对其权益影响的证据资料；索赔的依据；此项索赔要求补偿的款项和工期顺延天数的详细计算等有关材料。如果索赔事件的影响持续存在，28天内还不能算出索赔额和工期顺延天数时，承包人应按监理工程师合理要求的时间间隔（一般为28天），定期陆续报出每一个时间段内的索赔证据资料和索赔要求。在该项索赔事件的影响结束后28天内，提交最终详细报告，提出索赔论证资料和累计索赔额。

(2) 监理工程师审核索赔报告

① 监理工程师审核承包人的索赔申请。

监理工程师在接到正式索赔报告以后，要认真研究承包人报送的索赔资料。首先，在不确认责任归属的情况下，客观分析事件发生的原因，重温合同的有关条款，研究承包人的索赔证据，并检查同期记录。其次，通过对事件的分析，监理工程师再依据合同条款划清责任界限，如有必要还可以要求承包人进一步提供补充资料。尤其是对承包人与发包人或监理工程师都负有一定责任的事件，更应划出各方应该承担合同责任的比例。最后，再审查承包人提出的索赔补偿要求，剔除其中的不合理部分，拟定自己计算的合理索赔款额和工期顺延天数。

② 判定索赔成立的原则。

监理工程师与合同相对照，判断事件是否造成了承包人施工成本的额外支出或总工期延误；是否属于承包人应承担的责任，包括行为责任或风险责任；承包人是否按合同规定的程序提交了索赔意向通知和索赔报告。只有这三条同时满足时，才能做出赔偿决定。

③ 对索赔报告的审查。

对索赔报告的审查包括：a. 事态调查；b. 损害事件原因分析；c. 分析索赔理由；d. 实际损失分析；e. 证据资料分析。

(3) 确定合理的补偿额

① 监理工程师与承包人协商补偿。

监理工程师核查后初步确定应予以补偿的额度，往往与承包人的索赔报告中要求的额度不一致，甚至差额较大。其主要原因大多为对承担事件损害责任的界限划分不一致、索赔证据不充分、索赔计算的依据和方法分歧较大等，因此双方应就索赔的处理进行协商。

② 监理工程师索赔处理决定。

在经过认真分析研究，与承包人、发包人广泛讨论后，监理工程师应该向发包人和承包人提出自己的索赔处理决定。监理工程师收到承包人递交的索赔报告和有关资料后，如果在28天内既未予答复，也未对承包人作进一步要求，则视为承包人提出的该项索赔要求已认可。监理工程师的处理决定不是终结性的，对发包人和承包人都不具有强制性的约束力。若承包人对监理工程师的决定不满意，可以按照约定提请仲裁或诉讼。

5.7.2.2 发包人的索赔

《建设工程施工合同（示范文本）》规定，承包人未能按合同约定履行自己的各项义务或发生错误而给发包人造成损失时，发包人也可按合同约定向承包人提出索赔，索赔程序与承包人索赔程序相同。

5.7.3 监理人员的索赔管理及案例

5.7.3.1 审查索赔证据

承包人可以提供的证据包括下列证明材料：① 合同文件中的条款约定；② 经监理工程师认可的施工进度计划；③ 合同履行过程中的来往函件；④ 施工现场记录；⑤ 施工会议记录；⑥ 工程照片；⑦ 监理工程师发布的各种书面指令；⑧ 中期支付工程进度款的单据、各类财务凭证；⑨ 检查和试验记录；⑩ 汇率变化表等。

5.7.3.2 审查工期顺延要求

(1) 审核注意事项

对索赔报告中要求顺延的工期，在审核中应注意以下几点：

① 划清施工进度拖延的责任；

② 被延误的工作应是处于施工进度计划关键线路上的施工内容；

③ 无权要求承包人缩短合同工期。

(2) 审查工期索赔计算

工期索赔的计算主要有网络图分析法和比例计算法两种。

① 网络图分析法。

网络图分析法是利用进度计划的网络图，分析其关键线路。

② 比例计算法。

比例计算法中，对于已知部分工作的延期时间：

$$工期索赔值 = \frac{受干扰工作合同价}{原合同总价} \times 受干扰部分工期拖延时间 \tag{5-1}$$

对于已知额外增加工程量的计算：

$$工期索赔值 = \frac{额外增加工程量}{原工程量} \times 原工期 \tag{5-2}$$

5.7.3.3 审查费用索赔要求

监理工程师在审核索赔的过程中，除了划清合同责任以外，还应注意索赔计算的取费合理性和计算的正确性。

(1) 承包人可索赔的费用

承包人可索赔的费用内容一般可以包括：① 人工费(根据增加工作内容的人工费、停工损失费和工作效率降低的损失费等累计，但不能简单地用计日工费计算)；② 设备费(可采用机械台班费、机械折旧费、设备租赁费等几种形式)；③ 材料费；④ 保函手续费；⑤ 贷款利息；⑥ 保险费；⑦ 利润；⑧ 管理费。

(2) 对承包人提供的索赔依据的确认

监理工程师通常可以对承包人的索赔提出质疑的情况有：① 索赔事项不属于发包人或监理工程师的责任，而是与承包人有关的其他第三方的责任；② 发包人和承包人共同负有的责任，承包人必须划分和证明双方责任大小;③ 事实依据不足;④ 合同依据不足;⑤ 承包人未遵守索赔意向通知要求;⑥ 承包人以前已经放弃(明示或暗示)了索赔要求;⑦ 承包人没有采取适当措施避免或减少损失;⑧ 承包人必须提供进一步的证据;⑨ 损失计算夸大等。

(3) 审核索赔计算的正确性

索赔计算的正确性主要取决于对索赔因素的划分和责任的认定,因此将合同履行的状态分为以下三种:

① 合同状态。

合同状态(又称为计划状态或报价状态)的计算方法和计算基础是极为重要的,制约着后面所述的两种状态的分析计算。它的计算结果是整个索赔值计算的基础。从总体上说,合同状态分析是重新分析合同签订时的合同条件、工程环境、实施方案和价格。其分析基础为招标文件和各种报价文件,包括合同条件、合同规定的工程范围、工程量表、施工图纸、规范、总工期、双方认可的施工方案和施工进度计划以及人力、材料、设备等的需要量和安排、里程碑事件、承包商合同报价的价格水平等。

② 可能状态。

可能状态是在合同状态的基础上加上非承包人事件分析合同条件、工程环境、实施方案和价格。为了区分各方面责任,这里的干扰事件必须由非承包商自己的责任引起,而且不在合同规定的承包商应承担的风险范围内,符合合同规定的赔偿条件。

③ 实际状态。

实际状态是按照实际的工程量、生产效率、人力安排、价格水平、施工方案和施工进度安排等确定实际的工期和费用。这种分析以承包商的实际工程资料为依据。

比较上述三种状态的分析结果可以得到:实际状态和合同状态之差即为工期的实际延长和成本的实际增加量。这里包括所有因素的影响,如业主责任的、承包商责任的、其他外界干扰的。可能状态和合同状态结果之差即为按合同规定承包商真正有理由提出工期和费用索赔的部分。实际状态和可能状态结果之差即为承包商自身责任造成的损失和合同规定的承包商应承担的风险。它应由承包商自己承担,得不到补偿。这里还包括承包商投标报价失误造成的经济损失。

5.7.3.4　索赔管理案例

【案例一】 某厂(甲方)与某建筑公司(乙方)订立了某工程项目施工合同,同时与某降水公司订立了工程降水合同。甲、乙双方合同规定:采用单价合同,每一分项工程的实际工程量增加(或减少)超过招标文件中工程量的10%以上时调整单价;工作B、E、G作业使用主导施工机械一台(乙方自备),台班费为400元/台班,其中台班折旧费为240元/台班。施工网络计划如图5-1所示(单位:天)。

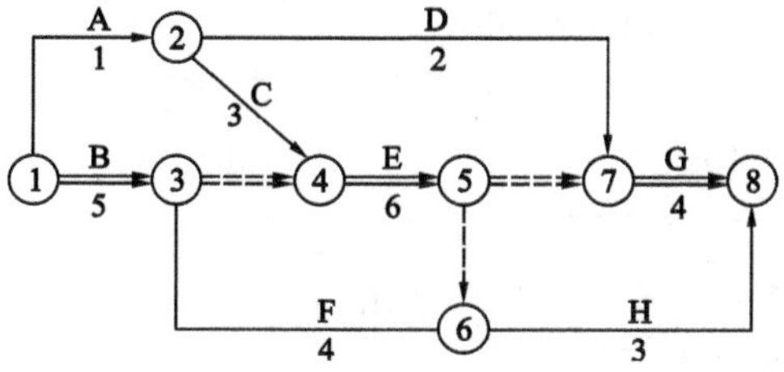

图5-1　施工网络计划图

注:箭线上方为工作名称,箭线下方为持续时间,双箭线为关键线路

甲、乙双方合同约定8月15日开工。工程施工中发生如下事件。

事件1：降水方案错误，致使工作D推迟2天，乙方人员配合用工5个工日，窝工6个工日；

事件2：8月21—22日，因供电中断停工2天，造成人员窝工16个工日；

事件3：因设计变更，工作E的工程量由招标文件中的300 m^3增至350 m^3，超过了10%；合同中该工作的全费用单价为110元/m^3，经协商调整后全费用单价为100元/m^3；

事件4：为保证施工质量，乙方在施工中将工作B原设计尺寸扩大，增加工程量15 m^3，该工作全费用单价为128元/m^3；

事件5：在工作D、E均完成后，甲方指令增加一项临时工作K，经核准，完成该工作需要1天时间，机械1台班，人工10个工日。

问题：

① 上述哪些事件乙方可以提出索赔要求？哪些事件不能提出索赔要求？说明其原因。

② 每项事件的工期索赔各是多少？总工期索赔多少天？

③ 工作E的结算价应为多少？

④ 假设人工工日单价为50元/工日，合同规定窝工人工费补偿标准为25元/工日，因增加用工所需管理费为增加人工费的20%，工作K的综合取费为人工费的80%。试计算除事件3外合理的费用索赔总额。

【参考答案】

① 事件1：可提出索赔要求，因为降水工程由甲方另行发包，是甲方的责任。

事件2：可提出索赔要求，因为因停水、停电造成的人员窝工是甲方的责任。

事件3：可提出索赔要求，因为设计变更是甲方的责任。

事件4：不应提出索赔要求，因为保证施工质量的技术措施费应由乙方承担。

事件5：可提出索赔要求，因为甲方指令增加工作，是甲方的责任。

② 事件1：工作D总时差为8天，推迟2天，尚有总时差6天，不影响工期，因此可索赔工期0天。

事件2：8月21日至8月22日停工，工期延长，可索赔工期为2天。

事件3：因工作E为关键工作，可索赔工期：(350－300)/(300/6)＝1(天)。

事件5：因E、G均为关键工作，在该两项工作之间增加工作K，则工作K也为关键工作，索赔工期为1天。

总计索赔工期：0＋2＋1＋1＝4(天)

③ 按原单价结算的工程量：300×(1＋10%)＝330(m^3)

按新单价结算的工程量：350－330＝20(m^3)

总结算价为：330×110＋20×100＝38300(元)

④ 事件1：人工费　6×25＋5×50×(1＋20%)＝450(元)

事件2：人工费　16×25＝400(元)

机械费　2×240＝480(元)

事件5：人工费　10×50×(1＋80%)＝900(元)

机械费　1×400＝400(元)

合计费用索赔总额　450＋400＋480＋900＋400＝2630(元)。

【案例二】 某施工单位(乙方)与某建设单位(甲方)签订了建造无线电发射塔试验基地的施工合同。合同工期为 38 天。由于该项目急于投入使用,在合同中规定,工期每提前(或拖后)1 天奖励(或罚款)5000 元。乙方按时提交了施工方案和施工网络进度计划(如图 5-2 所示),并得到甲方代表的批准。

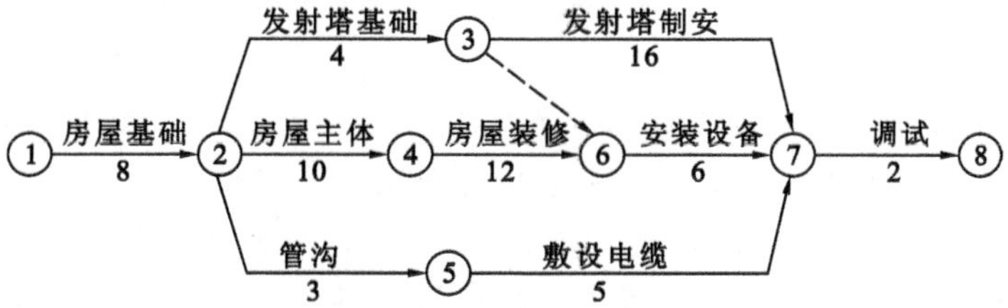

图 5-2 发射塔试验基地工程施工网络进度计划(单位:天)

实际施工过程中发生了如下几项事件。

事件 1:在房屋基坑开挖后,发现局部有软弱下卧层,按甲方代表指示乙方配合地质复查,配合用工为 10 个工日。地质复查后,根据经甲方代表批准的地基处理方案,增加直接费 4 万元,因地基复查和处理使房屋基础作业时间延长 3 天,人工窝工 15 个工日。

事件 2:在发射塔基础施工时,因发射塔原设计尺寸不当,甲方代表要求拆除已施工的基础,重新定位施工。由此造成增加用工 30 工日,材料费 1.2 万元,机械台班费 3000 元,发射塔基础作业时间拖延 2 天。

事件 3:在房屋主体施工中,因施工机械故障,造成工人窝工 8 个工日,该项工作作业时间延长 2 天。

事件 4:在房屋装修施工基本结束时,甲方代表对某项电气暗管的敷设位置是否准确有疑义,要求乙方进行剥离检查。检查结果为某部位的偏差超出了规范允许范围,乙方根据甲方代表的要求进行返工处理,合格后甲方代表予以签字验收。该项返工及覆盖用工 20 个工日,材料费为 1000 元。因该项电气暗管的重新检验和返工处理使安装设备的开始作业时间推迟了 1 天。

事件 5:在敷设电缆时,因乙方购买的电缆线材质量差,甲方代表令乙方重新购买合格线材。由此造成该项工作多用人工 8 个工日,作业时间延长 4 天,材料损失费 8000 元。

事件 6:鉴于该工程工期较紧,经甲方代表同意乙方在安装设备作业过程中采取了加快施工的技术组织措施,使该项工作作业时间缩短 2 天,该项技术组织措施费为 6000 元。

其余各项工作实际作业时间和费用均与原计划相符。

问题:

① 在上述事件中,乙方可以就哪些事件向甲方提出工期补偿和费用补偿要求?为什么?

② 该工程的实际施工天数为多少天?可得到的工期补偿为多少天?工期奖罚款为多少?

③ 假设工程所在地人工费标准为 30 元/工日,应由甲方给予补偿的窝工人工费补偿标准为 18 元/工日,该工程综合取费率为 30%。则在该工程结算时,乙方应该得到的索赔款为多少?

【参考答案】

① 事件 1:可以提出工期补偿和和费用补偿要求,因为地质条件变化属于甲方应承担的责任,且该项工作位于关键线路上。

事件 2:可以提出费用补偿要求,不能提出工期补偿要求,因为发射塔设计位置变化是甲方的责任,由此增加的费用应由甲方承担,但该项工作的拖延时间(2 天)没有超出其总时差(8 天)。

事件3：不能提出工期和费用补偿要求，因为施工机械故障属于乙方应承担的责任。

事件4：不能提出工期和费用补偿要求，因为乙方应该对自己完成的产品质量负责。甲方代表有权要求乙方对已覆盖的分项工程剥离检查，检查后发现质量不合格，其费用由乙方承担，工期也不补偿。

事件5：不能提出工期和费用补偿要求，因为乙方应该对自己购买的材料质量和完成的产品质量负责。

事件6：不能提出补偿要求，因为通过采取施工技术组织措施使工期提前，可按合同规定的工期奖罚办法处理，因赶工而发生的施工技术组织措施费应由乙方承担。

② a. 通过对图5-2的分析，该工程施工网络进度计划的关键线路为①—②—④—⑥—⑦—⑧，计划工期为38天，与合同工期相同。将图5-2中所有各项工作的持续时间均以实际持续时间代替，计算结果表明：关键线路不变（仍为①—②—④—⑥—⑦—⑧），实际工期为42天。

b. 将图5-2中所有由甲方负责的各项工作持续时间延长天数加到原计划相应工作的持续时间上，计算结果表明：关键线路也不变（仍为①—②—④—⑥—⑦—⑧），工期为41天。所以，该工程可补偿工期天数为3天[41－38＝3(天)]。

c. 工期罚款为：〔42－(38＋3)〕×5000＝5000(元)

③ 乙方应该得到的索赔款有：

a. 由事件1引起的索赔款　(10×30＋40000)×(1＋30%)＋15×18＝52660(元)

b. 由事件2引起的索赔款　(30×30＋12000＋3000)×(1＋30%)＝20670(元)

所以，乙方应该得到索赔款　52660＋20670＝73330(元)

【知识归纳】

(1) 合同的订立、效力、履行、变更和转让、终止、违约责任及争议的解决。

(2) 建设工程招标投标相关法律知识、监理招标投标管理、施工招标投标管理。

(3) 建设工程委托监理合同订立、履行、监理人员对监理合同的管理。

(4) 建设工程施工合同订立、监理对施工合同各阶段的管理。

(5) 建设工程施工索赔管理。

【独立思考】

5-1　要约邀请、要约承诺在招投标中的应用是什么？

5-2　合同履行的原则是什么？

5-3　缔约过失责任、违约责任、侵权责任的区别是什么？

5-4　公开招标的步骤是什么？

5-5　勘察设计合同主体的权利及义务是什么？

5-6　施工索赔的分类及步骤是什么？

5-7　监理委托合同与施工承包合同在性质上的区别是什么？

5-8　合同争议怎样解决？

5-9　监理工程师如何预防和减少索赔？

【参考文献】

［1］ 全国人民代表大会常务委员会.中华人民共和国合同法.2012.

［2］ 最高人民法院.最高人民法院关于适用《中华人民共和国合同法》若干问题的解释(一).北京:中国法制出版社,2009.

［3］ 最高人民法院.最高人民法院关于适用《中华人民共和国合同法》若干问题的解释(二).北京:中国法制出版社,2009.

［4］ 全国人民代表大会常务委员会.中华人民共和国招标投标法.1999.

［5］ 中华人民共和国.建设部,国家工商行政管理局.建设工程施工合同(示范文本).1999.

［6］ 中华人民共和国.建设部,国家工商行政管理局.建设工程委托监理合同(示范文本).2000.

6

建设工程信息管理

课前导读

内容提要

本章主要内容包括信息管理的概念，建设工程文件档案资料及监理文件档案资料管理的内容，监理资料的构成及建设工程监理文件档案资料的编写。本章的重点是监理资料的构成和建设工程监理文件档案资料的编写。

能力要求

通过本章的学习，要求学生初步掌握监理资料的构成和监理规划、监理细则、监理日志、旁站记录、会议纪要、监理月报、工程质量评估报告、监理工作总结等监理资料的编写要点。

6.1 建设工程信息管理概述

6.1.1 信息、信息系统、信息管理的概念

6.1.1.1 信息的概念

信息是以数据形式表达的客观事实，它是对数据的解释，反映事物的客观状态和规律。数据是人们用来反映客观世界而记录下来的可鉴别的符号，如数字、字符串等。数据本身是一个符号，只有当它经过处理、解释，并对外界产生影响时才成为信息。

建设工程信息是对参与建设各方主体（如业主、设计单位、施工单位、供货厂商和监理企业等）从事建设工程项目管理（或监理）提供决策支持的一种载体，如项目建议书、可行性研究报告、设计图纸及其说明书、各种建设法规及建设标准等。在现代化建设工程中，能及时、准确、完善地掌握与建设有关的大量信息，处理和管理好各类建设信息，是建设工程项目管理（或监理）的重要内容。

(1) 建设工程信息的性质

由于建设工程及其技术经济的特点，使建设工程信息具有如下的性质：

① 真实性。

真实性是建设工程信息的最基本性质。如果信息失真，不仅没有任何可利用的价值，反而还会造成决策失误。

② 时效性。

时效性又称适时性。它反映了建设工程信息具有突出的时间性的特点。某一信息对某一建设目标是适用的，但随着建设进程，该信息的价值将逐步降低或完全丧失。因此，信息的时效性是反映信息现实性的关键，对决策的有效性产生重大的影响。

③ 系统性。

信息本身需要全面地掌握各方面的数据后才能得到。因此，在工程实际中，不能片面地处理数据，也不能片面地产生和使用信息，信息是系统的组成部分之一，必须用系统的观点来对待各种信息。

④ 不完全性。

由于使用数据的人对客观事物认识的局限性，使得信息具有不完全性。

⑤ 层次性。

信息是有不同使用对象之分的，不同的管理需要不同的信息，因此，必须针对不同的信息需求分类提供相应的信息。通常可以将信息分为决策级、管理级、作业级三个层次。

(2) 建设工程监理的信息分类

不同的监理范畴需要不同的信息，可按照不同的标准将监理信息进行归类划分，来满足不同监理工作的信息需求，并有效地进行管理。

监理信息的分类方法通常有以下几种：

① 按建设监理控制目标分类。

建设工程监理的目的是对工程进行有效的控制，按控制目标将信息进行分类是一种重要的分类方法。按这种方法，可将监理信息划分为以下几个方面。

a. 投资控制信息。它是指与投资控制直接有关的信息。属于这类信息的有与工程投资有关

的投资标准，如类似工程造价、物价指数、概算定额、预算定额等；工程项目计划投资的信息，如工程项目投资估算、设计概预算、合同价等；项目进行中产生的实际投资信息，如施工阶段的支付账单、投资调整、原材料价格、机械设备台班费、人工费、运杂费等；还有对以上这些信息进行分析比较得出的信息，如投资分配信息、合同价格与投资分配的对比分析信息、实际投资与计划投资的动态比较信息、实际投资统计信息、项目投资变化预测信息等。

b. 质量控制信息。它指与质量控制直接有关的信息。属于这类信息的有与工程质量有关的标准信息，如国家有关的质量政策、质量法规、质量标准、工程项目建设标准等；与计划工程质量有关的信息，如工程项目的合同标准信息、材料设备的合同质量信息、质量控制工作流程、质量控制的工作制度等；项目进展中实际质量信息，如工程质量检验信息、材料的质量抽样检查信息、设备的质量检验信息、质量和安全事故信息；还有由这些信息加工后得到的信息，如质量目标的分解结果信息、质量控制的风险分析信息、工程质量统计信息、工程实际质量与质量要求及标准的对比分析信息、安全事故统计信息、安全事故预测信息等。

c. 进度控制信息。它指与进度控制直接有关的信息。这类信息有与工程进度有关的标准信息，如工程施工进度定额信息等；与工程计划进度有关的信息，如工程项目总进度计划、进度控制的工作流程、进度控制的工作制度等；项目进展中产生的实际进度信息；还有将上述信息加工后产生的信息，如工程实际进度控制的风险分析、进度目标分解信息、实际进度与计划进度对比分析、实际进度与合同进度对比分析、实际进度统计分析、进度变化预测信息等。

② 按照工程建设不同阶段分类。

a. 项目建设前期的信息。项目建设前期的信息包括可行性研究报告提供的信息、设计任务书提供的信息、勘察与测量的信息、初步设计文件的信息、招投标方面的信息等，其中大量的信息与监理工作有关。

b. 工程施工中的信息。由于施工过程中参与方很多，现场情况复杂，所以工程施工中的信息量最大。其中有来自业主方的信息，业主作为工程项目建设的负责人，对工程建设中的一些重大问题不时要表达意见和看法，下达某些指令；业主对合同规定由其供应的材料、设备，需提供品种、数量、质量、试验报告等资料。有来自承包方的信息，承包方作为施工的主体，必须搜集和掌握施工现场大量的信息，其中包括经常向有关方面发出的各种文件，向监理工程师报送的各种文件、报告等。有来自设计方的信息，如根据设计合同及提供图纸协议发送的施工图纸，在施工中发出的为满足设计意图向施工方提出的各种要求，根据实际情况对设计进行的调查和个性设计等。项目监理内部也会产生许多信息，有直接从施工现场获得的有关投资、质量、进度和合同管理方面的信息，还有经过分析整理后对各种问题的处理意见等。还有来自其他部门如地方政府、环保部门、交通部门等的信息。

c. 工程竣工阶段的信息。在工程竣工阶段，需要大量的竣工验收资料，其中包含了大量的信息，这些信息一部分是在整个施工过程中长期积累形成的，一部分是在竣工验收期间根据积累的资料整理分析形成的。

③ 按照监理信息的来源分类。

a. 来自工程项目监理组织的信息。如监理的记录、各种监理报表、工地会议纪要、各种指令、监理试验检测报告等。

b. 来自承包方的信息。如开工申请报告、质量事故报告、形象进度报告、索赔报告等。

c. 来自业主的信息。如业主对各种报告的批复意见等。

d. 来自其他部门的信息。如政府有关文件、市场价格、物价指数、气象资料等。

④ 其他的一些分类方法。

a. 按照信息范围的不同，把建设监理信息分为精细的信息和摘要的信息两类。

b. 按照信息时间的不同，把建设监理信息分为历史性的信息和预测性的信息两类。

c. 按照监理阶段的不同，把建设监理信息分为计划的、作业的、核算的及报告的信息。

d. 按照对信息的期待性不同，把建设监理信息分为预知的信息和突发的信息两类。

e. 按照信息的性质不同，把建设监理信息分为生产信息、技术信息、经济信息和资源信息等。

f. 按照信息的稳定程度不同，把建设监理信息分为固定信息和流动信息等。

6.1.1.2 监理信息系统的概念

(1) 系统的概念

系统是一个将相互关联的多个要素按照特定的规律集合起来，具有特定功能的有机整体，它又是另一个更大系统的一部分。

(2) 信息系统的概念

信息系统是由人和计算机等组成，以系统思想为依据，以计算机为手段，进行数据搜集、传递、处理、存储、分发、加工产生信息，为决策、预测和管理提供依据的系统。

信息系统是一个系统，具有系统的一切特点，信息系统的目的是对数据进行综合处理，进而得到信息，它也是一个更大系统的组成部分。信息系统能够再分多个子系统，与其他子系统有相关性，也与环境有联系。它的对象是数据和信息，通过对数据的加工得到信息，而信息是为决策、预测、管理服务的，是它们的工作依据。

(3) 建设工程监理信息系统

监理信息系统是建设工程信息系统的一个组成部分，建设工程信息系统由建设方、勘察设计方、建设行政管理方、建设材料供应方、施工方和监理方各自的信息系统组成，监理信息系统只是监理方的信息系统，是主要为监理工作服务的信息系统。监理信息系统是建设工程信息系统的一个子系统，也是监理单位整个管理系统的一个子系统。作为前者，它必须从建设信息系统中得到政府、建设、施工、设计等各方提供的必需的数据和信息，也必须送出相关单位需要的相关的数据和信息；作为后者，它也从监理单位得到必要的指令以及所需要的数据与信息，向监理单位汇报建设工程项目的信息。

6.1.1.3 建设工程信息管理的概念

建设工程信息管理是指在建设工程的各个阶段，对所产生的面向建设工程管理业务的信息进行搜集、传输、加工、储存、维护和使用等的信息规划及组织管理活动的总称。信息管理的目的是通过有效的建设工程信息规划及组织管理活动，使参与建设各方能及时、准确地获得有关的建设工程信息，以便为建设项目全过程或各个建设阶段提供建设项目决策所需要的可靠信息。监理工程师作为项目管理者，承担着项目信息管理的任务。

6.1.2 监理工作与信息管理

6.1.2.1 建设工程监理信息管理的内容

作为建设工程监理单位，为了达到信息管理的目的，必须把握监理过程中和项目监理工作结束后信息管理的各个环节，包括信息来源、信息分类、建立信息管理系统、正确应用信息管理手段、掌握信息流程等不同环节。建设工程监理信息管理主要由监理项目部内部的信息管理、监理公司对各项目部的信息管理、监理公司内部各管理部门的信息管理等组成。建设工程监理信息管理要做到组织内部职能分工的明确化、日常业务的标准化、报表文件的规范化、数据资料的完整化和代码化。

6.1.2.2 建设工程监理信息管理的方法

在建设工程信息管理中，重点应抓好信息的搜集、信息的传递、信息的加工、信息的存储，以及信息的利用与维护等工作。

(1) 信息的搜集

信息的搜集首先应根据项目管理的目标，通过对信息的识别，制定对建设工程信息的需求规划，即确定信息需求类别及各类信息量的大小，再通过调查研究，采用适当的搜集方法来获得所需要的建设工程信息。

(2) 信息的传递

信息的传递就是把信息从信息的占有者传送给信息的接收者的过程。为了保证信息传递不至于产生“失真”，在信息传递时，必须要建立科学的信息传递渠道体系，包括信息传递类型及信息量、传递方式、接收方式，以及完善信息传递的保障体系，以防止信息传递产生“失真”和“泄密”，保证信息传递质量。

(3) 信息的加工

信息的搜集和信息的传递是数据的获取过程。要使获取的数据能成为具有一定价值且可以作为管理决策依据的信息，还需要对所获取的数据进行必要的加工处理，这种过程称为信息加工。信息加工的方式，包括对数据的整理、数据的解释、数据的统计分析以及对数据的滤波和浓缩等。不同的管理层次，由于具有不同的职能、职责和工作任务，对信息加工的浓度要求也不尽相同。一般地，高层管理者要求信息浓缩程度大，信息加工浓度也大；基层管理者要求信息的细化程度高，信息加工浓度较小。信息加工总原则是：由高层向低层对信息应逐层细化；由低层向高层对信息应逐层浓缩。

(4) 信息的存储

信息存储的目的是将信息保存起来以备将来使用。信息存储的基本要求是对信息进行分类，有规律地存储，以便使用者检索。建设工程信息存储方式、存储时间、存储部门或单位等，应根据建设项目管理的目标和参与建设各方的管理体制水平而定。

(5) 信息的使用与维护

信息的使用程度取决于信息的价值。信息价值高，使用频率就高，如施工图纸及施工组织设计这类信息。因此，对使用频率高的信息，应保证使用者易于检索，并应充分注意信息的安全性和保密性，防止信息遭受破坏。信息维护是保持信息检索的方便性、信息修正的可扩充性及信息传递的可移植性，以便准确、及时、安全、可靠地为用户提供服务。

6.1.2.3 建设工程监理信息管理的手段

信息管理系统是对建设工程项目过程中信息流动的全过程进行管理的系统，对于大中型的项目，应该采用电子计算机辅助管理，其功能是搜集、传递、处理、存储及分析项目的有关信息，供监理工程师做规划和决策时参考，从而对项目的投资、进度、质量三大目标进行控制。

6.2 建设工程文件档案资料管理

6.2.1 建设工程文件档案资料的分类与组成

6.2.1.1 建设工程文件档案资料的概念

建设工程文件是指在工程建设过程中形成的各种形式的信息记录，包括工程准备阶段文件、监理文件、施工文件、竣工图和竣工验收文件，也可简称为工程文件。

建设工程档案是指在工程建设活动中直接形成的具有归档保存价值的文字、图表、声像等各种形式的历史记录，也可简称为工程档案。

建设工程文件和档案组成建设工程文件档案资料。

6.2.1.2 建设工程文件档案资料的分类与组成

① 工程准备阶段文件，它是工程开工以前，在立项、审批、征地、勘察、设计、招投标等工程准备阶段形成的文件；

② 监理文件，它是监理单位在工程设计、施工等阶段监理过程中形成的文件；

③ 施工文件，它是施工单位在工程施工过程中形成的文件；

④ 竣工图，它是工程竣工验收后，真实反映建设工程项目施工结果的图样；

⑤ 竣工验收文件，它是建设工程项目竣工验收活动中形成的文件。

6.2.2 建设工程文件档案资料归档与组卷

6.2.2.1 建设工程文件档案资料归档

对与工程建设有关的重要活动、记载工程建设主要过程和现状、具有保存价值的各种载体的文件，均应搜集齐全、整理立卷后归档。

工程文件的具体归档范围应符合《建设工程文件归档整理规范》(GB/T 50328—2001)中附录A的要求。

6.2.2.2 建设工程文件档案资料组卷

立卷应遵循工程文件的自然形成规律，保持卷内文件的有机联系，便于档案的保管和利用。一个建设工程由多个单位工程组成时，工程文件应按单位工程组卷。

工程文件可按建设程序划分为工程准备阶段文件、监理文件、施工文件、竣工图、竣工验收文件五部分：

① 工程准备阶段文件可按建设程序、专业、形成单位等组卷；

② 监理文件可按单位工程、分部工程、专业、阶段等组卷；

③ 施工文件可按单位工程、分部工程、专业、阶段等组卷；

④ 竣工图可按单位工程、专业等组卷；

⑤ 竣工验收文件按单位工程、专业等组卷。

6.2.3 建设工程档案验收与移交

列入城建档案馆(室)档案接收范围的工程,建设单位在组织工程竣工验收前,应提请城建档案管理机构对工程档案进行预验收。建设单位未取得城建档案馆管理机构出具的认可文件,不得组织工程竣工验收。

城建档案管理部门在进行工程档案预验收时,重点验收以下内容:

① 工程档案齐全、系统、完整;

② 工程档案的内容真实,准确地反映工程建设活动和工程实际状况;

③ 工程档案已整理立卷,立卷符合《建设工程文件归档整理规范》(GB/T 50328—2001)的规定;

④ 竣工图绘制方法、图式及规格等符合专业技术要求,图面整洁,盖有竣工图章;

⑤ 文件的形成、来源符合实际,要求单位或个人签章的文件,其签章手续完备;

⑥ 文件材质、幅面、书写、绘图、用墨、托裱等符合要求;

⑦ 列入城建档案馆(室)接收范围的工程,建设单位在工程竣工验收后 3 个月内,必须向城建档案馆(室)移交一套符合规定的工程档案;

⑧ 停建、缓建建设工程的档案,暂由建设单位保管;

⑨ 对改建、扩建和维修工程,建设单位应当组织设计、施工单位据实修改、补充和完善原工程档案,对改变的部位,应当重新编制工程档案,并在工程竣工验收后 3 个月内向城建档案馆(室)移交;

⑩ 建设单位向城建档案馆(室)移交工程档案时,应办理移交手续,填写移交目录,双方签字、盖章后交接。

6.2.4 建设工程文件档案资料管理职责

建设工程档案资料的管理涉及建设单位、监理单位、施工单位等以及地方城建档案管理部门。对于一个建设工程而言,归档有三方面含义:

① 建设、勘察、设计、施工、监理等单位将本单位在工程建设过程中形成的文件向本单位档案管理机构移交;

② 勘察、设计、施工、监理等单位将本单位在工程建设过程中形成的文件向建设单位档案管理机构移交;

③ 建设单位按照现行《建设工程文件归档整理规范》(GB/T 50328—2001)要求,将汇总的该建设工程文件档案向地方城建档案管理部门移交。

6.2.4.1 通用职责

① 工程各参建单位填写的建设工程档案应以施工及验收规范、工程合同、设计文件、工程施工质量验收统一标准等为依据。

② 工程档案资料应随工程进度及时搜集、整理,并应按专业归类,认真书写,字迹清楚,项目齐全、准确、真实,无未了事项。表格应采用统一表格,特殊要求需增加的表格应统一归类。

③ 工程档案资料进行分级管理,建设工程项目各单位技术负责人负责本单位工程档案资料的全过程组织工作并负责审核,各相关单位档案管理员负责工程档案资料的搜集、整理工作。

④ 对工程档案资料进行涂改、伪造、随意抽撤或损毁、丢失等,应按有关规定予以处罚,情节严重的,应依法追究法律责任。

6.2.4.2 监理单位职责

① 应设专人负责监理资料的搜集、整理和归档工作，在项目监理部，监理资料的管理应由总监理工程师负责，并指定专人具体实施，监理资料应在各阶段监理工作结束后及时整理归档。

② 监理资料必须及时整理、真实完整、分类有序。在设计阶段，对勘察、测绘、设计单位的工程文件的形成、积累和立卷归档进行监督、检查；在施工阶段，对施工单位的工程文件的形成、积累、立卷归档进行监督、检查。

③ 可以按照委托监理合同的约定，接受建设单位的委托，监督、检查工程文件的形成积累和立卷归档工作。

④ 编制的监理文件的套数、提交内容、提交时间，应按照现行《建设工程文件归档整理规范》(GB/T 50328—2001)和各地城建档案管理部门的要求，编制移交清单，双方签字、盖章后，及时移交建设单位，由建设单位搜集和汇总。监理公司档案部门需要的监理档案，按照《建设工程监理规范》(GB 50319—2012)(征求意见稿)的要求，及时提供给项目监理部。

6.3 建设工程监理文件档案资料管理

6.3.1 监理资料的内容构成相关规定

建设工程监理文件档案资料，是项目监理部在监理实施过程中直接形成的、具有保存价值的原始记录。监理文件档案资料管理是否规范，是监理公司对项目监理部工作考核的主要内容之一，各项目监理部必须按公司统一要求认真做好此项工作。

日常管理中监理资料的具体内容如下：

(1) 合同文件

合同文件即监理合同(包括招投标文件)。

(2) 监理文件

① 监理大纲；

② 监理规划；

③ 监理实施细则；

④ 会议纪要(例会纪要、专题会议纪要、其他与工程监理相关的会议纪要)；

⑤ 监理阶段性总结报告；

⑥ 监理月报；

⑦ 监理日志/日记；

⑧ 监理旁站记录；

⑨ 监理工作联系单、监理工程师通知单；

⑩ 监理工作总结。

根据《建设工程文件归档整理规范》(GB/T 50328—2001)，监理单位的归档资料和保管期限见表 6-1。

表 6-1 **监理文件归档和保管期限**

序号	归档文件	保存单位和保管期限				
		建设单位	施工单位	设计单位	监理单位	城建档案馆
	监　理　文　件					
1	监理规划					
①	监理规划	长期			短期	√
②	监理实施细则	长期			短期	√
③	监理部总控制计划等	长期			短期	
2	监理月报中的有关质量问题	长期			长期	√
3	监理会议纪要中的有关质量问题	长期			长期	√
4	进度控制					
①	工程开工/复工审批表	长期			长期	√
②	工程开工/复工暂停令	长期			长期	√
5	质量控制					
①	不合格项目通知	长期			长期	√
②	质量事故报告及处理意见	长期			长期	√
6	造价控制					
①	预付款报审与支付	短期				
②	月付款报审与支付	短期				
③	设计变更、洽商费用报审与签认	长期				
④	工程竣工决算审核意见书	长期				√
7	分包资质					
①	分包单位资质材料	长期				
②	供货单位资质材料	长期				
③	试验等单位资质材料	长期				
8	监理通知					
①	有关进度控制的监理通知	长期			长期	
②	有关质量控制的监理通知	长期			长期	
③	有关造价控制的监理通知	长期			长期	
9	合同与其他事项管理					
①	工程延期报告及审批	永久			长期	√
②	费用索赔报告及审批	长期			长期	
③	合同争议、违约报告及处理意见	永久			长期	√
④	合同变更材料	长期			长期	√

续表

监 理 文 件						
序号	归档文件	保存单位和保管期限				
		建设单位	施工单位	设计单位	监理单位	城建档案馆
10	监理工作总结					
①	专题总结	长期			短期	
②	月报总结	长期			短期	
③	工程竣工总结	长期			长期	√
④	质量评价意见报告	长期			长期	√

6.3.2 监理资料管理的工作内容

对监理资料作科学系统的管理，能使工程项目实施过程规范化、正规化，提高监理工作的效率，并保证项目归档文件材料的完整性和可靠性。

资料管理是一项具体的工作，主要包括文件资料传递流程的确定；文件资料登录和编码系统的建立；文件资料的搜集积累、加工整理、检索保管、归档保存和提供利用服务等。

(1) 监理资料的传递流程

确定监理资料的传递流程是要研究文件资料的流转通道及方向，研究资料的来源、使用者和保存节点，规定传输方向和目标。监理班子中的信息管理人员应是文件资料传递渠道的中枢。所有文件资料都应统一归口传递至信息管理者，进行集中收发和管理，以避免散乱和丢失。信息管理人将接收到的文件资料经过加工整理、归类保存后，再按信息规划规定的传递渠道传递给文件资料的接收者，同时，信息管理人员也应按照文件资料的内容，有目的地把有关信息传递给其他相关的接收者。当然，项目管理人员根据需要随时都可自行查阅经整理分类后的文件资料。

作为负责监理资料管理的人员，必须熟悉监理的各项业务，通过研究分析监理资料的特点和规律对其进行科学管理，使监理资料在工程项目实施中得到充分利用，提供有效服务。除此之外，信息管理人员还应全面了解和掌握工程项目建设的进展情况和监理工作开展的实际情况，结合对文件资料的整理分析，对重要信息资料进行摘要综述，编制相关工程报告。

(2) 监理资料的登录和编码

信息分类和编码是对监理资料进行科学管理的重要手段。任何接收或发送的文件资料均应予以登记，建立监理资料的完整记录。对监理资料进行登录，这样在开展监理工作时就有据可查，并且便于归类、加工和整理。

为便于登录和归类，利用计算机对监理资料进行管理，需要对文件资料进行统一编码，建立编码系统，确定分类归档存放的基本框架结构。给文件资料赋予独特的识别符号，如字符和数字等，就可给出监理资料的编码，编码结构要能够表示和区别文件资料的种类和内容，使文件得以科学归类；另外，编码结构应尽可能的简单、逻辑性强、直观性好，并且编码结构应具备可扩容性，在文件资料不断增加充实时，有扩展余地，不致发生紊乱。

(3) 监理资料的存放

为使监理资料在工程项目建设中得到有效的利用和传递，需要采用科学的方法将文件资料存放与排列。随着工程建设的进程，信息资料逐步积累，监理资料的数量会越来越多，如果随意存放，需要时必然查找困难，且极易丢失。存放与排列可以把编码结构的层次编码作为标志，将文件资料一件件、一本本地排列在书架上，位置应明显，易于查找。

为做好监理资料的管理工作，全面、完整地反映工程项目建设和监理工作的活动和成果，应将文件资料整理归档、立卷、装订成册。监理资料经过科学系统地组合与排列，才能成为系统的、完整的文档。

6.4 建设工程监理文件档案资料的编写

6.4.1 监理文件与档案资料的编写要求

监理文件编制与填写的基本要求是：内容真实可靠、完整齐全，用词专业、规范、严谨，编制及时，审批、签认手续齐备。

6.4.2 监理工作基本表式的使用及填写

6.4.2.1 监理工作基本表式的使用

根据《建设工程监理规范》(GB 50319—2012)(征求意见稿)，基本表式有三类：A 类表共 14 个表(A1～A14)，为承包单位用表，是承包单位与监理单位之间的联系表，由承包单位填写，向监理单位提交申请或回复。B 类表共 8 个表(B1～B8)，为监理单位用表，是监理单位与承包单位之间的联系表，由监理单位填写，向承包单位发出的指令或批复。C 类表共 3 个表(C1～C3)，为各方通用表，是工程项目监理单位、承包单位、建设单位等各有关单位之间的联系表。对于基本表式所涉及的有关工程质量方面的附表，由于各行业、各部门的专业要求不同，各类工程的质量验收应按相关专业验收规范及相关表式的要求办理。如果没有相应的表式，工程开工前，项目监理机构应与建设单位、承包单位根据工程特点、质量要求、竣工及归档组卷要求进行协商，确定质量验收标准并制定相应的表式，并就其使用要求在第一次工地会议时或采用前通知有关各方。

6.4.2.2 监理工作基本表式的填写

监理工程师填写工作基本表式时应注意以下几点：

① 基本表式应采用碳素墨水、蓝黑墨水书写或黑色碳素印墨打印。

② 填写基本表式应使用规范的语言，法定计量单位，公历年、月、日。签署人签名应采用惯用笔迹亲笔手签。

③ 各表申报或报审应当遵循合同、规范所规定的程序，且该程序应在监理规划中明确。

④ 各表中项目监理机构意见只有总监理工程师和专业监理工程师才能签署。若表中标明总监理工程师签字，则必须由总监理工程师综合专业监理工程师意见后签署；若表中标明总/专业监理工程师签字，则由专业监理工程师或总监理工程师签署；若表中标明专业监理工程师签字，则可由专业监理工程师签署；各类表中总监理工程师均有权签字确认。总监理工程师代表在总监理工程师授权范围内，可行使相应的签字权。

⑤ 基本表式中“□”表示可选择项，被选中的栏目以“√”表示。

6.4.3 监理规划

监理规划是指导项目监理机构全面开展监理工作的纲领性文件。监理规划应在签订建设工程监理合同及收到工程设计文件后编制，由总监理工程师组织专业监理工程师编制，总监理工程师签字后由工程监理单位技术负责人审批，并在召开第一次工地会议前报送建设单位。监理规划作为工程监理单位的技术文件，应经过工程监理单位技术负责人的审核批准，并在工程监理单位存档。

监理规划主要内容如下：

① 工程概况；

② 监理工作的范围、内容、目标；

③ 监理工作依据；

④ 监理组织形式、人员配备及进场计划、监理人员岗位职责；

⑤ 工程质量控制；

⑥ 工程造价控制；

⑦ 工程进度控制；

⑧ 合同与信息管理；

⑨ 组织协调；

⑩ 安全生产管理职责；

⑪ 监理工作制度；

⑫ 监理工作设施。

6.4.4 监理实施细则

监理实施细则是指导项目监理机构具体开展专项监理工作的操作性文件，应体现项目监理机构对于建设工程在专业技术、目标控制方面的工作要点、方法和措施，做到详细、具体、明确。采用新材料、新工艺、新技术、新设备的工程，以及专业性较强、危险性较大的分部分项工程，应编制监理实施细则。监理实施细则应在相应工程施工开始前由专业监理工程师编制，并报总监理工程师审批。在监理工作实施过程中，监理实施细则可根据实际情况进行补充、修改，经总监理工程师批准后实施。

监理实施细则编制依据：监理规划、相关标准、工程设计文件、施工组织设计、专项施工方案。

监理实施细则主要内容如下：

① 专业工程特点；

② 监理工作流程；

③ 监理工作控制要点及目标值；

④ 监理工作方法及措施。

6.4.5 监理日志

根据《建设工程监理规范》(GB 50319—2012)(征求意见稿)中 4.2.3 第十条“专业监理工程师有填写监理日志职责”和 4.2.4 第六条“监理员有记录施工现场监理工作情况的职责”，监理日志是项目监理机构在实施建设工程监理过程中形成的文件，不能等同于监理人员的个人日记。监理人员应在监理日志中及时记录监理工作实施情况和发现的质量安全问题及处理情况。

专业监理工程师可以从专业的角度进行记录；监理人员可以从负责的单位工程、分部工程、分项工程的具体部位施工情况进行记录，侧重点不同，记录的内容、范围也不同。根据《建设工程监理规范》(GB 50319—2012)(征求意见稿)中 8.2.2 规定“总监理工程师应定期审阅监理日志，全面了解监理工作情况”，项目监理日志主要内容有：

(1) 天气和施工环境情况

记录本为直接在文具店购买的监理日志本。监理日志本的页码需连续编号，且中间不能缺页。根据实际情况依次填入相应内容。天气一栏需要填入：日期、气温（如 20 ℃～30 ℃）、天气情况。

施工环境包括施工作业环境，施工质量管理环境，施工现场自然环境。

需要注意的是，如果施工当天没有工作，也必须要填写施工日志，保持其连续性，不可后补，也不可修正。

(2) 施工进展及现场相关参与方的沟通协调情况

监理人员要如实记录施工进展情况，如有必要还可以以图形、表格、图片、图像等形式记录。

在施工过程中，监理工程师要参与处理并编写各有关问题的处理意见及工地例会、各种专题会议、碰头会等会议的会议纪要。协调工作时，要奉行“业主至上，质量第一”的宗旨，坚持监理工作的科学性、公正性、服务性的原则，既要考虑外部环境因素（地形、地貌、气候、业主利益），又要考虑内部环境等因素（承包商资质、设备、管理），严格监控、热情服务、实事求是，及时、客观、准确地解决矛盾，合情合理地处理问题，使各参与方都能以工程建设为大局，求大同、存小异，使本工程建设整个过程始终处于团结、和谐的气氛中，高效、优质、安全圆满地完成任务。

监理工程师要做好施工进展情况的记录，同时做好现场各参与方的协调和记录。协调按参与方的不同可分为：业主与施工单位的协调，业主与勘察设计单位的协调，业主或施工单位与设备、材料供应单位的协调。

(3) 监理工作情况

监理工作情况包括旁站、巡视、见证取样、平行检验等情况。

旁站监理人员的主要职责是：检查施工企业现场质检人员到岗、特殊工种人员持证上岗情况以及施工机械、建筑材料的准备情况；在现场跟班监督关键部位、关键工序执行施工方案以及工程建设强制性标准情况；核查进场建筑材料、建筑构配件、设备和商品混凝土的质量检验报告等，并可在现场监督施工企业进行检验或者委托具有资格的第三方进行复验；做好旁站监理记录和撰写监理日志，保存旁站监理原始资料。

巡视指监理人员在施工现场进行的定期或不定期的监督检查活动。项目监理部各级监理人员，按本人职责范围、专业分工，定期或不定期到工程现场进行巡视检查，并且要逐级督促检查，在监理日志中做巡视检查记录。总监理工程师除对关键部位、重要工序亲自巡视检查外，还负责检查各专业监理人员现场巡视检查的执行情况；专业监理工程师除对本专业工程每天要进行重要施工项目巡视检查外，还负责检查监理员现场巡视检查的执行情况；监理员负责分管工程项目的日常巡视检查。

巡视的主要内容：工程进展与计划安排有无偏差；施工人员是否按规程、规范、标准、设计图纸的要求和已批准的施工技术方案、措施进行施工；施工现场的安全防护设施是否齐全，施工人员是否按安全工作规程进行作业；须持证上岗的工种是否有上岗证件；已通知停工整改的施工项目是否进行整改；施工单位的质量保证体系是否正常运作；在机组分部试运和整套启动试运时，检查试运条件和试运状况，对主要技术参数和发现的缺陷进行记录。

各级监理人员应将现场巡视检查情况和发现的问题，及时记录在监理日志中；现场巡视检查发现较为严重的违规、重大安全隐患，要及时向上报告，并在监理日志中记录。

见证取样指项目监理机构对施工单位进行的涉及结构安全的试块、试件及工程材料进行现场取样、封样、送检工作的监督活动。开工前监理单位以书面形式向质量监督站和检测单位递交“见证取样和人员授权书”，并通知施工单位。施工中施工单位按计划在见证人员旁站见证下由取样人员在现场进行原材料取样和试块制作。见证人员对试样进行监护，并和施工单位取样人员一起将试件送至检测单位或采取有效的封样措施送样。检测单位在接受委托任务时，需由送样单位填写委托单，见证人应在检验委托单上签名。表6-2为骨料见证取样、送样委托单。

表6-2 **骨料见证取样、送样委托单**

委托编号：

<table>
<tr><td>工程名称</td><td colspan="3"></td><td>工程地点</td><td colspan="3"></td></tr>
<tr><td>委托单位</td><td colspan="3"></td><td>施工单位</td><td colspan="3"></td></tr>
<tr><td>建设单位</td><td colspan="3"></td><td>监理单位</td><td colspan="3"></td></tr>
<tr><td>见证单位（盖章）</td><td colspan="3"></td><td>见证人（签字）</td><td></td><td>送样人（签字）</td><td></td></tr>
<tr><td>样品来源</td><td>见证取样</td><td colspan="2">委托日期</td><td></td><td>联系电话</td><td colspan="2"></td></tr>
<tr><td>检验编号</td><td>样品名称</td><td colspan="2">规格</td><td>产地</td><td>送样数量</td><td>代表批量</td><td>使用部位</td></tr>
<tr><td></td><td></td><td colspan="2"></td><td></td><td></td><td></td><td></td></tr>
<tr><td>检验项目</td><td colspan="7">例：砂，表观密度、堆积密度、紧密密度、含泥量、泥块含量、有机物含量、云母含量、轻物质含量、SO_3 含量、吸水率、坚固性
石，表观密度、堆积密度、紧密密度、含泥量、泥块含量、有机物含量、针片状含量、坚固性、压碎指标、SO_3 含量、吸水率、软弱颗粒含量</td></tr>
<tr><td>收样日期</td><td>年 月 日</td><td>收样人</td><td></td><td>预定取报告日期</td><td>年 月 日</td><td>付款方式</td><td></td></tr>
<tr><td>说明</td><td colspan="7">1. 见证单位为建设单位或监理单位，见证人为其单位具有初级以上技术职称或具有建筑施工专业知识的持证人员。
2. 见证人员及取样人员对试样的代表性和真实性负有法定责任。
3. 见证人员有责任对试样进行监护，并和送样人一起将试样送到检测试验机构，然后在委托单上签字。否则，所引起的责任由见证人员负责。
4. 检测试验报告上应注明见证单位和见证人。否则，其报告一律无效。</td></tr>
</table>

第一联：存档（黑） 第二联：交试验室（绿） 第三联：委托单位取报告凭证（黄） 第四联：交见证单位（红）

见证取样和送检的范围是：用于承重结构的混凝土试块；用于承重墙体的砌筑砂浆试块；用于承重结构的钢筋及连接接头试件；用于承重墙的混凝土小型砌块；用于拌制混凝土和砌筑砂浆的水泥；用于承重结构的混凝土中使用的掺加剂；地下、屋面、厕浴间使用的防水材料；国家规定必须实行见证取样和送检的其他试块、试件和材料。

平行检验指项目监理机构在施工单位对工程质量自检的基础上，按照有关规定或建设工程监理合同约定独立进行的检测试验活动，是对承包单位的设备材料和半成品、工序检验、专业工序间交接检验、隐蔽工程、检验批、分部分项工程的质量进行验收的工作。平行检验的实施由项目监理机构进行，开工前，项目监理机构应会同建设单位、施工单位依据国家现行标准、规范、设计文件要求，制订“平行检验方案”并明确实施的范围、程序，经总监理工程师审批后实施。平行检验由项目监理机构专业监理工程师等人员实施，并将检验过程如实使用“平行检查记录表”（见表6-3）进行记录。

表 6-3 **平行检验记录表**

编号：

<table>
<tr><td>工程名称</td><td></td><td>检查地点</td><td></td></tr>
<tr><td>检查时间</td><td>年 月 日</td><td>检查方法</td><td></td></tr>
<tr><td>检查部位</td><td colspan="3"></td></tr>
<tr><td colspan="4">检查依据：</td></tr>
<tr><td colspan="4">检查记录：</td></tr>
<tr><td colspan="4">检查结论：
经检查□是/□否符合设计和验收规范要求</td></tr>
<tr><td colspan="4">处理记录：</td></tr>
<tr><td colspan="4">项目监理机构(章)____________
监理工程师/监理员____________
日 期____________</td></tr>
</table>

(4) 存在的问题及协调解决情况

各级监理人员应将现场监理情况和发现的问题，及时记录在监理日志中；若发现较为严重的违规或重大安全隐患，要及时向上级报告，并在监理日志中记录。

(5) 其他有关事项

6.4.6 旁站记录

《建设工程监理规范》(GB 50319—2012)(征求意见稿)中 6.2.8 规定："监理人员应对施工过程进行巡视，并对关键部位、关键工序的施工过程进行旁站，填写旁站记录。"旁站记录应符合《建设工程监理规范》(GB 50319—2012)(征求意见稿)附录 B6 表(见表 6-4)的格式。关键部位或关键工序应在旁站方案中确定，得到业主和总监理工程师批准后，由监理人员实施。

表 6-4　**旁站记录**

工程名称：　　　　　　　　　　　　　　　　　　　　　　编号：

<table>
<tr><td>施工单位</td><td colspan="3"></td></tr>
<tr><td>旁站的关键部位、关键工序</td><td colspan="3"></td></tr>
<tr><td>旁站开始时间</td><td>年　月　日　时　分</td><td>旁站结束时间</td><td>年　月　日　时　分</td></tr>
<tr><td colspan="4">旁站的关键部位、关键工序施工情况：</td></tr>
<tr><td colspan="4">旁站的情况：</td></tr>
<tr><td colspan="4">意见和建议：

旁站监理人员（签字）________
年　月　日</td></tr>
</table>

注：本表一式一份，项目监理机构留存。

房屋建筑工程的关键部位、关键工序，在基础工程方面包括：土方回填，混凝土灌注桩浇筑，地下连续墙、土钉墙、后浇带及其他结构混凝土、防水混凝土浇筑，卷材防水层细部构造处理，钢结构安装；在主体结构工程方面包括：梁柱节点钢筋隐蔽过程，混凝土浇筑，预应力张拉，装配式结构安装,钢结构安装,网架结构安装,索膜安装。

旁站记录表的填写要求如下:

① 旁站记录是监理人员对关键部位、关键工序的施工质量,进行全过程现场跟踪监督活动的实时记录。

② 旁站记录表中的施工单位是指负责旁站部位的具体作业班组。

③ 旁站记录表中的施工情况是指旁站部位的施工作业内容,主要施工机械、材料、人员和完成的工程数量等的记录。

④ 旁站记录表中的监理情况是指监理人员检查旁站部位施工质量的情况,包括施工单位项目经理、技术负责人、质量及安全人员到岗情况,特殊工种人员持证情况以及施工机械、材料准备及关键部位、关键工序的施工是否按(专项)施工方案及工程建设强制性标准执行等情况。

6.4.7 会议纪要

会议纪要包括第一次工地会议纪要、监理例会会议纪要、专题会议纪要等。

(1) 第一次工地会议纪要

工程开工前,总监理工程师及有关监理人员应参加由建设单位主持召开的第一次工地会议,会议纪要由项目监理机构负责整理,与会各方代表会签。其主要内容有以下几点。

① 建设单位、施工单位和工程监理单位分别介绍各自驻现场的组织机构、人员及其分工。

② 建设单位介绍工程开工准备情况和已具备的资料,包括建设工程规划许可证(包括附件);建设工程开工审查表;建设工程施工许可证;规划部门签发的建筑红线验线通知书;在指定监督机构办理的具体监督业务手续;经建设行政主管部门审查批准的设计图纸及设计文件;建筑工程施工图审查备案证书;图纸会审纪要;施工承包合同(副本);水准点、坐标点等原始资料;工程地质勘察报告、水文地质资料;建设单位驻工地代表授权书;建设单位与相关部门签订的协议书等。

③ 施工单位介绍施工准备情况,内容包括:

a. 劳动组织准备,包括建立工程项目的领导机构;建立健全各项管理制度;向施工队组、工人进行施工组织设计、计划和技术交底等。

b. 施工现场准备,包括施工场地的控制网测量;三通一平;施工现场的补充勘探;建造临时设施;安装、调试施工机具;建筑构(配)件、制品和材料的储存和堆放;冬、雨季施工安排;新技术项目的试制和试验;消防、保安设施的设置等。

c. 施工的场外准备,包括材料的加工和订货;分包工作和分包合同的签订;向上级提交开工申请报告;编制施工准备工作计划等。

④ 建设单位代表和总监理工程师对施工准备情况提出意见和要求。

⑤ 总监理工程师向施工单位介绍监理程序和控制要点。因为施工单位接触同种结构的工程比较多,并且各监理单位的要求也不同,容易造成施工单位按照以前的模式工作,所以在第一次工地会议上,总监理工程师一定要明确监理的程序及控制要点,具体如下:

a. 强调报验程序。总监理工程师应重点介绍进度计划报验、施工方案报验、检验批及分部分项工程报验、材料设备报验、进度款报审等程序要求,对关键点控制及旁站部位也应做出明确指定。

b. 强调工程资料的规范化与完整性。上级主管部门对一个工程评价的优劣及奖惩,其中一个重要依据就是工程资料。在实际工作中,经常发生施工资料报验不及时、签署不规范、内容不完整、没有闭合性,甚至出现在工程将竣工时,施工单位集中补资料的情况。若该工程出现了质量或安全问题,监理单位将难逃罪责。所以总监理工程师在第一次工地会议上应对施工资料的真实性、完整性、闭合性、时效性向施工单位提出明确要求。

c. 强调监理例会会议纪要的执行和效力。很多施工单位会后未能落实会上承诺的一个重要原因是会议纪要没有发挥效力，所以在第一次工地会议上，有必要在事先取得业主单位支持的情况下，对会议纪要的效力作出规定。若日后发生索赔等问题，会议纪要也可作为一个书面依据。

⑥ 建立监理例会制度，包括监理例会召开的时间、地点、主要参会人员及主要议题。在第一次工地会议上应明确今后例会的时间、地点。主要参会人员：业主单位，业主现场负责人（业主方代表）、现场技术负责人；监理单位，包括总监理工程师、专业监理工程师、监理员；施工单位，包括项目负责人、项目技术负责人、分包单位项目负责人。遇重大问题需要处理时，还可邀请质监站、设计单位、勘察单位参加，主要议题根据当时情况确定。同时监理单位要严格会议纪律，对违反纪律人员采取必要的处罚措施。

⑦ 其他有关事项。

(2) 监理例会会议纪要

监理例会由总监理工程师或其授权的专业监理工程师主持。监理例会的程序和内容主要有以下几个方面。

① 检查上次例会议定事项的落实情况，分析未完成事项的原因。

② 检查分析工程项目进度计划完成情况，提出下一阶段进度目标及其落实措施，具体包括：

a. 进度计划是否符合计划周期的规定；

b. 总包、分包单位分别编制的各单项工程进度计划之间是否相协调；

c. 施工顺序的安排是否符合施工工艺的要求；

d. 劳动力、材料、构配件、设备及施工机具、水、电等生产要素供应计划是否能保证施工进度计划的需要，供应是否均衡；

e. 对由建设单位提供的施工条件（资金、施工图纸、施工场地、采购的物资等），承包单位在施工进度计划中所提出的供应时间和数量是否明确、合理，是否有造成建设单位违约而导致工期延误和费用索赔的可能。

③ 检查分析工程项目质量状况，针对存在的质量问题提出改进措施。

a. 是否按照设计文件、施工规范和批准的施工方案施工；

b. 是否使用了合格的材料、构配件和设备；

c. 施工现场管理人员，尤其是质检人员是否到岗到位；

d. 施工操作人员的技术水平是否满足工艺操作要求，特种操作人员是否持证上岗；

e. 施工环境是否对工程质量产生不利影响；

f. 已施工部位是否存在质量缺陷。

④ 检查工程量核定及工程款支付情况。

a. 分析工程造价最易突破的部分以及最易发生费用索赔的原因和部位，制订防范性对策。

b. 对发生的工程变更，是否经过建设单位、设计单位、承包单位和监理单位的代表签认。

c. 承包单位报送工程款支付申请时，检查现场实际完成情况的计量是否准确，手续是否齐全。

⑤ 检查工程安全状况，对存在的安全问题提出改进措施。

⑥ 解决需要协调的有关事项有：

a. 工程暂停及复工；

b. 费用索赔的处理；

c. 工期延期及工程延误的处理。

⑦ 项目监理部负责起草会议纪要，并经与会各方代表会签。

(3) 专题(专项)会议纪要

专题(专项)会议是由总监理工程师或其授权的专业监理工程师主持或参加的，为解决监理过程中的工程专题问题而不定期召开的会议，如安全专题会议等。专题会议纪要的内容包括会议主要议题、会议内容、与会单位、参加人员及召开时间等。总监理工程师与有关单位协商，取得一致意见后，由总监理工程师签发召开专题工地会议的书面通知，与会各方应认真做好会签准备。

6.4.8　监理月报

《建设工程监理规范》(GB 50319—2000)中 8.2.3 对监理月报有较明确的规定，包括监理月报的内容、编制组织、签认人、报送对象、报送时间方面的规定。监理月报由项目总监理工程师组织编写，由总监理工程师签认，报送建设单位和本监理单位，报送时间由监理单位和建设单位协商确定。

监理月报的内容包括以下几个方面。

(1) 本月工程实施概况

① 工程进展情况。它包括实际进度与计划进度的比较；施工单位人、机、料进场及使用情况；本期在施工部位的工程照片。

② 工程质量情况。它包括分项分部工程验收情况；材料、构配件、设备进场检验情况；主要施工试验情况；本期工程质量分析。

③ 施工单位安全生产管理工作的评述。

④ 已完工程量与已付工程款的统计及说明。

(2) 本月监理工作情况

① 工程进度控制方面的工作情况；

② 工程质量控制方面的工作情况；

③ 安全生产管理方面的工作情况；

④ 工程计量与工程款支付方面的工作情况；

⑤ 合同其他事项的管理工作情况；

⑥ 监理工作统计及工作照片。

(3) 本月工程实施的主要问题分析及处理情况

① 工程进度控制方面的主要问题分析及处理情况；

② 工程质量控制方面的主要问题分析及处理情况；

③ 施工单位安全生产管理方面的主要问题分析及处理情况；

④ 工程计量与工程款支付方面的主要问题分析及处理情况；

⑤ 合同其他事项管理方面的主要问题分析及处理情况。

(4) 下月监理工作重点

① 在工程管理方面的监理工作重点；

② 在项目监理机构内部管理方面的工作重点。

6.4.9　工程质量评估报告

《建设工程监理规范》(GB 50319—2012)(征求意见稿)中 6.2.14 规定："工程竣工预验收合格后，项目监理机构应编写工程质量评估报告，经总监理工程师和工程监理单位技术负责人审核签字后报建设单位。"总监理工程师组织编写工程质量评估报告。它是监理工程师对工程质量的真实的评价，是监理资料的重要内容之一，也是质量监督站核验质量等级的重要基础资料。

工程质量评估报告的主要内容：

(1) 工程概况

它包括工程名称、规模、建筑面积、工程地址、结构类型、开工和竣工时间及施工许可证号。

(2) 工程各参建单位

它包括建设单位、勘查单位、设计单位、施工单位、监理单位以及上述单位的资质等级。

(3) 工程质量验收情况

《建筑工程施工质量验收统一标准》(GB 50300—2001)将单位工程划分为：地基及基础(含土方、地下防水、混凝土基础子分部等)，主体结构(含混凝土结构、砌体结构子分部等)，建筑屋面(含卷材防水屋面子分部等)，建筑装饰装修(含地面、门、隔墙、饰面、吊顶、软包、细部子分部等)，建筑给排水及采暖(含室内给水系统、室内排水系统、卫生洁具子分部等)，建筑电气(含变配电室、电气动力及照明、不间断电源、防雷及接地安装子分部等)，通风与空调(含送排风系统、防排烟系统、空调风系统、制冷设备安装、空调水系统、系统调试子分部等)；电梯(含电力驱动的曳引式电梯安装等)和建筑智能(含设备监控、火灾报警及消防联动、公用广播系统子分部等)九个分部。子分部和子分项根据各工程具体内容统计，并将各验收项次和合格率统计写明，逐一对每一个分部(子分部)工程的验收情况进行说明，得出整个单体工程所含分部(子分部)工程是否合格的结论。目前普遍采用表格形式描述。

(4) 工程质量事故及其处理情况

施工过程中出现质量问题是难免的。有些问题在过程控制中已经解决，有些则未能解决。对于这些未能解决的问题应当在质量评估报告中提出来。此外，如果在预验收过程中发现的质量问题不能立即解决，则监理单位应当在竣工验收会上将这些问题提出来，向验收组报告，并对如何解决这些问题提出相应的意见。

(5) 竣工资料审查情况

工程技术资料及管理资料可以按照《建筑工程文件归档整理规范》(GB/T 50328—2001)分成工程准备阶段文件、监理文件、施工文件、竣工图和竣工验收文件五册进行整理。在城建档案馆将资料预验收完成，对存在的问题整改完毕之后，即可按工程质量控制资料核查、工程安全和功能检验资料及主要功能抽查、工程观感质量检查三类，分别汇总填写相应的核查表。

(6) 工程质量评估结论

工程质量评估结论的编写应简明扼要，阐明预验收的工程项目是否按设计文件与施工合同的内容全部施工结束、工程的施工质量是否符合有关验收标准、施工质量验收规范及国家强制性标准等要求，并达到合格质量等级的标准，同时还应汇总预验收小组各方的意见和评价、真实表述预验收小组各方的意见。预验收检查发现或预验收遗留未整改完成的问题，以及商定的解决办法应制成表格，作为评估结论的补充说明。

6.4.10　监理工作总结

《建设工程监理规范》(GB 50319—2012)(征求意见稿)中 8.2.4 对监理工作总结有所规定："总监理工程师组织编写监理工作总结，监理工作总结经总监理工程师签字后报工程监理单位。"

监理工作总结有工程竣工总结、专题总结、月报总结三类，按照《建设工程文件归档整理规范》(GB/T 50328—2001)的要求，三类总结在建设单位都属于需要长期保存的归档文件，专题总结和月报总结在监理单位是短期保存的归档文件，而工程竣工总结属于要报送城建档案管理部门的监理归档文件。

监理工作总结主要内容包括：

① 工程概况；

② 项目监理机构；

③ 建设工程监理合同履行情况；

④ 监理工作成效；

⑤ 监理工作中发现的问题及其处理情况；

⑥ 说明和建议。

建设工程监理相关表格见表 6-5～表 6-11。

表 6-5　**总监理工程师任命书**

工程名称：　　　　　　　　　　　　　　　　　　　　　　　　编号：

致：________________（建设单位） 兹任命________________（注册监理工程师注册号：________________）为我单位________________项目总监理工程师。负责履行建设工程监理合同、主持项目监理机构工作。   工程监理单位（盖章）__________ 法定代表人（签字）__________ 年　　月　　日

注：本表一式三份，项目监理机构、建设单位、施工单位各一份。

表 6-6

开工令

工程名称：　　　　　　　　　　　　　　　　　　　　　　　　编号：

致：________________________(施工单位) 　　经审查，本工程已具备施工合同约定的开工条件，现同意你方开始施工，开工日期为：________年________月________日。 　　附件：开工报审表 项目监理机构(盖章)________ 总监理工程师(签字、加盖执业印章)________ 年　　月　　日

注：本表一式三份，项目监理机构、建设单位、施工单位各一份。

表 6-7 **监理通知**

工程名称： 编号

致：______________________(施工单位)

事由：____

____

____

____

____

内容：____

____

____

____

____

项目监理机构(盖章)__________

总/专业监理工程师(签字)__________

年 月 日

注：本表一式三份，项目监理机构、建设单位、施工单位各一份。

表 6-8

工程暂停令

工程名称：　　　　　　　　　　　　　　　　　　　　　　　　　　编号：

致：________________（施工单位） 　　由于____________________________原因，经建设单位同意，现通知你方于______年______月______日______时起，暂停______部位（工序）施工，并按下述要求做好后续工作。 　　要求：   项目监理机构（盖章）______ 总监理工程师（签字、加盖执业印章）______ 年　　月　　日

注：本表一式三份，项目监理机构、建设单位、施工单位各一份。

表 6-9

监理报告

工程名称：　　　　　　　　　　　　　　　　　　　　　　　　　编号：

致：______________________________(主管部门)

由______________________________(施工单位)施工的____________________________________(工程部位)，存在安全事故隐患。我方已于_________年_________月_________日发出编号为_________的《监理通知》/《工程暂停令》,但施工单位未(整改/停工)。

特此报告。

附件：□监理通知

□工程暂停令

□其他

项目监理机构(盖章)__________

总监理工程师(签字)__________

年　　月　　日

注：本表一式四份，主管部门、建设单位、工程监理单位、项目监理机构各一份。

表 6-10

复工令

工程名称：　　　　　　　　　　　　　　　　　　　　　　　　　　　　　　　　编号：

致：________________________（施工单位）

我方发出的编号为：________________停工令，要求暂停________________部位（工序）施工，经查已具备复工条件，经建设单位同意，现通知你方于_______年_______月_______日_______时起恢复施工。

附件：复工报审表

项目监理机构（盖章）________

总监理工程师（签字、加盖执业印章）________

年　　月　　日

注：本表一式三份，项目监理机构、建设单位、施工单位各一份。

表 6-11

工程款支付证书

工程名称：　　　　　　　　　　　　　　　　　　　　　　　　　　　　编号：

<table>
<tr><td>
致：________________________________(建设单位)
　　根据施工合同约定，经审核施工单位工程款支付申请表，扣除有关款项后，同意本期支付工程款共计(大写)______________________(小写：______________________)。按施工合同约定及时付款。
　　其中：
　　1. 施工单位申报款为：
　　2. 经审核施工单位应得款为：
　　3. 本期应扣款为：
　　4. 本期应付款为：

　　附件：1. 施工单位的工程款支付申请表及附件
　　　　　2. 项目监理机构审查记录

专业监理工程师(签字)__________
年　　月　　日
</td></tr>
<tr><td>
审核意见：

项目监理机构(盖章)__________
总监理工程师(签字、加盖执业印章)__________
年　　月　　日
</td></tr>
<tr><td>
审批意见：

建设单位(盖章)__________
建设单位代表(签字)__________
年　　月　　日
</td></tr>
</table>

注：本表一式三份，项目监理机构、建设单位、施工单位各一份。

【知识归纳】

(1) 信息、信息系统、信息管理的概念。

(2) 建设工程文件档案资料管理的内容。

(3) 建设工程监理文件档案资料管理的内容。

(4) 建设工程监理文件档案资料的编写要点。

【独立思考】

6-1 建设工程信息管理的概念是什么？

6-2 建设工程监理信息管理的方法有哪些？

6-3 监理单位用表属于哪类表？共有哪几个？

6-4 《建设工程文件归档整理规范》(GB/T 50328—2001)中监理单位的归档资料有哪些？

6-5 监理规划何时由什么人组织编制？其主要内容有哪些？

6-6 监理月报的主要内容是什么？

【参考文献】

[1] 中华人民共和国住房和城乡建设部，国家质量技术监督局. 建设工程监理规范(GB 50319—2012)(征求意见稿). 北京：中国建筑工业出版社，2012.

[2] 张豫，董作胜，岳亚锋. 建设工程监理概论. 北京：北京理工大学出版社，2011.

[3] 韦海民，郑俊耀. 建设工程监理实务. 北京：中国计划出版社，2006.

[4] 何夕平. 建设工程监理. 合肥：合肥工业大学出版社，2010.

[5] 東拉，邢振贤. 建设工程监理概论. 郑州：郑州大学出版社，2009.

[6] 中国建设监理协会. 建设工程信息管理. 北京：中国建筑工业出版社，2010.

[7] 赵雷. 建设工程监理概论. 北京：中国环境科学出版社，2007.

7

建设工程安全监理

课前导读

内容提要

本章主要内容包括安全监理的相关基本知识。本章的重点是安全监理的主要工作内容、工作程序以及监理人员的安全责任和主要工作职责。

能力要求

通过本章的学习，要求学生注重理论与实际相结合，理解建设工程安全监理的含义，具有针对性、实用性和可操作性地掌握监理的管理工作方法和监理对策，明确危险性较大的分部分项工程安全监理工作要点以及施工现场安全生产事故隐患的安全监理管理，并要求能独立制定建设工程安全监理规划以及编制危险性较大的分部分项工程安全监理细则。

7.1　安全监理概念及相关知识

7.1.1　安全监理的概念

2006年原建设部在《关于落实建设工程安全生产监理责任的若干意见》中首先提出“安全监理”的概念，所谓“安全监理”是指监理单位根据《建设工程安全生产管理条例》（国务院393号令）的规定，落实安全生产的监理责任，做好建设工程安全生产的监理工作。它应包括法律、法规和监理委托合同所规定的，监理单位在建设工程安全生产管理工作中的安全责任、工作内容、工作程序和工作方法。

法律、法规对安全监理的责任是有明确界定的。安全监理不同于施工单位和建设单位的安全生产管理职责，也不同于建设行政主管部门的安全生产监管职责，安全监理责任由监理单位和项目监理机构共同承担。

7.1.2　安全监理相关知识

7.1.2.1　危险源

安全监理管控塔吊安全及塔吊事故视频

危险源是指有可能导致死亡、伤害、职业病、财产损失、工作环境破坏或这些情况组合的根源或状态。它的实质是具有潜在危险的、在一定的触发因素作用下可转化为事故的源点或部位，是爆发事故的源头。

危险源由三个要素构成：潜在危险性、存在条件和触发因素。一般来说，危险源可能存在事故隐患，也可能不存在事故隐患，对于存在事故隐患的危险源一定要及时加以整改，否则随时都可能导致事故。

危险源分级一般按危险源在触发因素作用下，转化为事故的可能性大小与发生事故的后果的严重程度划分。危险源分级实质上是对危险源的评价，按事故出现可能性大小可分为非常容易发生、容易发生、较容易发生、不容易发生、难以发生、极难发生；按其危害程度可分为可忽略、临界的、危险的、破坏性等级别。

7.1.2.2　安全生产事故隐患

安全生产事故隐患简称事故隐患，是指生产经营单位违反安全生产法律、法规、规章、标准、规程和安全生产管理制度的规定，或者因其他因素在生产经营活动中存在可能导致事故发生的物的危险状态、人的不安全行为和管理上的缺陷。事故隐患分为一般事故隐患和重大事故隐患。一般事故隐患，是指危害和整改难度较小，发现后能够立即整改排除的隐患。重大事故隐患，是指危害和整改难度较大，应当全部或者局部停产停业，并经过一定时间整改治理方能排除的隐患，或者因外部因素影响致使生产经营单位自身难以排除的隐患。

事故隐患与危险源是不同的概念。事故隐患是指有危险的、不安全的、有缺陷的“状态”，这种状态可在人或物上表现出来，如通道不稳、路面太滑都是导致摔倒致伤的隐患；也可表现在管理的程序、内容或方式上，如检查不到位、制度不健全、人员培训不到位等。

7.1.2.3 危险性较大的分部分项工程

建筑工程中危险性较大的分部分项工程是指在施工过程中存在的、可能导致作业人员群死群伤或造成重大不良社会影响的分部分项工程。《建设工程安全生产管理条例》(国务院 393 号令)列示的危险性较大的分部分项工程共有七项。

① 基坑支护与降水工程。它是指开挖深度超过 3 m(含 3 m)或虽未超过 3 m 但地质条件和周边环境复杂的基坑(槽)支护、降水工程。

② 土方开挖工程。它是指开挖深度超过 3 m(含 3 m)的基坑(槽)的土方开挖工程。

③ 模板工程及支撑体系。

a. 各类工具式模板,包括大模板、滑模、爬模、飞模等工程。

b. 混凝土模板支撑体系,包括搭设高度 5 m 及以上;搭设跨度 10 m 及以上;施工总荷载 10 kN/m^2 及以上;集中线荷载 15 kN/m 及以上;高度大于支撑水平投影宽度且相对独立无联系构件的混凝土模板支撑体系。

c. 用于钢结构安装等满堂承重支撑体系。

④ 起重吊装工程。

a. 采用非常规起重设备、方法,且单件起吊重量在 10 kN 及以上的起重吊装工程;

b. 采用起重机械进行安装的工程;

c. 起重机械设备自身的安装、拆卸。

⑤ 脚手架工程。

a. 搭设高度 24 m 及以上的落地式钢管脚手架工程;

b. 附着式整体和分片提升脚手架工程;

c. 悬挑式脚手架工程;

d. 吊篮脚手架工程;

e. 自制卸料平台、移动操作平台工程;

f. 新型及异型脚手架工程。

⑥ 拆除、爆破工程。

a. 建筑物、构筑物拆除工程;

b. 采用爆破拆除的工程。

⑦ 国务院建设行政主管部门或者其他有关部门规定的其他危险性较大的工程。

a. 建筑幕墙安装工程;

b. 钢结构、网架和索膜结构安装工程;

c. 人工挖扩孔桩工程;

d. 地下暗挖、顶管及水下作业工程;

e. 预应力工程;

f. 采用新技术、新工艺、新材料、新设备及尚无相关技术标准的危险性较大的分部分项工程。

对上述七项危险性较大的分部分项工程,施工单位在施工前,必须在施工组织设计的基础上,单独编制安全专项施工方案;对于超过一定规模的危险性较大的分部分项工程,施工单位还应当组织专家对安全专项施工方案进行论证。

7.1.2.4 有关常用的"安全术语"

① 三宝:指安全帽、安全带、安全网。

② 四口：指通道口、预留洞口、楼梯口、电梯井口。

③ 高处作业：《高处作业分级》(GB/T 3608—2008)规定，凡在坠落高度基准面 2 m 以上(含 2 m)有可能坠落的高处进行的作业称为高处作业。

施工现场中工作面边缘无围护设施或围护设施高度低于 80 cm 时的高处作业称为临边作业；借助登高用具或登高设施，在攀登条件下进行的高处作业称为攀登作业；在周边临空状态下进行的高处作业称为悬空作业；孔与洞口旁的作业，包括施工现场及通道旁深度在 2 m 及 2 m 以上的桩孔、人孔、沟槽与管道、孔洞等边沿上的作业称为洞口作业；在施工现场的上下不同层次，于空间贯通状态下同时进行的高处作业称为交叉作业。

④ 安全标志：又称安全警示标志，指提醒人们注意的各种标牌、文字、符号以及灯光等。一般来说，安全警示标志包括安全色和安全标志。《安全色》(GB 2893—2008)规定，安全色是表达安全信息含义的颜色，安全色分为红、黄、蓝、绿四种颜色，分别表示禁止、警告、指令和提示。《安全标志及其使用导则》(GB 2894—2008)规定，安全标志是用于表达特定信息的标志，由图形符号、安全色、几何图形(边框)或文字组成。安全标志分为禁止标志、警告标志、指令标志和提示标志。安全警示标志的图形、尺寸、颜色、文字说明和制作材料等，均应符合国家标志的规定。施工现场入口处、施工起重机械、临时用电设施、脚手架、出入通道口、楼梯口、电梯井口、孔洞口、桥梁口、隧道口、基坑边沿、爆破物及有害危险气体和液体存放处，应当设置明显的安全警示标志。如在爆破物及有害危险气体和液体存放处应设置禁止烟火、禁止吸烟等禁止标志；在施工机具旁应设置当心触电、当心伤手等警告标志；在施工现场入口处应设置必须戴安全帽等指令标志；在通道口处应设置安全通道等提示标志；在施工现场的沟、坎、深基坑、桩孔等处，夜间应设置红灯警示等。安全标志设置位置的平面图应由绘制人签名，项目负责人审批。设置后应统计登记，定期检查维护。

⑤ 五牌一图："五牌"是指工程概况牌、管理人员名单及监督电话牌、消防保卫牌、安全生产牌、文明施工牌；"一图"是指施工现场总平面图。五牌一图应整齐明显地悬挂在施工现场进口处。

⑥ 三类人员：指建筑施工企业的主要负责人、项目负责人、专职安全生产管理人员。施工企业的主要负责人包括法定代表人、经理、分管安全生产工作的副经理；项目负责人是指由法定代表人授权，负责建设工程项目管理的负责人；专职安全生产管理人员是指企业专职从事安全生产管理工作的人员，包括企业安全生产管理机构的负责人及其工作人员和施工现场专职安全生产管理人员。"三类人员"必须经建设行政主管部门或其他有关部门安全生产考核合格，取得安全生产考核合格证书后，方可担任相应职务，持证上岗。安全生产考核合格证书有效期为三年。

⑦ 特种作业：指容易发生人员伤亡事故，对操作者本人、他人及周围环境设施的安全有重大危害的作业。它包括电工作业、金属焊接切割作业、起重机械(含电梯)作业、企业内机动车辆驾驶、登高架设作业、锅炉作业(含水质化验)、压力容器操作、制冷作业、爆破作业、矿山通风作业(含瓦斯检验)、矿山排水作业(含尾矿坝作业)等。

特种作业工种包括：架子、起重、司索、信号指挥、电工、焊工、机械、吊篮安装拆卸、机动车驾驶、起重机司机、司炉等工种。建筑施工特种作业人员必须经建设主管部门考核合格，取得建筑施工特种作业人员操作资格证书，受聘于建筑施工企业或者建筑起重机械出租单位，方可上岗从事相应作业。资格证书有效期为两年，延期复核合格的，有效期延期两年。

⑧ 特种设备：指涉及生命安全、危险性较大的锅炉、压力容器、压力管道、电梯、起重机械、客运索道、大型游乐设施等。特种设备的目录由国务院特种设备安全监督管理部门制订。特种设备的生产(含设计、制造、安装、改造、维修)、使用、检验检测及其监督检查，应当遵守《特种设备安全监察条例》(国务院【2009】549 号令)的规定。

⑨ 安全生产许可证:国家对建筑施工企业实行安全生产许可制度。建筑施工企业安全生产许可证由建筑施工企业申领。建筑施工企业未取得安全生产许可证的,不得从事建筑施工活动。中央管理的建筑施工企业安全生产许可证,由国务院建设主管部门负责颁发和管理。其他建筑施工企业安全生产许可证,由省级建设主管部门负责本行政区域内的颁发和管理。

安全生产许可证的有效期为3年。安全生产许可证采用国务院安全生产监督管理部门规定的统一式样。安全生产许可证分正本和副本,正、副本具有同等法律效力。

7.2 法律法规对监理安全责任的规定及主要工作职责

7.2.1 《建设工程安全生产管理条例》(国务院393号令)对监理安全责任的规定

安全监理责任主要来自于法律责任、合同责任和社会责任三个方面。目前,规定监理安全法律责任的最高法规是《建设工程安全生产管理条例》(国务院393号令)。它对监理的安全法律责任是有明确界定的,监理人员的安全法律责任不应超出这个界定范围。在合同责任方面,如果业主的委托监理合同中,列出了法规未确定的安全监理工作内容,监理应当据理力争,否则,认可了这个合同条款就要受到合同的约束,这是监理单位必须注意的。监理人员应该本着对社会负责的态度实施安全监理工作。

由于工程项目监理实行的是总监理工程师负责制,法律、法规和监理委托合同规定的监理单位在工程监理项目上的安全监理责任,是由监理单位和监理机构共同承担,并由总监理工程师领导下的监理机构负责实施的。从这个意义上讲,法律法规和委托监理合同赋予监理单位在工程监理项目上的安全监理责任,也就是工程项目监理人员的安全监理责任。

《建设工程安全生产管理条例》(国务院393号令)规定监理的安全责任共一条:

第十四条 工程监理单位应当审查施工组织设计中的安全技术措施或者专项施工方案是否符合工程建设强制性标准。

工程监理单位在实施监理过程中,发现存在安全事故隐患的,应当要求施工单位整改;情况严重的,应当要求施工单位暂时停止施工,并及时报告建设单位。施工单位拒不整改或者不停止施工的,工程监理单位应当及时向有关主管部门报告。

工程监理单位和监理工程师应当按照法律、法规和工程建设强制性标准实施监理,并对建设工程安全生产承担监理责任。

《建设工程安全生产管理条例》(国务院393号令)规定监理的法律责任共两条:

第五十七条 违反本条例的规定,工程监理单位有下列行为之一的,责令限期改正;逾期未改正的,责令停业整顿,并处10万元以上30万元以下的罚款;情节严重的,降低资质等级,直至吊销资质证书;造成重大安全事故,构成犯罪的,对直接责任人员,依照刑法有关规定追究刑事责任;造成损失的,依法承担赔偿责任。

① 未对施工组织设计中的安全技术措施或者专项施工方案进行审查的;

② 发现安全事故隐患未及时要求施工单位整改或者暂时停止施工的;

③ 施工单位拒不整改或者不停止施工,未及时向有关主管部门报告的;

④ 未依照法律、法规和工程建设强制性标准实施监理的。

第五十八条 注册执业人员未执行法律、法规和工程建设强制性标准的,责令停止执业3个月以上1年以下;情节严重的,吊销执业资格证书,5年内不予注册;造成重大安全事故的,终身不予注册;构成犯罪的,依照刑法有关规定追究刑事责任。

7.2.2 安全监理的主要工作职责

7.2.2.1 《建设工程安全生产管理条例》(国务院 393 号令)有关监理安全职责、职权的规定

① 方案审批权:审查施工组织设计中的安全技术措施和专项施工方案是否符合工程建设强制性标准;

② 整改指令权:在实施监理过程中,发现安全事故隐患,要求施工单位整改;

③ 暂停工指令权:情况严重的要求施工单位暂停施工并报告建设单位;

④ 向有关主管部门报告权:施工单位拒不整改及不停止施工的要及时报告有关主管部门;

⑤ 依照法律法规和强制性标准实施监理。

7.2.2.2 《建设工程监理规范》(GB 50319—2000)规定监理人员应履行的岗位职责

① 检查承包单位投入工程项目的人力、材料、主要设备及其使用、运行状况,并做好检查记录;

② 复核或从施工现场直接获取工程计量的有关数据并签署原始凭证;

③ 按设计图及有关标准,对承包单位的工艺过程或施工工序进行检查和记录,对加工制作及工序施工质量检查结果进行记录;

④ 担任旁站工作,发现问题及时指出并向专业监理工程师报告;

⑤ 做好监理日志和有关的监理记录。

国家建设行政主管部门有关规定要求监理单位在落实建设工程安全生产监理责任工作中,必须健全监理单位的安全监理责任制,明确包括法定代表人、总监理工程师和监理人员在内的"三级"安全监理岗位职责。

7.3 安全监理的工作内容、工作程序和工作方法

7.3.1 安全监理的主要工作内容

7.3.1.1 施工准备阶段安全监理的主要工作内容

① 监理单位应根据《建设工程安全生产管理条例》(国务院 393 号令)的规定,按照工程建设强制性标准、《建设工程监理规范》(GB 50319—2000)和相关行业监理规范的要求,编制包括安全监理内容的项目监理规划,明确安全监理的范围、内容、工作程序和制度措施,以及人员配备计划和职责等。

② 对中型及以上项目和《建设工程安全生产管理条例》(国务院 393 号令)第二十六条规定的危险性较大的分部分项工程,监理单位应当编制监理实施细则。实施细则应当明确安全监理的方法、措施和控制要点,以及对施工单位安全技术措施的检查方案。

③ 审查施工单位编制的施工组织设计中的安全技术措施和危险性较大的分部分项工程安全专项施工方案是否符合工程建设强制性标准要求。审查的主要内容应当包括:

a. 施工单位编制的地下管线保护措施方案是否符合强制性标准要求;

b. 基坑支护与降水、土方开挖与边坡防护、模板、起重吊装、脚手架、拆除、爆破等分部分项工程的专项施工方案是否符合强制性标准要求;

c. 施工现场临时用电施工组织设计或者安全用电技术措施和电气防火措施是否符合强制性

标准要求；

d. 冬季、雨季等季节性施工方案的制订是否符合强制性标准要求；

e. 施工总平面布置图是否符合安全生产的要求，办公、宿舍、食堂、道路等临时设施设置以及排水、防火措施是否符合强制性标准要求。

④ 检查施工单位在工程项目上的安全生产规章制度和安全监管机构的建立健全及专职安全生产管理人员配备情况，督促施工单位检查各分包单位的安全生产规章制度的建立情况。

⑤ 审查施工单位资质和安全生产许可证是否合法有效。

⑥ 审查项目经理和专职安全生产管理人员是否具备合法资格，是否与投标文件相一致。

⑦ 审核特种作业人员的特种作业操作资格证书是否合法有效。

⑧ 审核施工单位应急救援预案和安全防护措施费用使用计划。

7.3.1.2 施工阶段安全监理的主要工作内容

① 监督施工单位按照施工组织设计中的安全技术措施和专项施工方案组织施工，及时制止违规施工作业。

② 定期巡视检查施工过程中危险性较大的工程作业情况。

③ 核查施工现场施工起重机械、整体提升脚手架、模板等自升式架设设施和安全设施的验收手续。

④ 检查施工现场各种安全标志和安全防护措施是否符合强制性标准要求，并检查安全生产费用的使用情况。

⑤ 督促施工单位进行安全自查工作，并对施工单位的自查情况进行抽查，参加建设单位组织的安全生产专项检查。

7.3.1.3 对建筑起重机械安全监理的主要工作内容

① 审核建筑起重机械特种设备制造许可证、产品合格证、制造监督检验证明、备案证明等文件；

② 审核建筑起重机械安装单位和使用单位的资质证书、安全生产许可证和特种作业人员的特种作业操作资格证书；

③ 审核建筑起重机械安装、拆卸工程专项施工方案；

④ 监督安装单位执行建筑起重机械安装、拆卸工程专项施工方案情况；

⑤ 监督检查建筑起重机械的使用情况；

⑥ 发现存在生产安全事故隐患的，应当要求安装单位、使用单位限期整改，对安装单位、使用单位拒不整改的，及时向建设单位报告。

7.3.2 安全监理的工作程序

监理单位按照《建设工程监理规范》(GB 50319—2000)和相关行业规范要求，编制含有安全监理内容的监理规划和监理实施细则。

① 在施工准备阶段，监理单位审查核验施工单位提交的有关技术文件及资料，并由项目总监理工程师在有关技术文件报审表上签署意见；审查未通过的安全技术措施及专项施工方案不得实施。

② 在施工阶段监理单位应对施工现场安全生产情况进行巡视检查，对发现的各类安全事故隐患，应书面通知施工单位，并督促其立即整改；情况严重的，监理单位应及时下达工程暂停令，要求

施工单位停工整改,并同时报告建设单位。安全事故隐患消除后,监理单位应检查整改结果,签署复查或复工意见。施工单位拒不整改或不停工整改的,监理单位应当及时向工程所在地的建设主管部门或工程项目的行业主管部门报告,以电话形式报告的,应当有通话记录,并及时补充书面报告。检查、整改、复查、报告等情况应记载在监理日志、监理月报中。监理单位应核查施工单位提交的施工起重机械、整体提升脚手架、模板等自升式架设设施和安全设施等验收记录,并由安全监理人员签收备案。

③ 在工程竣工验收阶段,监理单位应将有关安全生产的技术文件、验收记录、监理规划、监理实施细则、监理月报、监理会议纪要及相关书面通知等按规定立卷归档。

总之,安全监理的主要工作内容和工作程序概括起来就是:编制规划,制定细则,认真履行"一审、二查、三停、四报"的工作职责。

一审:认真做好施工组织设计的审查工作,主要是符合性和程序性审查。审查安全技术措施是否符合工程建设强制性标准,施工方案是否经过施工单位技术负责人审查,报审程序是否符合规定;审核施工单位安全生产管理资格报审资料是否与投标文件一致,在有关行政主管部门动态管理中是否合法有效。

二查:检查施工单位的安全生产管理体系是否有效运行,安全措施和安全费用是否落实,对现场的安全生产状况进行巡视和检查,认真做好记录;发现安全事故隐患要以书面形式通知施工、建设单位;适时提请业主组织安全检查,书面通报安全检查结果,书面下达安全隐患整改通知书。

三停:发现现场安全情况严重的应按监理规范规定发出暂停工令,及时用书面形式报建设单位。

四报:施工单位在监理通知发出后拒不整改或者在暂停工令发出后不停止施工的,应当及时向建设单位、本单位和有关建设主管部门报告。

安全监理的主要工作内容和工作程序,应当根据相关法律法规和委托监理合同的规定,针对监理工程的特点,在安全监理规划和监理实施细则中详细制定。

7.3.3 安全监理的主要工作方法

一般情况下,监理人员在总监领导下,按安全监理规划和实施细则规定做好安全监理工作;在专业监理工程师的指导下,按照工程项目监理机构人员的岗位和专业分工,配合专业监理工程师做好以下几个方面的核查和检查工作。

① 检查施工单位项目部安全生产管理体系运行情况,检查督促总包单位对分包单位的安全管理。

② 核查施工单位资质和安全生产许可证是否合法有效;核查施工单位项目经理和专职安全生产管理人员是否具备合法资格,人员配备是否符合相关规定,是否与投标文件相一致。

③ 核查特种作业人员的特种作业操作资格证书是否合法有效;核查施工现场施工起重机械、垂直运输机械、脚手架、模板等自升式架设设施和安全设施验收手续。

④ 检查施工单位是否按照施工组织设计中的安全技术措施和专项施工方案组织施工;定期巡视检查施工过程中危险性较大的工程作业情况,及时制止违规施工作业;参加安全生产专项检查;检查施工现场各种安全标志,安全防护措施,安全用电技术措施,安全防火措施,冬、雨季施工等是否符合安全专项施工方案要求;

⑤ 做好本专业安全监理资料的汇总整理工作,协助配合专业监理工程师将安全生产的技术文件、检查验收记录、监理规划、监理实施细则、监理月报、监理日志和监理会议纪要及相关书面通知

等安全监理资料按规定立卷归档。

⑥ 关注所负责专业范围内的施工安全，施工现场有事故隐患或异常情况时应及时向总监或安全监理工程师报告。完成总监和安全监理工程师布置的其他有关安全监理工作。

7.4 安全事故处理一般程序

安全事故报告和调查处理应按国家标准和建设行政主管部门的相关规定执行。

7.4.1 事故等级

生产安全事故（以下简称事故）一般分为以下等级：

① 特别重大事故。它是指造成30人以上死亡，或者100人以上重伤，或者1亿元以上直接经济损失的事故。

② 重大事故。它是指造成10人以上30人以下死亡，或者50人以上100人以下重伤，或者5000万元以上1亿元以下直接经济损失的事故。

③ 较大事故。它是指造成3人以上10人以下死亡，或者10人以上50人以下重伤，或者1000万元以上5000万元以下直接经济损失的事故。

④ 一般事故。它是指造成3人以下死亡，或者10人以下重伤，或者100万元以上1000万元以下直接经济损失的事故。

事故等级划分所称的“以上”包括本数，所称的“以下”不包括本数。

7.4.2 事故报告

事故发生后，事故现场有关人员应当立即向施工单位负责人报告；施工单位负责人接到报告后，应当在1小时内向事故发生地县级以上人民政府建设主管部门和有关部门报告。情况紧急时，事故现场有关人员可以直接向事故发生地县级以上人民政府建设主管部门和有关部门报告。实行施工总承包的建设工程，由总承包单位负责上报事故。事故报告内容如下：

① 事故发生单位概况；

② 事故发生的时间、地点以及事故现场情况；

③ 事故的简要经过；

④ 事故已经造成或者可能造成的伤亡人数（包括下落不明的人数）和初步估计的直接经济损失；

⑤ 已经采取的措施；

⑥ 其他应当报告的情况。

自事故发生之日起30日内，事故造成的伤亡人数发生变化的，应当及时补报。事故单位发生迟报、漏报、谎报和瞒报行为，经查证属实的，应立即上报事故情况，其主要领导须担责。

7.4.3 事故调查

特别重大事故由国务院或者国务院授权有关部门组织事故调查组进行调查。重大事故、较大事故、一般事故分别由事故发生地省级人民政府、设区的市级人民政府、县级人民政府负责调查。未造成人员伤亡的一般事故，县级人民政府也可以委托事故发生单位组织事故调查组进行调查。

事故调查的主要任务是：

① 查明事故发生的经过、原因、人员伤亡情况及直接经济损失；

② 认定事故的性质和事故责任；

③ 提出对事故责任者的处理建议；

④ 总结事故教训，提出防范和整改措施；

⑤ 提出事故调查报告。

事故调查报告应当附有关证据材料。事故调查报告报送人民政府后，事故调查工作即告结束。

7.4.4　事故处理

事故调查与事故处理是两个相对独立而又密切联系的工作。事故处理的任务主要是根据事故调查的结论，对照国家有关法律、法规，对事故责任人进行处理，落实防范重复事故发生的措施，贯彻“四不放过”原则的要求。所以，事故调查是事故处理的前提和基础，事故处理是事故调查目的之实现和落实。提交的事故调查报告经人民政府批复后，有关机关应当按照人民政府的批复依照法律、行政法规规定的权限和程序，对事故发生单位和有关人员进行行政处罚，对负有事故责任的国家工作人员进行处分；事故发生单位对本单位负有事故责任的人员进行处理；涉嫌犯罪的，依法追究刑事责任。

7.4.5　处理安全事故监理单位应做的工作

事故发生后，事故现场监理人员应当立即向总监理工程师报告，总监理工程师应及时向建设单位和本单位负责人报告，并应在现场参与事故调查处理。同时，要监督施工单位按照国家有关伤亡事故和调查处理的规定如实上报事故情况。事故报告应当及时、准确、完整，不得迟报、漏报、谎报或者瞒报。对事故报告和调查处理中的违法行为，有权向有关部门举报。

7.5　施工现场安全生产事故隐患的检查

施工现场安全生产检查是施工单位的重要管理工作内容，监理单位应通过审查施工单位的现场管理体系督促施工单位建立安全检查制度，监理工程师主要是监督施工单位落实检查制度，并参与和监督按照《建筑施工安全检查标准》(JGJ 59—2011)按时认真进行检查，并掌控其检查结果。监理工程师也应采取巡视检查和平行检查的方式评价现场的安全状态。

安全生产事故隐患检查

7.5.1　施工现场安全生产状态总体评价和检查方法

为了掌握工程施工的安全情况，监理人员在巡视和专项检查中，可以使用《建筑施工安全检查标准》(JGJ 59—2011)对施工现场安全生产状态进行总体检查，以此来判断施工单位的安全生产管理体系是否有效运行，现场存在哪些安全生产事故隐患。该标准是为了科学地评价建筑施工安全生产情况，提高安全生产工作和文明施工的管理水平，预防伤亡事故的发生，确保职工的安全和健康，实现检查评价工作的标准化、规范化而制定的，是建筑施工安全工作检查和评价的标准。监理人员可以利用该标准对施工现场的安全状态作总体评价，也可以利用该标准中的专项表格对某个单项或部分项目进行检查。

该标准中涉及建筑施工安全检查和评价的主要内容有：

① 建筑施工安全检查评分汇总表。主要内容应包括安全管理、文明施工、脚手架、基坑支护与模板工程、“三宝”及“四口”防护、施工用电、物料提升机与外用电梯、塔吊、起重吊装和施工机具十项。该表所示得分作为对一个施工现场安全生产情况的评价依据。

② 安全管理检查评分表。它是对施工单位安全管理工作的评价。检查的项目应包括安全生产责任制、目标管理、施工组织设计、分部分项工程安全技术交底、安全检查、安全教育、班前安全活动、特种作业持证上岗、工伤事故处理和安全标志十项内容。

③ 文明施工检查评分表。它是对施工现场文明施工的评价，检查的项目应包括现场围挡、封闭管理、施工场地、材料堆放、现场宿舍、现场防火、治安综合治理、施工现场标牌、生活设施、保健急救和社区服务十一项内容。

④ 脚手架检查评分表。它分为落地式外脚手架检查评分表、悬挑式脚手架检查评分表、门型脚手架检查评分表、挂脚手架检查评分表、吊篮脚手架检查评分表和附着式升降脚手架检查评分表六种脚手架的安全检查评分表。

⑤ 基坑支护安全检查评分表。它是对施工现场基坑支护工程的安全评价。检查的项目应包括施工方案、临边防护、坑壁支护、排水措施、坑边荷载、上下通道、土方开挖、基坑支护变形监测和作业环境九项内容。

⑥ 模板工程安全检查评分表。它是对施工过程中模板工作的安全评价。检查的项目应包括施工方案、支撑系统、立柱稳定、施工荷载、模板存放、支拆模板、模板验收、混凝土强度、运输道路和作业环境十项内容。

⑦ “三宝”和“四口”防护检查评分表。它是对安全帽、安全网、安全带、楼梯口、电梯井口、预留洞口、坑井口、通道口及阳台、楼板、屋面等临边使用及防护情况的评价。

⑧ 施工用电检查评分表。它是对施工现场临时用电情况的评价。检查的项目应包括外电防护、接地与接零保护系统、配电箱、开关箱、现场照明、配电线路、电器装置、变配电装置和用电档案九项内容。

⑨ 物料提升机(龙门架、井字架)检查评分表。它是对物料提升机的设计制作、搭设和使用情况的评价。检查的项目应包括架体制作、限位保险装置、架体稳定、钢丝绳、楼层卸料平台防护、吊篮、安装验收、架体、传动系统、联络信号、卷扬机操作棚和避雷十二项内容。

⑩ 外用电梯(人货两用电梯)检查评分表。它是对施工现场外用电梯的安全状况及使用管理的评价。检查的内容应包括安全装置、安全防护、司机、荷载、安装与拆卸、安装验收、架体稳定、联络信号、电气安全和避雷十项内容。

⑪ 塔吊检查评分表。它是塔式起重机使用情况的评价。检查的项目应包括力矩限制器、限位器、保险装置、附墙装置与夹轨钳、安装与拆卸、塔吊指挥、路基与轨道、电气安全、多塔作业和安装验收十项内容。

⑫ 起重吊装安全检查评分表。它是对施工现场起重吊装作业和起重吊装机械的安全评价。检查的项目应包括施工方案、起重机械、钢丝绳与地锚、吊点、司机与指挥、地耐力、起重作业、高处作业、作业平台、构件堆放、警戒和操作工十二项内容。

⑬ 施工机具检查评分表。它是对施工中使用的平刨、圆盘锯、手持电动工具、钢筋机械、电焊机、搅拌机、气瓶、翻斗车、潜水泵和打桩机械十种施工机具安全状况的评价。

7.5.2　施工单位安全生产管理报审资料的核查

7.5.2.1　对施工单位安全生产管理体系证书的核查

（1）资质证书的核查

总包和分包单位的资质证书中的承包类别和承包工程范围，是否同承包的工程内容、工程规模、工程数量和合同额相适应。

（2）安全生产许可证的核查

施工单位的安全生产许可证在有关主管部门的动态管理中是否合法有效。安全生产许可证的有效期为三年。

（3）工程项目专职安全生产管理人员配备的核查

施工单位工程项目专职安全生产管理人员配备，应符合《建筑施工企业安全生产管理机构设置及专职安全生产管理人员配备办法》（建质【2008】91 号）的规定。

（4）施工单位的安全生产管理制度的检查

施工单位的安全生产管理制度包括：安全生产的责任制度、教育培训制度、操作规程、检查制度、机械设备管理制度、施工技术交底制度、消防管理制度、生产事故报告处理制度、应急救援预案管理制度等。检查的主要内容有：施工单位在工程项目上的安全生产规章制度和安全监管机构的建立健全情况，督促总包单位检查各分包单位的安全生产规章制度的建立情况。

7.5.2.2　对施工单位项目部人员资格证书的核查

① 审核项目经理和专职安全生产管理人员是否具备合法资格，是否与投标文件相一致。安全生产考核合格证书有效期为三年。

② 审核特种作业人员的特种作业操作资格证书是否合法有效。资格证书有效期为两年。

③ 审核由总包单位报审的分包单位“三类人员”和特种作业人员资格证书是否合法有效。安全生产考核合格证书有效期为三年。

7.5.2.3　对大型起重机械和自升式架设设施验收手续的核查

① 审核建筑起重机械特种设备制造许可证、产品合格证、制造监督检验证明、备案证明等文件。

② 审核建筑起重机械安装单位的资质证书、安全生产许可证和特种作业人员的资格证书。

③ 重点核查以下大型起重机械和自升式架设设施验收手续：

a. 塔式起重机；

b. 施工升降机；

c. 附着式升降脚手架；

d. 吊篮；

e. 自升式模板架体。

④ 重点核查以下验收资料：

a. 设备注册备案文件；

b. 设备进场验收资料；

c. 基础工程、安装工程施工验收资料；

d. 检测检验机构签发的《验收检验报告》。

7.5.3 危险性较大的分部分项工程安全专项施工方案

7.5.3.1 专项方案的定义

危险性较大的分部分项工程安全专项施工方案简称专项方案，是指施工单位在编制施工组织设计的基础上，针对危险性较大的分部分项工程单独编制的安全技术措施文件。

7.5.3.2 专项方案的编制、审核和论证

(1) 专项方案的编制

施工单位应当在危险性较大的分部分项工程施工前编制专项方案；对于超过一定规模的危险性较大的分部分项工程，施工单位还应当组织专家对专项方案进行论证。建筑工程实行施工总承包的，专项方案应当由施工总承包单位组织编制。其中，起重机械安装拆卸工程、深基坑工程、附着式升降脚手架等专业工程实行分包的，其专项方案可由专业承包单位组织编制。专项方案编制应当包括以下内容：

① 工程概况。它是指危险性较大的分部分项工程概况、施工平面布置、施工要求和技术保证条件。

② 编制依据。它是指相关法律、法规、规范性文件、标准、规范及图纸(国标图集)、施工组织设计和选用的工艺标准等。

③ 施工计划。它包括施工进度计划、材料与设备计划。

④ 施工工艺技术。它是指技术参数、工艺流程、施工方法、检查验收等。

⑤ 施工安全保证措施。它是指组织保障、技术措施、应急预案、监测监控等。

⑥ 劳动力计划。它是指专职安全生产管理人员、特种作业人员等。

⑦ 计算书及相关图纸。

(2) 专项方案的审核

专项方案应当由施工单位技术部门组织本单位施工技术、安全、质量等部门的专业技术人员进行审核。审核合格的，由施工单位技术负责人签字。实行施工总承包的，专项方案应当由总承包单位技术负责人及相关专业承包单位技术负责人签字。不需专家论证的专项方案，经施工单位审核合格后报监理单位，由项目总监理工程师审核签字后方可组织实施。

需专家论证的超过一定规模的危险性较大的分部分项工程专项方案，应当由施工单位组织召开专家论证会，施工单位根据论证报告修改完善专项方案，并经施工单位技术负责人、项目总监理工程师、建设单位项目负责人签字后，方可组织实施。实行施工总承包的，由施工总承包单位组织召开专家论证会，专项方案应由施工总承包单位、相关专业承包单位技术负责人签字。

(3) 专项方案的论证

超过一定规模的危险性较大的分部分项工程专项方案应当由施工单位组织召开专家论证会。实行施工总承包的，由施工总承包单位组织召开专家论证会。专家组成员应当在建设主管部门的专家库中抽取5名及以上符合相关专业要求的专家组成。项目参建各方的人员不得以专家身份参加专家论证会。专项方案经论证后，专家组应当提交论证报告，对论证的内容提出明确的意见，并在论证报告上签字。该报告作为专项方案修改完善的指导意见。专项方案经论证后需作重大修改的，施工单位应当按照论证报告修改，并重新组织专家进行论证。

7.5.3.3 专项方案的实施

① 施工单位应当严格按照专项方案组织施工，不得擅自修改、调整专项方案。如因设计、结构、外部环境等因素发生变化确需修改的，修改后的专项方案应当重新审核。对于超过一定规模的危险性较大工程的专项方案，施工单位还应当重新组织专家进行论证。

② 专项方案实施前，编制人员或项目技术负责人应当向现场管理人员和作业人员进行安全技术交底。施工单位技术负责人应当定期巡查专项方案的实施情况。

③ 施工单位应当指定专人对专项方案的实施情况进行现场监督和按规定进行监测。发现不按照专项方案施工的，应当要求其立即整改；发现有危及人身安全的紧急情况的，应当立即组织作业人员撤离危险区域。

④ 对于按规定需要验收的危险性较大的分部分项工程，施工单位应当组织有关人员进行验收。验收合格，施工单位项目技术负责人签字并报监理审核确认，经项目总监理工程师签字后，方可进入下一道工序。

7.5.3.4 危险性较大的分部分项工程监理要点

① 监理单位应当将危险性较大的分部分项工程列入监理规划和监理实施细则，详细核对危险性较大的分部分项工程清单，建立危险性较大的分部分项工程台账，事先掌握数量和类别，实行预控。针对工程特点、周边环境和施工工艺等，制定安全监理工作流程、方法和措施。

② 认真审核施工单位的危险性较大的分部分项工程安全专项方案是否符合工程建设强制性标准。根据危险性较大的分部分项工程规模，分清是否需要由施工单位组织专家论证。

③ 对于按规定需要验收的危险性较大的分部分项工程，监理单位应当在施工单位自检合格后进行验收，经项目总监理工程师签字后，方可进入下一道工序。

④ 监理单位应当对专项方案的实施情况进行现场监理；对不按专项方案实施的，应当责令整改。情况严重的，应当及时下达暂停工令，并报告建设单位。施工单位拒不整改或者不停止施工的，工程监理单位应当及时向有关主管部门报告。

7.5.4 危险性较大的分部分项工程的安全检查

危险性较大的分部分项工程首先要依据已经审定的安全专项施工方案进行检查，其施工必须符合安全专项施工方案的各项技术要求。基坑支护、土方开挖、模板工程及支撑体系、脚手架、拆除爆破、钢结构、建筑幕墙、地基处理等专业工程，除了按施工安全方面的强制性条文进行安全检查外，还应使用这些工程对应的专业技术规范和规程进行检查，其中的强制性条文是安全检查的主要依据。

(1) 基坑支护、降水工程

依据基坑支护、降水工程工艺标准如《建筑基坑支护技术规程》(JGJ 120—2012)和经审定的基坑支护、降水工程施工方案以及《建筑地基基础工程施工质量验收规范》(GB 50202—2002)中的基坑工程部分进行检查。

(2) 土方开挖工程

依据《建筑地基基础工程施工质量验收规范》(GB 50202—2002)土方工程部分进行检查。

(3) 模板工程及支撑体系

依据《建筑施工模板安全技术规范》(JGJ 162—2008)、《建筑工程大模板技术规程》(JGJ 74—2003)、《混凝土结构工程施工质量验收规范》(GB 50204—2002)(2010 年版)中的模板工程部分和经审定的模板工程施工方案进行检查。

(4) 脚手架检查

① 依据《建筑施工扣件式钢管脚手架安全技术规范》(JGJ 130—2011)进行检查,其中有 16 条强制性条文必须严格执行;

② 依据《建筑施工门式钢管脚手架安全技术规范》(JGJ 128—2010)进行检查,其中有 13 条强制性条文必须严格执行;

③ 依据《建筑施工木脚手架安全技术规范》(JGJ 164—2008)进行检查,其中有 15 条强制性条文必须严格执行;

④ 经审定的脚手架工程施工方案。

(5) 拆除和爆破工程

依据《建筑拆除工程安全技术规范》(JGJ 147—2008)、《爆破安全规程》(GB 6722—2003)以及经审定的拆除和爆破工程施工方案进行检查。

(6) 钢结构工程

依据《钢结构工程施工质量验收规范》(GB 50205—2001)、《建筑钢结构焊接技术规程》(JGJ 81—2002)以及经审定的钢结构工程施工方案进行检查。

(7) 建筑幕墙工程

依据《建筑装饰装修工程施工质量验收规范》(GB 50210—2001)、《玻璃幕墙工程技术规范》(JGJ 102—2003)、《金属与石材幕墙工程技术规范》(JGJ 133—2001)、《玻璃幕墙工程质量检验标准》(JGJ/T 139—2001)、《混凝土结构后锚固技术规程》(JGJ 145—2004)以及经审定的建筑幕墙工程施工方案进行检查。

(8) 人工挖孔桩工程

依据《建筑地基基础工程施工质量验收规范》(GB 50202—2002)桩基础、《建筑桩基技术规范》(JGJ 94—2008)挖孔桩工程部分以及经审定的挖孔桩工程施工方案进行检查。

(9) 预应力工程

依据《混凝土结构工程施工质量验收规范》(GB 50204—2002)(2010 年版)预应力工程部分、《预应力筋用锚具、夹具和连接器应用技术规程》(JGJ 85—2010)以及经审定的预应力工程施工方案进行检查。

(10) 地基处理检查

依据《建筑地基处理技术规范》(JGJ 79—2012)以及经审定的地基处理施工方案进行检查,其中有 13 条强制性条文必须严格执行。

7.5.5 其他方面的检查

(1) 工程项目现场管理检查

依据《建筑施工现场环境与卫生标准》(JGJ 146—2004)、《建设工程项目管理规范》(GB/T 50326—2006)项目现场管理部分,包括场容、环保、防火、保安、防疫等规定进行检查。

(2) 季节性施工安全检查

依据季节性施工组织设计或季节性安全技术措施方案进行检查。

(3) 临时用电检查

依据《施工现场临时用电安全技术规范》(JGJ 46—2005)以及经审定的临时用电施工方案进行检查,其中有 25 条强制性条文必须严格执行。

(4) 高处作业检查

依据《建筑施工高处作业安全技术规范》(JGJ 80—91)以及经审定的相关施工方案进行检查，其中有22条强制性条文必须严格执行。

(5) 建筑机械检查

依据《建筑机械使用安全技术规程》(JGJ 33—2012)进行检查，其中有17条强制性条文必须严格执行。

(6) 提升机检查

依据《龙门架及井架物料提升机安全技术规范》(JGJ 88—2010)进行检查，其中有8条强制性条文必须严格执行。

7.5.6　安全检查的主要依据——强制性条文以及运用时的注意事项

《工程建设标准强制性条文(房屋建筑部分)》设置了施工安全方面的强制性条文。施工现场所有安全设施、安全防护措施、临时用电、高处作业、机械使用、架体搭设、支撑体系等都必须符合强制性标准要求。监理单位在实施安全检查时，应以这些强制性条文作为安全检查的主要依据。

所有工程建设的标准、规范及其强制性条文都是在执行过程中不断完善的。国家和建设主管部门每年对工程建设的标准、规范都有修订计划，在运用工程建设标准强制性条文检查时，应使用最新颁布的有效版本来进行检查。建设工程的安全和质量是相互关联的，安全事故的发生往往是由于不合格的工程质量而引起的，所以在实施建设工程安全检查时，各专业工程施工质量验收规范中的有关质量控制的强制性条文也必须严格执行，同时作为安全检查的依据。

7.6　建设工程安全事故典型实例

7.6.1　贵阳国际会展中心工地垮塌

2010年3月14日上午11时30分，在建的贵阳国际会议展览中心工程A2展馆至A3展馆之间过街通道的模板支撑体系发生局部垮塌事故，致7人死亡、19人受伤。如图7-1所示。

(a)　　(b)

图7-1　消防人员在事故现场展开救援

7.6.2　武汉建筑工地电梯从34层坠落

2012年9月13日，武汉市东湖风景区“东湖景园”还建楼C区7-1号楼建筑工地上的一台施工升降机，在上升过程中突然失控，直冲到34层顶层后，电梯钢绳突然断裂，厢体呈自由落体直接坠到地面，致 19 人死亡。如图 7-2 所示。

(a)

(b)

图 7-2 武汉电梯坠落事故

7.6.3 高大模板支撑系统坍塌

某建筑工地发生了一起模板坍塌事故，坍塌的区域位于一幢在建楼房正中的采光井，有十几米高，现场到处都散落着坍塌下来的脚手架，10 余名正在施工的工人从 10 余米高的作业面坠下，导致 12 名工人受到不同程度的伤害，其中 1 人经抢救无效身亡。如图 7-3 所示。

图 7-3 某建筑工地的模板坍塌事故

7.7 建设工程安全监理工程实例

7.7.1 某工程高大模板支撑安全监理实施细则

(1) 工程概况

① 项目名称：(略)；

② 工程地点：(略)；

③ 工程规模：(略)；

④ 项目组织系统：(略)。

(2) 编制依据

① 本工程施工组织设计及施工图纸；

②《建筑施工安全检查标准》(JGJ 59—2011)；

③《建筑结构荷载规范》(GB 50009—2012)；

④《建筑施工模板安全技术规范》(JGJ 162—2008)；

⑤《混凝土结构工程施工质量验收规范》(GB 50204—2002)(2010 年版)；

⑥《建筑施工扣件式钢管脚手架安全技术规范》(JGJ 130—2011)；

⑦《建筑施工扣件式钢管模板支架技术规程》(DB 33/1035—2006)；

⑧《钢管脚手架扣件》(GB 15831—2006)；

⑨《危险性较大的分部分项工程安全管理办法》(建质[2009]87 号)。

(3) 专业工程的特点

① 本工程模板工程主要特点：(略)；

② 高大模板部位：(略)。

(4) 监理控制要点

① 高架支模板体系：(略)；

② 梁支模体系：(略)。

(5) 高大模板安全施工监理控制

① 根据相关文件规定，高大模板支撑工程是指水平混凝土构件模板搭设高度超过 8 m，或跨度超过 18 m，或施工总荷载大于 10 kN/m^2，或集中线荷载大于 15 kN/m 的模板支撑工程。

② 施工单位在高大模板支撑工程搭设前，应认真编写专项方案，由施工单位总工审核并报工程总监理工程师批准，将经审批通过的专项方案和高大模板支撑工程登记表报当地建筑质量安全监督站备案。

③ 专项施工方案应有针对性，内容包括：地基处理、模板和支撑工程的设计计算、材料规格、支撑工程搭设详图和构造要求、混凝土浇筑方案及突发事故应急预案等，有特殊要求的应作详细说明。施工方案应经过专家论证评审。

④ 施工单位应根据专家组意见对专项施工方案进行修编，并经施工企业技术负责人、监理单位总监理工程师签字审批后方可实施，施工中原则上不得调整施工方案。因特殊原因确需调整的，应经施工企业技术负责人、监理单位总监理工程师签字同意，并重新组织专家进行论证审查。

⑤ 大模板支撑工程使用材料应符合下列要求：

a. 钢管应有产品合格证、法定检测单位的复测报告，钢管表面应平直光滑，弯曲、压扁、锈蚀严重及打孔的钢管不得使用。钢柱、钢托架或钢管门型架应有出厂合格证明，现场制作的钢构件应有相关主材、焊缝质量及连接件的合格证明文件。

b. 扣件应有生产许可证、产品质量合格证、法定检测单位的复测报告和产品标志，有裂缝、变形的严禁使用，出现滑丝的螺栓必须更换。扣件应进行防锈处理。

c. 扣件检测应随机抽样，抽检的比例为 10%，重点检查扣件拧紧扭力矩，不合格率超过抽检数量 10%的应全面检查，直至合格为止。

⑥ 高大模板支撑工程应符合下列构造要求：

a. 支设立杆的地基应平整坚实无杂物，确保排水畅通，不得积水。当立杆落在地面时，须增设强度不低于 C10、厚度不少于 100 mm 的混凝土垫层；当立杆落在楼面时，楼面下应采取可靠的支顶措施。

b. 每根立杆底部应设置底座,底座宜采用长度和宽度均不小于 150 mm、厚度不小于 8 mm 的钢板和钢管套管焊接组成。底座下应设置长度不少于 2 跨、宽度不小于 150 mm、厚度不小于 50 mm的木垫板或 12～16 号槽钢。立杆接长必须对接,严禁搭接。立杆步距不应超过 1.5 m,间距不应超过 0.8 m。模板支撑工程杆件严禁与外脚手架、卸料平台等相连。

c. 架体必须连续设置纵、横向扫地杆和剪刀撑,架体四周与既有建筑构件应形成可靠连接,如周边无既有建筑构件,可采用格构柱法或其他有效方法以提高整个支撑工程的稳定性。

⑦ 高大模板支撑工程搭设前,应由项目技术负责人向项目管理人员和搭设人员进行安全技术交底以及对施工详图进行说明,并做好书面交底签字手续。搭设人员必须持证上岗。监理人员应检查立杆地基、钢管、扣件等是否符合方案要求,未经监理人员同意不得搭设。

⑧ 高大模板支撑工程搭设应在专职技术员指导和专职安全员监督下实施,监理人员应加强过程监控,实施旁站监理,并做好相应的旁站记录、监理日志。

⑨ 模板支撑系统在搭设时要严格执行施工专项方案及有关安全技术规定。搭设人员必须按照国家有关规定经专门的安全作业培训,取得架子工操作资格证书,方可上岗作业。支撑工程搭设完毕后,施工单位技术负责人应组织相关部门进行验收并形成书面记录。验收标准按照《建筑施工扣件式钢管脚手架安全技术规范》(JGJ 130—2011)以及规定的分项检查验收表执行。

a. 项目监理机构对验收资料全面核查。

b. 现场对立杆间距、立杆垂直度、扣件拧紧度,扫地杆设置,钢门架及钢管拉结点设置,立杆搭设方式纵、横向水平杆设置,剪刀撑纵、横向及水平加强层设置等进行全面检查。验收符合要求后签署分项验收表。

⑩ 监理单位根据批准的方案进行现场检查,对施工单位的安全技术措施进行检查。混凝土浇筑前监理单位应组织复验,未经总监理工程师书面同意,不得浇筑混凝土。

⑪ 监督施工单位合理安排混凝土的浇筑顺序,控制模板层上的施工荷载不得超载,进行分层浇捣。采用泵送混凝土时,不得将泵管固定在支撑系统上,泵管出口距浇筑工作面不大于 20 cm,以减少对支撑系统的冲击。

⑫ 在浇捣施工过程中,监理人员旁站监理,并督促施工单位安排专人对支撑系统进行监测,一旦发现支撑系统有变形、松动等异常现象,要立即停止施工,并启动应急预案,组织人员疏散,不得侥幸蛮干,确保施工安全。

⑬ 高大模板支撑工程拆除前,混凝土的强度应符合《混凝土结构工程施工质量验收规范》(GB 50204—2002)(2010 年版)的有关要求,并报监理单位审查同意后方可实施拆除。监理工程师巡视、检查拆除人员是否持证上岗、是否按拆除方案要求自上而下逐步拆除。严禁高空抛掷。

⑭ 监理单位在对高大模板支撑工程搭设实施监理的过程中,应安排专职监理人员,定期或不定期地对施工过程进行巡视检查。主要检查:

a. 施工单位专职安全人员是否到位。

b. 脚手架搭设人员是否持有特种作业人员上岗证。

c. 支撑搭设工艺是否符合规范及专项方案要求。

d. 施工过程是否违章作业。发现施工单位未按经审批的方案搭设的,或存在安全事故隐患的,应当要求施工单位整改;情况严重的,应当要求施工单位暂停施工,并及时报告建设单位。施工单位拒不整改或者不停止施工的,监理单位应及时向当地建筑质量安全监督站作书面报告。

e. 监理机构配备力矩扳手,定期或不定期对螺栓紧固扭力矩进行检验,扭力矩不符合要求时及时督促施工单位整改。

(6) 模板施工过程质量控制

① 模板安装应按编制的模板设计文件和施工技术方案施工。在浇筑混凝土之前,应对模板工程进行验收。模板安装和浇筑混凝土时,应对模板及其支架进行观察和维护。发生异常情况时[如浇筑混凝土时,模板及支架在混凝土重力、侧压力及施工荷载等作用下胀模(变形)、跑模(位移)甚至坍塌],应按施工技术方案及时进行处理。

② 检查控制模板安装偏差。

a. 检查木工翻样应考虑建筑装饰装修工程的厚度尺寸,留出装饰厚度。

b. 模板轴线放线后,督促施工单位由专人进行技术复核,无误后方可支模。

c. 模板安装的根部及顶部应设标高标记,并设限位措施,确保标高尺寸准确。

d. 支模时应拉水平通线,设竖向垂直控制线,确保横平竖直、位置准确。

e. 柱子支模前必须先校正钢筋位置。成排柱支模时应先立两端柱模,在底部弹出通线定出位置并兜方找中,校正与复核位置无误后,顶部拉通线,再立中间柱模。柱箍间距按柱截面大小及高度决定,一般控制在 500～1000 cm,根据柱距选用剪刀撑、水平撑及四面斜撑撑牢,保证柱模板位置准确。

f. 梁模板上口应设临时撑头,侧模下口应贴紧底模或墙面,斜撑与上口钉牢,保持上口呈直线;深梁应根据梁的高度及核算的荷载及侧压力适当加设横档。

g. 梁柱节点连接处一般下料尺寸略微短,采用边模包底模,拼缝应严密,支撑牢靠,发生错位及时纠正。

h. 模板厚度应一致,搁栅面应平整,搁栅木料要有足够的强度和刚度。

i. 墙模板的穿墙螺栓直径、间距和垫块规格应符合设计要求。

③ 检查控制模板是否变形。

a. 应督促施工单位严格控制木模板含水率,制作时拼缝要严密,木模板安装周期不宜过长,浇混凝土前应提前浇水湿润,使其胀开密缝。

b. 脚手板不得搁置在模板上,以防模板变形。

c. 采用钢管卡具组装模板时,发现有钢管卡具滑扣的应立即调换。

d. 超过 3 m 高度的大型模板的侧模应留门子卡;模板应留清扫口。

e. 浇筑混凝土高度应控制在允许范围内,浇筑时应均匀、对称下料,避免局部侧压力过大造成胀模。

f. 控制模板起拱高度,消除在施工中因结构自重、施工荷载作用引起的挠度。对跨度不小于 4 m的现浇钢筋混凝土梁、板,其模板应按设计要求起拱;当设计无要求时,起拱高度宜为跨度的 1/1000～3/1000。

g. 对起拱高度的检查可用水准仪、拉线或钢尺检查,检查数量在同一检验批内;对梁,应抽查构件数量的 10%,且不少于 3 件;对板,应按有代表性的自然间抽查 10%,且不少于 3 间;对大空间结构,板可按纵、横轴线划分检查面,抽查 10%,且不少于 3 面。

④ 控制支架稳定。

a. 用作模板的地坪、胎模等应平整光洁,不得产生影响构件质量的下沉、裂缝、起砂或起鼓。

b. 支架的立柱底部应铺设垫板,并有足够有效的支承面积,使上部荷载通过立柱均匀传递到支承面上,支承在疏松土质上时,基础必须经过夯实,并应通过计算,确定其有效支承面积。必要时采取排水措施,防止基础下沉。

c. 立柱与立柱之间的带锥销横杆,应用锤子敲紧,防止立柱失稳,支撑完毕应督促施工单位派专人检查。

d. 安装现浇结构的上层模板及其支架时，下层楼板应具有承受上层荷载的承载能力，或加设支架支撑，确保有足够的刚度和稳定性；上、下层支架的立柱应对准，且在同一垂直线上。

⑤ 模板上的预埋件、预留孔及模板清理。

a. 固定在模板上的预埋件、预留孔和预留洞，应按图纸逐个核对其质量、数量、位置，不得遗漏，并应安装牢固。

b. 检验方法用钢尺检查。检查数量在同一检验批内，对梁、柱和独立基础，应抽查构件数量的10%，且不少于3件；对墙和板，应按有代表性的自然间抽查10%，且不少于3间；对大空间结构，墙可按相邻轴线间高度5 m左右划分检查面，板可按纵、横轴线划分检查面，抽查10%，且均不少于3面，且预埋件和预留孔洞的允许偏差满足规范要求。

⑥ 模板安装的允许偏差满足规范要求。

⑦ 主体工程现浇结构模板安装必须严格按照结构施工模板图进行，将误差控制在允许范围之内，以确保建筑主体的几何尺寸符合设计要求。检查数量在同一检验批内，对梁、柱和独立基础，应抽查构件数量的10%，且不少于3件；对墙和板，应按有代表性的自然间抽查10%，且不少于3间；对大空间结构，墙可按相邻轴线间高度5 m左右划分检查面，板可按纵、横轴线划分检查面，抽查10%，且均不少于3面。现浇结构模板安装的允许偏差及检验方法须满足规范要求。

⑧ 模板及其支架的拆除时间和顺序。

模板及其支架的拆除时间和顺序在施工单位的施工技术方案中应有明确规定，拆模必须按顺序进行，一般是后支的先拆、先支的后拆；先拆非承重部分、后拆承重部分。重大复杂的模板拆除，应专门制定拆模方案并照其执行。

a. 多层建筑施工，当上层楼板正在浇筑混凝土时，下一层楼板的模板支架不得拆除，再下一层楼板的支架，仅可拆除一部分；跨度4 m及4 m以上的梁下均应保留支架，其间距不得大于3 m。

b. 高层或上层荷载较大的建筑梁、板模板，完成一层结构，其底模及其支架的拆除时间控制，应对所用混凝土的强度发展情况，分层进行核算，确保下层梁、楼板混凝土能承受上层全部荷载。

c. 拆除模板时不应乱敲硬撬，不要用力过猛，不要损伤混凝土，高处模板拆除后逐块传递下来，不得抛掷，不应对楼层形成冲击荷载，注意保护定型模板及组合式钢模板不变形。拆除的模板和支架宜分散并及时清运，不应集中堆放在楼层上，不应对楼层形成集中荷载而损伤楼板。将模板清理干净，板面涂刷隔离剂，分类堆放整齐，以便重复利用和保持现场文明整洁。

7.7.2 某工程基坑支护安全监理实施细则

(1) 工程概况

① 项目名称：(略)；

② 工程地点：(略)；

③ 工程规模：(略)；

④ 深基坑工程概况：(略)。

(2) 编制依据

①《建设工程监理规范》(GB 50319—2000)；

②《建筑工程质量验收统一标准》(GB 50300—2001)；

③ 工程设计文件、岩土工程勘察报告；

④《建筑桩基技术规范》(JGJ 94—2008)；

⑤《建筑桩基检测技术规范》(JGJ 106—2003);
⑥《建筑基坑支护技术规程》(JGJ 120—2012);
⑦《建筑边坡工程技术规范》(GB 50330—2002);
⑧《建筑地基基础工程施工质量验收规范》(GB 50202—2002);
⑨《混凝土结构工程施工质量验收规范》(GB 50204—2012)(2010 版);
⑩《钢筋焊接及验收规程》(JGJ 18—2012)。
(3) 监理工作流程
① 土钉墙施工监理工作流程:(略);
② 支护桩监理工作流程:(略);
③ 预应力锚杆监理工作流程:(略);
④ 抗浮锚杆施工监理工作流程:(略)。
(4) 事前控制监理工作
① 审查施工企业、劳务分包单位资质等有关资料。
a. 施工企业资质等级证书、建设工程施工许可证、企业法人营业执照和企业安全生产许可证。
b. 项目经理及主要管理人员、技术人员的上岗证书。
c. 专职质检员、安全员、施工员的上岗证书。
d. 特殊工种(电焊工、电工、桩机操作工)的上岗证。
e. 检测仪器、工具的标定证书。
f. 基坑支护工程专项施工方案,重点审查以下内容。
(a) 施工机械、设备的配备和桩机、钻机的性能、型号是否合理;
(b) 测量放线的方法及保证桩位精度的措施;
(c) 以上各工艺施工流程的安排;
(d) 施工计划安排和保证工期的措施;
(e) 质量标准,保证工程质量和安全的技术措施。
② 检查施工单位质保体系、安保体系是否健全。
a. 施工单位质保体系、安保体系组织机构落实情况;
b. 施工单位质保体系主要规章制度;
c. 施工单位安保体系主要规章制度。
(5) 深基坑的维护与常见问题的处理

① 深基坑开挖后,土体与地下水的自然平衡状态会发生巨大的变化,对环境或多或少造成不可避免的影响,基坑自身的稳定程度则会随着暴露时间的延长而降低。因此应做好整个地下工程的计划安排,尽量缩短工期,减少暴露时间,及早回填。

② 必须重视科学管理、文明施工。土方开挖及地下结构施工时,不得碰撞损伤支护结构及给排水设施和观测标志、测量元件等。土方随挖随运,不得随意堆置于基坑周边。必须放置于坑边的应均匀堆放,不得超过规定的荷载值。施工机械的行驶路线和停放位置于坑边应保持一定的安全距离。

③ 应做好基坑周边地表水的排泄和地下水的疏导,防止水对坑壁的冲刷、浸润。雨季可采取一定措施将坡面覆盖。

④ 当基坑支护情况恶化时,应果断地采取加固措施。加固地方法有撑、拉、压、灌、堵、减等,以增加被动区压力,减少主动区荷载为原则。

⑤ 当支护结构变形过大，明显倾斜时，可在坑底与坑壁之间加设斜撑。如基坑外缘有足够空间，可设置拉锚，因拉锚不占用坑内空间，故较坑内支撑更有利。如发现边坡土严重变形，坑顶有连续裂缝且变形有加速趋势，则应视为整体滑移失稳的前兆，应立即采取紧急处理措施。可用土包或其他材料反压坡脚，同时应尽可能在坡顶减载或削坡，保持稳定之后再作妥善处理。

⑥ 当坑壁漏水流砂时，可用黏土或水泥土阻塞夯实再加混凝土封砌。情况严重时应灌注速凝浆液，阻止水土流失。

⑦ 当基坑周边建(构)筑物严重开裂、倾斜以至成为危房时，应立即补强、加固或拆除，以确保人身和施工安全。

7.7.3　某工程悬挑架安全监理实施细则

(1) 工程概况

① 项目名称：(略)；

② 工程地点：(略)；

③ 工程规模：(略)；

④ 项目工程外脚手架形式：选用落地式脚手架和悬挑脚手架两种；

⑤ 项目组织系统：(略)。

(2) 编制依据

①《建设工程监理规范》(GB 50319—2000)；

②《建筑工程施工质量验收统一标准》(GB 50300—2001)；

③ 外墙悬挑架搭设施工方案；

④《建筑施工扣件式钢管脚手架安全技术规范》(JGJ 130—2011)；

⑤《建筑施工安全检查标准》(JGJ 59—2011)；

⑥ 设计图纸及建设行政主管部门相关文件。

(3)监理工作程序

监理的工作程序如图 7-4 所示。

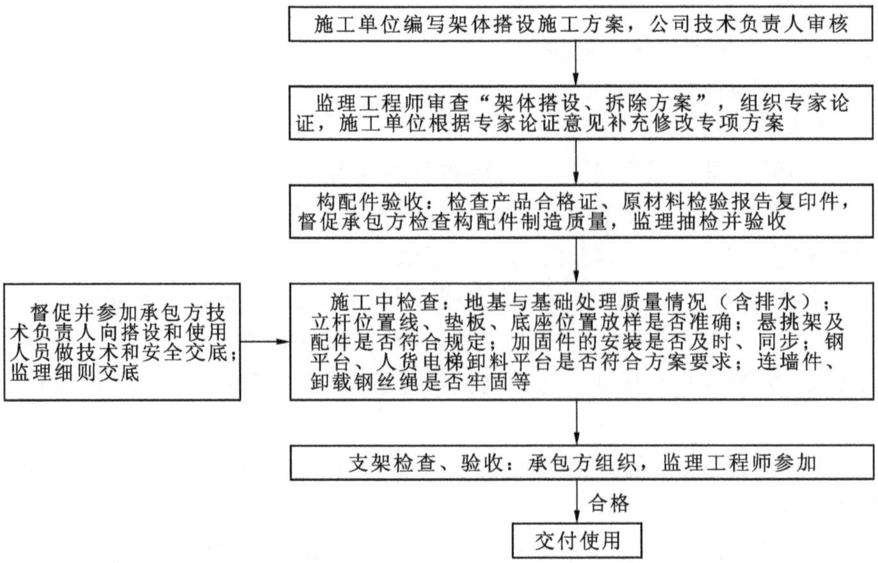

图 7-4　监理工作程序图

（4）事前控制监理工作

① 建设单位在申请领取施工许可证或办理安全监督手续时，应当提供危险性较大的分部分项工程清单和安全管理措施。施工单位、监理单位应当建立危险性较大的分部分项工程安全管理制度。

② 建筑工程实行施工总承包的，专项方案应当由施工总承包单位组织编制。其中，起重机械安装拆卸工程、深基坑工程、附着式升降脚手架（悬挑脚手架）等专业工程实行分包的，其专项方案可由专业承包单位组织编制。

③ 专项方案应当由施工单位技术部门组织本单位施工技术、安全、质量等部门的专业技术人员进行审核。经审核合格的，专项方案应当由总承包单位技术负责人及相关专业承包单位技术负责人批准、加盖单位印章；再报工程项目监理单位的项目总监理工程师审查同意，加盖项目总监理工程师执业资格专用章。

④ 施工单位应在当地建筑质量安全监督站的监督下，从专家库中选定评审专家组成专家组进行论证审查，并依据专家论证审查意见进行完善。专家组的论证审查意见书应作为方案的附件。

⑤ 架体搭设人员（架子工）必须按国家标准《特种作业人员安全技术培训考核管理规定》（安全监管总局 30 号令）经考核合格后持证上岗，同时特种作业证件复印件必须报当地建筑施工安全监督管理机构备案。

⑥ 施工单位对审核合格方案进行安全技术交底，并形成书面交底记录，由交底与被交底人员签字。

⑦ 悬挑式卸料平台应按照《建筑施工高处作业安全技术规范》（JGJ 80—91）中“悬挑式钢平台”进行设计计算并单独编制《安全专项施工方案》进行审批签字。悬挑式卸料平台的设计计算、制作图纸、安装吊运以及日常使用等都应编入方案之中。

⑧ 审查施工单位的有关安全生产的文件。

a. “营业执照”、“施工许可证”、“安全资质证书”和“建筑施工安全监督书”；

b. 安全生产管理机构的设置及安全专业人员的配备等；

c. 安全生产责任制及管理体系；

d. 安全生产规章制度及安全生产教育制度；

e. 特种作业人员的上岗证及管理情况；

f. 各工种的安全生产操作规程；

g. 主要施工机械、设备的技术性能及安全条件；

h. 审核分包单位的安全资质和证明文件。

（5）事中控制监理工作

① 一次悬挑搭设高度不得大于 20 m，一根悬挑梁承受一跨荷载，悬挑梁材料提倡选用工字钢，在满足设计计算的要求下，悬挑槽钢型号不小于 16 号，工字钢型号不小于 14 号；选用 14 号槽钢作悬挑梁时，悬挑高度在满足设计的前提下，不得超过 15 m。

② 为了确保悬挑脚手架立杆底部与悬挑梁之间不发生滑移，悬挑梁必须在合适的位置设置高度不低于 10 cm 的短肢。

③ 型钢截面高度不应小于 160 mm。悬挑层尾端应在两处及以上固定于钢筋混凝土梁板结构上。锚固型钢悬挑梁 U 形钢筋拉环或锚固螺栓直径不宜小于 16 mm。锚固长度 $L_2 = 1.25L_1$（L_1 为悬挑长度）。

④ 用于锚固的 U 形钢筋拉环式螺栓应采用冷弯成型。U 形钢筋拉环、锚固螺栓与型钢间隙

应用钢楔或硬木楔楔紧。

⑤ 每个型钢悬挑梁外端宜设置钢丝绳或钢拉杆与上一层建筑结构斜拉结。钢丝绳与建筑结构拉结的吊环应使用 HPB235 级钢筋，其直径不宜小于 20 mm。

⑥ 悬挑层架体与建筑结构之间的间隙应使用木板封闭严实，防止物体坠落。

⑦ 扣件式钢管脚手架的钢管要采用 Q235-A 级钢，并有产品质量合格证、质量检验报告等资料，新旧钢管壁厚都要达到 3.5 mm，其偏差不得超过－0.5 mm（即钢管允许壁厚为3.5 mm－0.5 mm＝3 mm）；钢管必须涂有防锈漆，并不得有严重弯曲变形，严禁在钢管上打孔。扣件应有生产许可证、法定检测单位的测试报告和产品质量合格证，凡有裂缝、变形和严重磨损的严禁使用，出现滑丝的螺栓必须更换，新旧扣件均进行防锈处理。

⑧ 悬挑架或悬挑梁应为型钢或定型桁架，外伸悬挑梁长度与固定梁长度之比应达到 1∶2（在锚固端没有配重的情况下，按结构设计中最低要求），固定梁的锚固件不宜使用螺纹钢材料，更不能使用螺纹钢焊接固定；此外，同一层悬挑架或悬挑梁应使用相同类型的型钢（不应将工字钢与槽钢混合使用）；悬挑架所使用的斜拉钢丝绳应作为加固措施。

⑨ 做好对脚手架所使用安全网的严格检验检查，严禁使用防尘网代替密目安全网。脚手架、临边等处防护使用的密目式安全网必须符合国家标准《安全网》（GB 5725—2009）的规定，施工单位选用的密目式安全网必须具有特种劳动防护用品安全标志（绿色盾牌 LA 标志）、产品合格证。脚手架体上不得使用竹笆、木板作为立面防护，确实需要加强立面防护的可采用钢板网进行围护。

⑩ 脚手架防护应采用双道防护栏杆（上栏杆高度应为 1.0～1.2 m，下栏杆高度应为 0.5～0.6 m）；并把每步架所增加一道栏杆自重纳入脚手架验算之内，具体措施可采取减小立杆纵向间距、设置双立杆或设置悬挑梁分层卸荷等。

⑪ 当高层建筑施工采用悬挑脚手架时，其首层悬挑梁距地面高度大于 10 m，或在 4 层以上设置首层悬挑的，应在建筑结构二层顶面起，沿建筑物四周设置一道安全平网，作为首层防护，每层建筑物四周还应设置两道防护栏杆；之后每隔 10 m 高度（以首层网距首层悬挑梁底部计）再设置一道层间的安全平网，从而加强高层悬挑脚手架以下建筑物的安全防护措施。

⑫ 杆件搭接长度不应小于 1 m，且要等间距设置 3 个旋转扣件；端部扣件盖板边缘至杆件端部也不得小于 100 mm。

⑬ 立杆的对接、纵向水平杆和剪刀撑的搭接，以及横向水平杆的设置都要严格执行规范《建筑施工扣件式钢管脚手架安全技术规范》（JGJ 130—2011）。

⑭ 塔吊悬挑式卸料平台搭设要求。

a. 严禁使用钢管悬挑式平台，必须以型钢作主、次梁；上铺厚度不小于 50 mm 的木板，以螺栓与型钢相固定，或上铺 4 mm 厚花纹钢板，并与型钢焊接固定。

b. 平台的搁支点和上部拉节点，必须牢固固定于建筑结构上，严禁设置在脚手架等设施上；主梁应伸至建筑物内，在与建筑物搁支点处下端必须设置防止料台水平向内（建筑物方向）位移的构造措施。在主梁的尾端必须设置光圆钢筋锚固筋或专用螺栓（由计算确定，不宜大于 ϕ20 mm）与建筑物结构连接牢固；平台外口应略高于内口。

c. 平台两边各设前后两道独立斜拉钢丝绳，两道中的每一道均应作单道受力计算。钢丝绳分别拉接在 4 个拉节点上，与平台形成的夹角应不小于 45°；选用的钢丝绳应根据平台的载重量进行设计计算，且每组钢丝绳设置的绳卡应不少于 3 个。建筑物锐角利口处围系钢丝绳应加衬软垫物。

d. 平台上应设置 4 个吊环，应采用 R235 钢制作，严禁使用螺纹钢。吊装平台时应使用卡环，不得使用吊钩直接钩挂吊环。

e. 平台左右两侧必须分别在500～600 mm和1200 mm高处设置防护栏杆，并在栏杆内侧用薄钢板或木板封闭严密。端部可装设内开式活动防护门，内侧用薄钢板封闭。

f. 平台上应在明显位置悬挂限荷标牌。平台上操作人员和物料的总重严禁超过设计容许使用荷载。

⑮ 人货电梯楼层卸料平台。

a. 楼层卸料平台应严格按照《建筑施工扣件式钢管脚手架安全技术规范》(JGJ 130—2011)进行落地和悬挑的设计计算，并单独编制《安全专项施工方案》进行审批签字。对于落地楼层卸料平台设置在地下室顶板上的，应和设备一样必须取得原设计单位同意，并提出相应的技术处理方案。

b. 楼层卸料平台严禁与脚手架等设施相连，并层层单独设置刚性连墙件。

c. 悬挑式楼层卸料平台，悬挑梁必须采用型钢伸至建筑物内，且必须在尾端设置光圆钢筋锚固筋或专用螺栓(由计算确定，不宜大于ϕ20 mm)与建筑物结构连接牢固。

d. 平台铺板与人货电梯吊笼(篮)水平间距应为50～120 mm。

e. 人货电梯、物料提升机吊笼(篮)接口处必须设置定型化、工具化的内开防护门。对人货电梯安全防护门的设置统一安装高度为1800 mm，底部距料台铺板垂直间距不大于200 mm，并用钢板网封闭，插销安装在吊笼一侧，在插销空隙处加焊钢板，确保人货电梯楼层卸料平台安全防护门统一由吊笼内司机开闭，料台上作业人员无法随意打开。

(6) 事后控制监理工作

① 脚手架的验收。

a. 脚手架施工完毕后，由施工负责人召集技术、安监、搭设班组三方人员，携带扭矩扳手，进行外观和实测检验。

b. 塔吊悬挑卸料平台安装调整完毕后，应由监理、施工企业组织进行检查验收签字认可后，方可使用。

② 脚手架的保养。

a. 观察脚手架整体或局部的垂直偏差，尤其观察脚手架四角、开分断处两侧端口，是否偏斜、下沉。如发现有异样者，应立即组织人员进行加固。

b. 经常检查垫铺的竹笆，及时修复断筋断条，填补空洞。并应同时检查各竹笆的绑扎点。

c. 连墙杆件的紧固及移位加固。对影响施工的部位，应在技术部门制定措施后，方可进行移位变更工作，操作人员不得擅自进行连墙杆件的移位。

d. 仔细检查密目网根部绑扎是否松动，网绳是否破断，发现松动及时恢复，发现破断及时更换。

e. 清除积聚在脚手架危险部位的材料、砖石、混凝土块等杂物。

f. 监督使用人员堆放材料不超过施工荷载，严禁将架体作为砌筑、装饰架体使用。

③ 脚手架在拆除前，负责项目管理的技术人员应按照脚手架专项安全施工方案及有关操作规程，向参加拆除的全体人员进行安全技术交底，拆除脚手架时，应划定拆除作业区，脚手架劳务分包企业、施工总承包企业应安排有关技术、安全管理人员进行现场管理，确保作业人员遵守操作规程。

④ 拆除作业应由上而下逐层进行，要做到“三个严禁”，即严禁上下同时拆除、严禁先将连墙件整层或数层拆除后再拆脚手架、严禁将脚手架构配件抛至地面。

⑤ 脚手架搭拆人员必须持证上岗，作业时必须戴好安全帽、系好安全带、穿好防滑鞋，遇有六级及六级以上大风和雾、雨、雪天气时，应当停止脚手架搭拆作业。

⑥ 平台在使用过程中，应安排专人负责管理，定期进行检查，特别是钢丝绳如有扭结、变形、断

丝、锈蚀等异常现象的，应及时予以更换；焊缝脱焊、铺板不牢的，应及时修复。

⑦ 实行脚手架工程缺陷报告制度。施工总承包单位、脚手架劳务分包单位、监理公司发现下列情况要及时向上级工作站报告。工作站在监督检查中发现不及时报告的，将依据有关规定严格问责。

a. 擅自搭设毛竹脚手架。

b. 脚手架防护高度未超出作业面。

c. 悬挑脚手架的悬挑材料不符合要求。

d. 悬挑脚手架的悬挑高度超高。

【知识归纳】

(1) 安全监理的概念。安全监理是指监理单位根据《建设工程安全生产管理条例》(国务院393号令)的规定，落实安全生产的监理责任，做好建设工程安全生产的监理工作。它应包括法律、法规和委托监理合同所规定的，监理单位在建设工程安全生产管理工作中的安全责任、工作内容、工作程序和工作方法。

(2) 安全生产事故隐患简称事故隐患，是指生产经营单位违反安全生产法律、法规、规章、标准、规程和安全生产管理制度的规定，或者因其他因素在生产经营活动中存在可能导致事故发生的物的危险状态、人的不安全行为和管理上的缺陷。

(3) 安全监理责任主要来自于法律责任、合同责任和社会责任三个方面。由于工程项目监理实行的是总监理工程师负责制，法律、法规和委托监理合同规定的监理单位在工程监理项目上的安全监理责任，是由监理单位和监理机构共同承担，并由总监理工程师领导下的监理机构负责实施的。

(4) 安全监理的工作内容、工作程序和工作方法。

(5) 安全事故处理的一般程序，事故等级，事故报告，事故调查，事故处理。

(6) 施工现场安全生产检查是施工单位的重要管理工作内容，监理单位应通过审查施工单位的现场管理体系督促施工单位建立安全检查制度，监理工程师主要是监督施工单位落实检查制度，按照《建筑施工安全检查标准》(JGJ 59—2011)按时、认真进行检查，并掌控其检查结果。监理工程师也应采取巡视检查和平行检查的方式评价现场的安全状态。

【独立思考】

7-1 安全生产事故隐患与危险源的区别是什么？

7-2 危险性较大的分部分项工程有哪些？

7-3 事故调查与事故处理有什么联系和区别？

7-4 如何进行安全监理？安全监理的职责和内容是什么？

7-5 安全监理工作制度有哪些内容？

7-6 施工单位安全生产管理报审资料的核查内容有哪些？

7-7 安全监理与施工单位安全生产管理的区别是什么？

【参考文献】

[1] 国家质量技术监督局，中华人民共和国建设部. 建设工程监理规范(GB 50319—2000). 北京：中国建筑工业出版社，2001.

[2] 中华人民共和国国家质量监督检验检疫总局，中国国家标准化管理委员会.职业健康安全管理体系要求(GB/T 28001—2011).北京：中国标准出版社，2012.

[3] 雷艺君，钱昆润.实用建设工程监理手册.2版.北京：中国建筑工业出版社，2003.

[4] 詹炳根，殷为民.工程建设监理.3版.北京：中国建筑工业出版社，2007.

[5] 王战果.建设工程安全监理.北京：中国建筑工业出版社，2011.

[6] 田元福.建筑安全控制及其应用研究.西安：西安建筑科技大学，2005.

[7] 董阳峰，张姗姗.浅谈工程建设中的安全监理.土木建筑学术文库，2010，13(1)：65.

[8] 黄海港.安全监理工作标准化的研究.广州：华南理工大学，2011.

8

建设工程节能监理

课前导读

内容提要

本章主要内容包括建筑节能的相关基本知识、建筑节能监理的依据及法律规定等。本章的重点是建筑节能监理的工作内容和工作程序。

能力要求

通过本章的学习，要求学生注重理论与实际相结合，具有针对性、实用性和可操作性地掌握建筑节能施工质量控制要点、建筑节能质量验收的监理工作程序以及建筑节能监理评估报告要点。

8.1 建筑节能相关基本知识

8.1.1 民用建筑节能和节能建筑

节约能源是指加强用能管理，采取技术上可行、经济上合理以及环境和社会可以承受的措施，从能源生产到消费的各个环节，降低消耗，减少损失和污染物排放，制止浪费，有效、合理地利用能源。

民用建筑节能是指在保证民用建筑使用功能和室内热环境质量的前提下，降低其使用过程中能源消耗的活动。具体地说，民用建筑节能是指民用建筑在规划、设计、建造和使用过程中，通过采用新型墙体材料，执行建筑节能标准，加强建筑物用能设备的运行管理，合理设计建筑围护结构的热工性能，提高采暖、制冷、照明、通风、给排水和通道系统的运行效率，以及利用可再生能源，在保证建筑物使用功能和室内热环境质量的前提下，降低建筑能源消耗，合理、有效地利用能源的活动。节能建筑是指遵循当地气候设计和节能的基本方法，对建筑规划分区、群体和单体、建筑朝向、间距、太阳辐射、风向以及外部空间环境进行研究后，设计出的低能耗建筑，其主要指标有：建筑规划和平面布局要有利于自然通风，绿化率不低于 35%；建筑间距应保证每户至少有一个居住空间在大寒日能获得满窗日照 2 h，最小日照距离不低于 1.1H（H 为前幢房屋女儿墙顶面至地面的高度），窗墙面积比不宜大于 0.35，建筑外墙传热系数 K 值小于该地区节能标准规定值；要求在保证相同的室内环境参数条件下，与未采用节能措施前相比，全年采暖、通风、空气调节和照明的总能耗应减少 50%或以上等。由于节能建筑具有良好的保暖效果，即房间温度不会随着室外气温的变化而大幅度变化，有着自然的冬暖夏凉的效果，因此被专家称为“自然空调房”。

8.1.2 相关名词解释

8.1.2.1 保温和隔热性能

围护结构是指建筑及房间各面的围挡物。它分为透明和不透明两部分：不透明围护结构有墙、屋顶和楼板等；透明围护结构有窗户、天窗和阳台门等。按是否同室外空气直接接触，又分为外围护结构和内围护结构。围护结构的保温性能通常是在冬季室内外条件下，围护结构阻止由室内向室外传热，从而使室内保持适当温度的能力。围护结构的隔热性能通常是指在夏季自然通风情况下，围护结构在室外综合温度（由室外空气和太阳辐射合成）和室内空气温度波作用下，其内表面保持较低温度的能力。

8.1.2.2 导热系数与热桥

导热系数是指在稳态条件下，1 m 厚的物体，两侧表面温差 1 K，1 h 内通过 1 m^2 面积传递的热量，单位是 W/(m·K)。材料的导热系数与其自身的成分、表观密度、内部结构以及传热时的平均温度和材料的含水率有关。

建筑围护结构中一些部位，在室内外温差的作用下，形成热流相对密集、内表面温度较低的区域。这些部位成为传热较多的桥梁，故称为热桥，有时又称为冷桥。

由于热桥部位内表面温度较低，寒冷期间，该处温度低于露点温度时，水蒸气就会凝结在其表面上，形成结露。

8.1.2.3 玻璃遮阳系数和可见光透射比

玻璃遮阳系数是透过窗玻璃的太阳辐射的热与透过标准 3 mm 透明窗玻璃的太阳辐射的热的比值。可见光透射比是透过透明材料的可见光光通量与投影在其表面上的可见光光通量之比。

8.1.2.4 外墙外保温系统

外墙保温是一种把保温层放置在主体墙材外面的保温做法,因其可以减轻冷桥的影响,同时保护主体墙材不受多大的温度变形应力的影响,是目前应用最广泛的保温做法。外墙外保温系统因保温层材料的不同分成了以下几种类型。

(1) 膨胀聚苯板(EPS)薄抹灰外墙外保温系统

膨胀聚苯板(EPS)保温材料,专指采用阻燃型绝热用模塑聚苯乙烯泡沫塑料(GB/T 10801.1—2002)制作的板材。这指由可发性聚苯乙烯珠粒经加热预发泡后在模具中加热成型而制得的具有闭孔结构的聚苯乙烯泡沫塑料板材。

置于建筑物外墙外侧的保温及饰面系统,是由膨胀聚苯板、胶粘剂和必要时的锚栓、抹面胶浆和耐碱网布及涂料等组成的系统产品。薄抹灰增强防护层的厚度:普通型宜为 3～5 mm,加强型宜为 5～7 mm。该系统采用粘接固定方式与基层墙体连接,也可辅有锚栓。

无锚栓薄抹灰外墙外保温系统基本构造:基层墙体,混凝土墙体或各种砌体墙体;粘接层,黏结剂;保温层,膨胀聚苯板;薄抹灰增强防护层,抹面胶浆复合耐碱网格布;饰面层,涂料。

辅有锚栓的薄抹灰外墙外保温系统基本构造:基层墙体,混凝土墙体或各种砌体墙体;粘接层,黏结剂;保温层,膨胀聚苯板;连接件,锚栓;薄抹灰增强防护层,抹面胶浆复合耐碱网格布;饰面层,涂料。

(2) 岩棉外墙外保温系统

由于岩棉板外墙外保温系统导热系数低、透气性好、燃烧性能级别高等优势,可用于新建、扩建、改建的居住建筑和公共建筑外墙的节能保温工程,包括外墙外保温、非透明幕墙保温和 EPS 外保温系统的防火隔离带。岩棉板外墙外保温系统主要以经摆锤法生产的憎水型岩棉板为保温隔热层材料,采用粘、钉结合工艺与基层墙体连接固定,并由抹面胶浆和增强用玻纤网布复合而成的抹面层以及装饰砂浆饰面层或涂料构成的 A 级不燃型建筑节能保温系统。其系统构造主要包括:粘接层、保温层、抹面层、饰面层及配件。饰面层应采用饰面砂浆、装饰灰浆等轻质功能性涂层或有良好透气性的水性外墙涂料。

粘贴岩棉板宜采用岩棉板专用黏结剂,岩棉板的粘贴面应采用黏结剂作表面处理。岩棉板与基层墙体的粘贴面积不应小于岩棉板面积的 50%。岩棉板粘贴完毕后应进行表面处理和找平,抹面层中均应内置玻纤网布,用于辅助固定的锚固件应设置在网布外侧,锚固件圆盘直径不小于 140 mm,锚固件数量应少于 6 个/m^2。

(3) 胶粉聚苯颗粒外墙外保温系统

这种保温系统设置在外墙外侧,由界面层、胶粉聚苯颗粒保温层、抗裂防护层和饰面层构成,是起保温隔热、防护和装饰作用的构造系统。

涂料饰面胶粉聚苯颗粒外墙外保温系统基本构造:基层墙体,混凝土墙体或各种砌体墙体;界面层,界面砂浆;保温层,胶粉聚苯颗粒保温浆料;抗裂防护层,抗裂砂浆、耐碱涂塑玻璃纤维网格布(加强型增设一道加强网格布)加高分子乳液弹性底层涂料;饰面层,柔性耐水腻子加涂料。

面砖饰面胶粉聚苯颗粒外墙外保温系统基本构造:基层墙体,混凝土墙体或各种砌体墙体;界面层，界面砂浆；保温层，胶粉聚苯颗粒保温浆料；抗裂防护层，第一遍抗裂砂浆、热镀锌电焊网（用塑料锚栓与基层锚固）加第二遍抗裂砂浆；饰面层，粘接砂浆、面砖加勾缝料。

（4）玻化微珠外墙外保温系统

玻化微珠是一种酸性玻璃质熔岩矿物质（松脂岩矿砂）、环保型的新型无机轻质绝热材料，经过特种技术处理和生产工艺加工形成内部多孔、表面玻化封闭，呈球状体细径颗粒，除具有质轻、保温、绝热、防火的优异性能外，还具有不燃烧、强度高、吸水率低、和易性好、使用寿命长的优点，是一种高性能的新型无机轻质绝热材料。其主要化学成分是 SiO_2、Al_2O_3、CaO，粒径为 0.1～2 mm，容积密度为 50～100 kg/m^3，导热系数为 0.028～0.048 W/(m·K)，漂浮率大于 95%，成球玻化率大于 95%，吸水率小于 50%，熔融温度为 1200 ℃。玻化位置呈不规则球状颗粒，内部为多孔空腔结构，表面玻化封闭，光泽平滑，理化性能十分稳定。其耐老化、耐候性强，具有优异的绝热、防火、吸音性能，故适合在诸多领域中作轻质填充骨料和绝热、防火、吸音、保温材料。在建材行业中，用玻化微珠作为轻质骨料，可提高砂浆的和易流动性和自抗强度，减少材质收缩率，提高产品综合性能，降低综合生产成本。在轻质干混砂浆（保温型、砌筑型、抹面型）应用中，用玻化微珠替代传统的普通膨胀珍珠岩和聚苯颗粒作干混保温砂浆轻质骨料，克服了膨胀珍珠岩吸水性大、易粉化，在料浆搅拌中体积收缩率大，易造成产品后期强度低和空鼓开裂等现象，同时弥补了聚苯颗粒有机材料易燃、防火性能差、高温产生有害气体、耐老化耐和候性低、施工中反弹性大等缺陷，提高保温砂浆的综合性能和施工性能。

玻化微珠保温砂浆是将玻化微珠、黏结剂（水泥、石膏等）以及多种添加剂在工厂进行优化配比，经过专用搅拌设备均匀混合而成的干粉散料。玻化微珠的级配是指各级粒径的玻化微珠颗粒的分配情况。玻化微珠的级配对保温砂浆的工作性能及强度都有影响。良好的颗粒级配，可以用较少的水泥用量，较少的用水量配制出流动性好、保水性好的砂浆混合料，并在相应的成型条件下得到密实均匀的砂浆。

玻化微珠保温砂浆墙体保温系统由界面砂浆黏结层、玻化微珠保温砂浆保温层、抗裂砂浆、耐碱网布增强薄抹面层和涂料饰面层构成。

对选用玻化微珠保温砂浆外墙体保温系统时，当墙体平均传热系数无法满足限值要求时，宜选用内外复合保温。玻化微珠保温砂浆外墙保温系统的构造设计，应根据建筑物体形系数、窗户类型、基层墙体等情况，且需满足国家节能 65%的标准要求，通过热工计算确定，同时要考虑玻化微珠保温砂浆质量安全、便于施工操作，应做好密封和防水构造设计，重点部位应有详图。对于一些对保温隔热有特殊要求的建筑物如冷库等，当外抹玻化微珠保温砂浆 100 mm 无法满足要求时，应增设玻化微珠保温砂浆内保温层。

外墙外保温系统必要时应设置抗裂分格缝。水平抗裂分格缝宜按楼层设置；垂直抗裂分格缝宜按墙面面积设置，在板式建筑中不宜大于 30 m，在塔式建筑中可视具体情况而定，宜留在阴角部位。玻化微珠保温砂浆单面保温层设计厚度不宜大于 100 mm。抗裂砂浆抹面层设计厚度宜为 4～6 mm。为保证基层和界面砂浆不受冻融破坏，基层表面温度应高于 0 ℃。对窗台、女儿墙、阳台、雨篷等可能出现积水情况的水平或倾斜部位应增设表面防水层。

玻化微珠保温砂浆现场操作的工艺流程为：基层墙面清理→吊垂直、套方、弹抹灰厚度控制线→涂刷界面砂浆→做灰饼、冲筋→抹玻化微珠保温砂浆→弹分格线、开分格槽→保温层验收→抹抗裂砂浆同时压入耐碱网布。

8.2 建筑节能监理的依据及法规

8.2.1 建筑节能监理的依据

(1) 法律

①《中华人民共和国节约能源法》(中华人民共和国主席令第 77 号);

②《中华人民共和国可再生能源法》(中华人民共和国主席令第 33 号);

③《中华人民共和国建筑法》(中华人民共和国主席令第 91 号)。

(2) 行政法规

①《民用建筑节能条例》(国务院令第 530 号);

②《建设工程质量管理条例》(国务院令第 279 号)。

(3) 部门规章

《民用建筑节能管理规定》(建设部令第 143 号)。

(4) 规范性文件

①《国务院关于做好建设节约型社会近期重点工作的通知》(国发【2005】21 号);

②《民用建筑工程节能质量监督管理办法》(建质【2006】192 号)。

(5) 有关标准、规范、规程和图集

(6) 相关设计文件和施工合同

8.2.2 建筑节能监理的法律规定

8.2.2.1 《中华人民共和国节约能源法》(中华人民共和国主席令第 77 号)

第三十五条 建筑工程的建设、设计、施工和监理单位应当遵守建筑节能标准。

第七十九条 建设单位违反建筑节能标准的,由建设主管部门责令改正,处 20 万元以上 50 万元以下罚款。

设计单位、施工单位、监理单位违反建筑节能标准的,由建设主管部门责令改正,处 10 万元以上 50 万元以下罚款;情节严重的,由颁发资质证书的部门降低资质等级或者吊销资质证书;造成损失的,依法承担赔偿责任。

8.2.2.2 《民用建筑节能条例》(国务院令第 530 号)

第十五条 设计单位、施工单位、工程监理单位及其注册执业人员,应当按照民用建筑节能强制性标准进行设计、施工、监理。

第十六条 施工单位应当对进入施工现场的墙体材料、保温材料、门窗、采暖制冷系统和照明设备进行查验;不符合施工图设计文件要求的,不得使用。

工程监理单位发现施工单位不按照民用建筑节能强制性标准施工的,应当要求施工单位改正;施工单位拒不改正的,工程监理单位应当及时报告建设单位,并向有关主管部门报告。

墙体、屋面的保温工程施工时,监理工程师应当按照工程监理规范的要求,采取旁站、巡视和平行检验等形式实施监理。

未经监理工程师签字,墙体材料、保温材料、门窗、采暖制冷系统和照明设备不得在建筑上使用或者安装，施工单位不得进行下一道工序的施工。

第四十二条 违反本条例规定，工程监理单位有下列行为之一的，由县级以上地方人民政府建设主管部门责令限期改正；逾期未改正的，处10万元以上30万元以下的罚款；情节严重的，由颁发资质证书的部门责令停业整顿，降低资质等级或者吊销资质证书；造成损失的，依法承担赔偿责任：

① 未按照民用建筑节能强制性标准实施监理的；

② 墙体、屋面的保温工程施工时，未采取旁站、巡视和平行检验等形式实施监理的。

对不符合施工图设计文件要求的墙体材料、保温材料、门窗、采暖制冷系统和照明设备，按照符合施工图设计文件要求签字的，依照《建设工程质量管理条例》(国务院279号令)第六十七条的规定处罚。即工程监理单位有下列行为之一的，责令改正，处50万元以上100万元以下的罚款，降低资质等级或者吊销资质证书；有违法所得的，予以没收；造成损失的，承担连带赔偿责任：与建设单位或者施工单位串通，弄虚作假、降低工程质量的；将不合格的建设工程、建筑材料、建筑构配件和设备按照合格签字的。

第四十四条 违反本条例规定，注册执业人员未执行民用建筑节能强制性标准的，由县级以上人民政府建设主管部门责令停止执业3个月以上1年以下；情节严重的，由颁发资格证书的部门吊销执业资格证书，5年内不予注册。

8.2.2.3 《民用建筑节能管理规定》(建设部143号令)

第十六条 从事建筑节能及相关管理活动的单位，应当对其从业人员进行建筑节能标准与技术等专业知识的培训。建筑节能标准和节能技术应当作为注册城市规划师、注册建筑师、勘察设计注册工程师、注册监理工程师、注册建造师等继续教育的必修内容。

第二十一条 监理单位应当依照法律、法规以及建筑节能标准、节能设计文件、建设工程承包合同及监理合同对节能工程建设实施监理。

8.2.2.4 《民用建筑工程节能质量监督管理办法》(建质【2006】192号)

第三条 建设单位、设计单位、施工单位、监理单位、施工图审查机构、工程质量检测机构等单位，应当遵守国家有关建筑节能的法律法规和技术标准，履行合同约定义务，并依法对民用建筑工程节能质量负责。

第八条 监理单位应当履行以下质量责任和义务：

① 严格按照审查合格的设计文件和建筑节能标准的要求实施监理，针对工程的特点制定符合建筑节能要求的监理规划及监理实施细则。

② 总监理工程师应当对建筑节能专项施工技术方案审查并签字认可。专业监理工程师应当对工程使用的墙体材料、保温材料、门窗部品、采暖空调系统、照明设备，以及涉及建筑节能功能的重要部位施工质量检查验收并签字认可。

③ 对易产生热桥和热工缺陷部位的施工，以及墙体、屋面等保温工程隐蔽前的施工，专业监理工程师应当采取旁站形式实施监理。

④ 应当在《工程质量评估报告》中明确建筑节能标准的实施情况。

第十一条 建设、勘察、设计、施工、监理单位，以及施工图审查和工程质量检测机构违反建筑节能有关法律法规的，建设主管部门依法给予处罚。

8.3 建筑节能监理工作内容

8.3.1 施工准备阶段的监理工作

建筑节能工程开工前，总监理工程师应审查承担建筑节能工程的施工企业相应的资质、质量管理体系、施工质量控制和检验制度、施工技术标准以及相关工程节能检测试验的检测机构资质，并应组织专业监理工程师审查承包单位报送的施工组织设计(应包括建筑节能工程内容)，提出审查意见，经总监理工程师审核、签认后报建设单位。

项目监理人员应参加由建设单位组织的建筑节能设计技术交底和图纸会审会议，总监理工程师应对建筑节能设计技术交底会议纪要和图纸会审记录进行签认。在建筑节能设计技术交底前，监理人员应重点核查建筑节能设计图纸是否经过县级以上施工图设计审查并达到合格要求，未经审查或审查不符合强制性建筑节能标准的施工图不得使用，监理机构对图纸中存在的问题可通过建设单位向设计单位提出书面意见和建议。

项目监理机构应按照审查合格的设计文件、建筑节能标准、《建设工程监理规范》(GB 50319—2000)和相关规范标准的要求，针对工程的特点制订包括建筑节能监理内容的项目监理规划，应明确节能监理的范围、内容、工作程序和制度措施及分工职责等，同时还需编制建筑节能监理实施细则，主要包括以下内容：

① 建筑节能专业工程的特点；

② 建筑节能监理工作的流程；

③ 建筑节能监理工作的控制要点及目标值；

④ 建筑节能监理工作的方法及措施。

8.3.2 施工阶段的监理工作

① 监理工程师对进场材料和设备的验收应按下列规定进行：

a. 对材料和设备品种、规格、包装、外观和尺寸进行检查验收，并在材料/设备报审表中形成相应的验收记录。

b. 核查材料和设备质量证明文件、出厂合格证、中文说明书及相关性能检测报告；定型产品和成套技术应有型式检验报告，进口材料和设备应按规定检查出(入)境商品检验报告。

c. 对现场配制的材料如保温浆料、聚合物砂浆等，应检查其配合比通知单。

d. 检查是否使用国家明令禁止、淘汰的材料、构配件、设备。

e. 检查有无本行政区域建筑材料备案证明及相应验证要求资料。

f. 按照委托监理合同约定及《建筑节能工程施工质量验收规范》(GB 50411—2007)有关规定，在施工现场抽样复验，复验为见证取样送检。

g. 核查建筑节能使用材料的燃烧性能等级、使用时含水率是否符合设计要求。

对未经监理人员验收或验收不合格的建筑节能工程材料、构配件、设备，不得在工程上使用或安装；对国家明令禁止、淘汰的材料、构配件、设备，监理人员不得签认，并应签发监理工程师通知单，书面通知承包单位限期将不合格的建筑节能工程材料、构配件、设备撤出现场。

② 建筑节能工程采用建筑节能新材料、新工艺、新技术、新设备时，承包单位应按照有关规定进行评审、鉴定及备案，施工前对新的或首次采用的施工工艺进行评价，并制订专门施工技术方案，

经专业监理工程师审定后予以签认。

③ 督促、检查承包单位按照经审查合格的建筑节能设计文件和经审查批准的施工技术方案进行施工。

项目监理机构应严格控制设计变更，当设计变更涉及建筑节能效果时，应通知建设单位将设计变更文件报送原施工图审查机构审查，在实施前监理工程师应审查设计变更手续，符合要求后予以确认。

④ 建筑节能工程施工前，对于采用相同建筑节能设计和构造做法的房间，监理工程师应要求施工单位在现场采用相同材料和工艺制作样板间或样板件，经设计、建设、施工、监理、材料供应单位等各方确认后方可进行施工。

⑤ 建筑节能工程施工中，对易产生热桥和热工缺陷部位的施工，以及墙体、幕墙、地面、屋面、采暖、通风与空调、空调与采暖系统设备及管网等保温绝热工程隐蔽前的施工，专业监理工程师应当按照工程监理规范的要求，采取旁站、巡视和平行检验等形式实施监理。

⑥ 专业监理工程师应根据对承包单位报送的建筑节能隐蔽工程报验申请表、自检结果和必要的图像资料进行现场检查，符合要求的予以签认。

对未经监理人员验收或验收不合格的工序，监理人员不得签认，承包单位不得进行下一道工序的施工。

⑦ 专业监理工程师应根据承包单位报送的检验批和分项工程报验申请表和质量检查、验收记录进行现场检查和资料核查，符合要求后予以签认。其验收的程序和组织应符合《建筑工程施工质量验收统一标准》(GB 50300—2001)和《建筑节能工程施工质量验收规范》(GB 50411—2007)的规定。

⑧ 对建筑节能施工过程中出现的质量问题，应及时下达监理工程师通知单，要求承包单位整改，并检查整改结果，做好检查记录。

8.3.3 建筑节能分部工程验收阶段的监理工作

① 核查建筑节能工程质量控制资料和现场检验报告，主要内容有以下几个方面：

a. 设计文件、图纸会审记录、设计变更和洽商。

b. 主要材料、设备和构件的质量证明文件、进场检验记录、进场核查记录、进场复验报告、见证试验报告。

c. 隐蔽工程验收记录和相关图像资料。

d. 检验批、分项工程验收记录。

e. 建筑围护结构节能构造现场实体检验记录。

f. 严寒、寒冷和夏热冬冷地区外窗气密性现场检测报告。

g. 风管及系统严密性检验报告。

h. 现场组装的组合式空调机组的漏风量测试记录。

i. 设备单机试运转及调试记录。

j. 系统联合试运转及调试记录。

k. 系统节能性能检验报告。

l. 其他对工程质量有影响的重要技术资料。

② 总监理工程师组织监理人员对施工单位报送的建筑节能分部工程进行现场检查，符合要求后，予以批准验收。同时编制节能分部工程监理质量评估报告，质量评估报告应明确执行建筑节能

标准和指出设计要求的情况及节能工程质量评估结论。

③ 节能分部工程验收由建设单位组织，总监理工程师主持，施工单位项目经理、项目技术负责人和相关专业的质量检查员、施工员参加，施工单位的质量或技术负责人参加；设计单位节能设计人员参加。

④ 签署建筑节能实施情况意见。工程监理单位在工程项目所在地的“民用建筑节能审查备案登记表”上签署建筑节能实施情况意见，并加盖监理单位印章。

8.4 建筑节能监理施工质量控制要点

8.4.1 建筑节能工程施工质量控制的基本规定

① 承担建筑节能工程的施工企业应具备相应的资质；施工现场应建立相应的质量管理体系、施工质量控制和检验制度，具有相应的施工技术标准。

② 设计变更不得降低建筑节能效果。当设计变更涉及建筑节能效果时，应经原施工图设计审查机构审查，在实施前应办理设计变更手续，并获得监理及建设单位的确认。

③ 建筑节能工程采用的新技术、新设备、新材料、新工艺，应按照有关规定进行评审、鉴定及备案。施工前应对新的或首次采用的施工工艺进行评价，并制订专门的施工技术方案。

④ 单位工程的施工组织设计应包括建筑节能工程施工内容。建筑节能工程施工前，施工单位应编制建筑节能工程施工方案并经监理(建设)单位审查批准。施工单位应对从事建筑节能工程施工作业的人员进行技术交底和必要的实际操作培训。

⑤ 建筑节能工程的质量检测，应由具备资质的检测机构承担。

⑥ 建筑节能工程使用的材料、设备等，必须符合设计要求及国家有关标准的规定。严禁使用国家明令禁止使用与淘汰的材料和设备。材料和设备进场验收应符合相关规定。

⑦ 建筑节能工程使用材料的燃烧性能等级和阻燃处理，应符合设计要求和现行国家标准《高层民用建筑设计防火规范》(GB 50045—1995)(2005 年版)、《建筑内部装修设计防火规范》(GB 50222—1995)和《建筑设计防火规范》(GB 50016—2006)等的规定。

a. 住宅建筑应符合下列规定：

(a) 高度大于或等于 100 m 的建筑，其保温材料的燃烧性能应为 A 级。

(b) 高度大于或等于 60 m 且小于 100 m 的建筑，其保温材料的燃烧性能不应低于 B2 级。当采用 B2 级保温材料时，每层应设置水平防火隔离带。

(c) 高度大于或等于 24 m 且小于 60 m 的建筑，其保温材料的燃烧性能不应低于 B2 级。当采用 B2 级保温材料时，每隔两层应设置水平防火隔离带。

(d) 高度小于 24 m 的建筑，其保温材料的燃烧性能不应低于 B2 级。其中，当采用 B2 级保温材料时，每隔三层应设置水平防火隔离带。

b. 其他民用建筑应符合下列规定：

(a) 高度大于或等于 50 m 的建筑，其保温材料的燃烧性能应为 A 级。

(b) 高度大于或等于 24 m 且小于 50 m 的建筑，其保温材料的燃烧性能应为 A 级或 B1 级。其中，当采用 B1 级保温材料时，每隔两层应设置水平防火隔离带。

(c) 高度小于 24 m 的建筑，其保温材料的燃烧性能不应低于 B2 级。其中，当采用 B2 级保温材料时，每层应设置水平防火隔离带。

⑧ 建筑节能工程施工前，对于采用相同建筑节能设计和构造做法的房间，应在现场采用相同材料和工艺制作样板间或样板件，经有关各方确认后，按照经审查合格的设计文件和经审查批准的施工方案进行施工。

⑨ 建筑节能工程的施工作业环境和条件，应满足相关标准和施工工艺的要求。节能保温材料不宜在雨雪天气中露天施工。

8.4.2 墙体节能监理施工质量控制要点

8.4.2.1 墙体节能监理施工质量控制要点

① 用于墙体节能工程的材料、构件等，其品种、规格应符合设计要求和相关标准的规定。

② 墙体节能工程使用的保温隔热材料，其导热系数、密度、抗压强度或压缩强度、燃烧性能应符合设计要求。

③ 墙体节能工程采用的保温材料和黏结材料等，进场时应对其进行复验，复验应为见证取样送检。

④ 严寒和寒冷地区外保温使用的黏结材料，其冻融试验结果应符合该地区最低气温环境的使用要求。

⑤ 墙体节能工程施工前应按照设计和施工方案的要求对基层进行处理，处理后的基层应符合保温层施工方案的要求。

⑥ 墙体节能工程各层构造做法应符合设计要求，施工应符合下列规定：

a. 保温隔热材料的厚度必须符合设计要求。

b. 保温板材与基层及各构造层之间的黏结或连接必须牢固。黏结强度和连接方式应符合设计要求。保温板材与基层的黏结强度应做现场拉拔试验。

c. 保温浆料应分层施工。当采用保温浆料做外保温时，保温层与基层之间及各层之间的黏结必须牢固，不应脱层、空鼓和开裂。

d. 当墙体节能工程的保温层采用预埋或后置锚固件固定时，锚固件数量、位置、锚固深度和拉拔力应符合设计要求。后置锚固件应进行锚固力现场拉拔试验。

e. 当外墙采用保温浆料做保温层时，应在施工中制作同条件养护试件，检测其导热系数、干密度和压缩强度。保温浆料的同条件养护试件应见证取样送检。

⑦ 墙体节能工程各类饰面层的基层及面层施工，应符合和《建筑装饰装修工程质量验收规范》(GB 50210—2001)的要求，并应符合下列规定：

a. 饰面层施工的基层应无脱层、空鼓和裂缝，基层应平整、洁净，含水率应符合饰面层施工的要求。

b. 外墙外保温工程不宜采用粘贴饰面砖做饰面层；当采用时，其安全性与耐久性必须符合设计要求，并严格按照有关规范标准进行施工。饰面砖应做黏结强度拉拔试验，试验结果应符合设计和有关标准的规定。

c. 外墙外保温工程的饰面层不得渗漏。当外墙外保温工程的饰面层采用饰面板开缝安装时，保温层表面应具有防水功能或应采取其他防水措施。

d. 外墙外保温层及饰面层与其他部位交接的收口处，应采取密封措施。

⑧ 严寒和寒冷地区外墙热桥部位，应按设计要求采取节能保温等隔断热桥措施。

⑨ 当采用加强网作为防止开裂的措施时，加强网的铺贴和搭接应符合设计和施工方案的要

求。砂浆抹压应密实，不得空鼓，加强网不得皱褶、外露。

⑩ 设置空调的房间，其外墙热桥部位应按设计要求采取隔断热桥措施。

⑪ 施工产生的墙体缺陷，如穿墙套管、脚手眼、孔洞等，应按照施工方案采取隔断热桥措施，不得影响墙体热工性能。

⑫ 墙体上容易碰撞的阳角、门窗洞口及不同材料基体的交接处等特殊部位，其保温层应采取防止开裂和破损的加强措施。

⑬ 设计选用外保温系统时，不得更改系统构造和组成材料。外保温复合墙体的热工和节能设计应确保：保温层内表面温度应高于 0 ℃，且外保温系统应包覆门窗框外侧洞口、女儿墙以及封闭阳台等热桥部位。

⑭ 对于具有薄抹面层的系统，保护层厚度应不小于 3 mm 且不大于 6 mm。对于具有厚抹面层的系统，厚抹面层厚度应为 25～30 mm。

⑮ 应做好外保温工程的密封和防水构造设计，确保水不会渗入保温层及基层，重要部位应有详图。水平或倾斜的出挑部位以及延伸至地面以下的部位应做防水处理。在外墙外保温系统上安装的设备或管道应固定于基层上，并应做密封和防水设计。

⑯ 外保温工程施工前，外门窗洞口应通过验收，洞口尺寸、位置应符合设计要求和质量要求，门窗框或辅框应安装完毕。伸出墙面的消防梯、水落管、各种进户管线和空调器等的预埋件、连接件应安装完毕，并按外保温系统厚度留出间隙。

⑰ 建筑节能工程细部节点必须按照设计要求或有关图集要求施工。外墙门窗洞口四周侧面、凸窗四周侧面、变形缝等部位应按设计要求采取节能保温措施，当设计未对上述部位提出要求时，施工单位应及时与设计、建设或监理单位联系，确认是否应采取处理措施。

⑱ 墙体节能工程施工前，必须提供符合相关标准的有效、合格的系统型式检验报告及原材料型式检验报告，型式检验应由具有资质的检测机构出具，并注明原材料生产厂家、规格、型号、品种等。当所用材料发生变化时，必须重新进行系统型式检验。

8.4.2.2 膨胀聚苯板(EPS)薄抹灰外墙外保温系统监理施工质量控制要点

① EPS 板薄抹灰外墙外保温系统由 EPS 板保温层、薄抹面层和饰面涂层构成，EPS 板用黏结剂固定在基层上，薄抹面层中满铺玻纤网。建筑物高度在 20 m 以上时，在受负风压作用较大的部位宜使用锚栓辅助固定，必要时应设置抗裂分隔缝。

② EPS 板薄抹灰系统的基层表面应清洁，无油污、脱模剂等妨碍黏结的附着物，凸起、空鼓和疏松部位应剔除并找平。找平层应与墙体黏结牢固，不得有脱层、空鼓、裂缝，面层不得有粉化、起皮、爆灰等现象。基层与黏结剂的拉伸结强度应检验，黏结强度不应低于 0.3 MPa，并且黏结界面脱开面积不应大于 50%。粘贴 EPS 板时，应将黏结剂涂在 EPS 板背面，涂黏结剂面积不得小于 EPS 板面积的 40%。

③ EPS 板应按顺砌方式粘贴，竖缝应逐行错缝。EPS 板应粘贴牢固，不得有松动和空鼓。墙角处 EPS 板应交错互锁。门窗洞口四角处 EPS 板不得拼接，应采用整块 EPS 板切割成形，EPS 板接缝应离开角部至少 200 mm。

④ 应做好系统在檐口、勒脚处的包边处理。装饰缝、门窗四角和阴阳角等处应做好局部加强网施工。变形缝处应做好防水和保温构造处理。

8.4.2.3 胶粉 EPS 颗粒保温浆料外墙外保温系统监理施工质量控制要点

① 胶粉 EPS 颗粒保温浆料外墙外保温系统应由界面层、胶粉 EPS 颗粒保温浆料保温层、抗裂砂浆薄抹面层和饰面层组成。胶粉 EPS 颗粒保温浆料经现场拌和后喷涂或抹在基层上形成保温层。薄抹面层中满铺玻纤网。

② 胶粉 EPS 颗粒保温浆料保温层设计厚度不宜超过 100 mm。必要时应设置抗裂分隔缝。

③ 基层表面应清洁，无油污和脱模剂等妨碍黏结的附着物，空鼓、疏松部位应剔除。胶粉 EPS 颗粒保温浆料宜分遍抹灰，每遍间隔时间应在 24h 以上，每遍厚度不宜超过 20 mm。第一遍抹灰应压实，最后一遍应找平，并用大杠搓平。

④ 保温层硬化后，应现场检验保温层厚度并现场取样检验胶粉 EPS 颗粒保温浆料干密度。现场取样胶粉 EPS 颗粒保温浆料干密度不应大于 250 kg/m^3 且不应小于 180 kg/m^3。现场检验保温层厚度应符合设计要求，不得有负偏差。

8.4.2.4 幕墙节能监理施工质量控制要点

① 用于幕墙节能工程的材料、构件等，其品种、规格应符合设计要求和相关标准的规定。

② 幕墙节能工程使用的保温隔热材料，其导热系数、密度、燃烧性能应符合设计要求。幕墙玻璃的传热系数、遮阳系数、可见光透射比、中空玻璃露点应符合设计要求。

③ 幕墙节能工程使用的材料、构件等进场时，应对其下列性能进行复验，复验应为见证取样送检。

a. 保温材料：导热系数、密度；

b. 幕墙玻璃：可见光透射比、传热系数、遮阳系数、中空玻璃露点；

c. 隔热型材：抗拉强度、抗剪强度；

d. 幕墙物理性能：气密性。

④ 幕墙的物理性能（气密性）应符合设计规定的等级要求。当幕墙面积大于 3000 m^2 或建筑外墙面积 50%时，应现场抽取材料和配件，在检测试验室安装制作试件进行气密性能检测，检测结果应符合设计规定的等级要求。

密封条应镶嵌牢固、位置正确、对接严密。单元幕墙板块之间的密封应符合设计要求。开启扇应关闭严密。

气密性能检测试件应包括幕墙的典型单元、典型拼缝、典型可开启部分。试件应按照幕墙工程施工图进行设计。试件设计应经建筑设计单位项目负责人、监理工程师同意并确认。气密性能的检测应按照国家现行有关标准的规定执行。

⑤ 幕墙节能工程使用的保温材料，其厚度应符合设计要求，安装牢固，且不得松脱。

⑥ 遮阳设施的安装位置应满足设计要求。遮阳设施的安装应牢固。

⑦ 幕墙工程热桥部位的隔断热桥措施应符合设计要求，断热节点的连接应牢固。

⑧ 幕墙隔气层应完整、严密、位置正确，穿透隔气层处的节点构造应采取密封措施。

⑨ 冷凝水的搜集和排放应通畅，并不得渗漏。

⑩ 镀（贴）膜玻璃的安装方向、位置应正确。中空玻璃应采用双道密封。中空玻璃的均压管应密封处理。

⑪ 单元式幕墙板块组装应符合下列要求。

a. 密封条：规格正确，长度无负偏差，接缝的搭接符合设计要求；

b. 保温材料:固定牢固,厚度符合设计要求;

c. 隔气层:密封完整、严密;

d. 冷凝水排水系统通畅,无渗漏。

⑫ 幕墙与周边墙体间的接缝处应采用弹性闭孔材料填充饱满,并应采用耐候密封胶密封。

⑬ 伸缩缝、沉降缝、抗震缝的保温或密封做法应符合设计要求。

⑭ 活动遮阳设施的调节机构应灵活,并应能调节到位。

8.4.3 门窗节能监理施工质量控制要点

① 建筑外门窗的品种、规格应符合设计要求和相关标准的规定。

② 建筑外窗的气密性、保温性能、中空玻璃露点、玻璃遮阳系数、可见光透射比、抗风压性、空气渗透性能和水密性能应符合设计要求。

③ 建筑外窗进入施工现场时,应按地区类别对其下列性能进行复验,复验应为见证取样送检。

a. 严寒、寒冷地区:气密性、传热系数和中空玻璃露点;

b. 夏热冬冷地区:气密性、传热系数、玻璃遮阳系数、可见光透射比、中空玻璃露点;

c. 夏热冬暖地区:气密性、玻璃遮阳系数、可见光透射比、中空玻璃露点。

④ 建筑门窗采用的玻璃品种应符合设计要求。中空玻璃应采用双道密封。

⑤ 金属外门窗隔断热桥措施应符合设计要求和产品标准的规定,金属副框的隔断热桥措施应与门窗框的隔断热桥措施相当。

⑥ 严寒、寒冷、夏热冬冷地区的建筑外窗,应对其气密性做现场实体检验,检测结果应满足设计要求。

⑦ 外门窗框或副框与洞口之间的间隙应采用弹性闭孔材料填充饱满,并使用密封胶密封;外门窗框与副框之间的缝隙应使用密封胶密封。

⑧ 严寒、寒冷地区的外门安装,应按照设计要求采取保温、密封等节能措施。

⑨ 外窗遮阳设施的性能、尺寸应符合设计和产品标准要求;遮阳设施的安装应位置正确、牢固,满足安全和使用功能的要求。

⑩ 特种门的性能应符合设计和产品标准要求;特种门安装中的节能措施,应符合设计要求。

⑪ 天窗安装的位置、坡度应正确,封闭严密,嵌缝处不得渗漏。

⑫ 窗扇密封条和玻璃镶嵌的密封条,其物理性能应符合相关标准的规定。密封条安装位置应正确,镶嵌牢固,不得脱槽,接头处不得开裂。关闭门窗时密封条应接触严密。

⑬ 门窗镀(贴)膜玻璃的安装方向应正确,中空玻璃的均压管应密封处理。

⑭ 外门窗遮阳设施调节应灵活,能调节到位。

8.4.4 屋面节能监理施工质量控制要点

① 用于屋面节能工程的保温隔热材料,其品种、规格应符合设计要求和相关标准的规定。

② 屋面节能工程使用的保温隔热材料,其导热系数、密度、抗压强度或压缩强度、燃烧性能应符合设计要求。

③ 屋面节能工程使用的保温隔热材料,进场时应对其导热系数、密度、抗压强度或压缩强度、燃烧性能进行复验,复验应为见证取样送检。

④ 屋面保温隔热层的敷设方式、厚度、缝隙填充质量及屋面热桥部位的保温隔热做法,必须符合设计要求和有关标准的规定。

⑤ 屋面的通风隔热架空层，其架空高度、安装方式、通风口位置及尺寸应符合设计及有关标准要求，架空层内不得有杂物。架空面层应完整，不得有断裂和露筋等缺陷。

⑥ 采光屋面的传热系数、遮阳系数、可见光透射比、气密性应符合设计要求。节点的构造做法应符合设计和相关标准的要求。采光屋面的可开启部分，应按门窗节能工程的要求验收。

⑦ 采光屋面的安装应牢固，坡度正确，封闭严密，嵌缝处不得渗漏。

⑧ 屋面的隔气层位置应符合设计要求，隔气层应完整、严密。

⑨ 屋面保温隔热层应按施工方案施工，并应符合下列规定：

a. 松散材料应分层敷设、按要求压实、表面平整、坡向正确。

b. 现场采用喷、浇、抹等工艺施工的保温层，其配合比应计量准确，搅拌均匀，分层连续施工，确保表面平整、坡向正确。

c. 板材应粘贴牢固、缝隙严密、平整。

⑩ 金属板保温夹芯屋面应铺装牢固、接口严密、表面洁净、坡向正确。

⑪ 坡屋面、内架空屋面当采用敷设于屋面内侧的保温材料做保温隔热层时，保温隔热层应有防潮措施，其表面应有保护层，保护层的做法应符合设计要求。

8.4.5 地面节能监理施工质量控制要点

① 地面节能工程的保温材料，其品种、规格应符合设计要求和相关标准的规定。

② 地面节能工程使用的保温材料，其导热系数、密度、抗压强度或压缩强度、燃烧性能应符合设计要求。

③ 地面节能工程采用的保温材料，进场时应对其导热系数、密度、抗压强度或压缩强度、燃烧性能进行复验，复验应为见证取样送检。

④ 地面节能工程施工前，应对基层进行处理，使其达到设计和施工方案的要求。

⑤ 地面保温层、隔离层、保护层等各层的设置和构造做法以及保温层的厚度应符合设计要求，并应按施工方案施工。

⑥ 地面节能工程的施工质量应符合下列规定：

a. 保温板与基层之间、各构造层之间的黏结应牢固，缝隙应严密。

b. 保温浆料应分层施工。

c. 穿越地面直接接触室外空气的各种金属管道应按设计要求，采取隔断热桥的保温措施。

⑦ 有防水要求的地面，其节能保温做法不得影响地面排水坡度，保温层面层不得渗漏。

⑧ 严寒、寒冷地区的建筑首层直接与土壤接触的地面、采暖地下室与土壤接触的外墙、毗邻不采暖空间的地面以及底面直接接触室外空气的地面应按设计要求采取保温措施。

⑨ 保温层的表面防潮层、保护层应符合设计要求。

⑩ 采用地面辐射采暖的工程，其地面节能做法应符合设计要求，并应符合《地面辐射供暖技术规程》(JGJ 142—2012)(征求意见稿)的规定。

8.4.6 采暖节能监理施工质量控制要点

采暖系统节能工程采用的散热设备、阀门、仪表、管材、保温材料等产品进场时，应按设计要求对其类型、材质、规格及外观等进行验收，并应经监理工程师(建设单位代表)检查认可，且应形成相应的验收记录。各种产品和设备的质量证明文件和相关技术资料应齐全，并应符合国家现行有关标准和规定。

① 采暖工程所用的各种材料进场应按设计要求验收，材料的质量证明文件等资料应齐全、合格。

② 散热器的单位散热量及金属热强度，保温材料的导热系数、密度、吸水率应进行见证取样送检。

③ 采暖系统的制式、材料设备应符合设计要求并安装齐全，应能实现分室（区）调控、计量、分摊的功能。

④ 散热器的规格、数量、安装方式应符合设计要求，外表面应刷非金属性涂料。

⑤ 散热器恒温阀的规格、数量应符合设计要求；明装恒温阀不应安装在狭小和封闭空间，不应被障碍物遮挡，阀头应水平；暗装恒温阀应采用外置式温度传感器，并安装在空气流动且能正确反映房间温度的位置上。

⑥ 低温热水地面辐射供热系统应符合《地面辐射供暖技术规程》(JGJ 142—2012)（征求意见稿）中 9.2.3 的规定，防潮层、绝热层的做法、厚度应符合设计要求，室内温控装置的传感器应安装在避开阳光直射和有发热设备且距地 1.4 m 的内墙面上。

⑦ 采暖系统热力入口装置各种部件的规格、数量应符合设计要求；热计量装置、过滤器、压力表、温度计的安装位置应正确，并便于观察维护；水力平衡装置及各类阀门的安装位置、方向应正确，并便于操作、调试，安装后应根据水力平衡要求进行调试并做出标志。

⑧ 管道保温层、防潮层材料的材质、规格、厚度应符合设计要求，施工应符合《地面辐射供暖技术规程》(JGJ 142—2012)（征求意见稿）的相关规定。

⑨ 采暖系统应随施工进度对与节能有关的隐蔽部位进行验收，并形成验收文件和必要的图像资料。

⑩ 采暖系统安装完毕后，应在采暖期内与热源进行联合试运转和调试，其结果应符合设计要求，采暖房间温度相对于设计计算温度不得低于 2 ℃，且不高于 1 ℃。

8.4.7 通风与空调节能监理施工质量控制要点

通风与空调系统节能工程所使用的设备、管道、阀门、仪表、绝热材料等产品进场时，应按设计要求对其类型、材质、规格及外观等进行验收，并应对产品的技术性能参数进行核查。验收与核查的结果应经监理工程师（建设单位代表）检查认可，并应形成相应的验收、核查记录。各种产品和设备的质量证明文件和相关技术资料应齐全，并应符合有关国家现行标准和规定。通风与空调节能工程的验收主要内容如下。

① 各类材料、设备、产品进场验收。

② 风机盘管机组和绝热材料进场应进行见证取样送检。

③ 送、排风系统及空调风系统、空调水系统的安装。

④ 风管的制作与安装应符合设计要求和相关规范的规定。

⑤ 组合式空调机组、柜式空调机组、新风机组、单元式空调机组的安装。

⑥ 风机盘管机组的安装。

⑦ 通风与空调系统风机的安装。

⑧ 带热回收功能的双向换气装置和集中排风系统中的排风热回收装置的安装。

⑨ 自动阀门与仪表的规格数量应符合设计要求，安装方向应正确，位置应便于操作和观察。

⑩ 空调风管系统及部件的绝热层、防潮层材料的材质、规格、厚度以及施工应符合设计要求和相关规范的规定。

⑪ 空调水系统管道及部件的绝热层、防潮层材料的材质、规格、厚度以及施工应符合设计要求和相关规范的规定。

⑫ 空调水系统的冷热水管道与支、吊架之间绝热衬垫的设置。

⑬ 通风与空调系统应随施工进度对与节能有关的隐蔽部位或内容进行验收，并应有详细的文字记录和必要的图像资料。

⑭ 系统安装完毕应进行通风机和空调机组等设备的单机试运转和调试，其结果应符合设计要求，并应进行系统的风量平衡调试。系统的总风量与设计风量的允许偏差不应大于10%，风口的风量与设计风量的允许偏差不应大于15%。

8.4.8　配电与照明节能监理施工质量控制要点

照明光源、灯具及其附属装置的选择必须符合设计要求，进场验收时应对下列技术性能进行核查，并经监理工程师(建设单位代表)检查认可，形成相应的验收、核查记录。质量证明文件和相关技术资料应齐全，并应符合国家现行有关标准和规定。

① 照明光源、灯具及其附属装置的选择必须符合设计要求，进场验收应进行技术性能核查。

② 低压配电系统选择的电缆、电线截面不得低于设计值，进场时应对其截面和每芯导体电阻值进行见证取样送检。

③ 工程安装完成后应对低压配电系统进行调试，调试合格后应对低压配电电源质量进行检测。

④ 在通电试运行中，应测试并记录照明系统的照度和功率密度值。

8.4.9　监测与控制节能监理施工质量控制要点

① 监测与控制系统采用的设备、材料及附属产品进场验收。

② 监测和控制系统安装质量。

③ 对经过试运行的项目，其系统的投入情况、监控功能、故障报警连锁控制及数据采集等功能，应符合设计要求。

④ 空调和采暖的冷、热源及空调水系统的监测控制系统应成功运行，控制和故障报警功能应符合设计要求。

⑤ 监测与计量装置的检测计量数据应准确，并符合对测量准确度的要求。

⑥ 供配电的监测与数据采集系统应符合设计要求。

⑦ 照明自动控制系统的功能应符合设计要求。当设计无要求时，应符合有关规范规定。

⑧ 综合控制系统应对相关项目进行功能检测，检测结果应满足设计要求。

⑨ 建筑能源管理系统的能耗数据采集与分析功能，设备管理和运行管理功能，优化能源调度功能，数据集成功能应符合设计要求。

⑩ 通风和空调监测控制系统的控制功能及故障报警功能应符合设计要求。

8.5　建筑节能工程质量验收及评估

建筑节能工程质量验收本属于专业验收的范畴，其许多验收内容与原有建筑工程的分部分项验收有交叉与重复，为保持《建筑节能工程施工质量验收规范》(GB 50411—2007)与《建筑工程施工质量验收统一标准》(GB 50300—2001)和各专业验收规范一致，应将建筑工程的一个分部工程来进行划分和验收。单位工程竣工验收应在建筑节能分部工程验收合格后进行。

8.5.1 建筑节能工程质量验收

8.5.1.1 建筑节能工程质量验收的划分

建筑节能工程为单位建筑工程的一个分部工程。其分项工程和检验批的划分，应符合下列规定：

(1) 建筑节能分项工程划分

① 墙体节能工程：包括主体结构基层、保温材料、饰面层等；

② 幕墙节能工程：包括主体结构基层、隔热材料、保温材料、隔气层、幕墙玻璃、单元式幕墙板块、通风换气系统、遮阳设施、冷凝水收集排放系统等；

③ 门窗节能工程：包括门、窗、玻璃、遮阳设施等；

④ 屋面节能工程：包括基层、保温隔热层、保护层、防水层、面层等；

⑤ 地面节能工程：包括基层、保温层、保护层、面层；

⑥ 采暖节能工程：包括系统制式、散热器、设备、阀门与仪表、热力入口装置、保温材料、调试等；

⑦ 通风与空气调节节能工程：包括系统制式、通风与空调设备、阀门与仪表、绝热材料、调试等；

⑧ 配电与照明节能工程：包括低压配电电源、照明光源与灯具、附属装置、控制功能、调试等。

(2) 建筑节能工程验收的检验批划分应符合的规定

采用相同材料、工艺和施工做法的墙面，每500～1000 m^2 面积划分为一个检验批，不足500 m^2 也为一个检验批。检验批的划分也可根据与施工流程相一致且方便施工与验收的原则，由施工单位与监理(建设)单位共同商定。

① 幕墙节能工程验收的检验批划分应符合下列规定：

a. 相同设计、材料、工艺和施工条件的幕墙工程每 500～1000 m^2 应划分为一个检验批，不足 500 m^2 也应划分为一个检验批；

b. 同一单位工程的不连续的幕墙工程应单独划分检验批；

c. 对于异型或有特殊要求的幕墙，检验批的划分应根据幕墙的结构、工艺特点及幕墙工程规模，由监理单位(建设单位)和施工单位协商确定。

② 建筑外门窗工程验收的检验批应按下列规定划分：

a. 同一厂家的同一品种、类型、规格的门窗及门窗玻璃每 100 樘划分为一个检验批，不足 100 樘也为一个检验批；

b. 同一厂家的同一品种、类型和规格的特种门每 50 樘划分为一个检验批，不足 50 樘也为一个检验批；

c. 对于异形或有特殊要求的门窗，检验批的划分应根据其特点和数量，由监理(建设)单位和施工单位协商确定。

③ 屋面节能工程验收的检验批划分应符合下列规定：

a. 卷材防水屋面、涂膜防水屋面、刚性防水屋面、瓦屋面和隔热屋面工程，应按屋面面积每 100 m^2抽查一处，每处 10 m^2，且不得少于 3 处；

b. 接缝密封防水，每 50 m 应抽查一处，每处 5 m，且不得少于 3 处；

c. 细部构造根据分项工程的内容，应全部进行检查。

④ 地面节能工程检验批划分应符合下列规定：

a. 检验批可按施工段或变形缝划分；

b. 当面积超过 200 m^2 时，每 200 m^2 可划分为一个检验批，不足 200 m^2 也为一个检验批；

c. 不同构造做法的地面节能工程应单独划分检验批。

⑤ 采暖系统节能工程的验收，可按系统、楼层等进行划分，也可由建设、监理、施工等各方协商进行划分。但验收过程、验收内容、验收标准和验收记录均应遵守《建筑节能工程施工质量验收规范》(GB 50411—2007)的规定。

⑥ 通风与空调系统节能工程的验收，可按系统、楼层等进行划分，也可由建设、监理、施工等各方协商进行划分。但验收过程、验收内容、验收标准和验收记录均应遵守《建筑节能工程施工质量验收规范》(GB 50411—2007)的规定。

⑦ 建筑配电与照明节能工程验收的检验批划分应按系统、楼层、建筑分区划分，也可由建设、监理、施工等各方协商进行划分。但验收过程、验收内容、验收标准和验收记录均应遵守《建筑节能工程施工质量验收规范》(GB 50411—2007)的规定。

8.5.1.2 建筑节能工程质量验收

建筑节能分部工程的质量验收，应在检验批、分项工程全部验收合格的基础上，进行外墙节能构造实体检验，严寒、寒冷和夏热冬冷地区的外窗气密性现场检测，以及系统节能性能检测和系统联合试运转与调试，确认建筑节能工程质量达到验收条件后方可进行。建筑节能工程验收的程序和组织应遵守《建筑工程施工质量验收统一标准》(GB 50300—2001)的要求。

8.5.2 建筑节能工程质量监理评估

建筑节能工程施工完成后，监理对承包单位节能工程竣工资料进行审查，并对节能工程质量进行竣工预验收，对存在的问题要求承包单位整改，整改验收合格后由总监理工程师组织专业监理工程师编制建筑节能分部工程质量评估报告。建筑节能分部工程质量评估报告编制完成经总监理工程师审批后签发。

建筑节能分部工程监理质量评估报告编制要点如下。

① 工程概况：包括工程名称、地点、建筑节能的主要设计参数和开工、竣工时间。

② 主要参建单位：包括工程项目建设单位、设计单位、勘察单位、承包单位、承担见证取样检测及有关建筑节能检测单位。

③ 工程施工情况简述：包括施工过程简述；对承包单位现场项目管理机构的质保体系审核情况简述；监理工作中所出具的“监理工程师通知单”以及回复审查工作简述；施工过程中的有关工程设计变更和工程质量问题、事故情况及处理情况；以及其他有关必要说明的情况。

④ 工程质量评估依据。

⑤ 工程质量验收的划分：包括按验收标准和相关文件的规定，对所需评定质量的工程划分分项工程和检验批，同时应明确划分的具体原则和内容，可以列表说明。

⑥ 施工单位检查评定结果：包括施工单位对节能工程分项、分部工程质量评定结果和其有关数据。

⑦ 建筑工程质量验收程序和组织情况。

⑧ 工程质量验收情况包括如下几点：

a. 所含分项工程的质量情况；

b. 质量控制资料的核查情况；

c. 外墙节能构造现场实体检验结果应符合设计要求；

d. 严寒、寒冷和夏热冬冷地区的外窗气密性现场实体检测结果应合格；

e. 建筑设备工程系统节能性能检测结果应合格。

⑨ 竣工资料审查情况。

⑩ 工程质量的评估结论：根据质量验收情况，依据现行《建筑工程施工质量验收统一标准》(GB 50300—2001)和《建筑节能工程施工质量验收规范》(GB 50411—2007)的相关规定，评定工程质量合格与否的核定验收意见。

8.6　建筑节能分部工程监理实施细则

某工程建筑节能分部工程监理实施细则如下。

(1) 工程概况

① 项目概述：(略)；

② 项目组织系统：(略)，见表 8-1。

表 8-1　**项目组织系统**

类　　别	单 位 名 称	备　　注
质量安全监督单位		
建设单位		
设计单位		
勘察单位		
监理单位		
施工图审查单位		
检测单位		
施工单位(总包)		
施工单位(分包)		

(2) 编制依据

①《民用建筑节能条例》(国务院 530 号令)、《民用建筑节能管理规定》(原建设部 143 号令)；

②《民用建筑节能工程质量监督工作导则》(建质【2008】19 号)；

③《关于印发“民用建筑工程节能质量监督管理办法”的通知》(建质【2006】192 号)；

④《××省民用建筑工程节能监理工作导则(试行)》；

⑤《建筑节能工程施工质量验收规范》(GB 50411—2007)；

⑥《严寒和寒冷地区居住建筑节能设计标准》(JGJ 26—2010)；

⑦《夏热冬冷地区居住建筑节能设计标准》(JGJ 134—2010)；

⑧《外墙内保温板》(JG/T 159—2004)；

⑨《外墙外保温建筑构造》(10J121)；

⑩《外墙内保温建筑构造》(11J122)；

⑪《夏热冬暖地区居住建筑节能设计标准》(JGJ 75—2012)；

⑫《关于新建居住建筑严格执行节能设计标准的通知》(建科【2005】55 号)；
⑬《住宅建筑节能工程施工质量验收规程》(DGJ 08—113—2005)；
⑭《胶粉聚苯颗粒外墙外保温系统》(JG 158—2004)；
⑮《外墙外保温工程技术规程》(JGJ 144—2004)；
⑯《膨胀聚苯板薄抹灰外墙外保温系统》(JG 149—2003)；
⑰《住宅建筑围护结构节能应用技术规程》(DG/TJ 08—206—2002)；
⑱《建筑工程施工质量评价标准》(GB/T 50375—2006)；
⑲《工程建设标准强制性条文及应用示例》(04DX002)；
⑳《建筑工程施工质量验收统一标准》(GB 50300—2001)；
㉑《建设工程监理规范》(GB 50319—2000)；
㉒ 工程设计文件、监理合同、施工合同、施工组织设计、专项施工方案等。

(3) 专业工程的特点

(4) 监理工作流程

建筑节能分部的监理工作流程如图 8-1 所示。

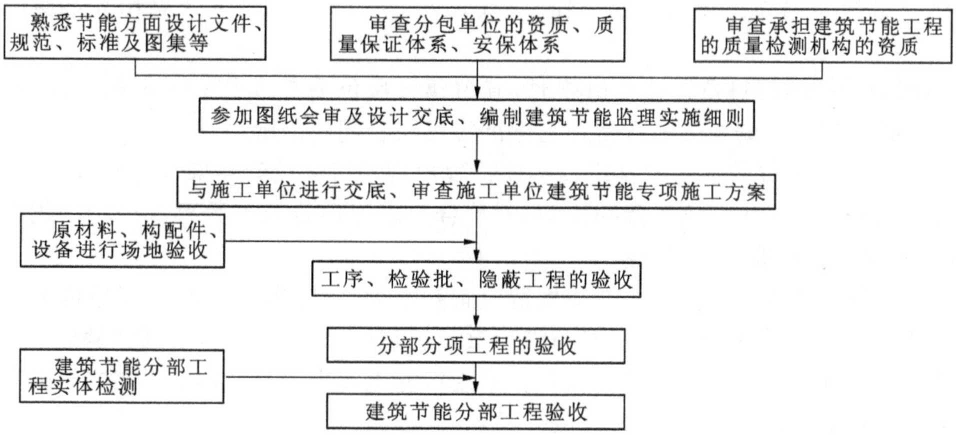

图 8-1 监理工作流程

(5) 监理控制要点及目标值

① 节能施工目标值。

本工程节能分部施工满足设计及规范要求，质量合格。

② 建筑节能监理工作控制要点。

a. 施工准备阶段的监理控制要点(略)。

b. 施工阶段的监理控制要点(略)。

(6) 监理工作方法及措施(略)

(7) 质量控制与检查验收(略)

(8) 建筑节能工程现场检验

① 围护结构现场实体检验。

a. 建筑围护结构施工完成后，应对围护结构的外墙节能构造和严寒、寒冷、夏热冬冷地区的外窗气密性进行现场实体检测。当条件具备时，也可直接对围护结构的传热系数进行检测。

b. 外墙节能构造的现场实体检验方法见《建筑节能工程施工质量验收规范》(GB 50411—2007)附录 C，其检验目的是：

(a) 验证墙体保温材料的种类是否符合设计要求；

(b) 验证保温层厚度是否符合设计要求；

(c) 检查保温层构造做法是否符合设计和施工方案要求。

c. 严寒、寒冷、夏热冬冷地区的外窗现场实体检测应按照国家现行有关标准的规定执行。其检验目的是验证建筑外窗气密性是否符合节能设计要求和国家有关标准的规定。

d. 外墙节能构造和外窗气密性的现场实体检验，其抽样数量可以在合同中约定，但合同中约定的抽样数量不应低于建筑节能工程施工质量验收规范的要求。当无合同约定时应按照下列规定抽样：

(a) 每个单位工程的外墙至少抽查3处；每处一个检查点；当一个单位工程外墙有2种以上节能保温做法时，每种节能做法的外墙应抽查不少于3处。

(b) 每个单位工程的外窗至少抽查3樘；当一个单位工程外窗有2种以上品种、类型和开启方式时，每种品种、类型和开启方式的外窗应抽查不少于3樘。

e. 外墙节能构造的现场实体检验应在监理(建设)人员见证下实施，可委托有资质的检测机构实施，也可由施工单位实施。

f. 外窗气密性的现场实体检测应在监理(建设)人员见证下抽样，并委托有资质的检测机构实施。

g. 当对围护结构的传热系数进行检测时，应由建设单位委托具备检测资质的检测机构实施；其检测方法、抽样数量、检测部位和合格判定标准等可在合同中约定。

h. 当外墙节能构造或外窗气密性现场实体检验出现不符合设计要求和标准规定的情况时，应委托有资质的检测机构扩大一倍数量抽样，对不符合要求的项目或参数再次检验。仍然不符合要求时应给出“不符合设计要求”的结论。

对于不符合设计要求的围护结构节能构造应查找原因，并将其对建筑节能造成的影响程度进行计算或评估，采取技术措施予以弥补或消除后重新进行检测，合格后方可通过验收。

对于建筑外窗气密性不符合设计要求和国家现行标准规定的，应查找原因进行修理，使其达到要求后重新进行检测，合格后方可通过验收。

② 系统节能性能检测。

(9) 建筑节能分部工程质量验收

① 建筑节能分部工程的质量验收，应在检验批、分项工程全部验收合格的基础上，进行外墙节能构造实体检验，严寒、寒冷和夏热冬冷地区的外窗气密性现场检测，以及系统节能性能检测和系统联合试运转与调试，确认建筑节能工程质量达到验收条件后方可进行。

② 建筑节能工程验收的程序和组织应遵守《建筑工程施工质量验收统一标准》(GB 50300—2001)的要求，并应符合下列规定：

a. 节能工程的检验批验收和隐蔽工程验收应由监理工程师主持，施工单位相关专业的质量检查员与施工员参加。

b. 节能分项工程验收应由监理工程师主持，施工单位项目技术负责人和相关专业的质量检查员、施工员参加；必要时可邀请设计单位相关专业的人员参加。

c. 节能分部工程验收由建设单位组织，总监理工程师主持，施工单位项目经理、项目技术负责人和相关专业的质量检查员、施工员参加，施工单位的质量或技术负责人参加，设计单位节能设计人员参加。

③ 建筑节能工程的检验批质量验收合格，应符合下列规定：

a. 检验批应按主控项目和一般项目验收。

b. 主控项目应全部合格。

c. 一般项目应合格；当采用计数检验时，至少应有 90%以上的检查点合格，且其余检查点不得有严重缺陷。

d. 应具有完整的施工操作依据和质量验收记录。

④ 建筑节能分项工程质量验收合格，应符合下列规定：

a. 分项工程所含的检验批均应合格。

b. 分项工程所含检验批的质量验收记录应完整。

⑤ 建筑节能分部工程质量验收合格，应符合下列规定：

a. 分项工程应全部合格。

b. 质量控制资料应完整。

c. 外墙节能构造现场实体检验结果应符合设计要求。

d. 严寒、寒冷和夏热冬冷地区的外窗气密性现场实体检测结果应合格。

e. 建筑设备工程系统节能性能检测结果应合格。

⑥ 建筑节能工程验收时，应核查建筑节能工程质量控制资料和现场检验报告，并纳入竣工技术档案，主要有以下几个方面：

a. 设计文件、图纸会审记录、设计变更和洽商。

b. 主要材料、设备和构件的质量证明文件、进场检验记录、进场核查记录、进场复验报告、见证试验报告。

c. 隐蔽工程验收记录和相关图像资料。

d. 分项工程质量验收记录，必要时应核查检验批验收记录。

e. 建筑围护结构节能构造现场实体检验记录。

f. 严寒、寒冷和夏热冬冷地区外窗气密性现场检测报告。

g. 风管及系统严密性检验记录。

h. 现场组装的组合式空调机组的漏风量测试记录。

i. 设备单机试运转及调试记录。

j. 系统联合试运转及调试记录。

k. 系统节能性能检验报告。

l. 其他对工程质量有影响的重要技术资料。

⑦ 总监理工程师组织监理人员对施工单位报送的建筑节能分部工程进行现场检查，符合要求后，予以批准节能分部工程验收。同时，编制节能分部工程监理质量评估报告，质量评估报告应明确执行建筑节能标准和设计要求的情况及节能工程质量评估结论。

⑧ 签署建筑节能实施情况意见，并加盖监理单位印章。

(10) 信息资料管理(略)

【知识归纳】

(1) 民用建筑节能是指在保证民用建筑使用功能和室内热环境质量的前提下，降低其使用过程中能源消耗的活动。

(2) 外墙外保温系统是一种把保温层放置在主体墙材外面的保温做法，因其可以减轻冷桥的影响，同时保护主体墙材不受太大的温度变形应力的影响，是目前应用最广泛的保温做法。

(3) 建筑节能监理的依据和法律规定。

(4) 建筑节能监理工作内容。

(5) 建筑节能监理施工质量控制要点及相关规定。

(6) 建筑节能工程质量验收及评估的具体要求。

【独立思考】

8-1 民用建筑节能和节能建筑的区别是什么?

8-2 围护结构的保温性能和隔热性能的作用是什么?

8-3 建筑节能监理的质量责任和义务是什么?

8-4 建筑节能监理的质量监控要点有哪些?

8-5 建筑节能分项和检验批的划分是怎样的?

8-6 建筑节能分部工程验收阶段监理工作内容有哪些?

8-7 建筑节能监理资料管理的主要内容是什么?

8-8 建筑节能分部工程验收要具备哪些条件?

【参考文献】

[1] 国家质量技术监督局,中华人民共和国建设部.建设工程监理规范(GB 50319—2000).北京:中国建筑工业出版社 ,2001.

[2] 李继业.建筑节能工程监理.北京:化学工业出版社,2011.

[3] 雷艺君,钱昆润.实用建设工程监理手册.2版.北京:中国建筑工业出版社,2003.

[4] 詹炳根,殷为民.工程建设监理.3版.北京:中国建筑工业出版社,2007.

[5] 李继业.建筑节能工程实用技术丛书——建筑节能工程设计.北京:化学工业出版社,2012.

[6] 巩天真,张泽平.建设工程监理概论.2版.北京:北京大学出版社,2009.

[7] 李继业.建筑节能工程实用技术丛书——建筑节能工程材料.北京:化学工业出版社,2012.

[8] 梅月植,孙成,米晋生.监理工程师工作指南.北京:中国建筑工业出版社,2009.